„Fides"
Treuhandgesellschaft
Reifenrath & Co.
Wirtschaftsprüfungsgesellschaft
Steuerberatungsgesellschaft

FIDES   FIDES Treuhand GmbH & Co. KG
        Wirtschaftsprüfungsgesellschaft
        Steuerberatungsgesellschaft

Bibliothek 4. OG

Gewinnrealisierung bei langfristigen Aufträgen

– Eine kritische Analyse zur Anwendung des Realisationsprinzips
in Handels- und Steuerbilanz –

Gewinnrealisierung bei langfristigen Aufträgen

– Eine kritische Analyse
zur Anwendung des Realisationsprinzips
in Handels- und Steuerbilanz –

Von
Dipl.-Kfm. Dr. Steffen Kohl

IDW-Verlag GmbH
Düsseldorf 1994

Die Deutsche Bibliothek — CIP-Einheitsaufnahme

Kohl, Steffen:
Gewinnrealisierung bei langfristigen Aufträgen : eine kritische Analyse zur Anwendung des Realisationsprinzips in Handels- und Steuerbilanz / vorgelegt von Steffen Kohl. – Düsseldorf : IDW-Verl., 1993
  Zugl.: Saarbrücken, Univ., Diss., 1993
  ISBN 3-8021-0597-4

ISBN 3-8021-0597-4

© 1994 by IDW-Verlag GmbH, Düsseldorf
Alle Rechte der Verbreitung, auch durch Film, Funk und Fernsehen, fotomechanische Wiedergabe, Tonträger jeder Art, auszugsweisen Nachdruck oder Einspeicherung und Rückgewinnung in Datenverarbeitungsanlagen aller Art, einschließlich der Übersetzung in andere Sprachen, sind vorbehalten.

Gesamtherstellung: Weiss & Zimmer AG, Mönchengladbach

Für

Kathrin und Benedikt

Vorwort

Die Gewinnrealisierung bei langfristigen Aufträgen ist, wie die lebhafte Diskussion in Literatur, Rechtsprechung und Praxis belegt, noch immer ein umstrittener Bereich handels- und steuerrechtlicher Bilanzierung. Die vorliegende Arbeit zielt darauf ab, die hierbei aufgeworfenen Probleme darzustellen und auf der Grundlage handels- und steuerbilanzrechtlicher Vorgaben ein grundsätzliches Bedingungsgefüge abzuleiten, das zur Lösung der anstehenden Probleme beiträgt.

Die Arbeit lag der Rechts- und Wirtschaftswissenschaftlichen Fakultät der Universität des Saarlandes im Wintersemester 1993/94 als Dissertation vor. Die Untersuchung wurde angeregt und betreut von Herrn Prof. Dr. Gerhard Laule, dem ich an dieser Stelle für seine umfassende Unterstützung, Förderung und Gesprächsbereitschaft recht herzlich danken möchte. Herrn Prof. Dr. Karlheinz Küting danke ich für die Bereitschaft zur Übernahme des Zweitgutachtens. Frau Jutta Kronenberger sei für ihre vielfältige technische Unterstützung, Herrn Rainer von Büchau für die Veröffentlichung der Arbeit im IDW-Verlag gedankt. Besondere Anerkennung gilt nicht zuletzt meiner Frau Kathrin. Sie war stets bereit, Inhalte der Arbeit mit mir zu diskutieren und hat mich mit unermüdlichem Einsatz beim Lesen der Korrekturen unterstützt.

Leonberg, im März 1994   Steffen Kohl

Inhaltsverzeichnis

Vorwort VII

Inhaltsverzeichnis IX

Abkürzungsverzeichnis XIII

Einführung 1

ERSTER TEIL: Die Analyse bilanzrechtlicher, ökonomischer
und vertragsrechtlicher Vorgaben 3

1. Kapitel: Handels- und steuerbilanzrechtliche Grundlagen 3

I. Handelsbilanzrechtliche Grundlagen 3
   1. Relevante Rechnungslegungsvorschriften und Jahresabschluß-
      zwecke 3
   2. Die Bedeutung der Grundsätze ordnungsmäßiger Buchführung 8
      a) Rechtsnatur und Ermittlungsmethoden 8
      b) Die Deduktion als zutreffende Ermittlungsmethode 11
      c) Ein System handelsrechtlicher Grundsätze ordnungs-
         mäßiger Buchführung unter Heranziehung einer
         "modernen" Deduktionsbasis 13
   3. Die Bedeutung der Generalnorm des § 264 Abs. 2 HGB 22
      a) Überblick 22
      b) Grundsätzliche Anmerkungen zur Entstehungsgeschichte
         von § 264 Abs. 2 HGB 26
      c) Funktion und Bedeutung der Generalnorm des § 264
         Abs. 2 HGB 30
      d) "Besondere Umstände" und zusätzliche Angabepflicht nach
         § 264 Abs. 2 Satz 2 HGB 38

II. Das Prinzip der Maßgeblichkeit der Handelsbilanz für die
    Steuerbilanz 41

2. Kapitel: Ökonomische und vertragsrechtliche Vorgaben ... 48

I. Begriff und Merkmale langfristiger Aufträge ... 48
   1. Definitorische Festlegung ... 48
   2. Strukturmerkmale langfristiger Aufträge ... 52

II. Langfristige Aufträge als schwebende Geschäfte - Eine begriffliche Festlegung ... 61

3. Kapitel: Die bilanzrechtliche Behandlung langfristiger Aufträge als schwebende Geschäfte ... 68

I. Der Grundsatz der bilanziellen Nichtberücksichtigung schwebender Geschäfte ... 68

II. Erfassungs- und Ausweismöglichkeiten bzw. -verpflichtungen langfristiger Aufträge als schwebende Geschäfte unter Beachtung des Grundsatzes ihrer bilanziellen Nichtberücksichtigung ... 77
   a) Inventarisierung schwebender Geschäfte ... 77
   b) Ausweis schwebender Geschäfte im Anhang ... 79

III. Zur Bilanzierung der Durchführung langfristiger Aufträge beim Auftragnehmer ... 81
   1. Die Problematik der Bilanzierungsfähigkeit und des Bilanzausweises ... 82
      a) Die Bilanzierung unfertiger Erzeugnisse und unfertiger Leistungen ... 82
      b) Das Problem des Bilanzausweises unfertiger Bauten auf fremdem Grund und Boden ... 85
   2. Langfristige Aufträge und Ermittlung des handels- und steuerbilanzrechtlichen Herstellungskostenansatzes ... 89
      a) Relevante Wertmaßstäbe und Bewertungsprinzipien ... 89
      b) Die Ermittlung der handels- und steuerbilanziellen Herstellungskosten auf der Grundlage der betrieblichen Kostenrechnung ... 92

	aa)	Besonderheiten der Kalkulation langfristiger Aufträge	93
	bb)	Abgrenzungsfragen und Bestimmung des Umfangs handels- und steuerbilanzieller Herstellungskosten	95
	cc)	Bestandteile handels- und steuerbilanzieller Herstellungskosten	97
	dd)	Die Berücksichtigung bestimmter Kostenarten bei langfristigen Aufträgen	99
		(1) Fremdkapitalzinsen	99
		(2) Vertriebskosten	100
		(3) Forschungs-, Entwicklungs- und Konstruktionskosten	105

ZWEITER TEIL: Das Realisationsprinzip und seine Anwendung bei langfristigen Aufträgen 107

1. Kapitel: Das Realisationsprinzip im System handelsrechtlicher Grundsätze ordnungsmäßiger Buchführung sowie seine steuerrechtliche Geltung 107

2. Kapitel: Zur Festlegung des Zeitpunktes der Gewinnrealisierung im Handels- und Steuerbilanzrecht 111

I. Realisationszeitpunkt und Forderungsbilanzierung 111

II. Die Ermittlung des Realisationszeitpunktes 113
   1. Das Prinzip des quasisicheren Anspruchs und die Diskussion möglicher Realisationszeitpunkte 113
   2. Die Bedeutung des Schuldrechts zur Festlegung des Zeitpunktes der Gewinnrealisierung - Das Prinzip des quasisicheren Anspruchs im Spiegel schuldrechtlicher Indikatoren 117

3. Kapitel: Die Problematik der Gewinnrealisierung bei langfristigen Aufträgen 121

I. Anknüpfung an vertragsrechtliche Grundlagen 121

II. Darstellung und Beurteilung der Problematik 122
 1. Ansatz aufwandsgleicher Selbstkosten 129
 2. Teilgewinnrealisierung durch Teilabnahme 132
 3. "Teilgewinnrealisierung" durch Teilabrechnung nicht selbständig abgrenzbarer Teillieferungen oder -leistungen 142
 4. Gewinnrealisierung entsprechend dem Fortschritt der Leistungserstellung - Die "Percentage-of-Completion"-Methode 146
    a) Auftragsgewinne als sich stetig akkumulierende Größe 146
    b) Die Beschreibung der "Percentage-of-Completion"-Methode 150
    c) Die Kritik an der "Percentage-of-Completion"-Methode 153
 5. Die Verpflichtung zu zusätzlichen Angaben nach § 264 Abs. 2 Satz 2 HGB 158
 6. Die Tarifermäßigung nach § 34 Abs. 3 EStG - eine spezifisch steuerrechtliche Problemlösung 162

Untersuchungsergebnisse und Ausblick 165

Literaturverzeichnis 171

Stichwortverzeichnis 205

Abkürzungsverzeichnis

a.a.O.	am angegebenen Ort
ABl.EG	Amtsblatt der Europäischen Gemeinschaften
Abs.	Absatz
Abschn.	Abschnitt
Abt.	Abteilung
ADS	Adler, H., Düring, W., Schmaltz, K. (Kommentar)
a.F.	alte Fassung
AG	Aktiengesellschaft, auch Die Aktiengesellschaft (Zeitschrift)
AGB	Allgemeine Geschäftsbedingungen
AGB-G	Gesetz zur Regelung des Rechts der Allgemeinen Geschäftsbedingungen
AICPA	American Institute of Certified Public Accountants
AktG	Aktiengesetz
a.M.	am Main
Anm.	Anmerkung
AO	Abgabenordnung
APB	Accounting Principles Board
Art.	Artikel
Aufl.	Auflage
BB	Betriebsberater (Zeitschrift)
Bd.	Band
BdF	Bundesminister der Finanzen
Bfin.	Beschwerdeführerin
Bearb.	Bearbeiter
Bem.	Bemerkung
ber.	bereinigt
BewG	Bewertungsgesetz
BFH	Bundesfinanzhof
BFH-NV	Sammlung amtlich nicht veröffentlichter Entscheidungen des Bundesfinanzhofs
BFuP	Betriebswirtschaftliche Forschung und Praxis (Zeitschrift)
BGB	Bürgerliches Gesetzbuch
BGBl.	Bundesgesetzblatt

BGHZ	Entscheidungen des Bundesgerichtshofs in Zivilsachen
BiBuPr	Bilanz- und Buchhaltungspraxis (Zeitschrift)
BMF	Bundesministerium der Finanzen
BMWF	Bundesministerium für Wirtschaft und Finanzen
BR-Drucks.	Bundesrats-Drucksache
BStBl.	Bundessteuerblatt
BT-Drucks.	Bundestags-Drucksache
bzw.	beziehungsweise
DB	Der Betrieb (Zeitschrift)
DBW	Die Betriebswirtschaft (Zeitschrift)
d.h.	das heißt
DIHT	Deutscher Industrie- und Handelstag
Diss.	Dissertation
DStR	Deutsches Steuerrecht (Zeitschrift)
DStZ	Deutsche Steuerzeitung (Zeitschrift)
E, ED	Exposure Draft
ed.	edition
EFG	Entscheidungen der Finanzgerichte (Zeitschrift)
EG	Europäische Gemeinschaften
Erl.	Erlaß
EStDV	Einkommensteuer-Durchführungsverordnung
EStG	Einkommensteuergesetz
EStR	Einkommensteuer-Richtlinien
e.V.	eingetragener Verein
f.	folgende
ff.	fortfolgende
FG	Finanzgericht
FM	Finanzminister, Finanzministerium
Fn.	Fußnote
FN-IDW	Fachnachrichten des IDW/internes Mitteilungsblatt
FR	Finanzrundschau (Zeitschrift)
FS	Festschrift
G	Gesetz
gem.	gemäß
GenG	Gesetz betreffend die Erwerbs- und Wirtschafts-

GenG	Gesetz betreffend die Erwerbs- und Wirtschaftsgenossenschaften (Genossenschaftsgesetz)
GewStG	Gewerbesteuergesetz
GG	Grundgesetz (für die Bundesrepublik Deutschland)
GmbH	Gesellschaft mit beschränkter Haftung
GmbHG	Gesetz betreffend die Gesellschaften mit beschränkter Haftung
GoB	Grundsätze ordnungsmäßiger Buchführung
GrS	Großer Senat
GVR	Gewinn- und Verlustrechnung
HB	Handelsbilanz
HFA	Hauptfachausschuß des Instituts der Wirtschaftsprüfer in Deutschland e.V.
HGB	Handelsgesetzbuch
HGB-E	Entwurf eines Gesetzes zur Änderung des HGB
h.M.	herrschende Meinung
Hrsg.	Herausgeber
HWÖ	Handwörterbuch der Öffentlichen Betriebswirtschaft
HWR	Handwörterbuch des Rechnungswesens
HWRev	Handwörterbuch der Revision
IAS	Internationaler Rechnungslegungsgrundsatz des International Accounting Standards Committee
IASC	International Accounting Standards Committee
i.d.F.	in der Fassung
i.d.R.	in der Regel
IDW	Institut der Wirtschaftsprüfer in Deutschland e.V.
i.S.	im Sinne
i.V.m.	in Verbindung mit
JbFSt	Jahrbuch der Fachanwälte für Steuerrecht
Jg.	Jahrgang
JoA	Journal of Accountancy (Zeitschrift)
KG	Kommanditgesellschaft
KGaA	Kommanditgesellschaft auf Aktien
krp	Kostenrechnungspraxis (Zeitschrift)
KSt	Körperschaftsteuer

NB	Neue Betriebswirtschaft (Zeitschrift)
n.F.	neue Fassung
NJW	Neue Juristische Wochenschrift (Zeitschrift)
Nr.	Nummer
NRW	Nordrhein-Westfalen
n.v.	nicht veröffentlicht
OFH	Oberster Finanzhof
o. Jg.	ohne Jahrgang
OLG	Oberlandesgericht
PublG	Gesetz über die Rechnungslegung von bestimmten Unternehmen und Konzernen (Publizitätsgesetz)
RdF	Reichsminister der Finanzen
Rep.	Replik
RFH	Reichsfinanzhof
RFHE	Sammlung der Entscheidungen des Reichsfinanzhofs
RG	Reichsgericht
RGBl.	Reichsgesetzblatt
RGZ	Entscheidung(en) des Reichsgerichts in Zivilsachen
RIW	Recht der Internationalen Wirtschaft (Zeitschrift)
Rn.	Randnummer
RStBl.	Reichssteuerblatt
S.	Seite
s.	siehe
s. bes.	siehe besonders
sog.	sogenannt
StB	Steuerbilanz
StbJb	Steuerberater-Jahrbuch
StBp	Die steuerliche Betriebsprüfung (Zeitschrift)
StKgR	Steuerberaterkongreß-Report (Zeitschrift)
StRefG	Steuer-Reform-Gesetz
StuW	Steuer und Wirtschaft (Zeitschrift)
Tz.	Textziffer

u.	und
u.a.	und andere
Urt.	Urteil
USA	United States of America
usw.	und so weiter
u.U.	unter Umständen
v.	von, vom
VAG	Gesetz über die Beaufsichtigung der privaten Versicherungsunternehmen (Versicherungsaufsichtsgesetz)
Verf.	Verfasser
vgl.	vergleiche
VOB	Verdingungsordnung für Bauleistungen
VOL	Verdingungsordnung für Leistungen (ausgenommen Bauleistungen)
Vol.	Volume
WiSt	Wirtschaftswissenschaftliches Studium (Zeitschrift)
WPg	Die Wirtschaftsprüfung (Zeitschrift)
WP-Handbuch	Wirtschaftsprüfer-Handbuch
WPK	Wirtschaftsprüferkammer
WPO	Wirtschaftsprüferordnung
z.B.	zum Beispiel
ZfB	Zeitschrift für Betriebswirtschaft
ZfbF	Zeitschrift für betriebswirtschaftliche Forschung
ZfhF	Zeitschrift für handelswissenschaftliche Forschung
ZGR	Zeitschrift für Unternehmens- und Gesellschaftsrecht
ZHR	Zeitschrift für das gesamte Handelsrecht und Wirtschaftsrecht
ZIR	Zeitschrift Interne Revision
zit.	zitiert
z.T.	zum Teil

Einführung

Neben Unternehmen der Massen- oder Serienproduktion treten heute in zunehmendem Maße auch Unternehmen, die sich ausschließlich oder schwerpunktmäßig mit der auftragsbezogenen und daher nach individuellen Kundenwünschen ausgerichteten Herstellung technisch komplexer Güter bzw. mit der Erbringung umfangreicher Dienstleistungen beschäftigen. In einen solchen, durch das Merkmal der Komplexität sich auszeichnenden Zusammenhang ist auch der Begriff "langfristige Aufträge" eingebettet. Hierbei hat man es nicht nur mit besonders hohen mengen- und wertmäßigen Dimensionen zu tun, sondern es wird zur Auftragsdurchführung auch die Inanspruchnahme relativ langer Zeiträume notwendig, die i.d.R. mehrere Jahre umfassen.

Dies hat Auswirkungen für die handels- und steuerbilanzielle Behandlung der Aufträge beim Auftragnehmer, da während der Auftragsdurchführung mehrere handels- und steuerrechtliche Bilanzierungszeiträume tangiert werden. Es stellt sich dabei für die Auftragnehmer das generelle Problem, welcher Periode der Auftragsdurchführung die angefallenen Aufwendungen und Erträge zuzurechnen sind. Als Ausfluß dieser Zurechnungsproblematik hat sich schließlich die zentrale Frage herausgebildet, wann und in welcher Form Gewinne aus langfristigen Aufträgen handels- und steuerbilanziell zu erfassen sind. Wie bedeutsam gerade die Behandlung dieser Fragestellung für die Praxis ist, wird an der in Schrifttum, Praxis und Rechtsprechung schon seit Jahrzehnten in bemerkenswertem Umfange geführten Diskussion erkennbar. Wer allerdings meint, es hätten sich angesichts einer solch intensiven Auseinandersetzung mit der Thematik auch gefestigte und vor allem übereinstimmende Auffassungen herausgebildet, muß enttäuscht werden. Wie kontrovers das Meinungsspektrum gerade in diesem Teilbereich der Bilanzierung ist, unterstreicht Clemm im Jahre 1980 mit dem Hinweis, daß sich der Hauptfachausschuß des IDW schon seit über einem Jahrzehnt mit der Bilanzierung bei langfristigen Aufträgen befasse, ohne zu einer umfassenden Klärung grundsätzlicher Fragen gekommen zu sein.[1] Auch zehn Jahre später hat sich, wie Selchert herausstellt, an dieser Situation nichts geändert.[2] Die Bilanzierenden sehen sich weiterhin einer Vielzahl unterschiedlicher Auffassungen und Diskussionsrichtungen gegenüber. Insoweit handelt es sich um einen unbefriedigenden Zustand, der die Notwendigkeit hervortreten läßt, die Gesamtproblematik bei langfristigen Aufträgen kritisch zu analysieren und zur

---

[1] Vgl. *Clemm, H.*: Grundprobleme der Gewinn- und Verlustrealisation bei langfristiger Auftragsfertigung und langfristiger Vermietung, in: *Ruppe, H.G.* (Hrsg.): Gewinnrealisierung im Steuerrecht. Theorie und Praxis der Gewinnverwirklichung durch Umsatzakt und durch Steuerentstrickung sowie des Besteuerungsaufschubs, Köln 1981, S. 117-135. s. bes. S 117 f.

[2] Vgl. *Selchert, F.W.*: Das Realisationsprinzip - Teilgewinnrealisierung bei langfristiger Auftragsfertigung, DB, 43. Jg. (1990), S. 797-805, s. bes. S. 797.

Klärung grundlegender Fragen beizutragen; eine Aufgabe, der sich die vorliegende Untersuchung stellen will.

Zentraler Schwerpunkt dieser Auseinandersetzung bilden die für die Handels- und Steuerbilanz so bedeutsamen Grundsätze ordnungsmäßiger Buchführung, wobei für die hier zu erörternden Fragen der Gewinnrealisierung vor allem das Realisationsprinzip in den Vordergrund der Betrachtung rückt. Gerade dieses Prinzip sieht sich bei dem hier zu betrachtenden Problem unterschiedlichen Einflußfaktoren ausgesetzt, die es im Rahmen der Untersuchung zu erfassen und zu bewerten gilt. Insbesondere sind hierbei auf handelsrechtlicher Seite Impulse zu erörtern, die auf die Umsetzung der 4. EG-Richtlinie in das nationale Recht zurückzuführen sind. Gleichzeitig ist es auch erforderlich, die Gesamtproblematik auf der Grundlage einer ökonomischen und vertragsrechtlichen Kennzeichnung zu diskutieren, wobei als Bindeglied zur bilanzrechtlichen Erörterung die Einbettung in den Problemkreis schwebender Geschäfte fungiert. Ebenso sind die von steuerrechtlicher Seite ausgehenden Einflüsse zu untersuchen, die in einem nicht unbedeutenden Maße auf das Realisationsprinzip bzw. die Gewinnrealisierung einwirken. In Ermangelung ausführlicher handelsrechtlicher Regelungen kommt hierbei insbesondere der einzelfallbezogenen Steuerrechtsprechung herausragende Bedeutung bei der Ausgestaltung und Fortentwicklung der Grundsätze ordnungsmäßiger Buchführung zu. Allerdings soll sich in dieser Arbeit die Bedeutung des Steuerrechts nicht darauf beschränken, lediglich zur Klärung der handelsrechtlichen Seite beizutragen. Die hier zu betrachtenden Fragen der Gewinnrealisation wirken vielmehr als unmittelbarer Ausdruck der Maßgeblichkeit der handelsrechtlichen Grundsätze ordnungsmäßiger Buchführung gem. § 5 Abs. 1 Satz 1 EStG auch auf die Steuerbilanz ein.

Ziel der folgenden Untersuchung ist es somit, aufbauend auf der gesetzlichen Grundlage, für die Frage der Gewinnrealisierung bei langfristigen Aufträgen in Handels- und Steuerbilanz ein Gefüge geordneter Beurteilungs- und Entscheidungskriterien abzuleiten. Dabei gilt es, die zu der Thematik ergangenen Literaturmeinungen, Praxisvorschläge und Rechtsprechungsergebnisse zu systematisieren, kritisch zu analysieren und sie schlußfolgernd in eine Gesamtbeurteilung einfließen zu lassen.

ERSTER TEIL

Die Analyse bilanzrechtlicher, ökonomischer und vertragsrechtlicher Vorgaben

1. Kapitel: Handels- und steuerbilanzrechtliche Grundlagen

I. Handelsbilanzrechtliche Grundlagen

1. Relevante Rechnungslegungsvorschriften und Jahresabschlußzwecke

Der zentrale Ausgangspunkt der Untersuchung sind die handelsrechtlichen Vorschriften des für alle Kaufleute geltenden Ersten Abschnittes des Dritten Buches des HGB (§§ 238-263) sowie die nur für Kapitalgesellschaften geltenden ergänzenden Regelungen des Zweiten Abschnittes des Dritten Buches des HGB (§§ 264-335).[3] Bezüglich der Bestandteile des Jahresabschlusses regelt die für alle Kaufleute geltende Vorschrift des § 242 Abs. 3 HGB, daß der Jahresabschluß von Bilanz und Gewinn- und Verlustrechnung gebildet wird, während § 264 Abs. 1 Satz 1 HGB den gesetzlichen Vertretern von Kapitalgesellschaften die Verpflichtung auferlegt, den Jahresabschluß i.S. des § 242 HGB um einen Anhang zu erweitern, wobei dieser mit der Bilanz und der Gewinn- und Verlustrechnung eine Einheit bildet.[4] Der Gesetzgeber legt mit der für Kapitalgesellschaften geltenden Erweiterung des Jahresabschlusses den Anhang als gleichrangiges Rechnungslegungsinstrument neben Bilanz und Gewinn- und Verlustrechnung fest.[5] Damit wird es "ohne Informationsverlust" möglich, "Angaben in den Anhang zu übernehmen, die sonst in der Bilanz oder in der Gewinn- und Verlustrechnung zu machen wären".[6]

---

[3] Zur Trennung der für alle Kaufleute geltenden Vorschriften von den ergänzenden, nur für Kapitalgesellschaften geltenden Vorschriften des HGB vgl. *ADS*: Rechnungslegung und Prüfung der Unternehmen, Kommentar zum HGB, AktG, GmbHG, PublG nach den Vorschriften des Bilanzrichtlinien-Gesetzes, 5. Aufl., Stuttgart 1987, § 264, Tz. 6; *Herrrmann, E., Knieschewski, G.,* in: *Küting, K., Weber, C.-P.* (Hrsg.): Handbuch der Rechnungslegung. Kommentar zur Bilanzierung und Prüfung, 3. Aufl., Stuttgart 1990, I, Rn. 48.

[4] Der Jahresabschluß der Kapitalgesellschaft wird damit durch "drei unverzichtbare Bestandteile" geprägt, *Budde, W.D., Karig, K.P.,* in: *Budde, W.D.* u.a. (Bearb.): Beck'scher Bilanz-Kommentar. Der Jahresabschluß nach Handels- und Steuerrecht. Das Dritte Buch des HGB, 2. Aufl., München 1990, § 264, Anm. 5. Vgl. in diesem Zusammenhang auch die treffende Kennzeichnung von Forster als "tres faciunt collegium", *Forster, K.-H.:* Anhang, Lagebericht, Prüfung und Publizität im Regierungsentwurf eines Bilanzrichtlinie-Gesetzes, DB, 35. Jg. (1982), S. 1577-1582, s. bes. S. 1577.

[5] Die Gleichrangigkeit wird insbesondere durch die Tatsache unterstrichen, daß der Anhang als Bestandteil des Jahresabschlusses der Publizität nach §§ 325 ff. HGB unterliegt, vgl. *ADS*: a.a.O., § 264, Tz. 13.

[6] BT-Drucks. 10/317, S. 75.

Was nun die Bedeutung der Jahresabschlußelemente Bilanz, Gewinn- und Verlustrechnung sowie im Falle von Kapitalgesellschaften zusätzlich des Anhangs betrifft, so hängt dies entscheidend von der Beantwortung der Frage ab, welche Zwecke überhaupt mit dem handelsrechtlichen Jahresabschluß verfolgt werden sollen. Dabei gilt es, ein gesetzentsprechendes System von Jahresabschlußzwecken aufzubauen, wobei ein derartiges System mit den Zielvorstellungen derjenigen zu verknüpfen ist, die am Jahresabschluß eines Unternehmens interessiert sind. Hierbei erscheint es angebracht, die Unternehmung als Koalition aufzufassen, an der sich Personen bzw. Personengruppen, wie z.B. Eigentümer, Gläubiger, Arbeitnehmer, Lieferanten, Kunden und der Fiskus beteiligen.[7] Demnach stellt die Unternehmung ein "Zweckgebilde" dar, mit dessen Hilfe die Ziele der an ihr beteiligten Personen bzw. Personengruppen erfüllt werden.[8] Allerdings ist der Anreiz zum Eintritt in die bzw. zum Verbleib in der Koalition Unternehmung - abgesehen von der Sonderstellung des Fiskus - davon abhängig, inwieweit angestrebte finanzielle und nichtfinanzielle Ziele erreicht werden können. Daher müssen auch den Entscheidungen über Eintritt in die bzw.

---

[7] Zur Koalitionstheorie, auf die hier nur grundlegend eingegangen wird, vgl. insbesondere *Cyert, R.M., March, J.G.*: A Behavioral Theory of The Firm, Englewood Cliffs, New Jersey 1963, S. 26 ff.; *Staehle, W.H.*: Die Unternehmung als Koalition und die Notwendigkeit der Werbung um Koalitionsteilnehmer, ZfB, 39. Jg. (1969), S. 377-390; *Schildbach, T.*: Analyse des betrieblichen Rechnungswesens aus der Sicht der Unternehmensbeteiligten, Wiesbaden 1975, S. 15 ff., s. bes. S. 19 f. Mit der Bezugnahme auf Personengruppen wird erreicht, daß nicht alle Individualinteressen berücksichtigt werden müssen, sondern daß Einzelinteressen auch in homogenen Interessenstrukturen zusammengefaßt werden können; vgl. hierzu auch *Egner, H.*: Bilanzen. Ein Lehrbuch zur Bilanztheorie, München 1974, S. 11, der das Beispiel von "zigtausend Aktionäre einer Publikumsaktiengesellschaft" anführt, gleichzeitig aber auch darauf hinweist, daß die Grenze zur Gruppenbildung dort überschritten wäre, wo "wesentlich unterschiedliche Interessen zu einer Gruppe zusammengefaßt" werden.

[8] *Schmidt, R.B.*: Die Instrumentalfunktion der Unternehmung - Methodische Perspektiven zur betriebswirtschaftlichen Forschung, ZfbF, 19. Jg. (1967), S. 233-245.

Verbleib in der Koalition Unternehmung "regelmäßig Informationen über den Erreichungsgrad" der "finanziellen und nichtfinanziellen Zielvorstellungen" zugrunde gelegt werden.[9]

Es kann festgestellt werden, daß der Jahresabschluß seinen Sinn durch eine bestehende Interessen- und Zieldivergenz erhält und ihm deshalb auch eine ausgleichende Funktion zugesprochen werden muß, die als "Interessenregelung" bezeichnet werden kann.[10] So kann beispielsweise Ziel- und Interessendivergenz im Falle einer AG zwischen dem Vorstand und den Aktionären hinsichtlich der Höhe des ausschüttbaren Gewinnes auftreten, da der Vorstand als unternehmenführendes Organ Risikovorsorge oder Selbstfinanzierung betreiben will, dem aber der "Gewinnhunger" von Aktionären entgegenstehen kann.[11] Allerdings muß hier innerhalb der Gruppe der Aktionäre wiederum differenziert vorgegangen werden, da Großaktionäre durchaus mit dem Vorstand konforme Interessen vertreten können, während Kleinaktionäre oftmals davon abweichende Interessen verfolgen.[12] Es ließe sich eine Vielzahl anderer Beispiele für Ziel- und Interessenkonformitäten bzw.

---

[9] *Coenenberg, A.G.*: Jahresabschluß und Jahresabschlußanalyse: Betriebswirtschaftliche, handels- und steuerrechtliche Grundlagen, 13. Aufl., Landsberg am Lech 1992, S. 739. Eine im Sinne der Koalitionstheorie verstandene Theorie der Unternehmung schließt dabei die unrealistische Vorstellung von der Unternehmung "als einer konfliktfreien Wirtschaftseinheit" aus, (*Russ, W.*: Der Anhang als dritter Teil des Jahresabschlusses. Eine Analyse der bisherigen und der zukünftigen Erläuterungsvorschriften für die Aktiengesellschaft, 2. Aufl., Bergisch Gladbach, Köln 1986, S. 9), wie sie insbesondere in unternehmenstheoretischen Ansätzen zum Ausdruck gebracht wird, die die "Unternehmung an sich" oder die Unternehmung im Hinblick auf die Interessen einzelner Personen oder Personengruppen interpretieren; vgl. hierzu *Coenenberg, A.G.*: a.a.O., S. 735 ff., der kritisch die Ansätze der Eigner-Theorie, Einheitstheorie, Fondstheorie und Management-Theorie beurteilt; vgl. in diesem Zusammenhang auch die kritische Analyse unternehmenstheoretischer Ansätze bei *Bieg, H.*: Schwebende Geschäfte in Handels- und Steuerbilanz. Die derzeitige und mögliche bilanzielle Behandlung beiderseits noch nicht erfüllter synallagmatischer Verträge unter besonderer Berücksichtigung der Interessen der Bilanzadressaten, Frankfurt a.M., Bern 1977, S. 81 ff. Gerade durch die unterschiedlichen Interessen der an der Koalition Unternehmung Beteiligten stellt sich die Unternehmung als konfliktäre Wirtschaftseinheit dar und bildet so die geeignete Grundlage für bilanztheoretische Überlegungen im Hinblick auf ein abzuleitendes Zwecksystem des Jahresabschlusses, vgl. *Szyperski, N.*: Einige aktuelle Bemerkungen zur Theorie der Unternehmensrechnung, BFuP 16. Jg. (1964), S. 270-282 und insbesondere die auf S. 275 gemachte Feststellung, daß "der unmittelbare Zusammenhang zwischen Unternehmungstheorie und Rechnungstheorie ... bei der Definition rechnungstheoretischer Grundbegriffe sichtbar" wird, "die sich auf wirtschaftstheoretische stützen müssen, wollen sie nicht beziehungslos im Raum stehen".

[10] Vgl. *Baetge, J.*: Rechnungslegungszwecke des aktienrechtlichen Jahresabschlusses, in: *Baetge, J.* u.a. (Hrsg.): Bilanzfragen, FS für Ulrich Leffson, Düsseldorf 1976, S. 11-30, s. bes. S. 23, wobei Baetge treffend die Bedeutung der Interessen- und Zieldivergenz mit der Feststellung hervorhebt, daß, bezogen auf den aktienrechtlichen Jahresabschluß, dieser "ohne ... Ziel- und Interessenkonflikte ... überflüssig wäre, denn jede Adressatengruppe würde vermutlich betriebswirtschaftlich wirksamere Kalküle zur Verwirklichung und Kontrolle ihrer Zielerreichung fordern und heranziehen". Bezeichnenderweise wird diese Thematik auch im Titel der ebenfalls von Baetge herausgegebenen Arbeit "Der Jahresabschluß im Widerstreit der Interessen", Düsseldorf 1983, zum Ausdruck gebracht.

[11] Vgl. *Freericks, W.*: Bilanzierungsfähigkeit und Bilanzierungspflicht in Handels- und Steuerbilanz, Köln, Berlin, Bonn, München 1976, S. 27.

[12] Vgl. *Egner, H.*: a.a.O., S. 67 f. Zur heterogenen Interessenstruktur der Anteilseigner vgl. auch *Ciesielski, A.*: Unternehmensberichterstattung zur Fundierung von Anteilseignerentscheidungen, Wiesbaden 1977, S. 47 f.

-divergenzen nennen, wobei letztlich all diese Ziel- und Interessenstrukturen zu einer grundlegenden Aussage über die Bedeutung des Jahresabschlusses führen: Der Jahresabschluß muß nicht nur einem Ziel oder Interesse entsprechen, sondern er ist als Instrument der Interessenregelung einzusetzen, wobei er auf einen kompromißbehafteten Ziel- und Interessenausgleich abzielt.[13] Allerdings wäre es nicht ausreichend, sich mit dieser Aussage zu begnügen, da dem Jahresabschluß, ausgehend von der Interessenregelungsfunktion, zwei grundsätzliche Zwecke beigemessen werden können.[14] So läßt sich aus dem Oberbegriff der Interessenregelung auf der einen Seite das Ziel der Regelung von Informationsinteressen und auf der anderen Seite das Ziel der Regelung von Zahlungsbemessungsinteressen ableiten. Damit wird aber gleichzeitig auch die Frage aufgeworfen, in welchem Verhältnis diese Ziele zueinander stehen. Da der Gesetzgeber explizit keine Definition von Jahresabschlußzwecken gegeben hat, ist es zunächst nicht möglich, die Beantwortung dieser Frage unmittelbar aus den gesetzlichen Vorschriften zu entnehmen. Auch der Versuch, durch betriebswirtschaftstheoretische Ansätze i.S. einer ökonomischen Aufgabenbeschreibung der Bilanz der Frage näherzukommen, kann hier nicht sehr viel weiterhelfen.[15]

---

[13] Vgl. *Baetge, J.*, in: *Baetge, J.* u.a. (Hrsg.): a.a.O., S. 23.

[14] Vgl. aus der umfassenden Literatur zu dieser Thematik beispielsweise ebenda; *Drukarczyk, J.*: Zur Interpretation des § 156 Abs. 4 Aktiengesetz, in: *Baetge, J.* u.a. (Hrsg.): a.a.O., S. 119-136, s. bes. S. 129; *Moxter, A.*: Die Jahresabschlußaufgaben nach der EG-Bilanzrichtlinie. Zur Auslegung von Art. 2 Bilanzrichtlinie, AG, 24. Jg. (1979), S. 141-146; *Leffson, U.*: Die Grundsätze ordnungsmäßiger Buchführung, 7. Aufl., Düsseldorf 1987, S. 55 ff.; *ADS*: a.a.O., § 242, Tz. 41 u. § 264, Tz. 87 ff.; *Budde, W.D., Karig, K.P.*, in: *Budde, W.D.* u.a. (Bearb.): a.a.O., § 264, Anm. 35. Die Ableitung grundsätzlicher Zwecke des handelsrechtlichen Jahresabschlusses setzt allerdings voraus, daß angesichts des hohen Grades an Heterogenität der Interessenstrukturen von typischen Interessen der Koalition Unternehmung beteiligten Personen bzw. Personengruppen auszugehen ist, vgl. hierzu *Stützel, W.*: Bemerkungen zur Bilanztheorie, ZfB, 37. Jg. (1967), S. 314-340, s. bes. S. 319 f.; *Egner, H.*: a.a.O., S. 24.

[15] So wird beispielsweise von betriebswirtschaftstheoretischer Seite dem Jahresabschluß die Aufgabe beigemessen, er solle i.S. von "Allokationseffizienz" "für eine wirtschaftlich sinnvolle Verteilung knapper Mittel sorgen". Gleichzeitig wird aber festgestellt, daß diese "Allokationseffizienz" einerseits nur durch "die Marktpreise auf einem vollkommenen und vollständigen Markt" gewährleistet werden kann, andererseits aber Märkte in der Realität unvollkommen und unvollständig sind. Deshalb sei der Jahresabschluß notwendig, "um ... modellmäßig jene Informationen zu simulieren, welche die Marktpreise auf einem vollkommenen und vollständigen Markt böten", wobei der Jahresabschluß "über ein Bewertungskapitalmarktmodell jenes Wissen über eine Unternehmung liefern" solle, "das zur Auslösung von Arbitragehandlungen auf Kapitalmärkten notwendig" sei, *Schneider, D.*: Betriebswirtschaftliche Gewinnermittlung oder ökonomische Analyse des Bilanzrechts?, ZfbF, 35. Jg. (1983), S. 1040-1065, s. bes. S. 1062. Zu Recht wird gegen eine derartige Auffassung allerdings angeführt, daß diese mit einer am Grundsatz der Einzelbewertung ausgerichteten Bilanzierung unvereinbar sei, da durch die Bezugnahme auf Marktpreise auf einem vollkommenen und vollständigen Markt nur auf den Gegenwartswert zukünftig erwarteter Entnahmen abgestellt würde, dessen Ermittlung nur mittels Unternehmensgesamtbewertung und damit eben nicht einzelbewertungsorientiert erfolgen könne, vgl. *Moxter, A.*: Grundsätze ordnungsmäßiger Unternehmensbewertung, 2. Aufl., Wiesbaden 1983, S. 9-11 u. S. 116 f.

Letztlich muß eine Konkretisierung der Jahresabschlußzwecke "durch einen Akt der Wertung, insbesondere durch das Gesetz", vorgenommen werden.[16] Deshalb haben sich auf der Grundlage des bestehenden Gesetzes auch mehrere Auffassungen herausgebildet, die zu den handelsrechtlichen Jahresabschlußzwecken Stellung nehmen.

So wird einerseits die Meinung vertreten, "der primäre Sinn und Zweck des handelsrechtlichen Jahresabschlusses", verstanden als Bilanz und Gewinn- und Verlustrechnung, bestehe "unabhängig von der Rechtsform in der Bestimmung eines als Gewinn verteilbaren Betrages", wobei diese "Primärorientierung" an der Zahlungsbemessungsfunktion eine Dominanz über das Ziel der Informationsregelung bewirke.[17] Dabei stützt sich diese Argumentation auf die für die bilanzielle Vermögens- und Gewinnermittlung bedeutsamen Grundsätze des Imparitäts- und Realisationsprinzips.[18] Entscheidend ist, daß auch für Kapitalgesellschaften im Zusammenhang mit Bilanzansatz und Bilanzbewertung trotz der Forderung des § 264 Abs. 2 Satz 1 HGB nach Vermittlung eines den tatsächlichen Verhältnissen entsprechenden Bildes der Vermögens-, Finanz- und Ertragslage vom Primat der Ausschüttungsregelung ausgegangen wird. Dies wird zum einen mit dem Verweis auf die Grundsätze ordnungsmäßiger Buchführung in § 264 Abs. 2 Satz 1 HGB und zum anderen damit begründet, über eine Einbeziehung des Anhangs drohende Informationsdefizite beheben zu können.[19]

Dem steht allerdings die Auffassung gegenüber, die dem Jahresabschluß (für Kapitalgesellschaften) primär die Aufgabe der Regelung von Informationsinteressen zuordnet.[20] Hierbei steht die vergangenheitsorientierte Rechenschaft im Vordergrund und das hinter der Regelung von Zahlungsbemessungsinteressen stehende Ziel der (nominellen) Kapitaler-

---

[16] *Euler, R.*: Grundsätze ordnungsmäßiger Gewinnrealisierung, Düsseldorf 1989, S. 37.

[17] *Moxter, A.*: Bilanzlehre. Bd. II: Einführung in das neue Bilanzrecht, 3. Aufl., Wiesbaden 1986, S. 18; vgl. hierzu auch *Döllerer, G.*: Statische oder dynamische Bilanz?, BB, 23. Jg. (1968), S. 637-641, s. bes. S. 637; *Schneider, D.*: Aktienrechtlicher Gewinn und ausschüttungsfähiger Betrag, WPg, 24. Jg. (1971), S. 607-617, s. bes. S. 607; *Beisse, H.*: Zum Verhältnis von Bilanzrecht und Betriebswirtschaftslehre, StuW, 61. (14.) Jg. (1984), S. 1-14, s. bes. S. 4; *Moxter, A.*: Zum Sinn und Zweck des handelsrechtlichen Jahresabschlusses nach neuem Recht, in: *Havermann, H.* (Hrsg.): Bilanz- und Konzernrecht, FS für Reinhard Goerdeler, Düsseldorf 1987, S. 361-374, s. bes. S. 368.

[18] Vgl. *Moxter, A.*: Bilanzlehre. Bd. II ..., a.a.O., S. 17.

[19] Vgl. ebenda, S. 67 f., wobei durch die Berücksichtigung des Anhangs die "Abkopplungsthese" aufgestellt wird: Bilanz und damit zusammenhängend Gewinn- und Verlustrechnung kann primär Zahlungsbemessungsfunktion zugewiesen werden und für beide Jahresabschlußelemente wird eine weitgehende Loslösung vom Ziel der Regelung von Informationsinteressen erreicht.

[20] Vgl. *Leffson, U.*: Die Grundsätze ..., a.a.O., passim; vgl. hierzu insbesondere auch die Auseinandersetzung mit den von Moxter aufgestellten Thesen auf den S. 98 ff.

haltung wird als Nebenbedingung aufgefaßt.[21] Gleichzeitig wird gegenüber der vorhergehenden Argumentation im Falle von Kapitalgesellschaften eine Einbeziehung des Anhangs zur Vermeidung von Informationsdefiziten als nicht ausreichend betrachtet.[22]

Versteht man die letztgenannte Auffassung allerdings dahingehend, daß mit Rechenschaft das "Auf und Ab" der Unternehmung, die Unternehmensentwicklung, gemeint ist,[23] so müssen de lege lata, insbesondere angesichts der rechtsformunabhängigen Kodifizierung des Realisations- und Imparitätsprinzips in § 252 Abs. 1 Nr. 4 HGB, Zweifel geäußert werden.[24] Denn diese Prinzipien sind wohl "... nur sinnvoll begründbar mit der Zahlungsbemessungsfunktion des Jahresabschlusses ...".[25] Gleichzeitig wird damit aber die Auffassung von der Dominanz des Zahlungsbemessungszwecks für Bilanz und Gewinn- und Verlustrechnung auf etwas abgestützt, was sich als Ausdruck der vom Gesetzgeber aufgestellten Ansprüche darstellt, denen der handelsrechtliche Jahresabschluß zu entsprechen hat. Um deshalb festzustellen, ob sich die geäußerten Zweifel bestätigen, gilt es, die insbesondere in § 243 Abs. 1 HGB zum Ausdruck kommende Forderung des Gesetzgebers, wonach der Jahresabschluß nach den Grundsätzen ordnungsmäßiger Buchführung aufzustellen ist, näher zu untersuchen.

2. Die Bedeutung der Grundsätze ordnungsmäßiger Buchführung

a) Rechtsnatur und Ermittlungsmethoden

Den Begriff "Grundsätze ordnungsmäßiger Buchführung" nennt der Gesetzgeber an verschiedenen Stellen im Gesetz, ohne eine eindeutige Definition zu geben. So heißt es beispielsweise in § 238 Abs. 1 Satz 1 HGB: "Jeder Kaufmann ist verpflichtet, Bücher zu führen und in diesen seine Handelsgeschäfte und die Lage seines Vermögens nach den

---

[21] Vgl. *Leffson, U.*: Die Grundsätze ..., a.a.O., S. 104.

[22] Vgl. derselbe: Zur Generalnorm und zum Bestätigungsvermerk des Vorentwurfs eines Bilanzrichtliniengesetzes sowie Anmerkungen zu weiteren Vorschriften, WPg, 33. Jg. (1980), S. 289-293, s. bes. S. 290; derselbe: Bild der tatsächlichen Verhältnisse, in: *Leffson, U.* u.a. (Hrsg.): Handwörterbuch unbestimmter Rechtsbegriffe im Bilanzrecht des HGB, Köln 1986, S. 94-105, s. bes. S. 103.

[23] *Schmalenbach, E.*: Dynamische Bilanz, 13. Aufl., bearb. von *Bauer, R.*, Köln und Opladen 1962, S. 54.

[24] Auch ist, wie Müller treffend hervorhebt, zweifelhaft, ob das Stetigkeitsprinzip gem. § 252 Abs. 1 Nr. 6 HGB Rechenschaft im oben verstandenen Sinne sichert, vgl. *Müller, J.*: Das Stetigkeitsprinzip im neuen Bilanzrecht, BB, 42. Jg. (1987), S. 1629-1637.

[25] *Ballwieser, W.*: Sind mit der neuen Generalklausel zur Rechnungslegung auch neue Prüfungspflichten verbunden?, BB, 40. Jg. (1985), S. 1034-1043, s. bes. S. 1036.

Grundsätzen ordnungsmäßiger Buchführung ersichtlich zu machen." In § 241 Abs. 1 Satz 2 HGB heißt es im Zusammenhang mit den Inventurvereinfachungsverfahren: "Das Verfahren muß den Grundsätzen ordnungsmäßiger Buchführung entsprechen." Zum Jahresabschluß fordert der für alle Kaufleute geltende § 243 Abs. 1 HGB, daß dieser nach den Grundsätzen ordnungsmäßiger Buchführung aufzustellen ist und § 264 Abs. 2 Satz 1 HGB verlangt für den Jahresabschluß der Kapitalgesellschaft die Vermittlung eines den tatsächlichen Verhältnissen entsprechenden Bildes der Vermögens-, Finanz- und Ertragslage unter Beachtung der Grundsätze ordnungsmäßiger Buchführung.

Die gesetzlichen Regelungen zeigen die zentrale Bedeutung der Grundsätze ordnungsmäßiger Buchführung für die handelsrechtliche Rechnungslegung auf. Dabei umfassen diese nicht nur, wie aus dem Wortlaut zu entnehmen wäre, die Führung der Handelsbücher, verstanden als Grundsätze ordnungsmäßiger Buchführung im engeren Sinne, sondern beanspruchen auch für die Inventur und den Jahresabschluß besondere Geltung und Beachtung.[26] Zugleich macht die gesetzliche Konzeption des HGB die rechtsformneutrale Geltung der Grundsätze deutlich, was durch den für alle Kaufleute geltenden Aufstellungsgrundsatz des § 243 Abs. 1 HGB als auch durch die nur für Kapitalgesellschaften geltende Regelung des § 264 Abs. 2 Satz 1 HGB zum Ausdruck gebracht wird.[27] Während jedoch weitgehend Einigkeit darüber besteht, daß die Grundsätze ordnungsmäßiger Buchführung die gesamte Rechnungslegung betreffen als auch rechtsformneutral aufzufassen sind,[28] haben

---

[26] Vgl. *Barth K.*: Die Grundsätze ordnungsmäßiger Buchführung, betriebswirtschaftlich, handelsrechtlich und steuerlich - Ein geschichtlicher Aufriß, ZfhF, 15. Jg. (1963), S. 384-397, s. bes. S. 384; *Knobbe-Keuk, B.*: Bilanz- und Unternehmenssteuerrecht, 9. Aufl., Köln 1993, S. 41; *Budde, W.D., Raff, I.*, in: *Budde, W.D.* u.a. (Bearb.): a.a.O., § 243, Anm. 1 ff.; *Baetge, J.*, in: *Küting, K., Weber, C.-P.* (Hrsg.): a.a.O., II, Rn. 68; *Baetge, J., Fey, D., Fey, G.*, in: *Küting, K., Weber, C.-P.* (Hrsg.): a.a.O., § 243, Rn. 6. In diesem, für die "gesamte Rechnungslegung" (*Knobbe-Keuk, B.*: a.a.O., S. 41; vgl. hierzu auch *Wöhe, G.*: Bilanzierung und Bilanzpolitik. Betriebswirtschaftlich-Handelsrechtlich-Steuerrechtlich, 8. Aufl., München 1992, S. 183 f.) zu verstehenden Sinne kann der Begriff der Grundsätze ordnungsmäßiger Buchführung auch als Oberbegriff verstanden werden, unter den die handelsrechtlichen Anwendungsbereiche der Grundsätze ordnungsmäßiger Buchführung im engeren Sinne, der Grundsätze ordnungsmäßiger Inventur als auch die Grundsätze für die Aufstellung des handelsrechtlichen Jahresabschlusses subsumiert werden können. Im folgenden sollen primär Grundsätze ordnungsmäßiger Buchführung in bezug auf den handelsrechtlichen Jahresabschluß herangezogen werden, und zwar insbesondere im Hinblick auf Bilanzansatz und Bilanzbewertung.

[27] Ebenso kann dies durch den steuerrechtlichen GoB-Verweis in § 5 Abs. 1 EStG belegt werden, vgl. *Baetge, J.*, in: *Küting, K., Weber, C.-P.* (Hrsg.): a.a.O., II, Rn. 70. Zur Rechtsformunabhängigkeit der Grundsätze ordnungsmäßiger Buchführung vgl. auch *Leffson, U.*: Bedeutung und Ermittlung der Grundsätze ordnungsmäßiger Buchführung, in: *Wysocki, K. von, Schulze-Osterloh, J.* (Hrsg.): Handbuch des Jahresabschlusses in Einzeldarstellungen, Kommentar, Köln 1984, Abt. I/2, Rn. 82, sowie *Moxter, A.*: Die handelsrechtlichen Grundsätze ordnungsmäßiger Buchführung und das neue Bilanzrecht, ZGR, 9. Jg. (1980), S. 254-276, s. bes. S. 266, der gerade im Zusammenhang mit § 5 Abs. 1 EStG zu Recht davon spricht, daß rechtsform- bzw. branchenspezifische GoB zu einem Verstoß gegen den Grundsatz der Gleichmäßigkeit der Besteuerung und damit gegen Art. 3 GG führen würden. Zur Bedeutung der Gleichmäßigkeit der Besteuerung vgl. auch *Laule, G.*: Der Gleichheitssatz (Art. 3 Abs. 1 GG) in der Rechtsprechung der Steuergerichte, Düsseldorf 1961, s. bes. S. 19 ff.

[28] Vgl. *Federmann, R.*: Bilanzierung nach Handelsrecht und Steuerrecht, 8. Aufl., Berlin 1990, S. 103.

sich zwei eng miteinander verflochtene Fragen in den Vordergrund einer jahrzehntelangen, lebhaften und kontroversen Diskussion geschoben:
- Worum handelt es sich eigentlich bei den Grundsätzen ordnungsmäßiger Buchführung bzw. welcher Rechtsnatur entsprechen diese?
- Welche methodologische Vorgehensweise kann zur Ermittlung dieser Grundsätze herangezogen werden?[29]

Hinsichtlich dieser Fragen ist zunächst eine ältere Auffassung zu nennen, die die Grundsätze ordnungsmäßiger Buchführung als Handelsbräuche oder Verkehrsauffassungen erkannte[30] und folglich den Inhalt von Grundsätzen ordnungsmäßiger Buchführung nach dem zu bestimmen versuchte, "was das allgemeine Bewußtsein der anständigen und ordentlichen Kaufmannschaft ... hierunter versteht".[31] Die Grundsätze ordnungsmäßiger Buchführung sollten also auf induktivem Wege ermittelt werden können.[32] Allerdings entwickelte sich diese Auffassung angesichts zunehmender politischer Instabilitäten mit einhergehenden Mißbräuchen[33] insoweit fort, indem nicht mehr auf die tatsächliche Übung der Kaufmannschaft abgestellt wurde, sondern darauf, "was man in der Praxis, und zwar in der Praxis ordentlicher und ehrenwerter Kaufleute für richtig hält".[34]

---

[29] Vgl. *Müller, W.*: Die Grundsätze ordnungsmäßiger Bilanzierung und ihre Kodifizierung nach neuem Recht, in: *Mellwig, W.* u.a. (Hrsg.): Einzelabschluß und Konzernabschluß. Beiträge zum neuen Bilanzrecht, Bd. 1, Wiesbaden 1988, S. 3-26, s. bes. S. 4.

[30] Vgl. *Waldner, W.*: Der Bundesgerichtshof und die Rechtsnatur der Grundsätze ordnungsmäßiger Buchführung, BB, 16. Jg. (1961), S. 1108-1111, s. bes. S. 1108; *Mutze, O.*: Die Wandlung der Grundsätze ordnungsmäßiger Buchführung durch die Weiterentwicklung des Buchführungs- und Bilanzwesens, BB, 24. Jg. (1969), S. 56-63.

[31] BFH-Urt. v. 12.5.1966 IV 472/60, BStBl. 1966 III, S. 371-374, s. bes. S. 372; vgl. hierzu auch OLG Frankfurt v. 21.5.1959 II U 145/57, BB, 14. Jg. (1959), S. 1226, sowie die zu diesem Urteil ergangene Entscheidung des BGH v. 27.2.1961 II ZR 292/59, BGHZ 34, S. 324-337, in der er sich allerdings nicht eindeutig äußert.

[32] So enthielt schon die Denkschrift zum Handelsgesetzbuch von 1897 den Hinweis, es sei sich "nach den Gepflogenheiten sorgfältiger Kaufleute" zu richten, "wie die Bücher geführt werden müssen. Je nach dem Gegenstande, der Art und insbesondere dem Umfange des Geschäfts können diese Anforderungen verschieden sein," Denkschrift zu dem Entwurf eines Handelsgesetzbuches und eines Einführungsgesetzes, in: Stenographische Berichte über die Verhandlungen des Reichstages, 9. Legislaturperiode, IV. Session 1895/97, 6. Anlageband, S. 3141-3298, s. bes. S. 3161. Durch das Abstellen auf "Gepflogenheiten" wurde damit die Ordnungsmäßigkeit der Mehrheitsübung anerkannt, so daß kein Konflikt empfunden wurde zwischen den Grundsätzen ordnungsmäßiger Buchführung und der Rechnungslegung der Kaufmannsmehrheit, vgl. *Moxter, A.*: Die handelsrechtlichen Grundsätze ..., a.a.O., S. 257.

[33] Vgl. *Moxter, A.*: Die handelsrechtlichen Grundsätze ..., a.a.O., S. 257 f.

[34] Vgl. *Schmalenbach, E.*: Grundsätze ordnungsmäßiger Bilanzierung, ZfhF, 27. Jg. (1933), S. 225-233, s. bes. S. 232.

Eine Abkehr von dieser Sichtweise wurde schließlich mit der Auffassung vollzogen, die die Grundsätze ordnungsmäßiger Buchführung als Rechtsnormen bzw. als "Rechtsquellen mit abgeleiteter Rechtssatzwirkung" versteht.[35] Folglich sollen die Grundsätze ordnungsmäßiger Buchführung also nicht primär "durch statistische Erhebungen", wie sie der induktiven Vorgehensweise zur Ermittlung der Kaufmannsübung zugrunde lagen, "sondern durch Nachdenken ermittelt" werden, wobei als Richtschnur dieses Nachdenkens die durch das Gesetz auferlegten Ziele und Zwecke der Rechnungslegung gelten.[36] Damit soll die Ermittlung von Grundsätzen ordnungsmäßiger Buchführung auf deduktivem Wege erfolgen, was auch in der neueren Rechtsprechung Anerkennung findet. Schon in der bereits zitierten BFH-Rechtsprechung des IV. Senats von 1966, in der auf das "Bewußtsein der anständigen und ordentlichen Kaufmannschaft" abgestellt wurde, heißt es: "Gewohnheiten und Bräuche der Kaufmannschaft sind dabei zwar von besonderer Bedeutung; sofern sie sich nicht als Mißbrauch, als Willkür oder als Lässigkeit in der Erfüllung der Buchführungspflichten darstellen oder mit positiv-rechtlichen Regelungen im Widerspruch stehen, können aus ihnen Grundsätze ordnungsmäßiger Buchführung hergeleitet werden. Sie sind aber nicht ohne weiteres selbst schon dann den Grundsätzen ordnungsmäßiger Buchführung gleichzusetzen, wenn sie von den meisten Kaufleuten lange Zeit hindurch unangefochten geübt werden."[37] Nur ein Jahr später hat der I. Senat des BFH folgende, schließlich auch vom Großen Senat des BFH gebilligte[38] Auffassung vertreten: "Grundsätze ordnungsmäßiger Bilanzierung sind die Regeln, nach denen der Kaufmann zu verfahren hat, um zu einer dem gesetzlichen Zweck entsprechenden Bilanz zu gelangen, nicht aber die Regeln, die tatsächlich eingehalten werden. Für ihre Ermittlung kann freilich die tatsächliche Übung der Kaufleute eine wichtige Erkenntnisquelle sein ..., aber sie hat nicht die Kraft, Grundsätze ordnungsmäßiger Buchführung rechtsschöpferisch zu gestalten."[39]

b) Die Deduktion als zutreffende Ermittlungsmethode

Bei der Beurteilung der angeführten Auffassungen kann zur induktiven Vorgehensweise zunächst angemerkt werden, daß gegen die alleinige Anwendung dieser Ermittlungsmethode zu Recht erhebliche Bedenken bestehen. So ist es einerseits schwierig, festzustellen, was als

---

[35] *Döllerer, G.*: Grundsätze ordnungsmäßiger Bilanzierung, deren Entstehung und Ermittlung, BB, 14. Jg. (1959), S. 1217-1221, s. bes. S. 1217; vgl. hierzu auch vom betriebswirtschaftlichen Standpunkt *Leffson, U.*: Die Grundsätze ..., a.a.O., S. 21 ff.

[36] *Döllerer, G.*: Grundsätze ..., a.a.O., S. 1220.

[37] BFH-Urt. v. 12.5.1966, a.a.O., S. 372.

[38] Vgl. BFH-Beschl. v. 3.2.1969 GrS 2/68, BStBl. 1969 II, S. 291-294, s. bes. S. 292.

[39] BFH-Urt. v. 31.5.1967 I 208/63, BStBl. 1967 III, S. 607-609.

"ordentliches" und "ehrenwertes" Verhalten zu gelten hat, da die Auffassungen darüber letztlich auf individuellen Werturteilen und nicht auf rational nachvollziehbaren Feststellungen beruhen.[40] Auch versagt die induktive Methode in den Fällen, in denen neu auftretende Rechnungslegungsfragen eine bestimmte Übung in der Kaufmannschaft noch nicht ermöglichen.[41] Der deduktiven Ermittlungsmethode und insbesondere dem Deduktionsverständnis des BFH wird dagegen vorgeworfen, es sei eine "Rechtsfindung durch Deduktion von Grundsätzen ordnungsmäßiger Buchführung aus gesetzlichen Jahresabschlußzwecken" nicht möglich, da es an "deduktionsfähigen gesetzlichen Jahresabschlußzwecken im Bilanzrecht fehlt".[42] Die Gewinnung von Grundsätzen ordnungsmäßiger Buchführung sei nur über die Anwendung einer "genetischen" Methode, welche eine Verbindung von objektiv teleologischer und historisch teleologischer Rechtsfindung darstelle, zu erreichen.[43] Zu Recht wird dieser Kritik aber entgegengehalten, daß die deduktive Methode nicht als unmittelbare Deduktion von Grundsätzen ordnungsmäßiger Buchführung verstanden werden kann:[44] "Der so verwendete Ausdruck ist nur eine vereinfachende Bezeichnung für eine Deduktion aus rechtlichen Obersätzen, die durch die historisch entstandenen Bilanzzwecke geprägt sind."[45] Gleichzeitig sei bei der deduktiven Methode ein prozessualer Ablauf der Rechtsgewinnung zu berücksichtigen, bei dem auf einer ersten Stufe alle in Betracht kommenden Aspekte und Lösungsmöglichkeiten ("topoi") gesammelt werden,[46] zu denen "Fachgutachten des Instituts der Wirtschaftsprüfer, des Deutschen Industrie- und Handelstages, der Industrie- und Handelskammern" ebenso gehören, wie "gesicherte Erkenntnisse der Betriebswirtschaftslehre".[47] Auf einer zweiten Stufe komme es dann zur Auswahl des maßgebenden "Topos", d.h. es wird sich für eine bestimmte Lösung entschieden, die dann in der dritten Stufe im Wege der deduktiven

---

[40] Vgl. *Wöhe, G.*: Bilanzierung ..., a.a.O., S. 186.

[41] Vgl. ebenda, S. 162 sowie *Federmann, R.*: a.a.O., S. 107 mit weiteren Argumenten gegen die induktive Ermittlungsmethode. Treffend weist Beisse darauf hin, daß es der Lehre von der induktiven Ermittlung geradezu entspricht, "wenn im Hinblick auf neuartige Fallgestaltungen davon gesprochen wird, daß es hierfür 'noch' keinen GoB gebe", *Beisse, H.*: Rechtsfragen der Gewinnung von GoB, BFuP, 42. Jg. (1990), S. 499-514, s. bes. S. 502.

[42] *Schneider, D.*: Rechtsfindung durch Deduktion von Grundsätzen ordnungsmäßiger Buchführung aus gesetzlichen Jahresabschlußzwecken, StuW, 60. (13.) Jg. (1983), S. 141-160, s. bes. S. 141.

[43] Vgl. ebenda, S. 157 ff.

[44] Vgl. hierzu *Müller, W.*, in: *Mellwig, W.* u.a. (Hrsg.): a.a.O., S. 7: "Daß es mit reinem Nachdenken nicht getan ist, ist vielfach erkannt worden."

[45] *Beisse, H.*: Zum Verhältnis ..., a.a.O., s. bes. S. 8.

[46] Vgl. ebenda, S. 7.

[47] *Knobbe-Keuk, B.*: a.a.O., S. 43.

Nachprüfung einem Falsifikationstest unterzogen wird.[48] Ein derartiges "praxisnahes Modell der deduktiven Methode"[49] verdeutlicht auch die Berücksichtigung induktiver Elemente - so auf der ersten Stufe -, d.h. sowohl induktive als auch deduktive Elemente fließen in den Ermittlungsprozeß ein.[50] Das komplementäre Verhältnis[51] der Ermittlungsmethoden zueinander darf allerdings nicht dahingehend interpretiert werden, die deduktive und induktive Ermittlung als gleichrangig aufzufassen. Vielmehr ist im Konfliktfall der deduktiven gegenüber der induktiven Methode Vorrang einzuräumen,[52] so daß die Aussage gerechtfertigt ist, die Ermittlung der Grundsätze ordnungsmäßiger Buchführung müsse "in erster Linie auf deduktivem Wege allein von den Zielsetzungen des Jahresabschlusses her erfolgen".[53] So hat schließlich die deduktive Ermittlungsmethode auch Beachtung in der Rechtsprechung des BFH gefunden, der in einem jahrzehntelangen Prozeß ein differenziertes, "wohlgeordnetes Gefüge von Bilanzrechtsgrundsätzen"[54] erarbeitet hat; eine Leistung, die auch im neuen Handelsbilanzrecht Anerkennung findet.[55]

c) Ein System handelsrechtlicher Grundsätze ordnungsmäßiger Buchführung unter Heranziehung einer "modernen" Deduktionsbasis

Der Prozeß der Gewinnung von Grundsätzen ordnungsmäßiger Buchführung ist als Akt der Rechtsfindung aufzufassen, der "den für die Ausfüllung und Konkretisierung von gesetzlichen Generalklauseln geltenden Regeln" unterliegt.[56] Bei diesem Gewinnungsprozeß, und dies wird insbesondere durch die erste Stufe des "praxisnahen Modells der deduktiven

---

[48] Vgl. *Beisse, H.*: Zum Verhältnis ..., a.a.O., S. 7.

[49] Vgl. ebenda.

[50] Vgl. *Budde, W.D., Raff, I.*, in: *Budde, W.D.* u.a. (Bearb.): a.a.O., § 243, Anm. 18; vgl. hierzu auch *Moxter, A.*: Die handelsrechtlichen Grundsätze ..., a.a.O., S. 262 sowie *Wöhe, G.*: Bilanzierung ..., a.a.O., S. 188, der treffend aussagt: "Die Wahrheit liegt wohl auch hier in der Mitte." In diesem Sinne auch *Beisse, H.*: Rechtsfragen ..., a.a.O., S. 502 f.: "Faßt man die Gewinnung von GoB als eine mit Wertungen verbundene Konkretisierung allgemeinerer GoB, auf ...", so bedeutet Konkretisierung "... nicht deduzieren 'von oben', sondern ein Spezifischwerden der Normen in ihrer Annäherung 'nach unten', an die Sache."

[51] Vgl. *Moxter, A.*: Die handelsrechtlichen Grundsätze ..., a.a.O., S. 262.

[52] Vgl. *Döllerer, G.*: Buchbesprechung zu *Budde, W.D.* u.a. (Bearb.): Beck'scher Bilanz-Kommentar, WPg, 39. Jg. (1986), S. 678-679, s. bes. S. 679.

[53] *Wöhe, G.*: Bilanzierung ..., a.a.O., S. 187.

[54] *Moxter, A.*: Bilanzrechtsprechung, 2. Aufl., Tübingen 1985, S. 1.

[55] Derselbe: Zum neuen Bilanzrechtsentwurf, BB, 40. Jg. (1985), S. 1101-1103, s. bes. S. 1101.

[56] *Beisse, H.*: Zum Verhältnis ..., a.a.O., S. 8.

Methode" zum Ausdruck gebracht, hat man "es ... nicht mit 'geschlossenen' Systemen und dementsprechend mit formal-logischen Ableitungszusammenhängen, sondern mit 'offenen' Systemen und Wertungsproblemen zu tun".[57] Ein Gefüge von Grundsätzen ordnungsmäßiger Buchführung wird damit durch zwei zentrale Merkmale geprägt: Zum einen sind die Grundsätze ordnungsmäßiger Buchführung nicht als "Konglomerat einzelner Bräuche oder Regeln" zu verstehen, sondern als hierarchisch angeordnetes, systematisches Gefüge von Prinzipien, Folgeprinzipien und Einzelnormen, die wiederum bestimmten Ableitungsbeziehungen genügen und z.t. kodifiziert, wie beispielsweise § 252 Abs. 1 HGB zum Ausdruck bringt, oder nicht kodifiziert Geltung beanspruchen.[58] Zum anderen ist dieses System durch seine Offenheit und Beweglichkeit gekennzeichnet, um dadurch anpassungsfähig zu sein.[59]

Auf einer derartigen Systembezogenheit basiert auch ein System von Grundsätzen ordnungsmäßiger Buchführung unter Heranziehung einer "modernen" Deduktionsbasis.[60] Dieses System erkennt den Zusammenhang einer wechselseitigen Bestimmung von Bilanzzweck und Grundsätzen ordnungsmäßiger Buchführung[61] an. Unter Zugrundelegung der Tatsache, auf nunmehr kodifizierte, fundamentale Bilanzierungsprinzipien und weitere im Gesetz enthaltene, differenzierte Bilanznormen zurückgreifen zu können,[62] wird zu Recht die "Interdependenzthese" aufgestellt: "Gesetzlich gewolltes Normenverständnis und gesetzliche Bilanzaufgaben bedingen sich wechselseitig."[63] Die Bedeutung der These wird dadurch ersichtlich, daß Sinn und Zweck des handelsrechtlichen Jahresabschlusses in erster

---

[57] *Beisse, H.:* Zum Verhältnis ..., a.a.O., S. 7. In diesem Zusammenhang ist Larenz auf rechtstheoretischem Gebiete zu folgen, der die Offenheit des Systems damit beschreibt, "daß Änderungen sowohl in der Art des Zusammenspiels der Prinzipien, ihrer Reichweite und wechselseitigen Beschränkung, wie auch die Auffindung neuer Prinzipien möglich sind; sei es auf Grund von Änderungen der Gesetzgebung, sei es auf Grund neuer Erkenntnisse der Rechtswissenschaft oder Modifikationen der Rechtsprechung", *Larenz, K.:* Methodenlehre der Rechtswissenschaft, 6. Aufl., Berlin, Heidelberg, New York 1991, S. 486.

[58] *Beisse, H.:* Die Generalnorm des neuen Bilanzrechts, in: *Knobbe-Keuk, B.* u.a. (Hrsg.): Handelsrecht und Steuerrecht, FS für Georg Döllerer, Düsseldorf 1988, S. 25-44, s. bes. S. 40; vgl. hierzu auch derselbe: Grundsatzfragen der Auslegung des neuen Bilanzrechts, BB, 45. Jg. (1990), S. 2007-2012, s. bes. S. 2008.

[59] Vgl. derselbe: Die Generalnorm ..., in: *Knobbe-Keuk, B.* u.a. (Hrsg.): a.a.O., S. 41.

[60] Zur Heranziehung einer "modernen" Deduktionsbasis vgl. auch die Ausführungen bei *Böcking, H.-J.:* Bilanzrechtstheorie und Verzinslichkeit, Wiesbaden 1988, S. 108 ff.

[61] Vgl. *Moxter, A.:* Das System der handelsrechtlichen Grundsätze ordnungsmäßiger Bilanzierung, in: *Gross, G.* (Hrsg.): Der Wirtschaftsprüfer im Schnittpunkt nationaler und internationaler Entwicklungen, FS für Klaus von Wysocki, Düsseldorf 1985, S. 17-28, s. bes. S. 21.

[62] Vgl. *Euler, R.:* a.a.O., S. 58.

[63] *Böcking, H.-J.:* a.a.O., S. 113.

Linie aus der Gesamtheit der gesetzlichen Jahresabschlußvorschriften abzuleiten sind, deren umfassendes Verständnis aber Sinn und Zweck des handelsrechtlichen Jahresabschlusses voraussetzt.[64] Gerade in diesen "scheinbar ... nicht zu durchbrechenden Zirkel"[65] greift die Interdependenzthese als Durchbrechungsmöglichkeit ein.[66] Denn "wenn es gelänge, die gesetzlichen Jahresabschlußvorschriften schrittweise zu ordnen, sie im Ergebnis in ein System zu bringen, das in einem bestimmten Sinn und Zweck des Jahresabschlusses kulminiert und das nicht etwa durch ein anderes System mit einem anderen Sinn und Zweck substituiert werden könnte" und "wenn sich ... im Gesetz ein Gefüge von einander bedingenden Bilanzrechtsprinzipien nachweisen läßt, das andere Gefüge ausschließt, nur dann verspricht die Suche nach einem das Gesetz beherrschenden Sinn und Zweck des handelsrechtlichen Jahresabschlusses Erfolg".[67] Dabei kann die Ermittlung des primären Sinn und Zweckes des handelsrechtlichen Jahresabschlusses bei der Umsetzung der Interdependenzthese in drei Schritten gezeigt werden, wobei in einem ersten Schritt aus kodifizierten Bilanzierungsprinzipien grundsätzlich mögliche Bilanzaufgaben und zweckadäquate Folgeprinzipien ermittelt werden.[68] Daran schließt sich in einem zweiten Schritt die gesetzesentsprechende Systematisierung kodifizierter Bilanzierungsprinzipien unter Herausstellung von "Ableitungszusammenhängen"[69] an, und in einem dritten Schritt wird schließlich überprüft, ob die im ersten Schritt grundsätzlich denkbaren Bilanzaufgaben und das aufgestellte System von Grundsätzen ordnungsmäßiger Buchführung eine derartige Konsistenz aufweisen, die eben keine Substitution durch ein anderes System mit einem anderen Sinn und Zweck ermöglicht.[70]

Entsprechend der so verstandenen Interdependenzthese lassen sich die handelsrechtlichen Grundsätze ordnungsmäßiger Buchführung primär als Gewinnermittlungsprinzipien auffassen, die als kodifizierte Fundamentalprinzipien in § 252 Abs. 1 Nr. 4 HGB das Realisationsprinzip und das Imparitätsprinzip enthalten, wobei aus beiden Fundamental-

---

[64] Vgl. *Moxter, A.* in: *Havermann, H.* (Hrsg.): a.a.O., S. 363.
[65] Ebenda.
[66] Vgl. *Böcking, H.-J.*: a.a.O., S. 114.
[67] *Moxter, A.*, in: *Havermann, H.* (Hrsg.): a.a.O., S. 363.
[68] Vgl. *Euler, R.*: a.a.O., S. 58; *Böcking, H.-J.*: a.a.O., S.114 ff.
[69] *Beisse, H.*, in: *Knobbe-Keuk, B.* u.a. (Hrsg.): a.a.O., S. 40.
[70] Vgl. *Euler, R.*: a.a.O., S. 58.

prinzipien wiederum Folgeprinzipien abgeleitet werden können.[71] So können aus dem fundamentalen Realisationsprinzip die Folgeprinzipien Periodisierungsprinzip, Anschaffungswertprinzip und Abschreibungsprinzip abgeleitet werden, die als Ansatz- und Bewertungsregeln "die grundlegende Transformation der Einnahmen-Ausgaben-Rechnung in eine Ertrags-Aufwands-Rechnung" sicherstellen.[72] So zielt das Realisationsprinzip auf die Bestimmung eines umsatzbezogenen Gewinnes ab, wobei erst der erbrachte Umsatz, verstanden als Lieferung oder sonstige Leistung im Rechtssinne, Gewinn oder Verlust bestätigt.[73] Bezüglich des Anschaffungswertprinzips bedürfen Wertänderungen erst der Bestätigung durch den Umsatz, um damit Gewinne oder Verluste zu verwirklichen. Insofern enthält das Anschaffungswertprinzip zum einen die Ausprägung von Anschaffungswerten als "erfolgsneutrale Anschaffungswerte auf Grund von umsatzneutralen Aktiven- und Passivenzugängen" und zum anderen als "erfolgswirksame Anschaffungswerte auf Grund von umsatzwirksamen Aktiven- und Passivenzugängen".[74] Da damit das Realisationsprinzip einer Abgrenzungskonzeption genügt, umfaßt es "zwingend auch das Periodisierungsprinzip",[75] das Umperiodisierungen fordert, wenn Einnahmen und Ausgaben in bezug auf das jeweilige Geschäftsjahr asynchron zum zugehörigen Umsatzakt stehen: "Erträge bilden nach dem Realisationsprinzip die Geschäftsjahresumsätze; infolgedessen bedarf es der Abgrenzung (Passivierung) von Geschäftsjahreseinnahmen für künftige Umsätze (z.B. Kundenanzahlungen) ebenso wie der Abgrenzung (Aktivierung) von Einnahmen künftiger Geschäftsjahre für Geschäftsjahresumsätze (Forderungen aus Warenlieferungen und sonstigen Leistungen). Aufwendungen sind nach dem Realisationsprinzip die durch den Geschäftsjahresumsatz bedingten (durch diesen 'verursachten') Ausgaben; entsprechend werden Geschäftsjahresausgaben für künftige Umsätze aktiviert und künftige Ausgaben für

---

[71] Vgl. *Moxter, A.*, in: *Havermann, H.* (Hrsg.): a.a.O., S. 365; vgl. hierzu auch den umfassenden Überblick bei *Ballwieser, W.*: Grundsätze ordnungsmäßiger Buchführung und neues Bilanzrecht, ZfB- Ergänzungsheft 1, 57. Jg. (1987), S. 3-24, s. bes. S. 11 ff.

[72] *Moxter, A.*, in: *Havermann, H.* (Hrsg.): a.a.O., S. 366.

[73] Vgl. derselbe: Wirtschaftliche Gewinnermittlung und Bilanzsteuerrecht, StuW, 60. (13.) Jg. (1983), S. 300-307, s. bes. S. 304; derselbe: Das Realisationsprinzip - 1884 und heute, BB, 39. Jg. (1984), S. 1780-1786, s. bes. S. 1783; derselbe, in: *Gross, G.* (Hrsg.): a.a.O., S. 22; derselbe, in: *Havermann, H.* (Hrsg.): a.a.O., S. 365; derselbe: Periodengerechte Gewinnermittlung und Bilanz im Rechtssinne, in: *Knobbe-Keuk, B.* u.a. (Hrsg.): a.a.O., S. 447-458, s. bes. S. 449. Auf die Umsatzbezogenheit stellt auch die BFH-Rechtsprechung ab: Gewinn muß "durch den Umsatzprozeß in Erscheinung getreten" sein, BFH-Urt. v. 29.11.1973 IV R 181/71, BStBl. 1974 II, S. 202-205, s. bes. S. 204; BFH-Urt. v. 5.5.1976 I R 121/74, BStBl. 1976 II, S. 541-543, s. bes. S. 542.

[74] *Böcking, H.-J.*: a.a.O, S. 125.

[75] *Moxter, A.*, in: *Gross, G.* (Hrsg.): a.a.O., S. 22 . In diesem Sinne spricht Leffson auch treffend vom Realisationsprinzip als "Eckpfeiler der Periodenabgrenzung", *Leffson, U.*: Die Grundsätze ..., a.a.O., S. 251. Ebenso spricht Groh von der "Abgrenzungsaufgabe der Bilanz", *Groh, M.*: Zur Bilanztheorie des BFH, StbJb 1979/80, S. 121-139, s. bes. S. 134.

Geschäftsjahresumsätze passiviert."[76] Schließlich fordert das Abschreibungsprinzip eine Verteilung von Anschaffungs- und Herstellungskosten entsprechend den von diesen alimentierten Umsätzen auf die Nutzungsjahre.[77] Indem das Realisationsprinzip auf eine umsatzgebundene Gewinnkonzeption abstellt, ermöglicht es sowohl eine vorsichtige[78] als auch objektivierte Gewinnermittlung.[79] In diesem Sinne wird zu Recht in der Literatur auf eine "Vermögensmehrung in disponibler Form"[80] abgestellt, die "greifbar objektiviert"[81] ist, wobei die Objektivierung das zum Ausdruck bringt, "wenn man heute von statischen Elementen der Bilanzierung spricht, da als Abschlußziel in jedem Fall die Gewinnermittlung, nicht mehr die Vermögensbewertung angesehen wird".[82] Insofern bedingt die Objektivierung auch eine "gesteigerte Verrechtlichung", d.h. eine stärkere normative Bezugnahme, die "betriebswirtschaftliche Gesichtspunkte wie periodengerechte Gewinnermittlung, Vermeidung verzerrter Bilanzbilder und Aussagefähigkeit der Bilanz" zurückdrängt.[83]

Die umsatzgebundene Gewinnkonzeption wird aber auch durch eine verlustantizipierende Konzeption, also durch das Imparitätsprinzip gem. § 252 Abs. 1 Nr. 4 HGB, ergänzt. Das Imparitätsprinzip schränkt dabei das Realisationsprinzip insoweit sogar ein, da Verluste nicht der Bestätigung durch den Umsatzakt bedürfen, d.h. sie müssen schon vor dem Umsatzakt berücksichtigt werden.[84] Auch hier wird dem Prinzip der Vorsicht Rechnung

---

[76] *Moxter, A.*, in: *Gross, G.* (Hrsg): a.a.O., S. 22.

[77] Vgl. derselbe, in: *Havermann, H.* (Hrsg.): a.a.O., S. 366.

[78] Vgl. in diesem Sinne den eindeutigen Gesetzesbefehl in § 252 Abs. 1 Nr. 4 HGB: "Es ist vorsichtig zu bewerten, ..."

[79] Vgl. *Moxter, A.*, in: *Gross, G.* (Hrsg.): a.a.O., S. 23.

[80] *Beisse, H.*: Gewinnrealisierung - Ein systematischer Überblick über Rechtsgrundlagen, Grundtatbestände und grundsätzliche Streitfragen, in: *Ruppe, H.G.* (Hrsg.): a.a.O., S. 13-43, s. bes. S. 20.

[81] Ebenda, S. 15.

[82] *Groh, M.*: a.a.O., S. 129.

[83] *Beisse, H.*: Zum Verhältnis ..., a.a.O., S. 2; vgl. hierzu auch *Moxter, A.*, in: *Knobbe-Keuk, B.* u.a. (Hrsg.): a.a.O., S. 450 ff.

[84] Vgl. *Moxter, A.*, in: *Gross, G.* (Hrsg.): a.a.O., S. 23; vgl. in diesem Zusammenhang auch *Leffson, U.*: Die Grundsätze ..., a.a.O., S. 339 ff.

getragen, indem auf einen verlustantizipierenden Umsatzgewinn abgestellt wird.[85] Ebenso findet das Objektivierungserfordernis im Imparitätsprinzip seinen Niederschlag, da "nur (aber sämtliche) Verluste aus bereits vorhandenen Aktiven und Passiven bzw. aus bereits festliegenden (schwebenden) Geschäften gemeint sind".[86] Demnach folgt aus dem Imparitätsprinzip zum einen das Prinzip der verlustfreien Bewertung von Vermögensgegenständen und Schulden mit den Bewertungsprinzipien des Niederstwertprinzips für die Aktiven und des Höchstwertprinzips für die Passiven und zum anderen das Prinzip der Bildung von Rückstellungen für drohende Verluste aus schwebenden Geschäften.[87]

Neben die so verstandenen Fundamentalprinzipien Realisations- und Imparitätsprinzip mit ihrem Ermittlungsziel eines umsatzbezogenen, verlustantizipierenden Gewinnes treten nun noch weitere Objektivierungs- und Vereinfachungsprinzipien, deren Bedeutung in der Vereinfachung von Bilanzansatz und -bewertung und in der "Beschränkung subjektiven Ermessens" liegt.[88] Als zentrales kodifiziertes Objektivierungs- und Vereinfachungsprinzip läßt sich dabei das Einzelbewertungsprinzip gem. § 252 Abs. 1 Nr. 3 HGB nennen, durch das zum einen sichergestellt wird, daß "nicht in dem entsprechenden Bilanzposten liegende Chancen und Risiken in die Bewertung eingehen",[89] und zum anderen "potentiell umsatzalimentierende Ausgaben zu Vermögensgegenständen"[90] qualifiziert werden. Als weitere Objektivierungs- und Vereinfachungsprinzipien lassen sich nennen: Das Fortführungsprinzip gem. § 252 Abs. 1 Nr. 2 HGB, das Stichtagsprinzip gem. § 252 Abs. 1 Nr. 3 HGB und das als Sollvorschrift konzipierte Stetigkeitsprinzip gem. § 252 Abs. 1 Nr. 6 HGB. Auch die sich aus dem Einzelbewertungsprinzip konkretisierenden Prinzipien des entgeltlichen Erwerbs und der selbständigen Bewertbarkeit sind hier zu nennen.[91] Hier zeigt sich beispielsweise zwischen dem Grundsatz des entgeltlichen Erwerbs und dem Realisationsprinzip sehr deutlich der Funktionsmechanismus des hier dargestellten Systems, wenn man als Anwendungsfall die Bilanzierung selbsterstellter immaterieller Vermögensgegenstände des Anlagevermögens heranzieht, für die gem. § 248 Abs. 2 HGB ein

---

[85] Hierzu stellt Moxter treffend fest: "Das Imparitätsprinzip verstärkt das bereits im Realisationsprinzip angelegte Vorsichtsprinzip", *Moxter, A.*: Ulrich Leffson und die Bilanzrechtsprechung, WPg, 39. Jg. (1986), S. 173-177, s. bes. S. 174.

[86] Derselbe, in: *Gross, G.* (Hrsg): a.a.O., S. 24.

[87] Vgl. derselbe, in: *Havermann, H.* (Hrsg.): a.a.O., S. 366.

[88] Ebenda.

[89] Derselbe, in: *Gross, G.* (Hrsg.): a.a.O., S. 24.

[90] *Euler, R.*: a.a.O., S. 63.

[91] Vgl. ebenda.

Bilanzierungsverbot besteht. So fordert das Realisationsprinzip formal zwar, künftige Umsätze alimentierende Ausgaben zu aktivieren, eine derartige Aktivierung wird aber durch den Grundsatz des entgeltlichen Erwerbs ausgeschlossen, wenn es sich um selbsterstellte immaterielle Vermögensgegenstände des Anlagevermögens handelt. Hierin ist keine Widersprüchlichkeit zu sehen, da, ganz im Sinne eines Objektivierungsprinzips, einer subjektivem Ermessen unterliegenden Bewertung vorgebeugt und damit gerade dem hinter dem Realisationsprinzip stehenden Ziel einer am Grundsatz der Vorsicht ausgerichteten Gewinnermittlung entsprochen wird.[92]

Zusammenfassend läßt sich feststellen, daß dieses System durch einen grundlegenden Sinn und Zweck geprägt wird: Die Ermittlung eines vereinfachten und objektivierten, vorsichtigen, d.h. umsatzgebundenen und verlustantizipierenden Gewinnes. Mit keinem anderen Zweck kann ein derartiges System konform gehen, das im Kern Realisationsprinzip, Imparitätsprinzip und weitere Objektivierungs- und Vereinfachungsprinzipien enthält: Der Kaufmann soll "sich nicht reich rechnen",[93] sondern darauf abzielen, einen "verteilungsfähigen" Gewinn zu ermitteln.[94] Ein so verstandener Gewinn ist mithin als "Ausschüttungsrichtgröße" zu interpretieren.[95] Auch ist das Bedürfnis, über einen den gezeigten Anforderungen genügenden Gewinn verfügen zu können, nicht als rechtsformabhängig zu betrachten, da das Verfügenkönnen, gleichgültig ob es sich um eine Kapitalgesellschaft, Personengesellschaft oder ein Einzelunternehmen handelt, immer an der Prämisse auszurichten ist, die "Lebens- und Widerstandsfähigkeit des Unternehmens" zu erhalten.[96] Die Stimmigkeit des Systems und des aus ihm zu entnehmenden Sinn und Zwecks ist gerade so ausgelegt, dieses System, das unmittelbar auf kodifiziertes Recht aufbaut, eben nicht durch ein anderes System mit einem anderen Sinn und Zweck substituieren zu können. So dürfte das geltende Handelsbilanzrecht nicht auf den Sinn und Zweck abgestellt sein, einen

---

[92] Vgl. *Moxter, A.*, in: *Havermann, H.* (Hrsg.): a.a.O., S. 367.

[93] *Lion, M.*: Der Einkommensbegriff nach dem Bilanzsteuerrecht und die Schanzsche Einkommenstheorie, in: *Teschemacher, H.* (Hrsg.): Beiträge zur Finanzwissenschaft, Festgabe für Georg von Schanz, Tübingen 1928, Bd. II, S. 273-300, s. bes. S. 295.

[94] Urt. des RG in Zivilsachen v. 5.4.1884 Rep. I 57/84, RGZ 11, S. 160-165, s. bes. S. 162; Urt. des RG in Zivilsachen v. 11.1.1918 Rep. II 257/17, RGZ 91, S. 316-324, s. bes. S. 318.

[95] *Moxter, A.*, in: *Gross, G.* (Hrsg.): a.a.O., S. 24.

[96] Ebenda, S. 25. In diesem Zusammenhang stellen für Kapitalgesellschaften ergänzende Vorschriften, wie beispielsweise die als Bilanzierungshilfe konzipierte Aktivierungsmöglichkeit von Aufwendungen für die Ingangsetzung und Erweiterung des Geschäftsbetriebs nach § 269 Abs. 1 Satz 1 HGB unter Beachtung der Ausschüttungssperre nach § 269 Abs. 1 Satz 2 HGB, lediglich Modifikationen und keine handelsrechtlichen Grundsätze ordnungsmäßiger Buchführung dar. Vielmehr sollen damit Besonderheiten von Kapitalgesellschaften berücksichtigt werden, und ihr Sinn und Zweck erklärt sich "aus besonderen Vorstandspflichten hinsichtlich der Information Dritter bei Gesellschaftsgefährdung", derselbe, in: *Havermann, H.* (Hrsg.): a.a.O., S. 369.

vergleichbaren, die Unternehmensentwicklung indizierenden Gewinn auszuweisen,[97] da insbesondere Objektivierungsprinzipien, wie das Beispiel des Bilanzierungsverbotes selbsterstellter immaterieller Vermögensgegenstände des Anlagevermögens gem. § 248 Abs. 2 HGB gezeigt hat, nicht mit einem solchen Sinn und Zweck konform gehen können.[98]

Zur besseren Übersichtlichkeit sei im folgenden das System zur Ermittlung der "Ausschüttungsrichtgröße" Gewinn[99] nochmals synoptisch dargestellt, wobei die Objektivierungs- und Vereinfachungsprinzipien sowie Folgeprinzipien nur beispielhaft wiedergegeben sind:[100]

---

[97] Vgl. *Schmalenbach, E.*: Dynamische Bilanz, a.a.O., S. 49-54.

[98] Vgl. *Moxter, A.*: Wirtschaftliche Gewinnermittlung ..., a.a.O., S. 301 f.; derselbe, in: *Gross, G.* (Hrsg.): a.a.O., S. 25 f.

[99] Derselbe, in: *Gross, G.* (Hrsg.): a.a.O., S. 24.

[100] Als weiteres Beispiel eines Objektivierungs- und Vereinfachungsprinzips sei das Wertidentitätsprinzip gem. § 252 Abs. 1 Nr. 1 HGB genannt, das aber wohl problemlos unter das Stetigkeitsprinzip subsumiert werden kann.

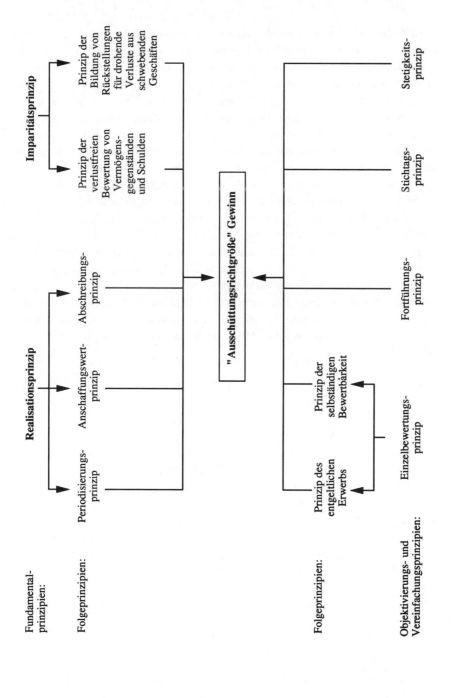

Die Auffassung von der Bestimmung eines als Gewinn verteilbaren Betrages als primärem Sinn und Zweck des handelsrechtlichen Jahresabschlusses kann somit unter Zugrundelegung der bisher ermittelten Ergebnisse bestätigt werden. Es ist aber herauszustellen, daß ausdrücklich von einem Primat ausgegangen wird, wobei dies lediglich eine Rangfolge festlegt und nicht einen Ausschließlichkeitsanspruch. So kommt den Grundsätzen ordnungsmäßiger Buchführung auch die Aufgabe zu, "den Kaufmann selbst und unter bestimmten Voraussetzungen Dritte über den Gang der Geschäfte und die hieraus resultierende wirtschaftliche Unternehmenslage zu orientieren, damit auf Grund solcher Informationen interessewahrende Entscheidungen getroffen werden können".[101] Um diesem Ziel gerecht zu werden, bedarf es neben den herausgestellten Gewinnermittlungsprinzipien auch Einblicksprinzipien, deren Präzisierung aber wiederum problematisch ist, da es an präzisen Einblickszielen mangelt: Das Gesetz kann nur Anhaltspunkte über die Unternehmenslage fordern, "denn einen breiten, differenzierten Einblick vermag der gesetzliche Jahresabschluß nicht zu gewähren".[102] Dies könnte für den Jahresabschluß der Kapitalgesellschaft anders zu beantworten sein. Denn für den Jahresabschluß der Kapitalgesellschaft besteht die Forderung des § 264 Abs. 2 Satz 1 HGB, ein den tatsächlichen Verhältnissen entsprechendes Bild der Vermögens-, Finanz- und Ertragslage zu vermitteln. Demnach ergibt sich an dieser Stelle die Frage, wie sich die bisher herausgestellten Zusammenhänge und Ergebnisse mit dieser gesetzlichen Forderung vertragen. Dies gilt es, im folgenden zu untersuchen.

3. Die Bedeutung der Generalnorm des § 264 Abs. 2 HGB

a) Überblick

Der Aufstellungsgrundsatz des § 243 Abs. 1 HGB fordert für den Jahresabschluß aller Kaufleute dessen Aufstellung nach den Grundsätzen ordnungsmäßiger Buchführung. Damit bindet die Vorschrift des § 243 Abs. 1 HGB den Jahresabschluß aller Kaufleute an den "zentralen Begriff" der Grundsätze ordnungsmäßiger Buchführung als "Maßstab für die Ordnungsmäßigkeit von Jahresabschlüssen",[103] was dazu führt, § 243 Abs. 1 HGB als Generalnorm für die Aufstellung von Jahresabschlüssen anzusehen; ein Aspekt, der bei der noch zu diskutierenden bilanziellen Behandlung langfristiger Aufträge eine wichtige Rolle spielt. Auch die Vorschrift des § 264 Abs. 2 HGB enthält eine Generalnorm. Allerdings

---

[101] *Moxter, A.*, in: *Havermann, H.* (Hrsg.): a.a.O., S. 369.

[102] Ebenda, S. 370.

[103] *Baetge, J., Fey, D., Fey, G.*, in: *Küting, K., Weber, C.-P.* (Hrsg.): a.a.O., § 243, Rn. 2.

schreibt sie in Satz 1 nicht für alle Kaufleute, sondern nur für Kapitalgesellschaften vor,[104] daß deren Jahresabschluß unter Beachtung der Grundsätze ordnungsmäßiger Buchführung ein den tatsächlichen Verhältnissen entsprechendes Bild der Vermögens-, Finanz- und Ertragslage zu vermitteln hat. Darüber hinaus wird im Satz 2 des § 264 Abs. 2 HGB gefordert: "Führen besondere Umstände dazu, daß der Jahresabschluß ein den tatsächlichen Verhältnissen entsprechendes Bild im Sinne des Satzes 1 nicht vermittelt, so sind im Anhang zusätzliche Angaben zu machen."

Während die Generalnorm des § 243 Abs. 1 HGB "nur" fordert, den Jahresabschluß nach den Grundsätzen ordnungsmäßiger Buchführung aufzustellen, geht die Generalnorm des § 264 Abs. 2 HGB mit der Forderung nach Vermittlung eines den tatsächlichen Verhältnissen entsprechenden Bildes der Vermögens-, Finanz- und Ertragslage darüber hinaus.[105] Dieses Bild ist allerdings unter Beachtung der Grundsätze ordnungsmäßiger Buchführung zu ermitteln, womit die Regelung des § 264 Abs. 2 HGB als "parallele" Vorschrift zu § 243 Abs. 1 HGB zu interpretieren ist.[106]

Zur grundsätzlichen Bedeutung der Generalnorm des § 264 Abs. 2 HGB hat sich im Schrifttum ein breites Spektrum an Auffassungen herausgebildet, wobei die Bedeutung dieser Generalnorm eng verknüpft wird mit der Frage, welcher Stellenwert der Generalnorm in bezug auf die gesetzlichen Einzelvorschriften beizumessen ist.[107] So wird einerseits der Standpunkt vertreten, die Generalnorm sei als Zielnorm aufzufassen,[108] mit der Funktion, "Lücken zu schließen und Zweifelsfragen zu klären, welche die Einzelvor-

---

[104] Der Geltungsbereich der Vorschrift erstreckt sich allerdings nicht nur auf Kapitalgesellschaften, sondern erhält durch Spezialvorschriften auch für andere Unternehmen Gültigkeit (§ 55 Abs. 1 und 3 VAG für Versicherungsunternehmen, § 336 Abs. 2 GenG für eingetragene Genossenschaften), vgl. hierzu auch *ADS*: a.a.O., § 264, Tz. 6 ff.; *Baetge, J., Commandeur, D.*, in: *Küting, K., Weber, C.-P.* (Hrsg.): a.a.O., § 264, Rn. 2 u. 11. Im folgenden soll auf diese Fälle allerdings nicht näher eingegangen werden.

[105] Vgl. *Baetge, J., Commandeur, D.*, in: *Küting, K., Weber, C.-P.* (Hrsg.): a.a.O., § 264, Rn. 9 u. 11.

[106] Ebenda, § 264, Rn. 32.

[107] Die unterschiedlichen Auffassungen in Meinungsrichtungen zu gruppieren, wird dadurch erschwert, daß zwischen den einzelnen Auffassungen in Teilaspekten auch Überschneidungen vorkommen, vgl. hierzu *ADS*: a.a.O., § 264, Tz. 59.

[108] Vgl. *Moxter, A.*: Die Jahresabschlußaufgaben ..., a.a.O., S. 141; *Budde, W.D., Förschle, G.*: Das Verhältnis des "True and fair view" zu den Grundsätzen ordnungsmäßiger Buchführung und zu den Einzelrechnungsvorschriften, in: *Mellwig, W.* u.a. (Hrsg.): a.a.O., S. 27-45, s. bes. S. 39; *Streim, H.*, in: *Hofbauer, M.A., Kupsch, P.* (Hrsg.): Bonner Handbuch Rechnungslegung. Textsammlung, Einführung, Kommentierung, Bonn 1989, § 264, Rn. 19.

schriften offen lassen".[109] Dabei kann diese Auffassung auf die amtliche Begründung zum Regierungsentwurf gestützt werden, wonach die Generalnorm nur heranzuziehen sei, "wenn Zweifel bei der Auslegung und Anwendung einzelner Vorschriften entstehen oder Lücken in der gesetzlichen Regelung zu schließen sind".[110] Der Generalnorm wird damit eine Subsidiärfunktion gegenüber den Einzelvorschriften zugeordnet, was insofern auf einen nur geringen materiellen Stellenwert schließen läßt.[111] Demgegenüber wird im Schrifttum aber auch die gegenteilige Auffassung vertreten, wonach der Generalnorm des § 264 Abs. 2 HGB ein hoher Stellenwert beizumessen sei. Dies wird beispielsweise damit begründet, daß "an mehr als 20 Stellen im Gesetz auf die Generalnorm des § 264 Abs. 2 verwiesen bzw. deren Wortlaut aufgegriffen wird".[112] Auch könne aus der Tatsache, daß die Regelung des § 264 Abs. 2 im HGB an erster Stelle der Allgemeinen Vorschriften zum Jahresabschluß der Kapitalgesellschaften plaziert ist, eine große Bedeutung der Generalnorm abgeleitet werden.[113] Ebenso spreche der entwicklungsgeschichtliche Hintergrund des § 264 Abs. 2 HGB für einen hohen Stellenwert der Generalnorm, da sie in nahezu vollem Wortlaut in der Präambel der Vierten Richtlinie wiedergegeben wird.[114] Dabei wird aus einem hohen Stellenwert der Generalnorm auch der Schluß gezogen, die Regelung des § 264 Abs. 2 HGB beinhalte nicht eine "allgemeine Aussage ohne Rechtsverbindlichkeit", die als "eine Art

---

[109] *Budde, W.D., Karig, K.P.*, in: *Budde, W.D.* u.a. (Bearb.): a.a.O., § 264, Anm. 25; vgl. hierzu auch *Biener, H.*: AG, KGaA, GmbH, Konzerne. Rechnungslegung, Prüfung und Publizität nach den Richtlinien der EG. Kommentierte Textausgabe der Bilanzrichtlinie (4. Richtlinie), des geänderten Vorschlags einer Konzernbilanzrichtlinie (7. Richtlinie), des Vorschlags einer Abschlußprüferrichtlinie (8. Richtlinie), mit synoptischer Darstellung des geltenden (und zu ändernden) deutschen Rechts (AktG, GmbHG, WPO) und Materialien, Begründungen der Kommission, Stellungnahmen des Wirtschafts- und Sozialausschusses, des Europäischen Parlaments, des Bundesrates und des Deutschen Bundestages, Köln 1979, S. 29; *Schulze-Osterloh, J*: Jahresabschluß, Abschlußprüfung und Publizität der Kapitalgesellschaften nach dem Bilanzrichtlinien-Gesetz, ZHR, 150. Jg. (1986), S. 532-569, s. bes. S. 541; *Ludewig, R.*: Die Einflüsse des "true and fair view" auf die zukünftige Rechnungslegung, AG, 32. Jg. (1987), S. 12-15.

[110] BT-Drucks. 10/317, S. 77.

[111] Vgl. *Budde, W.D., Karig, K.P.*, in: *Budde, W.D.* u.a. (Bearb.): a.a.O., § 264, Anm. 25.

[112] *Baetge, J., Commandeur, D.*, in: *Küting, K., Weber, C.-P.* (Hrsg.): a.a.O., § 264, Rn. 31. So sind beispielsweise Verweisungen auf die Generalnorm in bezug auf den Lagebericht gem. § 289 Abs. 1 HGB und den Konzernabschluß gem. § 297 Abs. 2 HGB zu nennen, vgl. hierzu auch *Budde, W.D., Förschle, G.*, in: *Mellwig, W.* u.a. (Hrsg.): a.a.O., S. 28. Auch wird der Wortlaut der Generalnorm in der Formulierung des Bestätigungsvermerks nach § 322 HGB aufgenommen, vgl. hierzu auch *Schruff, L.*: Der neue Bestätigungsvermerk vor dem Hintergrund internationaler Entwicklungen, WPg, 39. Jg. (1986), S. 181-185; ADS: a.a.O., § 264, Tz. 52; *Budde, W.D., Förschle, G.*, in: *Mellwig, W.* u.a. (Hrsg.): a.a.O., S. 28; *Baetge, J., Commandeur, D.*, in: *Küting, K., Weber, C.-P.* (Hrsg.): a.a.O., § 264, Rn. 31.

[113] Vgl. *Claussen, C.P.*: Zum Stellenwert des § 264 Abs. 2 HGB, in: *Havermann, H.* (Hrsg.): a.a.O., S. 79-92, s. bes. S. 85.

[114] Vgl. *Grossfeld, B.*: Generalnorm (ein den tatsächlichen Verhältnissen entsprechendes Bild der Vermögens-, Finanz- und Ertragslage), in: *Leffson, U.* u.a. (Hrsg.): a.a.O., S. 192-204, s. bes. S. 195; *Budde, W.D., Förschle, G.*, in: *Mellwig, W.* u.a. (Hrsg.): a.a.O., S. 31.

Zielansprache" aufzufassen sei,[115] sondern, im Gegenteil, als eindeutiger "Rechtsbefehl", insbesondere bei der Ausübung von Wahlrechten, ihre Bindungswirkung entfalte.[116]

Ergänzt werden diese unterschiedlichen Auffassungen zur Bedeutung der Generalnorm in bezug auf die gesetzlichen Einzelvorschriften auch durch die Diskussion im Schrifttum, ob sich der Stellenwert der Generalnorm in § 264 Abs. 2 HGB gegenüber der Regelung des § 149 Abs. 1 Satz 2 AktG a.F. geändert habe oder nicht. So wird einerseits die Auffassung vertreten, mit § 264 Abs. 2 HGB sei "keine grundsätzliche Änderung" hinsichtlich § 149 Abs. 1 Satz 2 AktG a.F. verbunden, sofern diese aktienrechtliche Regelung "nicht im Sinne eines im wesentlichen freien Ermessens" verstanden wurde [117] und deshalb eigentlich von einer Mißachtung auszugehen sei.[118] Dabei wird eine solche Auffassung insbesondere durch die Gesetzesbegründung zu § 264 Abs. 2 HGB gestützt, wonach "trotz der anspruchsvolleren Formulierung" des § 264 Abs. 2 Satz 1 HGB "... davon auszugehen" sei, "daß sich für die Praxis, soweit § 149 AktG bisher im Einzelfall nicht zu großzügig ausgelegt wurde, keine grundsätzlichen Änderungen ergeben".[119] Demgegenüber ist im Schrifttum aber auch die Meinung zu finden, die Generalnorm des § 264 Abs. 2 HGB sei "strenger" aufzufassen als § 149 Abs. 1 Satz 2 AktG a.F.[120] So trage die erwähnte Gesetzesbegründung lediglich zur Relativierung bei, da in der Begründung gleichzeitig gefordert werde, der Jahresabschluß habe "unter allgemeinen Gesichtspunkten richtig zu sein".[121] Insofern könne die Generalnorm des § 264 Abs. 2 HGB nicht als bloße "Kosmetik" aufgefaßt werden.[122]

Die Standpunkte zeigen die Uneinheitlichkeit, die über die Bedeutung der Generalnorm des § 264 Abs. 2 HGB besteht. Es bei dieser Feststellung aber beruhen zu lassen, kann wegen der

---

[115] *Claussen, C.P.*, in: *Havermann, H.* (Hrsg.): a.a.O., S. 84.

[116] Ebenda, S. 39; vgl. hierzu *Grossfeld, B.*, in: *Leffson, U.* u.a. (Hrsg.): a.a.O., S. 203; *Siegel, T.*: Wahlrecht, in: *Leffson, U.* u.a. (Hrsg.): a.a.O., S. 417-427, s. bes. S. 425; *Baetge, J., Commandeur, D.*, in: *Küting, K., Weber, C.-P.* (Hrsg.): a.a.O., § 264, Rn. 33 ff.

[117] *Biener, H.*: AG, KGaA, ..., a.a.O., S. 28.

[118] Vgl. derselbe: Handelsrechtliche Grundsatzfragen der 4. und 7. EG-Richtlinie, in: *Bierich, M.* u.a. (Hrsg.): Rechnungslegung nach neuem Recht, ZfbF-Sonderheft 10, Wiesbaden 1980, S. 307-332, s. bes. S. 317.

[119] BT-Drucks. 10/317, S. 76. Budde/Karig sehen in dieser Begründung einen weiteren Beleg für die Subsidiaritätsfunktion des § 264 Abs. 2 Satz 1 HGB, vgl. *Budde, W.D., Karig, K.P.*, in: *Budde, W.D.* u.a. (Bearb.): a.a.O., § 264, Anm. 28.

[120] *Baetge, J., Commandeur, D.*, in: *Küting, K., Weber, C.-P.* (Hrsg.): a.a.O., § 264, Rn. 31.

[121] BT-Drucks. 10/317, S. 76.

[122] *Grossfeld, B.*, in: *Leffson, U.* u.a. (Hrsg.): a.a.O., S. 200; vgl. auch *Baetge, J., Commandeur, D.*, in: *Küting, K., Weber, C.-P.* (Hrsg.): a.a.O., § 264, Rn. 31.

besonderen Bedeutung der Generalnorm für die weitere Untersuchung nicht ausreichend sein. Denn es wird noch die Frage beantwortet werden müssen, in welcher Weise die Generalnorm des § 264 Abs. 2 HGB im Hinblick auf die Gewinnrealisierung bei langfristigen Aufträgen Einfluß nimmt. Es soll deshalb im folgenden versucht werden, über eine Einbeziehung der Entstehungsgeschichte der Generalnorm dem Problem, welche Bedeutung ihr beizumessen ist, näher zu kommen.

b) Grundsätzliche Anmerkungen zur Entstehungsgeschichte von § 264 Abs. 2 HGB

Der Vorläufer des § 264 Abs. 2 HGB war die aktienrechtliche Regelung des § 149 Abs. 1 AktG a.F.[123] Danach hatte der Inhalt des Jahresabschlusses folgende Anforderungen zu erfüllen: "Der Jahresabschluß hat den Grundsätzen ordnungsmäßiger Buchführung zu entsprechen. Er ist klar und übersichtlich aufzustellen und muß im Rahmen der Bewertungsvorschriften einen möglichst sicheren Einblick in die Vermögens- und Ertragslage der Gesellschaft geben." Nunmehr fordert § 264 Abs. 2 Satz 1 HGB für den Jahresabschluß der Kapitalgesellschaft, nicht nur einen möglichst sicheren Einblick zu geben, sondern ein den tatsächlichen Verhältnissen entsprechendes Bild zu vermitteln. Darüber hinaus hat dies nicht mehr im Rahmen der Bewertungsvorschriften zu erfolgen, sondern es sind vielmehr die Grundsätze ordnungsmäßiger Buchführung zu beachten. Desweiteren ist es nicht mehr ausreichend, nur über die Vermögens- und Ertragslage zu informieren, sondern zusätzlich ist auch die Finanzlage zu berücksichtigen.[124]

Diese geänderten Anforderungen an den Jahresabschluß sind durch die Umsetzung der 4. EG-Richtlinie in das nationale Recht begründet. Dabei ist die Regelung des § 264 Abs. 2 HGB auf die Transformation von Art. 2 der 4. EG-Richtlinie zurückzuführen. Art. 2 ist durch einen dreistufigen Aufbau gekennzeichnet, der sich an die angelsächsische Konzeption vom

---

[123] Vgl. *ADS*: a.a.O., § 264, Tz. 55 ff.; *Streim, H.*, in: *Hofbauer, M.A., Kupsch, P.* (Hrsg.): a.a.O., § 264, Rn. 7; *Baetge, J., Commandeur, D.*, in: *Küting, K., Weber, C.-P.* (Hrsg.): a.a.O., § 264, Rn. 9, 13, 31.

[124] Die zusätzliche Berücksichtigung der Finanzlage in § 264 Abs. 2 Satz 1 HGB bedeutet allerdings keine inhaltliche Ausweitung gegenüber § 149 Abs. 1 Satz 2 AktG a.F., da die Finanzlage als Teilbereich der Vermögenslage interpretiert werden kann, vgl. hierzu auch IDW: Stellungnahme des Instituts der Wirtschaftsprüfer in Deutschland e.V. "Zur Transformation der 4. EG-Richtlinie ins Nationale Recht", WPg, 32. Jg. (1979), S. 169-185, s. bes. S. 170; *ADS*: a.a.O., § 264, Tz. 60; *Baetge, J., Feidicker, M.*: Vermögens- und Finanzlage, Prüfung der, in: *Coenenberg, A.G., Wysocki, K. von* (Hrsg.): HWRev, 2. Aufl., Stuttgart 1992, Sp. 2086-2107, s. bes. Sp. 2093.

sog. "true and fair view" anlehnt.[125] Als Grundnorm bestimmt Art. 2 Abs. 2 und besonders Abs. 3 auf einer ersten Stufe, daß der Jahresabschluß der Richtlinie entsprechen muß und ein den tatsächlichen Verhältnissen entsprechendes Bild zu vermitteln hat. Auf einer zweiten Stufe fordert Art. 2 Abs. 4, als erste Ausnahme von der Grundnorm, zusätzliche Angaben im Anhang, wenn die Anwendung der Richtlinie nicht ausreicht, das in Abs. 3 verlangte Bild zu vermitteln. Auf der dritten Stufe schließlich bestimmt Art. 2 Abs. 5, als zweite Ausnahme von der Grundnorm, in Ausnahmefällen, in denen die Anwendung einer Richtlinienvorschrift mit der Vermittlung des in Abs. 3 geforderten Bildes unvereinbar ist, von der entsprechenden Vorschrift abzuweichen.

Wie der Aufbau verdeutlicht, wird durch den Jahresabschluß primär ein den tatsächlichen Verhältnissen entsprechendes Bild der Vermögens-, Finanz- und Ertragslage angestrebt. Beim Vergleich des Inhaltes von Art. 2 der 4. EG-Richtlinie mit der Bestimmung des § 264 Abs. 2 HGB fällt auf, daß der Gesetzgeber in § 264 Abs. 2 HGB Art. 2 Abs. 3 und 4 der 4. EG-Richtlinie wohl transformiert hat.[126] Allerdings hat der Gesetzgeber die transformierten Bestimmungen durch Zusätze ergänzt. Wie in dem zu Art. 2 Abs. 3 entsprechenden § 264 Abs. 2 Satz 1 HGB gefordert wird, ist das Bild der tatsächlichen Verhältnisse "unter Beachtung der Grundsätze ordnungsmäßiger Buchführung" zu vermitteln. Ebenso führen nach § 264 Abs. 2 Satz 2 HGB, in Ergänzung zu Art. 2 Abs. 4 der 4. EG-Richtlinie, nur "besondere Umstände" dazu, zusätzliche Angaben im Anhang zu machen, wenn das Bild der tatsächlichen Verhältnisse im Sinne des § 264 Abs. 2 Satz 1 HGB nicht vermittelt werden kann. Völlig verzichtet hat der Gesetzgeber auf eine Transformation von Art. 2 Abs. 5 der 4. EG-Richtlinie. In dieser Vorschrift zeigt sich die Forderung nach Vermittlung eines sog. "true and fair view" in der Gestalt eines "overriding principle", wonach in den Fällen von den gesetzlichen Bestimmungen abgewichen werden darf, wenn weder durch die Anwen-

---

[125] Vgl. im folgenden *ADS*: a.a.O., § 264, Tz. 37 ff. Zum Konzept des "true and fair view" vgl. aus der umfangreichen Literatur *Schildbach, T.*: Die Auswirkungen der Generalklausel des Artikel 2 der 4. EG-Richtlinie auf die Rechnungslegung der Aktiengesellschaften - Eine Analyse vor dem Hintergrund der Einzelvorschriften der 4. EG-Richtlinie, WPg, 32. Jg. (1979), S. 277-286, s. bes. S. 279 ff.; *Luik, H.*: Einblick in die tatsächlichen Verhältnisse, in: 50 Jahre Wirtschaftsprüferberuf. Bericht über die Jubiläumsfachtagung vom 21. bis 23. Oktober 1981 in Berlin, Düsseldorf 1981, S. 53-59, s. bes. S. 55 ff.; derselbe: Harmonisierung der Rechnungslegung - Möglichkeiten und Grenzen ihrer Verwirklichung, BB, 38. Jg. (1983), S. 163-169, s. bes. S. 165 f.; *Grossfeld, B.*, in: *Leffson, U.* u.a. (Hrsg.): a.a.O., S. 196 ff.; *Leffson, U.*: Die beiden Generalnormen, in: *Havermann, H.* (Hrsg.): a.a.O., S. 315-325, s. bes. S. 322; *Budde, W.D., Förschle, G.*, in: *Mellwig, W.* u.a. (Hrsg.): a.a.O., S. 33 ff.; *Budde, W.D., Karig, K.P.*, in: *Budde, W.D.* u.a. (Bearb.): a.a.O., § 264, Anm. 21 ff.; *Baetge, J., Commandeur, D.*, in: *Küting, K., Weber, C.-P.* (Hrsg.): a.a.O., § 264, Rn. 30.

[126] Vgl. *Scholtissek, W.*: True and fair view im Vereinigten Königreich und in der Bundesrepublik Deutschland, RIW, 32. Jg. (1986), S. 966-970, s. bes. S. 968.

dung gesetzlicher Vorschriften noch durch zusätzliche Angaben im Anhang ein im Sinne der Grundnorm entsprechendes Bild gezeigt werden kann.[127]

In der Literatur wird zum einen die Auffassung vertreten, es sei sowohl durch § 252 Abs. 2 HGB, der in begründeten Ausnahmefällen eine Abweichung von den allgemeinen Bewertungsgrundsätzen des § 252 Abs. 1 HGB ermöglicht, als auch durch § 265 Abs. 1 Satz 1 HGB, der in Ausnahmefällen wegen besonderer Umstände eine Abweichung der Gliederung in Bilanz- und Gewinn- und Verlustrechnung fordert, eine hinreichende Abdeckung von Art. 2 Abs. 5 der 4. EG-Richtlinie gegeben.[128] Bei den beiden Ausnahmeregelungen handele es sich "insoweit um eine Bezeichnung der Ausnahmefälle und Festlegung der Ausnahmeregelung im Sinne des durch Art. 2 Abs. 5 Satz 3 der 4. EG-Richtlinie eingeräumten nationalen Wahlrechts".[129]

Wie allerdings festzustellen ist, sieht die 4. EG-Richtlinie eine mit § 252 Abs. 2 HGB korrespondierende Regelung in Art. 31 Abs. 2 vor und § 265 Abs. 1 HGB entspricht der Regelung des Art. 3. Deshalb kann es nicht überzeugen, durch die beiden handelsrechtlichen

---

[127] Vgl. *Scholtissek, W.*: a.a.O., s. bes. S. 968.; *Wysocki, K. von*: Das Dritte Buch des HGB 1985 und die Grundsätze ordnungsmäßiger Konzernrechnungslegung, WPg, 39. Jg. (1986), S. 177-181, s. bes. S. 178; *ADS*: a.a.O., § 264, Tz. 38. Chastney stellt die Bedeutung des "overriding principle" zur Vermittlung eines "true and fair view" mit den Worten heraus: "If there is any conflict between the general provision and the detailed provisions, then the general provision will rank supreme", *Chastney, J.G.*: True and fair view - history, meaning and the impact of the 4th Directive, Sheffield 1975, S. 30; vgl. hierzu auch *Tubbesing, G.*: "A True and Fair View" im englischen Verständnis und 4. EG-Richtlinie, AG, 24. Jg. (1979), S. 91-95, s. bes. S. 92. Der Gesetzgeber verzichtete auf eine Transformation von Art. 2 Abs. 5 der 4. EG-Richtlinie, da "nach allgemeinen Grundsätzen des deutschen Rechts die Anwendung gesetzlicher Vorschriften jeweils so zu erfolgen hat, daß der den gesetzlichen Vorschriften vom Gesetzgeber beigelegte Sinn und Zweck erfüllt wird", BT-Drucks. 10/317, S. 77. Der Gesetzgeber könnte sich desweiteren darauf berufen, daß Rat und Kommission der EG in der Protokollerklärung zur 4. Richtlinie die Bedeutung von Art. 2 Abs. 5 dadurch herabsetzen, "daß es" ihrer Meinung nach "normalerweise ausreicht, die Richtlinie anzuwenden, damit das gewünschte, den tatsächlichen Verhältnissen entsprechende Bild entsteht", Erklärung der Kommission und des Rates für das Protokoll über die Ratstagung am 25. Juli 1978 (Dok. Rat R/1961/78 (ES 93) v. 18. Juli 1978), wiedergegeben nach: *Biener, H.*: AG, KGaA, ..., a.a.O., S. 183-185, s. bes. S. 183. Vgl. auch die Kritik zu dieser Erklärung bei *ADS*: a.a.O., § 264, Tz. 41. Moxter bezeichnet diese Protokollerklärung als "recht sibyllinisch", *Moxter, A.*: Die Jahresabschlußaufgaben ..., a.a.O., S. 142, und Niehus stellt fest, daß diese Protokollerklärung "vor allem auf Veranlassung der Bundesregierung" ergangen sei, *Niehus, R.J.*: Entwicklungstendenzen in der Rechnungslegung, WPg, 39. Jg. (1986), S. 117-123, s. bes. S. 119. Ein derartiges nationales Wahlrecht, das in Deutschland zur Nichttransformation von Art. 2 Abs. 5 geführt hat, wird nämlich durch die 4. EG-Richtlinie nicht abgedeckt. Bezüglich eines nationalen Wahlrechtes heißt es in diesem Zusammenhang in Art. 2 Abs. 5 Satz 3 der 4. EG-Richtlinie nur: "Die Mitgliedstaaten können die Ausnahmefälle bezeichnen und die entsprechende Ausnahmeregelung festlegen." Deshalb wird im Schrifttum mit Recht die Frage aufgeworfen, wie die Nichtumsetzung der Regelung des Art. 2 Abs. 5 in das deutsche Recht zu rechtfertigen ist und welche Konsequenzen sich daraus ergeben könnten, vgl. *ADS*: a.a.O., § 264, Tz. 42 ff.

[128] Vgl. *ADS*: a.a.O., § 264, Tz. 44 u. 47; vgl. auch *Wysocki, K. von*: Beitrag in Podiums- und Plenumsdiskussion, in: *Funk, J., Lassmann, G.* (Hrsg.): a.a.O., S. 123-139, s. bes. S. 129, der feststellt, § 252 Abs. 2 HGB stütze sich auf Art. 2 Abs. 5 der 4. EG-Richtlinie.

[129] *ADS*: a.a.O., § 264, Tz. 45.

Vorschriften der §§ 252 Abs. 2 und 265 Abs. 1 HGB auf eine Transformation von Art. 2 Abs. 5 der 4. EG-Richtlinie zu schließen, da die beiden Regelungen in erster Linie auf der Umsetzungsverpflichtung von Art. 31 Abs. 2 bzw. Art. 3 der 4. EG-Richtlinie beruhen.[130] Als wichtigstes Argument gegen die vorgebrachte Auffassung läßt sich jedoch herausstellen, daß Art. 2 Abs. 5 eine Pflicht zur Abweichung vorsieht, während § 252 Abs. 2 HGB lediglich ein Wahlrecht enthält.[131] Deshalb könnte die Regelung des § 252 Abs. 2 HGB nur dann die Vorschrift des Art. 2 Abs. 5 der 4. EG-Richtlinie abdecken, wenn die von beiden Regelungen erfaßten Ausnahmefällen nicht nur ein Wahlrecht, sondern eine Pflicht zur Abweichung von den gesetzlichen Vorschriften begründeten.[132] Da aber § 252 Abs. 2 HGB ausdrücklich von einem Wahlrecht ausgeht, wäre eine Pflicht zur Abweichung nur zu rechtfertigen, wenn § 264 Abs. 2 HGB eine Generalnorm beinhalte, die Vorrang vor den Einzelvorschriften habe und deshalb auch die Ausübung von Wahlrechten einschränke. Anderseits kann aber erst durch die Auslegung von § 252 Abs. 2 HGB geklärt werden, ob eine richtlinienkonforme Transformation von Art. 2 Abs. 5 der 4. EG-Richtlinie und damit die der Generalnorm zugesprochene Dominanz vor den Einzelvorschriften gegeben ist. So muß der Ansatz, § 252 Abs. 2 HGB gehe konform mit der Regelung des Art. 2 Abs. 5 der 4. EG-Richtlinie daran scheitern, daß die Regelung des § 264 Abs. 2 HGB zur Auslegung von § 252 Abs. 2 HGB herangezogen werden muß, obwohl erst durch die Auslegung von § 252 Abs. 2 HGB die Regelung des § 264 Abs. 2 HGB bestimmt werden kann.[133] Als weiteres Gegenargument wird schließlich im Schrifttum auch die Auffassung vertreten, die in § 252 Abs. 2 und § 265 HGB geregelten Ausnahmen von der Befolgung der Einzelvorschriften könnten qualitativ nicht der Regelung des Art. 2 Abs. 5 entsprechen.[134]

Den geäußerten Bedenken ist zuzustimmen. Demnach wird für die folgenden Überlegungen von der Nichtumsetzung des Art. 2 Abs. 5 durch die Vorschriften der §§ 252 Abs. 2 und 265 Abs. 1 HGB in nationales Recht ausgegangen. Dies gilt jedoch nicht für die Vorschrift des § 264 Abs. 2 Satz 2 HGB. Danach werden zusätzliche Angaben im Anhang gefordert, wenn besondere Umstände dazu führen, daß der Jahresabschluß ein den tatsächlichen Verhältnissen

---

[130] Vgl. *Zieger, M.*: Gewinnrealisierung bei langfristiger Fertigung - Ein richtlinienkonformer Ansatz, Wiesbaden 1990, S. 331.

[131] Vgl. *ADS*: a.a.O., § 264, Tz. 47. Es stellt sich hier eine "Konfliktsituation" nur zwischen Art. 2 Abs. 5 und § 252 Abs. 2 HGB dar, da auch § 265 Abs. 1 HGB eine Pflicht vorsieht. Bemerkenswerterweise scheinen aber ADS im Zusammenhang mit der Generalnorm auch bei § 265 Abs. 1 HGB von einem Wahlrecht auszugehen, während bei der Kommentierung zu § 265 HGB von einer Pflicht zur Abweichung die Rede ist, vgl. *ADS*: a.a.O., § 264, Tz. 44, 47 und § 265, Tz. 19 ff.

[132] Vgl. ebenda, § 264, Rn. 47.

[133] Vgl. *Zieger, M.*: a.a.O., S. 332 f.

[134] Vgl. *Streim, H.*, in: *Hofbauer, M.A., Kupsch, P.* (Hrsg.): a.a.O., § 264, Rn. 21.

entsprechendes Bild im Sinne des Satzes 1 nicht vermittelt. Zu Recht wird deshalb im Schrifttum darauf hingewiesen, Art. 2 Abs. 5 finde dem Sinn nach in § 264 Abs. 2 Satz 2 HGB Berücksichtigung,[135] "da es fast immer einfacher und leichter ist, durch verbale Angaben im Anhang ein ansonst unzutreffendes Bild zurechtzurücken, als eigene vom Gesetz abweichende Bilanzierungsmethoden zu entwickeln".[136] Somit ist die Regelung des Art. 2 Abs. 5 einerseits zwar nicht explizit in das deutsche Recht übernommen worden, andererseits wird sie aber durch die Vorschrift des § 264 Abs. 2 Satz 2 HGB miteingeschlossen.[137] Deshalb sollte auch der Verzicht auf eine explizite Transformation der Regelung des Art. 2 Abs. 5 in das deutsche Recht "keinen hinreichenden Grund dafür bieten, die Rechtsgültigkeit der deutschen Rechnungslegungsvorschriften aus europarechtlicher Sicht zu verneinen".[138]

c) Funktion und Bedeutung der Generalnorm des § 264 Abs. 2 HGB

Wie die Entstehungsgeschichte des § 264 Abs. 2 HGB deutlich macht, werden durch diese handelsrechtliche Vorschrift Art. 2 Abs. 3, 4 und implizit auch Abs. 5 der 4. EG-Richtlinie abgedeckt, wobei die Richtlinienvorschrift selbst in starkem Maße vom angelsächsischen Prinzip des "true and fair view" geprägt ist. Deshalb ist auch die Frage zu untersuchen, inwieweit dieses Prinzip für die Auslegung der Generalnorm des § 264 Abs. 2 HGB relevant ist.

Der Begriff des "true and fair view" ist von der angelsächsischen Rechtsprechung entwickelt und erstmals in den "Companies Act 1948" eingeführt worden.[139] Dennoch hat sich bisher im angelsächsischen Rechtskreis keine eindeutige und allgemein anerkannte Definition vom

---

[135] Vgl. *Grossfeld, B.*, in: *Leffson, U.* u.a. (Hrsg.): a.a.O., S. 200; *Beisse, H.*, in: *Knobbe-Keuk, B.* u.a. (Hrsg.): a.a.O., S. 39 u. Budde/Karig, die durch die zusätzlichen Angaben im Anhang "materiell ... das von der 4. EG-Richtlinie geforderte Resultat verwirklicht" sehen, *Budde, W.D., Karig, K.P.*, in: *Budde, W.D.* u.a. (Bearb.): a.a.O., § 264, Anm. 31.

[136] *ADS*: a.a.O., § 264, Tz. 46, die weiter ausführen: "Erst wenn diese Möglichkeiten ausgeschöpft sind und immer noch ein Defizit besteht, kann sich die Frage nach einer von gesetzlichen Vorschriften abweichenden Bilanzierung stellen - ein in der Praxis nur schwer vorstellbarer Fall."

[137] Vgl. *Grossfeld, B.*, in: *Leffson, U.* u.a. (Hrsg.): a.a.O., S. 200.

[138] *Budde, W.D., Karig, K.P.*, in: *Budde, W.D.* u.a. (Bearb.): a.a.O., § 264, Anm. 31, die sich auf die möglichen Konsequenzen beziehen, wenn man der Auffassung folgt, Art. 2 Abs. 5 wäre nicht oder nicht vollständig in deutsches Recht transformiert worden. Vgl. hierzu auch die von *ADS* diskutierten "Folgen eines möglichen Transformationsdefizits", *ADS*: a.a.O., § 264, Tz. 48 f. und den im Zusammenhang mit der Gewinnrealisierung bei langfristiger Auftragsfertigung aufgestellten "richtlinienkonformen Ansatz" von Zieger, vgl. *Zieger, M.*: a.a.O., s. bes. S. 307 ff.

[139] Vgl. *Niehus, R.J.*: "True and Fair View" - in Zukunft auch ein Bestandteil der deutschen Rechnungslegung?, DB, 32. Jg. (1979), S. 221-225, s. bes. S. 222; *Schildbach, T.*: Die Auswirkungen ..., a.a.O., s. bes. S. 279 ff.; *Tubbesing, G.*: a.a.O., s. bes. S. 92 f.; *Scholtissek, W.*: a.a.O., S. 966 ff.

"true and fair view" herausbilden können.[140] Es scheint jedoch Einigkeit darüber zu bestehen,[141] daß das Postulat vom "true and fair view" nicht in einem absoluten Sinne verstanden werden kann, sondern innerhalb der Begrenzung anerkannter Bilanzierungsregeln (sog. "accepted accounting principles") soll der Jahresabschluß ein möglichst objektives Gesamtbild vermitteln,[142] "frei von der Absicht bewußten Vorurteils, der Verfälschung, der Manipulation oder der Unterdrückung wesentlicher Tatsachen".[143] Ein derartiges, die Begrenzung anerkannter Bilanzierungsregeln berücksichtigendes Verständnis vom "true and fair view" läßt somit die Schlußfolgerung zu, wonach dieses angelsächsische Prinzip in seinem originären Gehalt auf eine Zusammenfassung von Grundsätzen ordnungsmäßiger Rechnungslegung abzielt.[144] Damit ist aber ein funktioneller Zusammenhang des Grundsatzes des "true and fair view" mit den im deutschen Recht gebräuchlichen Grundsätzen ordnungsmäßiger Buchführung gegeben, d.h. die "Abstraktionshöhe" des Grundsatzes des "true and fair view" entspricht derjenigen der im deutschen Bilanzrecht vorzufindenden Grundsätze ordnungsmäßiger Buchführung.[145] Gleichzeitig läßt sich daraus für die Interpretation von § 264 Abs. 2 HGB ableiten, daß die entstehungsgeschichtliche Anknüpfung an das "true and fair view"-Konzept "nicht überbewertet werden" darf, da das angelsächsische Verständnis vom "true and fair view" "zu einem beachtlichen Teil" in den deutschen Grund-

---

[140] Vgl. *Schildbach, T.*: Die Auswirkungen ..., a.a.O., S. 280; *Tubbesing, G.*: a.a.O., S. 92; *Grossfeld, B., Junker, C.*: Die Prüfung des Jahresabschlusses im Lichte der 4. EG-Richtlinie, in: *Bierich, M.* u.a. (Hrsg.): a.a.O., S. 251-277, s. bes. S. 271.

[141] Vgl. *Tubbesing, G.*: a.a.O., S. 92; *Budde, W.D., Förschle, G.*, in: *Mellwig, W.* u.a. (Hrsg.): a.a.O., S. 33.

[142] Vgl. *Streim, H.*, in: *Hofbauer, M.A., Kupsch, P.* (Hrsg.): a.a.O., § 264, Rn. 11.

[143] *Lee, G.A.*: Modern Financial Accounting, 2nd ed., London 1975, S. 326; vgl. hierzu auch die von Chastney vorgenommene Inhaltsbeschreibung des Grundsatzes des "true and fair view", wobei er die Bilanzierungsgrundsätze "going concern" (Fortführung der Unternehmenstätigkeit), "consistency" (Materielle Bilanzkontinuität), "disclosure" (Offenlegung), "objectivity" (Bilanzwahrheit) und "materiality" (Wesentlichkeit) nennt, *Chastney, J.G.*: The role of the "true and fair" concept in 1975, Accountants' Weekly v. 4.7.1975, S. 14-15. Ludewig begrüßt die von Chastney vorgenommene inhaltliche Bestimmung des Grundsatzes des "true and fair view", da zu allgemeinen Bilanzierungsfragen keine Grundsätze durch Fachgutachten und Stellungnahmen aufgestellt worden seien, vgl. *Ludewig, R.*: a.a.O., s. bes. S. 13. In diesem Zusammenhang weist Niehus auch darauf hin, "daß es nicht länger 'true and fair view' hieße, sondern z.B. 'generally accepted accounting principles', wenn solche in Großbritannien schon entwickelt worden wären", *Niehus, R.J.*: "True and ..., a.a.O., s. bes. S. 225.

[144] Vgl. *Ludewig, R.*: a.a.O., S. 13.

[145] *Schulze-Osterloh, J.*: Jahresabschluß, ..., a.a.O., S. 539; vgl. hierzu auch *Biener, H.*: Die Rechnungslegung der Aktiengesellschaften und Kommanditgesellschaften auf Aktien nach der Bilanzrichtlinie der EG, AG, 23. Jg. (1978), S. 251-260, s. bes. S. 252; *Niehus, R.J.*: "True and ..., a.a.O., S. 224 f.; *Luik, H.*: Einblick in ..., a.a.O., S. 56; ADS: a.a.O., § 264, Tz. 50.

sätzen ordnungsmäßiger Buchführung Berücksichtigung findet.[146] Vielmehr sind für die Auslegung der Vorschrift des § 264 Abs. 2 HGB die deutschen Grundsätze über die Auslegung von Gesetzen zugrunde zu legen.[147] Einer Heranziehung des entstehungsgeschichtlichen Hintergrunds und damit des Prinzips des "true and fair view" bedarf es deshalb nicht, da sich sowohl aus dem Wortlaut des Gesetzes, aus dem Sinnzusammenhang des Gesetzes, aus dem Gesetzeszweck und aus dem - im Gesetzestext hinreichend zum Ausdruck gebrachten - Willen des Gesetzgebers aufschlußreiche Erkenntnisse für die Auslegung des § 264 Abs. 2 HGB ergeben.[148]

Der Gesetzgeber hat der Forderung des § 264 Abs. 2 Satz 1 HGB - "trotz gewisser Defizite bei der Umsetzung der Richtlinie" - zweifellos einen besonderen Stellenwert beigemessen.[149] Zum Ausdruck kommt dies beispielsweise durch die Positionierung der Vorschrift des § 264 Abs. 2 Satz 1 HGB an erster Stelle der Allgemeinen Vorschriften zum Jahresabschluß der Kapitalgesellschaft.[150] Auch die, wenn auch nur reflektierende Verweisung[151] auf die Generalnorm im Bestätigungsvermerk des § 322 Abs. 1 HGB sowie die Regelungen des § 289 Abs. 1 HGB zum Lagebericht und des § 297 Abs. 2 HGB zum Konzernabschluß lassen einen hohen Stellenwert der Generalnorm vermuten.[152] Bezüglich ihrer materiellen Bedeutung ist allerdings zu berücksichtigen, daß das in § 264 Abs. 2 Satz 1 HGB geforderte Bild unter der Beachtung der Grundsätze ordnungsmäßiger Buchführung zu vermitteln ist.[153] Diesem Verweis auf die Grundsätze ordnungsmäßiger Buchführung kann dabei eine

---

[146] *ADS*: a.a.O., § 264, Tz. 50. Biener/Berneke warnen sogar davor, "die Generalklausel (des § 264 Abs. 2 HGB) im Sinne des früheren britischen Rechts zu verstehen", *Biener, H., Berneke, W.*: Bilanzrichtlinien-Gesetz, Textausgabe des Bilanzrichtlinien-Gesetzes vom 19.12.1985 (Bundesgesetzbl. I S. 2355), mit Bericht des Rechtsausschusses des Deutschen Bundestages, Regierungsentwürfe mit Begründung, EG-Richtlinien mit Begründung, Entstehung und Erläuterung des Gesetzes, Düsseldorf 1986, S. 132.

[147] Vgl. *Biener, H., Berneke, W.*: a.a.O., S. 132; *ADS*: a.a.O., § 264, Tz. 51; *Ludewig, R.*: a.a.O., S. 13 f.; *Budde, W.D., Karig, K.P.* in: *Budde, W.D.* u.a. (Bearb.): a.a.O., § 264, Anm. 24.

[148] Vgl. *Budde, W.D., Karig, K.P.*, in: *Budde, W.D.* u.a. (Bearb.): a.a.O., § 264, Anm. 24.

[149] *ADS*: a.a.O., § 264, Tz. 52. Die Bezeichnung "Defizit" kann hier aber nur als bedingtes "Defizit" verstanden werden, da in bezug auf Art. 2 Abs. 5 der 4. EG-Richtlinie eine explizite Umsetzung zwar unterlassen wurde, dies aber durch die Vorschrift des § 264 Abs. 2 Satz 1 HGB (implizit) aufgefangen wird.

[150] *Claussen, C.P.*, in: *Havermann, H.* (Hrsg.): a.a.O., S. 85.

[151] Vgl. *ADS*: a.a.O., § 264, Tz. 52.

[152] Vgl. *Schruff, L.*: a.a.O., S. 183; *ADS*: a.a.O., § 264, Tz. 52; *Leffson, U.*, in: *Havermann, H.* (Hrsg.): a.a.O., S. 321; *Budde, W.D., Förschle, G.*, in: *Mellwig, W.* u.a. (Hrsg.): a.a.O., S. 28; *Baetge, J., Commandeur, D.*, in: *Küting, K., Weber, C.-P.* (Hrsg.): a.a.O., § 264, Rn. 31.

[153] Vgl. *ADS*: a.a.O., § 264, Tz. 94; *Beisse, H.*, in: *Knobbe-Keuk, B.* u.a. (Hrsg.): a.a.O., S. 33; *Baetge, J., Commandeur, D.*, in: *Küting, K., Weber, C.-P.* (Hrsg.): a.a.O., § 264, Rn. 32.

klarstellende Bedeutung zugesprochen werden, da der Einblickskonzeption der Generalnorm des § 264 Abs. 2 HGB nur in bezug auf ein bestimmtes Abbildungssystem entsprochen werden kann, das durch die Grundsätze ordnungsmäßiger Buchführung geprägt wird.[154] Die Grundsätze ordnungsmäßiger Buchführung sind ebenso wie die gesetzlichen Einzelvorschriften bei der Jahresabschlußerstellung zu berücksichtigen, "d.h. auch dann, wenn das tatsächliche Bild durch Anwendung normierter GoB, z.B. des Anschaffungs- und Herstellungskostenprinzips, subjektiv verschlechtert wird".[155] Dies macht zugleich deutlich, daß sich die Vorschrift des § 264 Abs. 2 HGB auch nur innerhalb dieses Systemrahmens bewegen kann, wobei sie zum Ausgleich von Defiziten innerhalb des Rahmens herangezogen werden soll, nicht aber dazu, den Systemrahmen zu sprengen.[156] Innerhalb dieses Systemrahmens kann die Generalnorm des § 264 Abs. 2 HGB somit als Zielnorm interpretiert werden,[157] die die Vermittlung eines den tatsächlichen Verhältnissen entsprechenden Bildes unter gleichzeitiger Beachtung der Grundsätze ordnungsmäßiger Buchführung gewährleisten soll.

Damit stellt sich aber auch die Frage, wie die so verstandene Generalnorm des § 264 Abs. 2 HGB die Jahresabschlußbestandteile Bilanz, Gewinn- und Verlustrechnung und Anhang einsetzen kann, um das geforderte Einblicksgebot zu erfüllen. So wäre es denkbar, nur auf Bilanz und Gewinn- und Verlustrechnung allein das von § 264 Abs. 2 HGB geforderte Einblicksgebot zu beziehen oder auf den Jahresabschluß in seiner Gesamtheit. Hier ist der letztgenannten Auffassung zu folgen, wonach die drei Bestandteile, insgesamt betrachtet, das geforderte Einblicksgebot gewährleisten. Nicht mit Bilanz und Gewinn- und Verlustrechnung alleine, sondern nur zusammen mit dem Anhang ist ein den tatsächlichen Ver-

---

[154] Vgl. *Leffson, U.*, in: *Havermann, H.* (Hrsg.): a.a.O., S. 324; vgl. hierzu auch *Schwark, E.*: Grundsätzliche rechtliche Aspekte des Bilanzrichtlinie-Gesetzentwurfs, BB, 37. Jg. (1982), S. 1149-1155, s. bes. S. 1151.

[155] *Baetge, J., Commandeur, D.*, in: *Küting, K., Weber, C.-P.* (Hrsg.): a.a.O., § 264, Rn. 32.

[156] Vgl. *ADS*: a.a.O., § 264, Tz. 93; vgl. hierzu auch *Moxter, A.*: Bilanzlehre, Bd. II ..., a.a.O., S. 64 ff.; *Leffson, U.*: Bild der tatsächlichen Verhältnisse, in: *Leffson, U.* u.a. (Hrsg.): a.a.O., s. bes. S. 100; derselbe, in: *Havermann, H.* (Hrsg.): a.a.O., S. 324. Aus diesem Grunde ist auch verständlich, warum nach § 264 Abs. 2 HGB keine Angaben darüber gefordert werden, welche Auswirkungen beispielsweise aus der generellen Anwendung des Realisationsprinzips auf die Vermögens-, Finanz- und Ertragslage ausgehen, vgl. hierzu *ADS*: a.a.O., § 264, Tz. 93; *Budde, W.D., Karig, K.P.*, in: *Budde, W.D.* u.a. (Bearb.): a.a.O., § 264, Anm. 46.

[157] Vgl. *Moxter, A.*: Die Jahresabschlußaufgaben ..., a.a.O., S. 141; *Streim, H.*, in: *Hofbauer, M.A., Kupsch, P.* (Hrsg.): a.a.O., § 264, Rn. 19; *Budde, W.D., Förschle, G.*, in: *Mellwig, W.* u.a. (Hrsg.): a.a.O., S. 39.

hältnissen entsprechendes Bild zu vermitteln.[158] Da nur die "Trias aus Bilanz, Gewinn- und Verlustrechnung und Anhang"[159] der Einblicksforderung des § 264 Abs. 2 HGB genügen kann, wird aber auch die Möglichkeit eröffnet, Bilanz und Gewinn- und Verlustrechnung auf der einen Seite und Anhang auf der anderen Seite unterschiedliche Aufgabenschwerpunkte beizumessen.[160] Wie bereits angeführt, folgt aus dem Verweis auf die Grundsätze ordnungsmäßiger Buchführung die Aufforderung des Gesetzgebers, das Einblicksgebot der Generalnorm zu relativieren. Eine solche Relativierung kann nur durch die Anwendung von Grundsätzen ordnungsmäßiger Buchführung in Bilanz und Gewinn- und Verlustrechnung - denn nur für diese Jahresabschlußelemente haben sich Grundsätze ordnungsmäßiger Buchführung entwickelt - gewährleistet werden.[161] Für Fragen des Bilanzansatzes und der -bewertung bedeutet dies aber, die "maßgeblichen GoB ... an der Bestimmung des vorsichtig bemessenen ausschüttbaren Gewinnes" zu orientieren.[162] So kann in bezug auf Bilanz und Gewinn- und Verlustrechnung nochmals die Auffassung von der Bestimmung eines "vorsichtig bemessenen ausschüttbaren Gewinnes" als primärem Sinn und Zweck bekräftigt werden.[163] Diese Dominanz ist allerdings nicht so zu verstehen, die Vermittlung eines den tatsächlichen Verhältnissen entsprechenden Bildes i.S. des § 264 Abs. 2 Satz 1 HGB und damit die Einblickskonzeption des Jahresabschlusses - jetzt verstanden als Einheit von Bilanz, Gewinn- und Verlustrechnung und Anhang - nachrangig zu behandeln. Der Jahresabschluß kann vielmehr beiden Aufgaben gerecht werden, da er neben Bilanz und Gewinn- und Verlustrechnung auch den Anhang enthält, der primär die informationsvermittelnde Funktion übernimmt. Demnach ist es das Jahresabschlußinstrument Anhang, das in erster Linie die Forderung nach Vermittlung eines den tatsächlichen Verhältnissen entsprechenden Bildes gewährleistet. Es ist daher berechtigt, § 264 Abs. 2 Satz 1 HGB nicht nur, aber doch

---

[158] Zu dieser Auffassung vgl. grundlegend *Moxter, A.*: Die Jahresabschlußaufgaben ..., a.a.O., S. 141 f.; *Jonas, H.H.*: Die EG-Bilanzrichtlinie. Grundlagen und Anwendung in der Praxis, Freiburg im Breisgau 1980, S. 30; *Luik, H.*: Einblick in ..., a.a.O., S. 58 f.; *Moxter, A.*: Bilanzlehre, Bd. II ..., a.a.O., S. 64; *Schulze-Osterloh, J*: Jahresabschluß ..., a.a.O., S. 537; *Baetge, J., Commandeur, D.*, in: *Küting, K., Weber, C.-P.* (Hrsg.): a.a.O., § 264, Rn. 39.

[159] *Beisse, H.*, in: *Knobbe-Keuk, B.* u.a. (Hrsg.): a.a.O., S. 33.

[160] Vgl. *Moxter, A.*: Die Jahresabschlußaufgaben ..., a.a.O., S. 142; derselbe: Bilanzlehre, Bd. II ..., a.a.O., S. 67; derselbe, in: *Havermann, H.* (Hrsg.): a.a.O., S. 368 ff.; ADS: a.a.O., § 264, Tz. 88.

[161] Vgl. *Beisse, H.*, in: *Knobbe-Keuk, B.* u.a. (Hrsg.): a.a.O., S. 33 f.; *Streim, H.*, in: *Hofbauer, M.A., Kupsch, P.* (Hrsg.): a.a.O., § 264, Rn. 14.

[162] *Moxter, A.*: Bilanzlehre, Bd. II ..., a.a.O., S. 67.

[163] Ebenda.

vor allem als "Generalnorm für den Anhang" zu bezeichnen.[164] Dieser Befund kann im Gesetz auch durch den Wortlaut des § 264 Abs. 2 Satz 2 HGB belegt werden, wonach ausdrücklich zusätzliche Angaben im Anhang gefordert werden, wenn besondere Umstände dazu führen, daß der Jahresabschluß, bestehend aus Bilanz, Gewinn- und Verlustrechnung und Anhang, ein den tatsächlichen Verhältnissen entsprechendes Bild nicht vermitteln kann. Hier zeigt sich die Funktionsweise des Anhangs sehr deutlich im Sinne eines Kreisschlusses: § 264 Abs. 2 Satz 1 HGB fordert für den aus Bilanz, Gewinn- und Verlustrechnung und Anhang bestehenden Jahresabschluß die Vermittlung eines den tatsächlichen Verhältnissen entsprechenden Bildes. Kann der Jahresabschluß dieser Forderung unter besonderen Umständen nicht nachkommen, setzt § 264 Abs. 2 Satz 2 HGB als Korrekturgröße das Jahresabschlußelement Anhang ein, um damit wiederum das von § 264 Abs. 2 Satz 1 HGB geforderte Bild zu vermitteln.[165] Bezugnehmend auf den Untersuchungsgegenstand könnte der Anhang deshalb auch Informationen über langfristige Aufträge aufnehmen.

Sehr deutlich zeigt sich die Funktion von § 264 Abs. 2 HGB auch bei der Diskussion der Frage, wie das Verhältnis der Generalnorm zu den Einzelvorschriften, insbesondere bei der Ausübung von Wahlrechten, zu beurteilen ist. Bereits zur aktienrechtlichen Generalnorm

---

[164] *ADS*: a.a.O., § 264, Tz. 104; vgl. hierzu auch *Schildbach, T.*: Die neue Generalklausel für den Jahresabschluß von Kapitalgesellschaften - zur Interpretation des Paragraphen 264 Abs. 2 HGB, BFuP, 39. Jg. (1987), S. 1-15, s. bes. S. 13; *Beisse, H.*, in: *Knobbe-Keuk, B.* u.a. (Hrsg.): a.a.O., S. 43 f. Die Generalnorm ist deshalb nicht nur Generalnorm für den Anhang, da auch Bilanz und Gewinn- und Verlustrechnung, allerdings nur in einem, durch die Grundsätze ordnungsmäßiger Buchführung zulässigen und damit eingeschränkten Rahmen, informationsvermittelnde Funktion übernehmen, vgl. hierzu *Streim, H.*, in: *Hofbauer, M.A., Kupsch, P.* (Hrsg.): a.a.O., § 264, Rn. 15. In diesem Zusammenhang weist Moxter für alle Kaufleute zu Recht darauf hin, daß bestimmte Gewinnermittlungsprinzipien auch auf die Einblickskonzeption einwirken: "Gewinn umsatzbezogen zu ermitteln, wie es das Realisationsprinzip gebietet, bedeutet auch, den Umsatz abzüglich der ihm zuzurechnenden Aufwendungen als Indikator der Unternehmensentwicklung zu verwenden; der so verstandene Gewinn dient mithin, neben anderen Größen, dem Einblick in den Trend der Unternehmenslage", *Moxter, A.*, in: *Havermann, H.* (Hrsg.): a.a.O., S. 370.

[165] Vgl. *ADS*: a.a.O., § 264, Tz. 104; *Richter, H.*: Die Generalklausel des § 264 Abs. 2 HGB und die Forderung des true and fair view, BB, 43. Jg. (1988), S. 2212-2219, s. bes. S. 2218.

des § 149 Abs. 1 Satz 2 AktG a.F. war diese Frage Gegenstand der Diskussion[166] und auch zur Frage der Bedeutung der Generalnorm in § 264 Abs. 2 HGB hat sich im Zusammenhang mit der Ausübung von Wahlrechten ein breites Meinungsspektrum gebildet. So wird einerseits die Auffassung vertreten, zumindest ein Teil der Wahlrechte sei so auszuüben, daß der Forderung der Generalnorm des § 264 Abs. 2 HGB am besten entsprochen werde.[167] Demgegenüber ist aber auch die Meinung vorzufinden, wonach der Generalnorm des § 264 Abs. 2 HGB keine einschränkende Bedeutung bei der Ausübung von Wahlrechten zukomme.[168] Neben diesen beiden Extrempositionen wird die vermittelnde Ansicht geäußert, die dem Bilanzierenden einen Ermessensspielraum bei der Ausübung von Wahlrechten zugesteht, solange dies nicht "deutlich zum Nachteil der Informationsempfänger"

---

[166] Vgl. hierzu die Gesamtdarstellungen bei *ADS*: a.a.O., § 264, Tz. 55 ff. und 102 ff.; *Baetge, J., Commandeur, D.*, in: *Küting, K., Weber, C.-P.* (Hrsg.): a.a.O., § 264, Rn. 33 ff. Einerseits wurde die Auffassung vertreten, § 149 Abs. 1 Satz 2 AktG a.F. wende sich lediglich gegen eine mißbräuchliche Ausnutzung von Wahlrechten, ansonsten sei der Bilanzierende bei der Wahlrechtsausübung aber nicht eingeschränkt, vgl. *Forster, K.-H.*: Neue Pflichten des Abschlußprüfers nach dem Aktiengesetz von 1965, WPg, 18. Jg. (1965), S. 585-606, s. bes. S. 587 f.; *Schildbach, T.*: Zum Verhältnis von Paragraph 149 Abs. 1 Satz 2 Aktiengesetz zu den Paragraphen 153 bis 156 Aktiengesetz, WPg, 31. Jg. (1978), S. 617-624. In die gleiche Richtung zielte auch das Argument ab, Wahlrechte seien in erster Linie sachgerecht, d.h. entsprechend ihrem Sinn und Zweck und - unter Beachtung dieses Sinn und Zweckes - erst in zweiter Linie so auszuüben, daß ein möglichst sicherer Einblick vermittelt werde, vgl. *Kropff, B.*: Bilanzwahrheit und Ermessensspielraum in den Rechnungslegungsvorschriften des Aktiengesetzes 1965, WPg, 19. Jg. (1966), S. 369-380, s. bes. S. 372; *Frotz, H.*: Die durch § 149 Abs. 1 AktG gezogenen Grenzen von Bilanzstrategie und Bilanztaktik, DB, 29. Jg. (1976), S. 1343-1346, s. bes. S. 1346; dieses Argument liegt mit den Erstgenannten auf der gleichen Argumentationslinie, da zwischen beiden Auffassungen kein Unterschied besteht: "Denn eine Auslegung entgegen dem Sinn und Zweck einer Vorschrift ist zugleich auch eine mißbräuchliche Auslegung und umgekehrt", *Baetge, J., Commandeur, D.*, in: *Küting, K., Weber, C.-P.* (Hrsg.): a.a.O., § 264, Rn. 33. Dagegen wurde aber auch eine sehr restriktive Auffassung genannt, die die Ausübung von Wahlrechten nur unter strikter Berücksichtigung der Generalnorm als zulässig erachtete, vgl. *Döllerer, G.*: Rechnungslegung nach dem neuen Aktiengesetz und ihre Auswirkungen auf das Steuerrecht, BB, 20. Jg. (1965), S. 1405-1417, s. bes. S. 1411; *Gessler, E.*: Der Bedeutungswandel der Rechnungslegung im Aktienrecht, in: *Muthesius, V.* (Hrsg.): 75 Jahre Deutsche Treuhand-Gesellschaft. 1890-1965, Frankfurt a.M. 1965, S. 129-166, s. bes. S. 154 f., *Döllerer, G.*: Gläubigerschutz und Aktionärsschutz im neuen Aktienrecht - ein Scheingegensatz, BB, 21. Jg. (1966), S. 629-633, s. bes. S. 630.

[167] Vgl. *Grossfeld, B.*, in: *Leffson, U.* u.a. (Hrsg.): a.a.O., S. 203; *Siegel, T.*, in: *Leffson, U.* u.a. (Hrsg.): a.a.O., S. 425; *Baetge, J., Commandeur, D.*, in: *Küting, K., Weber, C.-P.* (Hrsg.): a.a.O., § 264, Rn. 34 ff. Nach Auffassung von Baetge/Commandeur ist in diesem Zusammenhang eine differenzierte Vorgehensweise notwendig. Demnach sei die Inanspruchnahme gesetzlicher Wahlrechte, die aus "bilanzfremden bzw. steuerlichen Gründen gewährt" werden, unabhängig von der Generalnorm zu sehen. Dagegen sei "bei ... Wahlrechten, die der Gesetzgeber nicht aufgrund bilanzfremder Gründe im Gesetz belassen bzw. ausdrücklich gewährt hat", die Forderung der Generalnorm des § 264 Abs. 2 HGB zu beachten, *Baetge, J., Commandeur, D.*, in: *Küting, K., Weber, C.-P.* (Hrsg.): a.a.O., § 264, Rn. 35 f.

[168] Vgl. *Biener, H.*: Auswirkungen der Vierten Richtlinie der EG auf den Informationsgehalt der Rechnungslegung deutscher Unternehmen, BFuP, 31. Jg. (1979), S. 1-16, s. bes. S. 6; *Wöhe, G.*: Möglichkeiten und Grenzen der Bilanzpolitik im geltenden und im neuen Bilanzrecht, DStR, 23. Jg. (1985), S. 715-721 u. S. 754-761, s. bes. S. 720; *Biener, H., Berneke, W.*: a.a.O., S. 132; *Schulze-Osterloh, J*: Jahresabschluß ..., a.a.O., S. 543; *ADS*: a.a.O., § 264, Tz. 107; *Beisse, H.*, in: *Knobbe-Keuk, B.* u.a. (Hrsg.): a.a.O., S. 42; *Streim, H.*, in: *Hofbauer, M.A., Kupsch, P.* (Hrsg.): a.a.O., § 264, Rn. 24; *Budde, W.D., Karig, K.P.* in: *Budde, W.D.* u.a. (Bearb.): a.a.O., § 264, Anm. 29.

geschehe.[169] Insofern "nähert" sich "die Generalnorm an das seit jeher bestehende Verbot der Bilanzverschleierung an" und "hindert einen Bilanzierenden nur dann, auf einem Ermessensrecht zu bestehen, wenn dadurch eine kritische oder günstige Lage der Unternehmung verheimlicht wird".[170]

Hier ist wohl der Meinung im Schrifttum zu folgen, wonach der Generalnorm des § 264 Abs. 2 HGB keine einschränkende Bedeutung bei der Ausübung von Wahlrechten beizumessen ist. Denn der Gesetzgeber kann es nicht beabsichtigt haben, auf der einen Seite "nach Gesetzeswortlaut und Gesetzeszweck eindeutige Wahlmöglichkeiten" zuzulassen[171] und auf der anderen Seite diese Wahlmöglichkeiten "über die Generalnorm praktisch wieder außer Kraft zu setzen".[172] Dennoch sollte die Grenze für eine uneingeschränkte Wahlrechtsausübung dort gezogen werden, wo eine mißbräuchliche oder willkürliche Wahlrechtsausübung vorliegt.[173] Allerdings darf das Verbot einer mißbrauchs- bzw. willkürfreien Wahlrechtsausübung nicht so interpretiert werden, daß damit die uneingeschränkte Wahlrechtsausübung wieder verhindert wird, zumal "Mißbrauch" und "Willkür" im neuen Recht in einem anderen Licht erscheinen. Denn nunmehr bietet das Gesetz durch § 264 Abs. 2 Satz 2 HGB die Möglichkeit, "bezüglich der Annahme eines Mißbrauchs ... noch wesentlich mehr Zurückhaltung als unter der Geltung des § 149 AktG a.F." zu üben.[174] Damit ist auch der Auffassung zu folgen, die der Generalnorm des § 264 Abs. 2 HGB für die Ausübung von Wahlrechten grundsätzlich keine entscheidende Bedeutung beimißt, da ein, infolge einer uneingeschränkten Wahlrechtsausübung auftretendes Informationsdefizit durch das Jahresabschlußinstrument Anhang kompensiert werden kann.[175] Somit entfaltet § 264 Abs. 2 Satz 1 HGB gegenüber den Einzelvorschriften, die Wahlrechte ermöglichen, keine

---

[169] *Leffson, U.*, Bild der tatsächlichen Verhältnisse, in: *Leffson, U.* u.a. (Hrsg.): a.a.O., s. bes. S. 99.

[170] Ebenda.

[171] *Budde, W.D., Karig, K.P.*, in: *Budde, W.D.* u.a. (Bearb.): a.a.O., § 264, Anm. 29.

[172] *Luik, H.*: Einblick ..., a.a.O., S. 58.

[173] Vgl. ebenda: Luik führt an, daß einer willkürlichen Wahlrechtsausübung das Postulat zur Beachtung der Grundsätze ordnungsmäßiger Buchführung entgegensteht.

[174] *Budde, W.D., Karig, K.P.*, in: *Budde, W.D.* u.a. (Bearb.): a.a.O., § 264, Anm. 34.

[175] Vgl. *ADS*: a.a.O., § 264, Tz. 107: Nach ADS wird dies bereits durch die Angaben der angewandten Bilanzierungs- und Bewertungsmethoden im Anhang gem. § 284 Abs. 2 Nr. 1 HGB sichergestellt. Allerdings können auch - ganz im Sinne der bereits herausgestellten Funktionsweise eines Kreisschlusses - darüber hinausgehende "aufklärende Angaben" im Anhang erforderlich werden, wenn der durch den Jahresabschluß vermittelte Gesamteindruck durch eine Anhäufung einseitiger Wahlrechtsausübung irreführend ist, *Streim, H.*, in: *Hofbauer, M.A., Kupsch, P.* (Hrsg.): a.a.O., § 264, Rn. 24.

Primärfunktion, sondern wirkt subsidiär.[176] Das Merkmal der Subsidiarität der neuen Generalnorm ist allerdings nicht nur auf den Bereich der gesetzlich eingeräumten Wahlrechte beschränkt, sondern kennzeichnet generell das Verhältnis der Generalnorm zu den Einzelvorschriften.[177] Der Gesetzgeber selbst liefert hierzu den Beleg mit den Worten: "Die Generalklausel ... ist nur heranzuziehen, wenn Zweifel bei der Auslegung und Anwendung einzelner Vorschriften entstehen oder Lücken in der gesetzlichen Regelung zu schließen sind. Die Generalklausel steht nicht in dem Sinne über der gesetzlichen Regelung, daß sie es erlauben würde, den Inhalt und Umfang des Jahresabschlusses in Abweichung von den gesetzlichen Vorschriften zu bestimmen."[178]

Als Ergebnis zu Funktion und Bedeutung der Generalnorm des § 264 Abs. 2 HGB läßt sich somit feststellen: Durch das Erfordernis, die Grundsätze ordnungsmäßiger Buchführung zu beachten, hat die in der Generalnorm zum Ausdruck kommende Einblicksforderung nur eine sehr eingeschränkte Bedeutung für die Bilanz und die Gewinn- und Verlustrechnung, jedoch eine große Bedeutung für das Jahresabschlußinstrument Anhang. Da der Jahresabschluß von Kapitalgesellschaften auch das Element des Anhangs aufnimmt, kann damit der Einblicksforderung des § 264 Abs. 2 Satz 1 HGB genüge getan werden und gleichzeitig können Bilanz und Gewinn- und Verlustrechnung primär der Bestimmung eines vorsichtig bemessenen, als Gewinn ausschüttbaren Betrages dienen. Daß dem Anhang im Zusammenhang mit der Generalnorm des § 264 Abs. 2 HGB besondere Bedeutung beizumessen ist, wird auch in Satz 2 der Vorschrift deutlich, wonach beim Vorliegen besonderer Umstände, die nicht zur Vermittlung eines den tatsächlichen Verhältnissen entsprechenden Bildes im Sinne des Satzes 1 führen, eben nicht ergebniswirksame Korrekturen in Bilanz und Gewinn- und Verlustrechnung, sondern Angaben im Anhang gefordert werden. Es bleibt nun noch zu prüfen, was in § 264 Abs. 2 Satz 2 HGB unter "besonderen Umständen" zu verstehen ist, an die das Gesetz die zusätzliche Angabepflicht knüpft.

d) *"Besondere Umstände" und zusätzliche Angabepflicht nach § 264 Abs. 2 Satz 2 HGB*

Wie bereits herausgestellt, hat die Generalnorm eine besondere Bedeutung für das Jahresabschlußinstrument Anhang, was auch durch die Vorschrift des § 264 Abs. 2 Satz 2 HGB deutlich zum Ausdruck gebracht wird. Bei Durchsicht des Schrifttums zur Regelung des § 264 Abs. 2 Satz 2 HGB fällt insbesondere die Erwähnung des Bereichs der Gewinn-

---

[176] Vgl. *Budde, W.D., Karig, K.P.*, in: *Budde, W.D.* u.a. (Bearb.): a.a.O., § 264, Anm. 29.

[177] Vgl. ebenda, Anm. 25 ff.

[178] BT-Drucks. 10/317, S. 76.

realisierung bei langfristigen Aufträgen auf.[179] Es stellt sich die Frage, ob die Gewinnrealisierung bei langfristigen Aufträgen "besondere Umstände" darstellt. Daher ist es für die weitere Untersuchung von entscheidender Bedeutung, die Regelung des § 264 Abs. 2 Satz 2 HGB grundlegend zu bestimmen. Zugleich ermöglicht eine solche Erörterung auch, die gewonnenen Ergebnisse zur Bedeutung der Generalnorm des § 264 Abs. 2 HGB abzusichern.

§ 264 Abs. 2 Satz 2 HGB schreibt zusätzliche Angaben im Anhang vor, wenn besondere Umstände dazu führen, daß der Jahresabschluß ein den tatsächlichen Verhältnissen entsprechendes Bild der Vermögens-, Finanz- und Ertragslage der Gesellschaft i.S. von § 264 Abs. 2 Satz 1 HGB nicht vermittelt. Damit knüpft die Regelung die Verpflichtung, zusätzliche Angaben im Anhang zu machen, an das Erfordernis "besondere Umstände", die ursächlich den geforderten Einblick verhindern. Was aber unter "besonderen Umständen" zu verstehen ist, wird im Gesetz nicht explizit genannt. Nach der Gesetzesbegründung sind "besondere Umstände" dann gegeben, wenn der Jahresabschluß eines Unternehmens "trotz Anwendung der gesetzlichen Vorschriften hinter der Aussagefähigkeit eines Jahresabschlusses dieses Unternehmens unter normalen Umständen zurückbleibt".[180] Der Gesetzgeber verlangt damit die Heranziehung eines Vergleichsmaßstabes, "nämlich ... diejenige Aussagekraft, die ein 'ordentlicher Kaufmann' von einem gesetzmäßigen Jahresabschluß eines durchschnittlichen Unternehmens, für das die gleichen Rechnungslegungsvorschriften gelten, erwartet".[181] Die Anwendung eines so verstandenen Vergleichsmaßstabes stellt sicher, die tatsächlichen Verhältnisse vor dem Hintergrund einer verlaufsbezogenen und damit dynamischen Entwicklung erkennbar zu machen.[182] Dabei kommt es gleichzeitig darauf an, einen Gesamteindruck und nicht Teilaspekte von dem, den tatsächlichen Verhält-

---

[179] Aus der umfangreichen Literatur, auf die noch im weiteren Verlauf der Untersuchung näher eingegangen wird, seien beispielhaft erwähnt: *ADS*: a.a.O., § 264, Tz. 122; *Streim, H.*, in: *Hofbauer, M.A., Kupsch, P.* (Hrsg.): a.a.O., § 264, Rn. 17; *Budde, W.D., Karig, K.P.*, in: *Budde, W.D.* u.a. (Bearb.): a.a.O., § 264, Anm. 50.

[180] BT-Drucks. 10/317, S. 76.

[181] *Budde, W.D., Karig, K.P.*, in: *Budde, W.D.* u.a. (Bearb.): a.a.O., § 264, Anm. 48: Budde/Karig erkennen die Inpraktibilität eines solchen Maßstabes mit hohem Abstraktionsgrad, stellen aber treffend fest, daß mangels der Existenz eines konkreteren auf diesen zurückzugreifen sei. Auch ADS sehen als Maßstab "die Erwartungen an die Aussagefähigkeit des Jahresabschlusses, die ein ordentlicher Kaufmann ansetzen darf", *ADS*: a.a.O., § 264, Tz. 99.

[182] Vgl. *ADS*: a.a.O., § 264 Tz. 99 u. Tz. 111, wo treffend festgestellt wird, daß der Jahresabschluß Entwicklungstendenzen deutlich machen soll, die sowohl in einer Verschlechterung als auch Verbesserung der Vermögens-, Finanz- und Ertragslage bestehen können; vgl. auch *Goerdeler, R.*: "A True and Fair View - or Compliance with the Law and the Company Statutes", WPg, 26. Jg. (1973), S. 517-525, s. bes. S. 524; *Leffson, U.*: Bild der tatsächlichen Verhältnisse, in: *Leffson, U.* u.a. (Hrsg.): a.a.O., S. 97; *Moxter, A.*: Bilanzlehre, Bd. II ..., a.a.O., S. 66 f.; *Beisse, H.*, in: *Knobbe-Keuk, B.* u.a. (Hrsg.): a.a.O., S. 34.

nissen entsprechenden Bild herzustellen.[183] Allerdings ist der vom Gesetz geforderte Einblick in die Vermögens-, Finanz- und Ertragslage nicht in einem absoluten, sondern in einem, durch die Beachtung der Einzelvorschriften sich ergebenden, relativen Sinne zu verstehen, so daß sich für die Bedeutung von § 264 Abs. 2 Satz 2 HGB die Schlußfolgerung ziehen läßt: Erst "wenn die Beachtung der Einzelvorschriften zu Bilanz, GVR und Anhang nicht ausreicht, um die relative Vermögens-, Finanz- und Ertragslage im Jahresabschluß hinreichend deutlich auszudrücken, dann und nur dann werden 'im Anhang zusätzliche Angaben' erforderlich".[184]

Eine durch die Anwendung des Vergleichsmaßstabes sich ergebende Abweichung hat gleichzeitig auch dem durch die Bedingung der "besonderen Umstände" implizierten Gesichtspunkt der Erheblichkeit zu genügen, d.h. die Beeinträchtigung des Einblicks in bezug auf die Gesamteinschätzung der Vermögens-, Finanz- und Ertragslage muß erheblich sein, um zusätzliche Angabepflichten im Anhang auszulösen.[185] Relativ unerhebliche Abweichungen sind dagegen als "systemimmanente" Auswirkungen hinzunehmen.[186] Die Berücksichtigung einer erheblichen Schwelle für die zusätzliche Angabepflicht i.S. des § 264 Abs. 2 Satz 2 HGB ist aber nicht als ein starrer Maßstab zu sehen, sondern hat sich immer an der jeweiligen Unternehmenslage auszurichten.[187] Gestaltet sich demnach die Unternehmenslage schwieriger, so darf der Grundsatz der Erheblichkeit nicht dazu führen, erforderliche, zusätzliche Angaben im Anhang zu unterlassen. Andererseits darf die Erheblichkeit aber auch nicht zu geringe Berücksichtigung finden, um nicht bereits bei jeder kleinen Abweichung eine Angabepflicht im Anhang auszulösen.[188] Eine genaue Konkretisierung aber, wann Erheblichkeit im jeweiligen Einzelfall vorliegt bzw. nicht vorliegt, kann nicht gegeben werden. Es wird vielmehr für den Bilanzierenden erforderlich, in Bandbreiten zu denken, um daraus für den jeweiligen Einzelfall Objektivierungsgesichts-

---

[183] Vgl. *Leffson, U.*: Bild der tatsächlichen Verhältnisse, in: *Leffson, U.* u.a. (Hrsg.): a.a.O., s. bes. S. 97; *Moxter, A.*: Bilanzlehre, Bd. II ..., a.a.O., S. 98; *ADS*: a.a.O., § 264, Tz. 100; *Baetge, J., Commandeur, D.*, in: *Küting, K., Weber, C.-P.* (Hrsg.): a.a.O., § 264, Rn. 39.

[184] *Moxter, A.*: Bilanzlehre, Bd. II ..., a.a.O., S. 99.

[185] Vgl. *Budde, W.D., Karig, K.P.*, in: *Budde, W.D.* u.a. (Bearb.): a.a.O., § 264, Anm. 49. ADS verwenden anstelle des Begriffs "Erheblichkeit" den synonymen Begriff "Wesentlichkeit", vgl. *ADS*: a.a.O., § 264, Tz. 101; vgl. hierzu auch *Jonas, H.H.*: a.a.O., S. 205; *Leffson, U.*: Wesentlich, in: *Leffson, U.* u.a. (Hrsg.): a.a.O., S. 434-447.

[186] *Budde, W.D., Karig, K.P.*, in: *Budde, W.D.* u.a. (Bearb.): a.a.O., § 264, Anm. 49.

[187] Vgl. ebenda; *ADS*: a.a.O., § 264, Tz. 101.

[188] Vgl. *Budde, W.D., Karig, K.P.*, in: *Budde, W.D.* u.a. (Bearb.): a.a.O., § 264, Anm. 48 f.; *ADS*: a.a.O., § 264, Tz. 101.

punkte abzuleiten. Insofern ergibt sich hier durchaus ein Beurteilungs- und Ermessensspielraum, der auch vom Abschlußprüfer entsprechend zu würdigen ist.[189]

Ist nun die Abweichung so erheblich, daß zusätzliche Angaben im Anhang gemacht werden müssen, so ist es nicht ausreichend, lediglich anzumerken, der Jahresabschluß vermittle in bestimmten Punkten nicht ein den tatsächlichen Verhältnissen entsprechendes Bild. Es sind vielmehr sämtliche Informationen zu geben, die für die Vermittlung eines den tatsächlichen Verhältnissen entsprechenden Bildes i.S. des § 264 Abs. 2 Satz 1 HGB notwendig sind.[190] Aber auch hier gilt es zu beachten: Die zusätzlichen Angaben müssen sich auf das wesentliche beschränken, d.h. die zusätzlichen Angaben dürfen sich nicht in einer zu starken Detailbetrachtung verlieren.[191]

Somit kann bezüglich der Begriffe "besondere Umstände", "Erheblichkeit" und "zusätzliche Angaben" keine eindeutige Bestimmung abgeleitet werden. Wenn nun im Schrifttum gerade die Gewinnrealisierung bei langfristigen Aufträgen als ein Anwendungsfall der Vorschrift des § 264 Abs. 2 Satz 2 HGB gesehen wird, so ist zu fragen, warum und unter welchen Voraussetzungen hier eine Anknüpfung gegeben sein soll. Fragt man aber nach den Voraussetzungen, so ist wiederum auf die herausgestellten Begriffe einzugehen, die dann speziell für den Fall der Gewinnrealisierung bei langfristigen Aufträgen näher zu konkretisieren sind.

II. Das Prinzip der Maßgeblichkeit der Handelsbilanz für die Steuerbilanz

Die laufende Besteuerung von Unternehmen aller Rechtsformen wird durch die "zentrale Größe" Gewinn geprägt, wobei dem Gewinnbegriff und den Gewinnermittlungsvorschriften des EStG besondere Bedeutung beizumessen sind.[192] Diese bilden nicht nur die Grundlage für die Ermittlung des steuerpflichtigen Einkommens bei Einzelunternehmern und Personengesellschaftern, sondern auch die Körperschaftsteuer der Kapitalgesellschaften und sonstiger körperschaftsteuerpflichtiger Körperschaften, Personenvereinigungen und Vermögensmassen knüpft gem. § 8 Abs. 1 KStG an den Gewinnbegriff und die Gewinnermittlungsvorschriften des EStG an. Ebenso ist der einkommensteuer- bzw. körperschaft-

---

[189] Vgl. *ADS*: a.a.O., § 264, Tz. 131.

[190] Vgl. *Budde, W.D., Karig, K.P.*, in: *Budde, W.D.* u.a. (Bearb.): a.a.O., § 264, Anm. 54.

[191] Vgl. *Jonas, H.H.*: a.a.O., S. 205; *Russ, W.*: a.a.O., S. 83 ff.; *Hoffmann, W.-D.*: Anmerkungen über den Grundsatz der Wesentlichkeit im Anhang, BB, 41. Jg. (1986), S. 1050-1057, s. bes. S. 1052.

[192] *Knobbe-Keuk, B.*: a.a.O., S. 11.

steuerpflichtige Gewinn gem. § 7 GewStG Ausgangsgröße für die Ermittlung des Gewerbeertrags bei der Gewerbesteuer.

Was die Ermittlung des Gewinnes zum Zwecke der Besteuerung betrifft, so ergibt sich das Problem, daß nicht auf einen Totalgewinn i.S. eines von der Gründung bis zur Liquidation des Betriebes insgesamt erzielten Gewinnes abgestellt werden kann. Das Erfordernis nach Deckung eines laufenden öffentlichen Finanzbedarfs verlangt vielmehr die Ermittlung eines Periodengewinnes, der Zäsuren durch laufende Geschäftsvorfälle bedingt. Daraus folgt die Notwendigkeit, den Gewinn periodengerecht zu ermitteln, d.h. Ausgaben und Einnahmen sind Beständen an Vermögen und Schulden zuzurechnen oder es hat eine Aufwands- bzw. Ertragsverrechnung zu erfolgen.[193]

Was den Gewinnbegriff als solchen betrifft, so wird er in § 4 Abs. 1 Satz 1 EStG definiert als "Unterschiedsbetrag zwischen dem Betriebsvermögen am Schluß des Wirtschaftsjahrs und dem Betriebsvermögen am Schluß des vorangegangenen Wirtschaftsjahrs, vermehrt um den Wert der Entnahmen und vermindert um den Wert der Einlagen".[194] Der Betriebsvermögensvergleich nach § 4 Abs. 1 EStG stellt dabei ein Verfahren der Gewinnermittlung im Rahmen der Gewinneinkünfte nach § 2 Abs. 1 Nr. 1-3 EStG dar,[195] wobei die in dieser Vorschrift zum Ausdruck kommende Gewinndefinition noch präzisiert werden kann, da der zu ermittelnde Unterschiedsbetrag "nicht nur um den Wert der Entnahmen, sondern auch um den Wert der nicht abzugsfähigen Betriebsausgaben zu vermehren, und nicht nur um den Wert der Einlagen, sondern auch um den Wert der steuerfreien Betriebseinnahmen und um Sanierungsgewinne zu vermindern ist".[196]

---

[193] Vgl. *Wöhe, G.*: Betriebswirtschaftliche Steuerlehre I/2. Der Einfluß der Besteuerung auf das Rechnungswesen des Betriebes, 7. Aufl., München 1992, S. 6; *Federmann, R.*: a.a.O., S. 157. Hieran knüpft auch die Eigenschaft der Einkommensteuer als Jahressteuer gem. § 2 Abs. 7 Satz 1 EStG, aus der wiederum ihre Klassifikation als periodische Steuer folgt, vgl. hierzu *Tipke, K., Lang, J.*: Steuerrecht. Ein systematischer Grundriß, 13. Aufl., Köln 1991, S. 148 u. 198. Ebenso stellt gem. § 7 Abs. 3 Satz 1 KStG die Körperschaftsteuer eine periodische Steuer dar, vgl. ebenda, S. 402.

[194] Der Begriff "Betriebsvermögen" wird im EStG nicht näher definiert. Aus § 6 Abs. 1 Einleitungssatz EStG folgt aber, daß als "Betriebsvermögen" die "einzelnen Wirtschaftsgüter" anzusetzen sind. Insofern wird "nach dem EStG ... der Gewinn eines Geschäftsjahrs durch den Vergleich von Wirtschaftsgütern, die aktiver oder passiver Natur sein können, ermittelt", BFH-Urt. v. 19.7.1955 I 149/54 S, BStBl. 1955 III, S. 266-267, s. bes. S. 266. Folglich stellt sich das Betriebsvermögen als Reinvermögen (Eigenkapital) des Betriebes dar, vgl. hierzu auch *Wöhe, G.*: Betriebswirtschaftliche Steuerlehre ..., a.a.O., S. 17; *Schreiber, J.*, in: *Ebling, K., Freericks, W.* (Hrsg.): Blümich. Einkommensteuergesetz, Körperschaftsteuergesetz, Gewerbesteuergesetz, Kommentar, Loseblatt, 14. Aufl., München 1992, § 5, Rn. 151.

[195] Als weitere Gewinnermittlungsverfahren sind die Überschußrechnung nach § 4 Abs. 3 EStG, die Gewinnermittlung nach Durchschnittssätzen gem. § 13 a EStG sowie die Gewinnermittlung durch Schätzung nach § 162 AO zu nennen, auf die im folgenden allerdings nicht näher eingegangen werden soll.

[196] *Wöhe, G.*: Betriebswirtschaftliche Steuerlehre ..., a.a.O., S. 3 f.

Neben dem Betriebsvermögensvergleich nach § 4 Abs. 1 EStG sieht das Gesetz allerdings auch den Betriebsvermögensvergleich nach § 5 EStG vor, der im folgenden näher untersucht werden soll. Dieses Gewinnermittlungsverfahren gilt gem. § 5 Abs. 1 Satz 1 EStG für alle Gewerbetreibenden, die zur Buchführung verpflichtet sind und aufgrund jährlicher Bestandsaufnahme Abschlüsse machen müssen oder freiwillig Bücher führen und Abschlüsse machen. Der Anwendungsbereich des § 4 Abs. 1 EStG kommt für Gewerbetreibende, die die genannten Voraussetzungen erfüllen zwar nicht unmittelbar in Betracht,[197] § 4 Abs. 1 EStG ist aber insoweit von Bedeutung, als dieser den Gewinnbegriff auf der Grundlage des Betriebsvermögensvergleichs festlegt.[198] Dies wird auch unmittelbar aus dem Wortlaut des § 5 Abs. 1 Satz 1 EStG erkennbar, der auf die Vorschrift des § 4 Abs. 1 Satz 1 EStG verweist. Die eigentliche materielle Bedeutung von § 5 Abs. 1 Satz 1 EStG zeigt sich aber nicht in dieser Verweistechnik, sondern in der Forderung, das Betriebsvermögen anzusetzen, "das nach den handelsrechtlichen Grundsätzen ordnungsmäßiger Buchführung auszuweisen ist". Diese auch als "Prinzip der Maßgeblichkeit der Handelsbilanz für die Steuerbilanz" bezeichnete Vorschrift bewirkt die Aufstellung einer derivativen, d.h. einer grundsätzlich aus der Handelsbilanz abgeleiteten "Steuerbilanz".[199] Die Forderung des § 5 Abs. 1 Satz 1 EStG, das Betriebsvermögen anzusetzen, das nach den handelsrechtlichen Grundsätzen ordnungsmäßiger Buchführung auszuweisen ist, kann als die Kernvorschrift des Bilanzsteuerrechts aufgefaßt werden. Sie bringt den Grundsatz der Maßgeblichkeit der Handelsbilanz für die Steuerbilanz zum Ausdruck und läßt die handelsrechtlichen Grundsätze

---

[197] Die Vorschrift des § 4 Abs. 1 EStG gilt erstens für Land- und Forstwirte, wenn sie nach §§ 140 oder 141 AO verpflichtet sind, Bücher zu führen und auf Grund jährlicher Bestandsaufnahmen Abschlüsse zu machen oder freiwillig Bücher führen und Abschlüsse machen (vgl. Abschn. 12 Abs. 1 EStR) sowie zweitens gem. Abschn. 142 Abs. 2 Satz 1 EStR für die Angehörigen freier Berufe, die freiwillig Bücher führen und Abschlüsse machen (vgl. hierzu auch BFH-Urt. v. 30.9.1980 VIII R 201/78, BStBl. 1981 II, S. 301-303). Drittens ist schließlich gem. Abschn. 12 Abs. 2 Satz 5 EStR für nicht buchführungspflichtige Gewerbetreibende, die auch freiwillig keine Bücher führen und für die nicht festgestellt werden kann, daß sie die Gewinnermittlung nach § 4 Abs. 3 EStG gewählt haben, der Gewinn nach § 4 Abs. 1 EStG unter Berücksichtigung der Verhältnisse des Einzelfalles zu schätzen.

[198] Vgl. *Hermann, C., Heuer, G., Raupach, A.*: Einkommensteuer- und Körperschaftsteuergesetz mit Nebengesetzen. Kommentar. 19. Aufl., Köln 1982, § 5, Anm. 26 f.; *Knobbe-Keuk, B.*: a.a.O., S. 11 f.

[199] Vgl. *Wöhe, G.*: Betriebswirtschaftliche Steuerlehre ..., a.a.O., S. 37. Den derivativen Charakter unterstreicht die Regelung des § 60 Abs. 1 Satz 1 EStDV, die verlangt, daß "der Steuererklärung eine Abschrift der Bilanz, die auf dem Zahlenwerk der Buchführung beruht", beizufügen ist. § 60 Abs. 2 Satz 1 EStDV fordert weiter, diese Bilanz unter Umständen "durch Zusätze oder Anmerkungen den steuerlichen Vorschriften anzupassen" und gem. § 60 Abs. 2 Satz 2 EStDV ist es auch möglich, "eine den steuerlichen Vorschriften entsprechende Bilanz (Steuerbilanz)" der Steuererklärung beizufügen.

ordnungsmäßiger Buchführung "zu integrierenden Bestandteilen des Bilanzsteuerrechts werden".[200]

§ 5 Abs. 1 Satz 1 EStG macht die Handelsbilanz, die nach den Grundsätzen ordnungsmäßiger Buchführung erstellt wurde und die nicht gegen zwingende handelsrechtliche Vorschriften verstößt, zum Ausgangspunkt für die steuerliche Gewinnermittlung.[201] Begründet werden kann die Maßgeblichkeit im wesentlichen damit, daß die Grundsätze ordnungsmäßiger Buchführung "den ökonomisch zutreffenden Gewinn" ermitteln sollen, der sich auch eignet, "das für die Steuerzahlung disponible Einkommen mitzubestimmen".[202] Auch Vereinfachungsgründe sprechen in diesem Zusammenhang für das Maßgeblichkeitsprinzip, da die Praktikabilität des Rechts gewährleistet werden soll.[203]

Der Maßgeblichkeitsgrundsatz des § 5 Abs. 1 Satz 1 EStG bezieht sich grundsätzlich sowohl auf die Bilanzierung dem Grunde nach als auch auf die Bewertung der Bilanzpositionen.[204] Die Betonung dieser Feststellung liegt allerdings auf dem Wort "grundsätzlich". Denn die Maßgeblichkeit der handelsrechtlichen Grundsätze ordnungsmäßiger Buchführung weicht immer dann zurück, wenn steuerrechtliche Bilanzierungsvorbehalte - und noch entscheidender - steuerrechtliche Bewertungsvorbehalte Vorrang beanspruchen. Bei den Bilanzierungsvorbehalten ist hierbei insbesondere § 5 Abs. 2-5 EStG einschlägig und in § 5 Abs. 6 EStG ist der allgemeine Bewertungsvorbehalt enthalten, der insbesondere durch die §§ 6, 7, 7a EStG konkretisiert wird. Neben diesen speziell im Gesetz geregelten Vorbehalten schränken aber auch übergeordnete Gewinnermittlungsprinzipien den Maßgeblichkeitsgrundsatz des § 5 Abs. 1 Satz 1 EStG ein. So ist in diesem Zusammenhang der Beschluß des Großen Senates des BFH vom 3.2.1969 zu nennen, in dem zur Frage der Bilanzierung dem

---

[200] *Jacobs, O.H.*: Das Bilanzierungsproblem in der Ertragsteuerbilanz, Stuttgart 1971, S. 30. Auch die Vorschrift des § 140 AO schreibt die Maßgeblichkeit handelsrechtlicher Buchführungsunterlagen für die Aufstellung der Steuerbilanz vor. Im einzelnen bestimmt § 140 AO: "Wer nach anderen Gesetzen als den Steuergesetzen Bücher und Aufzeichnungen zu führen hat, die für die Besteuerung von Bedeutung sind, hat die Verpflichtungen, die ihm nach den anderen Gesetzen obliegen, auch für die Besteuerung zu erfüllen"; vgl. hierzu *Wöhe, G.*: Betriebswirtschaftliche Steuerlehre ..., a.a.O., S. 60 sowie *Knobbe-Keuk, B.*: a.a.O., S. 12, die treffend feststellt: "§ 140 AO macht die außersteuerlichen Buchführungsvorschriften für das Steuerrecht nutzbar, indem diese auch zu steuerlichen Pflichten erklärt werden."

[201] Vgl. hierzu auch RFH-Urt. v. 11.2.1930 I A 807/28, RStBl. 1930, S. 153-155; BFH-Urt. v. 24.2.1953 I 106/52 U, BFHE 57, S. 307-310, s. bes. S. 310.

[202] *Tipke, K., Lang, J.*: a.a.O., S. 280; vgl. hierzu auch *Krieger, A.*: Der Grundsatz der Maßgeblichkeit der Handelsbilanz für die steuerrechtliche Gewinnermittlung, in: *Knobbe-Keuk, B.* u.a. (Hrsg.): a.a.O., S. 327-347, s. bes. S. 337 f.

[203] Vgl. *Tipke, K., Lang, J.*: a.a.O., S. 280.

[204] Vgl. *Hermann, C., Heuer, G., Raupach, A.*: a.a.O., § 5, Anm. 28; *Knobbe-Keuk, B.*: a.a.O., S. 21.

Grunde nach die Auffassung vertreten wird: "Da es dem Sinn und Zweck der steuerrechtlichen Gewinnermittlung entspricht, den vollen Gewinn zu erfassen, kann es nicht im Belieben des Kaufmanns stehen, sich durch Nichtaktivierung von Wirtschaftsgütern, die handelsrechtlich aktiviert werden dürfen, oder durch den Ansatz eines Passivpostens, der handelsrechtlich nicht geboten ist, ärmer zu machen, als er ist. Bilanzierungswahlrechte im Steuerrecht stünden auch schwerlich im Einklang mit dem verfassungsrechtlichen Grundsatz der Gleichheit der Besteuerung (Art. 3 des Grundgesetzes)."[205] Folglich muß in der Steuerbilanz aktiviert werden, was handelsrechtlich aktiviert werden darf und es darf nicht in der Steuerbilanz passiviert werden, was handelsrechtlich nicht passiviert werden muß.[206] Somit wird das Maßgeblichkeitsprinzip auch dann zurückgedrängt, wenn trotz Fehlens eines steuerlichen Bilanzierungsvorbehaltes das Handelsrecht ein Bilanzierungswahlrecht einräumt.[207]

Neben diese Begrenzungen des Maßgeblichkeitsprinzips treten nun aber noch Unklarheiten im Hinblick auf die Frage, wie die Bezugnahme auf die Grundsätze ordnungsmäßiger Buchführung durch die Worte "nach den" auszulegen ist.[208] So wird einerseits aus der Vorschrift des § 5 Abs. 1 Satz 1 EStG auf eine materielle Maßgeblichkeit geschlossen, d.h. daß damit die Anknüpfung an abstrakte handelsrechtliche Normen gemeint sei.[209] Obwohl

---

[205] BFH-Beschl. v. 3.2.1969 GrS 2/68, a.a.O., S. 293; vgl. hierzu unter anderem auch BFH-Beschl. v. 2.3.1970 GrS 1/69, BStBl. 1970 II, S. 382-383, s. bes. S. 383; BFH-Urt. v. 24.11.1983 I R 150/77, BStBl. 1984 II, S. 299-301, s. bes. S. 300.

[206] Zu dieser Auffassung vgl. beispielsweise auch die Kritik bei *Saage, G.*: Veränderte Grundlagen der Gewinnermittlung nach Handels- und Steuerrecht, DB, 22. Jg. (1969), S. 1661-1667 u. S. 1709-1714, s. bes. S. 1714; *Maassen, K.*: Gilt der Maßgeblichkeitsgrundsatz (§ 5 EStG) nicht für die Bilanzierungswahlrechte?, DB, 23. Jg. (1970), S. 1285-1290; *Kruse, H.W.*: Bilanzierungswahlrechte in der Steuerbilanz, StbJb 1976/77, S. 113-130, s. bes. S. 125 ff.; *Kammann, E.*: Bilanzansatzwahlrechte in der einkommensteuerlichen Gewinnermittlung nach § 5 EStG, StuW, 55. (8.) Jg. (1978), S. 108-125, s. bes. S. 117 f.; *Wichmann, G.*: Das Verständnis der Bilanzierung im Steuerrecht und dessen Beurteilung, DB, 34. Jg. (1981), S. 282-285, s. bes. S. 283; *Wöhe, G.*: Betriebswirtschaftliche Steuerlehre ..., a.a.O., S. 72; *Knobbe-Keuk, B.*: a.a.O., S. 23.

[207] Vgl. hierzu auch das Urt. des FG Niedersachsen v. 21.2.1991 XIII 167/90, EFG 1991, S. 655: "Hintergrund dieser Durchbrechung des Maßgeblichkeitsgrundsatzes ist, daß dem Kaufmann, soweit ihm ein Wahlrecht eingeräumt worden ist, handelsrechtlich grundsätzlich freisteht, sich in der Bilanz ärmer zu machen, als es seinen tatsächlichen Vermögensverhältnissen entspricht. Diese Möglichkeit kann dem Kaufmann aber steuerrechtlich nicht eingeräumt werden, da dies dem Prinzip der zutreffenden Abschnittsbesteuerung widerspricht, wonach die in einem Jahr entstandenen Gewinne auch in diesem Jahr steuerlich zu erfassen sind."

[208] Vgl. *Federmann, R.*: a.a.O., S. 162.

[209] Vgl. beispielsweise *Freericks, W.*: a.a.O., S. 282; *Merkert, H., Koths, D.*: Verfassungsrechtlich gebotene Entkoppelung von Handels- und Steuerbilanz. Zugleich eine Besprechung des BFH-Urteils vom 24.4.1985, BB, 40. Jg. (1985), S. 1765-1768; *Stollenwerk, A.*: Steuerbilanz und Steuerbilanzpolitik auf der Grundlage der Handelsbilanz neuen Rechts, DB, 40. Jg. (1987), S. 1053-1059.

für diese Auffassung zwar der Wortlaut des § 5 Abs. 1 Satz 1 EStG spricht,[210] ist die Maßgeblichkeit i.S. einer formellen Maßgeblichkeit aufzufassen, d.h. es wird auf die Anknüpfung an einen konkret gewählten Ansatz in der Handelsbilanz abgestellt.[211] Belegt werden kann dieser Befund mit der nunmehr im EStG kodifizierten umgekehrten Maßgeblichkeit in § 5 Abs. 1 Satz 2 EStG, wonach steuerrechtliche Wahlrechte bei der Gewinnermittlung in Übereinstimmung mit der handelsrechtlichen Jahresbilanz auszuüben sind.[212] Hierbei stellt die umgekehrte Maßgeblichkeit "lediglich eine Kehrseite der formellen Maßgeblichkeit dar".[213] Deshalb "muß die gesetzliche Regelung einer umgekehrten Maß-

---

[210] Vgl. *Federmann, R.*: a.a.O., S. 160 u.162; *Schreiber, J.*, in: *Ebling, K., Freericks, W.* (Hrsg.): a.a.O., § 5, Rn. 180; *Schmidt, L.*: EStG, Kommentar, 11. Aufl., München 1992, § 5, Rn. 9 b.

[211] Vgl. *Knobbe-Keuk, B.*: a.a.O., S. 22 sowie die zutreffende Feststellung von *Plewka, H.*, in: *Lademann, F., Söffing, G., Brockhoff, H.*: Kommentar zum Einkommensteuergesetz, Stuttgart 1990, § 5, Anm. 292: "Nach der Bilanzierung in der Handelsbilanz richtet sich in der Regel, was (welches Wirtschaftsgut) in der Steuerbilanz auszuweisen ist und wie (mit welchem Wert) es in der Steuerbilanz auszuweisen ist".

[212] Wie Schreiber treffend feststellt, dürfte mit der umfassenden Kodifizierung der umgekehrten Maßgeblichkeit in § 5 Abs. 1 Satz 2 EStG der "grundlegende Meinungsstreit über die Maßgeblichkeit des konkreten HB-Ansatzes für die StB - und somit vor allem ... über die umgekehrte Maßgeblichkeit - ... weitgehend gegenstandslos geworden sein", *Schreiber, J.*, in: *Ebling, K., Freericks, W.* (Hrsg.): a.a.O., § 5, Rn. 180. Vor Einfügung des Satzes 2 in § 5 Abs. 1 EStG, der nach § 52 Abs. 5b EStG erstmals für Wirtschaftsjahre anzuwenden ist, die nach dem 31.12.1989 enden, fanden sich nämlich folgende Auffassungen über die Maßgeblichkeit (vgl. ebenda): (1.) Im Sinne einer uneingeschränkten formellen Maßgeblichkeit im Rahmen der abstrakten Grundsätze ordnungsmäßiger Buchführung, verstanden als grundsätzliche Maßgeblichkeit der in der konkreten Handelsbilanz anzutreffenden Bilanzansätze sowohl dem Grunde als auch der Höhe nach, vgl. beispielsweise *Mathiak, W.*: Rechtsprechung zum Bilanzsteuerrecht, StuW, 63. (16.) Jg. (1986), S. 174 ff.; *Bordewin, A.*: Steuervergünstigungen, Zuschreibungen und Teilwertabschreibungen in Handels- und Steuerbilanz. Zum neuen § 6 Abs. 3 EStG, FR, 41. Jg. (1986), S. 281-286, s. bes. S. 286; *Küting, K., Haeger, B.*: Die Bedeutung des Maßgeblichkeitsprinzips für die Ermittlung der steuerbilanziellen Herstellungskosten - Eine kritische Betrachtung vor dem Hintergrund des Entwurfs eines Steuerreformgesetzes 1990, DStR, 26. Jg. (1988), S. 159-166, s. bes. S. 159; BFH-Urt. v. 27.3.1968 I 133/65, BStBl. 1968 II, S. 521-522, s. bes. S. 521; BFH-Urt. v. 25.4.1985 IV R 83/83, BStBl. 1986 II, S. 350-353, s. bes. S. 352; (2.) Im Sinne einer eingeschränkten formellen Maßgeblichkeit im Rahmen der abstrakten Grundsätze ordnungsmäßiger Buchführung, verstanden als Einschränkung der formellen Maßgeblichkeit in Hinblick auf subventionelle Steuervergünstigungen, vgl. beispielsweise *Wöhe, G.*: Handelsbilanz und Steuerbilanz, StKgR 1973, München 1973, S. 291-317, s. bes. S. 306 ff.; *Woerner, L.*: Das Verhältnis von Handels- und Steuerbilanz bei Inanspruchnahme subventioneller Steuervergünstigungen, BB, 31. Jg. (1976), S. 1569-1573, s. bes. S. 1570 ff.; *Schmitz, T.*: Maßgeblichkeitsprinzip und Steuervergünstigungen, DB, 39. Jg. (1986), S. 14-16, s. bes. S. 16; (3.) Im Sinne einer formellen Maßgeblichkeit der Handelsbilanz nur dem Grunde nach im Rahmen der abstrakten Grundsätze ordnungsmäßiger Buchführung vgl. beispielsweise *Schulze-Osterloh, J*: Die Maßgeblichkeit der Handelsbilanz für die Steuerbilanz, ihre Umkehrung und das Bilanzrichtlinien-Gesetz, FR, 41. Jg. (1986), S. 545-554, s. bes. S. 550; *Sauer, K.P.*: Konsequenzen aus der umgekehrten Maßgeblichkeit nach § 6 Abs. 3 EStG für die Bilanzierungspraxis, DB, 40. Jg. (1987), S. 2369-2374, s. bes. S. 2374.

[213] *Mathiak, W.*: Maßgeblichkeit der tatsächlichen Handelsbilanzansätze für die Steuerbilanz und umgekehrte Maßgeblichkeit, StbJb 1986/87, S. 79-107, s. bes. S. 87; vgl. hierzu auch *Schreiber, J.*, in: *Ebling, K., Freericks, W.* (Hrsg.): a.a.O., § 5, Rn. 188.

geblichkeit notwendig die der formellen Maßgeblichkeit umfassen".[214]

Die hier dargestellte Kennzeichnung mag genügen, die grundlegende Bedeutung des Grundsatzes der Maßgeblichkeit der Handelsbilanz für die Steuerbilanz herauszustellen. Entscheidend für die weitere Untersuchung ist, daß zulässige Ansätze in der Handelsbilanz grundsätzlich auch für die steuerliche Gewinnermittlung maßgeblich sind und daß dies sowohl die Bilanzierung dem Grunde nach als auch die Bewertung der Bilanzpositionen betrifft. Unterstrichen wird dies durch Abschn. 29 Abs. 1 Satz 1 EStR, wonach es bei der Gewinnermittlung nach § 5 EStG - soweit sich aus den Steuergesetzen nichts anderes ergibt - die handelsrechtlichen Rechnungslegungsvorschriften zu beachten gilt, die gem. Abschn. 29 Abs. 1 Satz 2 EStR für alle Kaufleute die Vorschriften des Ersten Abschnittes und für Kapitalgesellschaften außerdem die des Zweiten Abschnittes des Dritten Buches des HGB umfassen. Es bleibt dennoch zu untersuchen, wie der Gewinnausweis langfristiger Aufträge sich in dieses System der Maßgeblichkeit der Handelsbilanz für die Steuerbilanz einfügt.

---

[214] *Schmidt, L.*: a.a.O., § 5, Rn. 9 c, bb); vgl. hierzu auch *Federmann, R.*: a.a.O., S. 160. Die formelle Maßgeblichkeit ist dabei i.S. einer uneingeschränkten formellen Maßgeblichkeit aufzufassen, d.h. die konkreten Bilanzierungs- und Bewertungsentscheidungen der Handelsbilanz sind grundsätzlich maßgeblich. Auf die Umkehrung des Maßgeblichkeitsprinzips soll im folgenden nicht näher eingegangen werden.

2. Kapitel: Ökonomische und vertragsrechtliche Vorgaben

I. Begriff und Merkmale langfristiger Aufträge

1. Definitorische Festlegung

Betrachtet man die Entwicklung auf dem Gebiet der industriellen Fertigung in den letzten Jahrzehnten, so kann diese mit den Kennzeichen einer zunehmenden Verfeinerung technischen Know-hows bei gleichzeitiger Wachstumsdynamik der Märkte und einer fortschreitenden multinationalen Ausrichtung beschrieben werden.[215] Als Ausfluß dieser Entwicklung hat sich schließlich auch die Struktur industrieller Fertigung dahingehend weiterentwickelt, daß an die Stelle einfacher Fertigungsprozesse eine komplexe und technologisch anspruchsvolle Fertigung getreten ist. Dabei stellen neben den traditionellen Bereichen des Schiffbaues und der Bauindustrie zunehmend auch die Fertigungsbereiche des Anlagen-,[216] Maschinen -, Flugzeug- sowie Kraftwerkbaues zentrale Schwerpunkte dieser Struktur dar und üben außerdem einen nicht unerheblichen Einfluß auf die gesamtwirtschaftliche Situation aus.[217] Als Beispiele für Produkte dieser Fertigungsbereiche lassen sich dabei für den Bereich der Bauindustrie Brückenbauwerke, Staudämme, Tunnelanlagen und sonstige größere Hoch- und Tiefbauprojekte sowie für den Bereich des Anlagenbaues Großanlagen für die Maschinen-, Elektro- und chemische Industrie nennen. Gerade im Fall des Anlagengeschäftes wird die zunehmende Komplexität besonders deutlich, da sich das klassische Anlagengeschäft, "gekennzeichnet durch das Know-how der Kombination eigener Produkte zu Funktionseinheiten, also z.B. Kombination von Stromrichtern, Schaltern, Elektronik und Motoren zu Walzwerksantrieben", zu einem Gesamtanlagengeschäft weiterentwickelt hat, wobei dem Kunden nicht nur eine rein technische Funktionseinheit, sondern auch eine

---

[215] Vgl. *Hilkert, O., Krause, W.*: Controllingprobleme im langfristigen Anlagengeschäft, DB, 31. Jg. (1978), S. 1601-1605 u. S. 1653-1659, s. bes. S. 1601; *Weiss, H.*: Internationale Kooperationsstrategien im Großanlagenbau, ZfbF, 33. Jg. (1981), S. 947-953; *Herdmann, G.*: Marktstrategien im Anlagenbau in Japan, USA und der Bundesrepublik Deutschland, ZfbF, 34. Jg. (1982), S. 70-75, s. bes. S. 74; *König, N.*: Ausgeprägte Multinationalität im Anlagenbau, Die Bank, o. Jg. (1982), Heft 4, S. 165-171, s. bes. S. 165.

[216] Treffend wird in der Literatur im Zusammenhang mit dem Großanlagenbau auf das Ausmaß der Komplexität hingewiesen, das " - jedenfalls bei großen Anlagen - die Vorstellungskraft der Nicht-Fachleute" übersteige, *Fischer, D.*: Die Abnahme beim Anlagengeschäft - Bedürfnisse und Gepflogenheiten der Praxis, DB, 37. Jg. (1984), S. 2125-2131, s. bes. S. 2130.

[217] Vgl. für den Bereich des Anlagenbaus *Funk, J.*: Volkswirtschaftliche Bedeutung und betriebswirtschaftliche Besonderheiten des industriellen Anlagengeschäftes, in: *Funk, J., Lassmann, G.* (Hrsg.): Langfristiges Anlagengeschäft - Risiko-Management und Controlling, ZfbF-Sonderheft Nr. 20, Düsseldorf 1986, S. 9-19, s. bes. S. 10 ff.

ausgereifte Verfahrenstechnik i.S. einer Problemlösung angeboten wird.[218] Neben diesen Veränderungen auf dem Gebiet der industriellen Fertigung kann gleichzeitig auch eine zunehmende Bedeutung der Erbringung komplexer Dienstleistungen (einschließlich Sachleistungskomponenten) herausgestellt werden, wobei hier insbesondere der Bereich der Softwareberatung bzw. -entwicklung zu nennen wäre. In dieses, durch Hochtechnologie geprägte Branchen- und Produktumfeld ist auch der Begriff "langfristige Aufträge" eingebunden, wobei sich im Zusammenhang mit diesem Begriff spezifische Merkmale herausstellen lassen.

Die dieser Untersuchung zugrundeliegenden Aufträge werden durch das Kriterium der Langfristigkeit derart determiniert, daß dessen Ausprägung entscheidenden Einfluß auf das Problem der Gewinnrealisierung nimmt.[219] Die Festlegung des durch den Begriff der Langfristigkeit abzugrenzenden Zeitraumes wird dabei in der Literatur sehr unterschiedlich aufgefaßt, wobei sowohl dreimonatige Zeiträume[220] als auch sechsmonatige Zeiträume[221] bis hin zu Zeiträumen, die mindestens drei Bilanzierungsperioden tangieren,[222] als maßgeblich für das Kriterium der Langfristigkeit angesehen werden. In einigen Fällen wird vom Begriff der Langfristigkeit auch dann gesprochen, wenn der Durchführungszeitraum des Auftrages "mehrere Jahre" umfaßt[223] oder "sich über die Dauer eines Geschäftsjahres hinzieht".[224]

Angesichts dieser doch sehr unterschiedlichen Auffassungen über den Inhalt des Kriteriums der Langfristigkeit erscheint es schwierig, eine grundsätzliche Festlegung vorzunehmen, um

---

[218] *Hilkert, O., Krause, W.*: a.a.O., S. 1601; vgl. auch Deutsches Institut für Interne Revision e.V. - Arbeitskreis Revision der Produktion und Produktionshilfsbetriebe: Revision des Anlagenbaues, Berlin 1991, S. 9.

[219] Vgl. *Schindlbeck, K.*: Bilanzierung und Prüfung bei langfristiger Fertigung, Frankfurt a.M., Bern, New York, Paris 1988, S. 5. Der Begriff "Langfristigkeit" wird also hier auf die bilanzrechtliche Anknüpfung ausgerichtet.

[220] Vgl. *Funk, J.*: Risikobewertung und Bilanzierung von Projekten des Anlagenbaus, in: *Solaro, D.* u.a. (Hrsg.): Projekt-Controlling. Planungs-, Steuerungs- und Kontrollverfahren für Anlagen und Systemprojekte, Stuttgart 1979, S. 149-161, s. bes. S. 155.

[221] Vgl. *Mellerowicz, K.*: Kosten und Kostenrechnung, Bd. II/2, 5. Aufl., Berlin, New York 1980, S. 322.

[222] Vgl. *Mutze, O.*: Gewinnverwirklichung und Berücksichtigung von Risiken bei langfristigen Rücklagen - Bewertungs- und Bilanzierungsfragen, AG, 14. Jg. (1969), S. 275-281, s. bes. S. 278; *Müller, H.*: Langfristige Geschäfte im aktienrechtlichen Jahresabschluß - ihr derzeitiger und möglicher Ausweis unter besonderer Berücksichtigung der Bestimmung und Prüfung des Wertansatzes - (auch ein Vorschlag zur Anpassung nationalen Gesellschaftsrechts an die 4. EG-Richtlinie), Diss., Saarbrücken 1983, S. 74.

[223] *Schindler, J.*: Die Probleme bei langfristiger Fertigung nach derzeitigem und zukünftigem Handelsrecht, BB, 39. Jg. (1984), S. 574-577, s. bes. S. 574.

[224] *ADS*: a.a.O., § 252, Tz. 85.

den Begriff der Langfristigkeit für die weitere Untersuchung heranziehen zu können. Wenn man allerdings die bei dieser Untersuchung im Vordergrund stehende handels- und steuerbilanzrechtliche Fragestellung berücksichtigt, so müssen auch die verwendeten Begriffe diesem Untersuchungsgegenstand entsprechen. Um dieser Forderung zu genügen, kann deshalb nur eine Festlegung der "Anzahl der Abrechnungsperioden", die vom Durchführungszeitraum tangiert werden, und nicht die Festlegung einer "absoluten Zeitdauer" geeignet sein.[225] Denn nur durch die Bezugnahme auf den Begriff "Abrechnungsperiode" wird auf das hier zu untersuchende Problem der Gewinnrealisierung bei langfristigen Aufträgen hingewiesen, das im Kern durch das Nebeneinander handels- und steuerbilanziell determinierter Bilanzierungszeiträume und einen gleichzeitig "mehrere" so verstandene Bilanzierungszeiträume berührenden ökonomischen Sachverhalt beschrieben werden kann.[226]

Damit stellt das Merkmal der Langfristigkeit zwar in erster Linie darauf ab, ob die Durchführung des Auftrages einen handels- und steuerbilanziell ausgerichteten Abschlußstichtag überschreitet.[227] Dies bedeutet aber nicht, bei der begrifflichen Festlegung von "Langfristigkeit" auf eine zeitliche Bezugnahme vollständig verzichten zu können. Diese muß vielmehr erfolgen, um den Begriff "Langfristigkeit" - wenn auch sekundär - greifbar zu machen. Im folgenden sei deshalb für Durchführungszeiträume - in Anlehnung an eine in der Literatur sich verfestigende Meinung[228] - das Kriterium der Langfristigkeit dann erfüllt, wenn der Auftrag mindestens zwei Bilanz- oder Rechnungsperioden berührt. Mit dieser

---

[225] *Müller, H.*: a.a.O., S. 72.

[226] Bei der Festlegung des Kriteriums der Langfristigkeit sind gleichzeitig auch fertigungstechnische und kapazitätsbedingte Restriktionen zu beachten, was dahingehend zum Ausdruck kommt, daß der gleiche Auftrag in einem Kleinunternehmen einen wesentlich längeren Zeitraum in Anspruch nehmen kann, als für diesen Auftrag in einem Großunternehmen benötigt würde. Deshalb wird zu Recht darauf hingewiesen, daß letztlich der konkrete Einzelfall das Kriterium der Langfristigkeit determiniert, vgl. *Bodarwé, E.*: Bewertung und Darstellung nicht abgerechneter Leistungen bei "langfristiger Fertigung" im Jahresabschluß, DB, 24. Jg. (1971), S. 1973-1977, s. bes. S. 1973; *Schmidt, W., Meyer, V.*: Bilanzausweis der Leistungen bei langfristiger Fertigung, DB, 28. Jg. (1975), S. 68-71 u. S. 118-120, s. bes. S. 68.

[227] Vgl. *Zieger, M.*: a.a.O., S. 150. Treffend begründet Zieger seine Auffassung mit der Feststellung, daß eine rein zeitlich ausgerichtete Bestimmung des Kriteriums der Langfristigkeit schon deshalb äußerst schwierig zu erfüllen sei, da beispielsweise mit der Forderung, der Durchführungszeitraum des Auftrages müsse über einen Abschlußstichtag hinaus andauern (so *Busse von Colbe, W.*: Langfristige Fertigung, Prüfung der Rechnungslegung, in: *Coenenberg, A.G., Wysocki, K. von* (Hrsg.): a.a.O., Sp. 1197-1207, s. bes. Sp. 1197) sowohl der Fall beschrieben ist, bei dem die Durchführung kurz vor dem Abschlußstichtag begonnen wurde und kurz danach abgeschlossen wird, als auch der Fall, bei dem genau zwei Geschäftsjahre betroffen sind, vgl. hierzu *Zieger, M.*: a.a.O., S. 149.

[228] Vgl. *Schmidt, W., Meyer, V.*: a.a.O., S. 68; *Paal, E.*: Realisierung sog. Teilgewinne aus langfristigen auftragsbezogenen Leistungen im Jahresabschluß der AG, Düsseldorf 1977, S. 12 f.; *Döll, B.*: Bilanzierung langfristiger Fertigung. Eine theoretische und empirische Untersuchung aktienrechtlicher Rechnungslegung, Frankfurt a.M, Bern, New York 1984, S. 8; *Schindlbeck, K.*: a.a.O., S. 5.

"zeitlichen Abgrenzung"[229] ist sichergestellt, daß der Auftrag an mindestens zwei aufeinanderfolgenden Abschlußstichtagen handels- und steuerbilanziell erfaßt wird, wobei sich noch zu zeigende bilanzielle "Konsequenzen" erst bei einer derartigen Festlegung ergeben.

Die Aufträge umfassen das individualisierte Erbringen einer einzelnen Leistung.[230] Es wird hier bewußt auch für den Fertigungsbereich auf den Begriff der Leistung abgestellt, da unter dem Terminus "Auftrag" nicht die bloße Fertigung im Sinne einer Erzeugung materieller Güter gemeint ist. Der Begriff "Auftrag" zielt hier vielmehr auf den Oberbegriff Leistung ab, der sowohl Lieferungen als auch sonstige Leistungen beinhalten kann.[231] Deshalb soll im folgenden nicht der Begriff "langfristige Fertigung" oder "langfristige Auftragsfertigung" verwendet, sondern auf den umfassenderen Begriff "langfristige Aufträge" abgestellt werden. Dies führt beispielsweise im Großanlagenbau dazu, nicht nur Lieferung und Montage physischer Einzelkomponenten, sondern auch eine ausgereifte Verfahrenstechnik sowie sonstige immaterielle Leistungen als Komponenten des Anlagengeschäftes zu betrachten.[232] Eine Einschränkung des Begriffs "Auftrag" auf eine bloße technische Realisierung einer materiellen Leistungseinheit würde demnach den Begriff zu eng fassen, da der gesamte

---

[229] *Schmidt, W., Meyer, V.*: a.a.O., S. 68.

[230] Vgl. *Schmidt, W., Meyer, V.*: a.a.O., S. 69 f., wobei angemerkt wird, daß für den Fertigungsbereich neben der Einzelfertigung auch die Kleinserienfertigung von Bedeutung ist, vgl. auch *Döll, B.*: a.a.O., S. 9; *Schindlbeck, K.*: a.a.O., S. 6. Ebenso wird in diesem Zusammenhang in der Literatur darauf hingewiesen, daß in bezug auf die Einzelfertigung die Wiederholung eines Fertigungsprozesses für Teilaggregate nicht ausgeschlossen sei, wohl aber i.d.R. die Wiederholung eines Gesamtfertigungsauftrages, vgl. *Drohsin, O.W.*: Probleme und Gestaltungsmöglichkeiten der Gemeinkostenrechnung bei Einzelfertigung, Diss., Essen 1981, S. 13 ff.; *Engler, N.*: Betriebswirtschaftliche Besonderheiten des Baugewerbes gegenüber dem stationären verarbeitenden Gewerbe. Eine vergleichende Untersuchung, BFuP, 26. Jg. (1974), S. 570-581, s. bes. S. 571. Desweiteren ist es heute in der industriellen Fertigung auch möglich, standardisierte technische Komponenten zu erstellen, die mit Unterstützung des Engineering zu einem Individualisierungselement zusammengefügt werden, vgl. hierzu Arbeitskreis "Marketing in der Investitionsgüterindustrie" der Schmalenbach-Gesellschaft: Standardisierung und Individualisierung - ein produktpolitisches Entscheidungsproblem, in: *Engelhardt, W.H., Lassmann, G.* (Hrsg.): Anlagen-Marketing, ZfbF-Sonderheft 7/77, Opladen 1977, S. 39-56, s. bes. S. 42.

[231] Vgl. *Paal, E.*: a.a.O., S. 13 f., der folglich den Begriff "Langfristige Auftragsfertigung" durch den Begriff "Langfristige auftragsbezogene Leistungen" ersetzt.

[232] Vgl. *Hilkert, O., Krause, W.*: a.a.O., S. 1601.

auftragsbezogene Dienstleistungsbereich nicht beachtet würde.[233] Die Auftragsbezogenheit fordert auch, unter den Begriff "Auftrag" nicht solche Leistungen zu subsumieren, die das Unternehmen für den eigenen Gebrauch erstellt.[234]

Die so abgegrenzte marktbezogene Leistungserstellung, die gerade auch im Fertigungsbereich sowohl materielle als auch immaterielle Komponenten umfaßt, ist nicht durch Simultaneität geprägt, sondern genügt vielmehr einer phasenweisen zeitlichen Abfolge, was als weiteres Kennzeichen langfristiger Aufträge besonders herauszustellen ist.

2. Strukturmerkmale langfristiger Aufträge

Der Typus "Langfristige Aufträge" ist durch eine derart hohe Komplexität gekennzeichnet,[235] daß sich eine Realisation des Auftrages nur in einer mehrjährigen[236] Durchführungszeit vornehmen läßt. Die Ablaufstruktur der Aufträge wird dabei durch das Merkmal einer phasenweisen Leistungserstellung beschrieben,[237] wobei der eigentlichen "Durchlaufzeit" des Auftrages "eine im allgemeinen relativ langfristige Akquisitions- und Angebotsphase

---

[233] Durch die Auftragsbezogenheit wird gleichzeitig erkennbar, daß die Leistungserstellung nicht i.S. einer anonymen Marktproduktion, sondern durch einen konkreten, durch einen Auftraggeber bewirkten Auftrag vollzogen wird, vgl. *Döll, B.*: a.a.O., S. 9; *Schindlbeck, K.*: a.a.O., S. 6. Damit kann die Auftragsbezogenheit als ein zentrales Merkmal genannt werden, wobei Absatzrisiken, wie sie typischerweise bei der Leistungserstellung für den anonymen Markt auftreten können, nicht gegeben sind, vgl. *Riebel, P.*: Typen der Markt- und Kundenproduktion in produktions- und absatzwirtschaftlicher Sicht, ZfbF, 16. Jg. (1965), S. 663-685, s. bes. S. 666 ff. In diesem Zusammenhang spricht Paal auch von dem Absatzrisiko im engeren Sinne, das sich von dem Absatzrisiko im weiteren Sinne dahingehend unterscheidet, daß letzteres Fälle beinhaltet, in denen beispielsweise "der Abnehmer illiquide wird" oder "Mängelrügen erhebt", *Paal, E.*: a.a.O., S. 13, Fn. 15. Ferner wird angeführt, daß der Absatz der Leistung - bewirkt durch die Auftragserteilung - am Anfang der Leistungserstellung und nicht wie bei der Produktion für den anonymen Markt am Ende steht, vgl. *Weber, R.L.*: Unfertige Bauwerke im Jahresabschluß des Bauunternehmers - Grundsätze ordnungsmäßiger Bilanzierung für in Ausführung begriffene Bauwerke auf fremdem Grund und Boden, Thun, Frankfurt a.M. 1979, S. 241 f.; *Höffken, E.*: Das Anlagengeschäft im Jahresabschluß, in: *Funk, J., Lassmann, G.* (Hrsg.): a.a.O., S. 101-122, s. bes. S. 120; *Selchert, F.W.*: Das Realisationsprinzip ..., a.a.O., S. 800.

[234] Vgl. *Paal, E.*: a.a.O., S. 13 u. *Busse von Colbe, W.*, in: *Coenenberg, A.G., Wysocki, K. von* (Hrsg.): a.a.O., Sp. 1197 f.

[235] Die Komplexität wird beispielsweise im Bereich des Großanlagenbaus auch mit den Attributen multitemporal, multioperativ, multipersonal und multiorganisational zum Ausdruck gebracht, vgl. *Witte, E.*: Phasen-Theorem und Organisation komplexer Entscheidungsverläufe, ZfbF, 20. Jg. (1968), S. 625-647.

[236] Es ist darauf hinzuweisen, daß durch die Bezugnahme auf den Begriff "mehrjährig" kein Aufweichen der zum Begriff "Langfristigkeit" gemachten Feststellungen bezweckt ist. Die Bezugnahme auf "mehrjährig" dient lediglich der Ablaufbeschreibung des Sachverhaltes "Langfristige Aufträge".

[237] Die phasenweise Leistungserstellung spiegelt sich auch in dem Begriff "Projektlebenszyklus" oder auch "Project Life Cycle" genannt, wieder, vgl. hierzu auch *Forrest, D.C., Lorenzoni, A.B.*: Applied Cost Engineering, New York, Basel 1978, S. 2.

vorgeschaltet" ist, "bei hoher Transparenz des Nachfragers und niedriger Transparenz der Anbieter".[238] So läßt sich beispielsweise für den Fall des Großanlagenbaus folgende Ablaufstruktur auftragsbezogener Phasen darstellen:[239]

Phase der Auftragserlangung
- Phase der Vorakquisition durch den (potentiellen) Auftragnehmer
  - - Durch regelmäßigen Kundenkontakt Kenntnisnahme von Bauabsicht
  - - Präsentation des Unternehmens beim Kunden
  - - Ökonomisch-technische Wirtschaftlichkeitsberechnungen und Marktanalysen im Rahmen von Machbarkeitsstudien ("feasibility studies")
  - - Vorklärung des Finanzierungskonzeptes
  - - Planung und Vorabfixierung quantitativer und qualitativer Zieldaten im Rahmen des sog. "front end/conceptual engineering"
  - - Absprachen zur Aufgabenteilung im Rahmen von Anbieterkoalitionen (z.B. Konsortialabsprachen)
  - - Projektfestlegung in Anbieterkoalitionen
  - - Aufforderung des Kunden zur Angebotsabgabe an ausgewählte Unternehmen im Rahmen des sog. "prequalification"
- Angebotsphase
  - - Konzeptionierung des Preisangebotes mit Unterbreitung eines Finanzierungskonzeptes im Rahmen des sog. "financial engineering"
  - - Annahme des Vertragsangebotes durch einen sog. "letter of intent"

Vertragsphase
- Vertragliche Festlegung der Absprachen in der Anbieterkoalition
- Abschluß des Kundenvertrags

Abwicklungsphase
- Organisations-, Termin- und Personalplanung unter anderem durch Einsatz der Netzplantechnik
- Verfahrenstechnische Systemfestlegung im Rahmen des sog. "process-" und "basic-engineering"

---

[238] *Hilkert, O., Krause, W.*: a.a.O., S. 1602.

[239] In Anlehnung an *Hopfenbeck, W.*: Planung und Errichtung von kompletten Industrieanlagen - dargestellt am Phasenablauf eines schlüsselfertigen Großprojektes, Diss., München 1974, S. 12 ff.; *Blecke, U., Wilhelm, W.*: Projektmanagement Großanlagenbau - Permanent aus Pannen lernen, Manager-Magazin, 4/1977, S. 42-52; *Engelhardt, W.H.*: Grundlagen des Anlagen-Marketing, in: *Engelhardt, W.H., Lassmann, G.* (Hrsg.): a.a.O., S. 9-37; *Diehl, H.*: Probleme der Preisfindung im industriellen Anlagengeschäft, in: *Engelhardt, W.H., Lassmann, G.* (Hrsg.): a.a.O., S. 173-184, s. bes. S. 176 f.; *Ternirsen, K.*: Organisation der Bearbeitung von Projekten des Anlagenbaus, in: *Höffken, E., Schweitzer, M.* (Hrsg.): Beiträge zur Betriebswirtschaft des Anlagenbaus, ZfbF-Sonderheft Nr. 28, Düsseldorf 1991, S. 41-112, s. bes. S. 43 ff.

- Konkretisierung der verfahrenstechnischen Systemfestlegung im Rahmen des sog. "detail engineering"
- Einkauf bei Zulieferern
- Bau und Montage einschließlich der Projektkontrolle
- Durchführung von Testläufen
- Schulung und Ausbildung des Betriebspersonals
- Probebetrieb und Optimierung der Anlagenleistung
- Inbetriebnahme der Anlage
- Abnahme durch den Kunden

Garantiephase

Der Phasenablauf macht deutlich, welche enorme zeitliche Inanspruchnahme die Auftragsdurchführung erfordert, wobei allerdings die chronologische Reihenfolge der einzelnen Phasenaktivitäten nicht immer strikt eingehalten wird, sondern auch Überlappungen und Parallelitäten vorkommen können.[240] Dennoch beansprucht die Phase der Auftragserlangung oftmals schon mehrere Jahre und auch die daran anschließenden Phasen sind insgesamt durch die Inanspruchnahme eines mehrjährigen Zeitraumes geprägt, so daß Durchführungszeiträume von 5 und mehr Jahren keine Seltenheit darstellen.[241]

---

[240] Vgl. *Ternirsen, K.*, in: *Höffken, E., Schweitzer, M.* (Hrsg.): a.a.O., S. 44; *Funk, J.*, in: *Funk, J., Lassmann, G.* (Hrsg.): a.a.O., S. 15.

[241] Vgl. *Diehl, H.*, in: *Engelhardt, W.H., Lassmann, G.* (Hrsg.): a.a.O., S. 175; *Backhaus, K.*: Das Anlagengeschäft im Jahresabschluß, in: *Plinke, W.* (Hrsg.): Projektgruppe Technischer Vertrieb, Berlin 1988, S. 4; *Hay, P.H.*: Allgemeine Kennzeichnung von Projekten des Anlagenbaus, in: *Höffken, E., Schweitzer, M.* (Hrsg.): a.a.O., S. 4-16, s. bes. S. 9. Näher betrachtet umfaßt die Phase der Auftragserlangung solche Aktivitäten, die im wesentlichen in Akquisitionsbemühungen zur Erlangung des Auftrages und dem Erstellen eines fundierten Angebotes zum Ausdruck kommen, vgl. *Blecke, U., Wilhelm, W.*: a.a.O., S. 42; *Ternirsen, K.*, in: *Höffken, E., Schweitzer, M.* (Hrsg.): a.a.O., S. 49 ff. Im Einzelfall nehmen diese auftragsvorbereitenden Maßnahmen bereits 3 bis 5 % des Gesamtauftragswertes an, die gleichzeitig zu nachteiligen finanziellen Auswirkungen führen können, da die Auftragserlangungswahrscheinlichkeit lediglich 10 bis 20 % beträgt, vgl. *Lindeiner-Wildau, K. von*: Risiken, Risikomanagement und Risikopolitik bei Projekten des Anlagenbaus, in: *Höffken, E., Schweitzer, M.* (Hrsg.): a.a.O., S. 17-40, s. bes. S. 17. Mit zunehmender Komplexität des Projektes wird es dabei auch von organisatorischer Seite her notwendig, durch Bildung kooperativer Organisationsformen die Vermarktung von Anlagegütern überhaupt erst sicherzustellen. Es können Organisationsformen wie Arbeitsgemeinschaften, Generalunternehmerschaften, Konsortien oder Exportgemeinschaften mit verschiedenen Unterformen herausgestellt werden, vgl. *Backhaus, K.*: Investitionsgütermarketing, 2. Aufl., München 1990, S. 417 ff. Die Gründe für die Bildung solcher Kooperationsformen liegen darin, Risiken bei der Auftragsdurchführung zu vermindern, indem, angesichts der komplexen Sach- und Diestleistungsgesamtheit von Aufträgen, Verantwortung auf mehrere Partner übertragen werden kann, vgl. *Günter, B.*: Anbieterkoalitionen bei der Vermarktung von Anlagegütern - Organisationsformen und Entscheidungsprobleme, in: *Engelhardt, W.H., Lassmann, G.* (Hrsg.): a.a.O., S. 155-172, s. bes. S. 157; *Ternirsen, K.*, in: *Höffken, E., Schweitzer, M.* (Hrsg.): a.a.O., S. 48. Zu den verschiedenen Formen von Anbieterkoalitionen vgl. auch *Westphalen, F. Graf von*: Rechtsprobleme des Anlagenvertrages, BB, 26. Jg. (1971), S. 1126-1135; *Engelhardt, W.H., Günter, B.*: Investitionsgütermarketing, Stuttgart, Berlin, Köln, Mainz 1981, s. bes. S. 108; *Hautkappe, B.*: Unternehmereinsatzformen im Industrieanlagenbau, Heidelberg 1986.

Gelingt es dem Unternehmen einen Auftrag zu erlangen, so vollzieht sich auf der Grundlage eines mit dem Auftraggeber vereinbarten Vertrages[242] die eigentliche Erstellung der Leistung. Diese Abwicklungsphase, die mit der kundenseitigen Auftragsabnahme endet und an die sich die Gewährleistungsphase anschließt, ist dadurch gekennzeichnet, daß während eines mehrjährigen Zeitraumes eine individuell gestaltete und deshalb mit einem geringen Wiederholungsgrad versehene Gesamtleistung erbracht wird.[243] Dabei muß der Auftragnehmer nicht unerhebliche Kapazitäten, insbesondere an qualifiziertem Personal, vorhalten, um einer stark schwankenden Nachfragestruktur zu entsprechen.[244]

Ausgehend vom beschriebenen Phasenablauf der Aufträge werden die einzelnen Phasen, und dies gilt besonders für den Großanlagenbau und die Bauwirtschaft, durch bestimmte Risikosituationen und -konstellationen beeinflußt.[245] Dabei ist es gerade die Risikostruktur, der bei der weiteren Untersuchung besonderes Gewicht beizumessen ist, da der Problemkreis der Gewinnrealisierung bei langfristigen Aufträgen eine Heranziehung von Risikogesichtspunkten voraussetzt: "Die Risiken sind gewissermaßen der 'Schlüssel' zur Beant-

---

[242] Zu vertragsrechtlichen Gestaltungsmöglichkeiten und deren Auswirkungen soll im folgenden, aufgrund der erheblichen Relevanz für die hier zu untersuchende Thematik, noch näher eingegangen werden.

[243] Vgl. *Diehl, H.*, in: *Engelhardt, W.H., Lassmann, G.* (Hrsg.): a.a.O., S. 174; *Hay, P.H.*: Allgemeine Kennzeichnung ..., in: *Höffken, E., Schweitzer, M.* (Hrsg.): a.a.O., S. 8 f.

[244] Vgl. *Funk, J.*, in: *Funk, J., Lassmann, G.* (Hrsg.): a.a.O., S. 17 f. Desweiteren ist die zu erbringende Gesamtleistung, wie bereits erwähnt, keineswegs auf die Erstellung physischer Komponenten beschränkt, sondern auch "reine" Dienstleistungsaktivitäten, wie beispielsweise die Schulung und Ausbildung des Betriebspersonals, werden in den Prozeß der Leistungserstellung einbezogen, vgl. *Weiber, R.*: Dienstleistungen als Wettbewerbsinstrument im internationalen Anlagengeschäft, Diss., Berlin 1985, S. 3. Als weitere Dienstleistungskomponente ist hierbei auch die als "financial engineering" bezeichnete Erstellung eines maßgeschneiderten Konzeptes zur Auftragsfinanzierung zu nennen, was heute insbesondere beim Anlagenexport in Entwicklungsländer immer größerer Bedeutung gewinnt, vgl. *Fieten, R.*: Financial Engineering - Komponente des industriellen Großanlagengeschäftes, in: *Macharzina, K.* (Hrsg.): Finanz- und bankwirtschaftliche Probleme bei internationaler Unternehmenstätigkeit, Stuttgart 1985, S. 163-194, s. bes. S. 165; *Singer, H.*: Dienstleistungen als Wettbewerbsinstrument im industriellen Anlagengeschäft, ZfbF, 38. Jg. (1986), S. 84-96, s. bes. S. 93 ff.; *Funk, J.*, in: *Funk, J., Lassmann, G.* (Hrsg.): a.a.O., S. 18; *Hay, P.H.*: Allgemeine Kennzeichnung ..., in: *Höffken, E., Schweitzer, M.* (Hrsg.): a.a.O., S. 11 ff. Die Finanzierung der komplexen Mengen- und Wertgerüste von Aufträgen nimmt eine sehr wichtige Schlüsselposition bei der Auftragsvergabe ein, wobei die Ausprägung dieser Komponente neben der Finanzierung des eigentlichen Exportgegenstandes meistens auch die Finanzierung sog. "local costs" enthält, d.h. einer Finanzierung von Umlaufvermögen oder sogar von Anlaufverlusten bis hin zu einer umfassenden Finanzierung von auftragsbezogenen Erschließungskosten beim Auftraggeber, vgl. *Engelhardt, W.H.* in: *Engelhardt, W.H., Lassmann, G.* (Hrsg.): a.a.O, S. 31; *Spiller, K.*: Finanzielle Risiken im Anlagengeschäft, ZfbF-Kontaktstudium, 31. Jg. (1979), S. 209-214, s. bes. S. 211.

[245] Die Auftragnehmer müssen in zunehmendem Maße Aktivitäten durchführen, "die dem ursprünglichen Tätigkeitsschwerpunkt relativ fremd sind und zusätzliche Kosten und Risiken verursachen, die im Preis" für die Gesamtleistung "mit zu berücksichtigen sind", *Döll, B.*: a.a.O., S. 20. Demnach ergibt sich eine enge Verzahnung zwischen der phasenweisen Ablaufstruktur langfristiger Aufträge und einer daraus resultierenden Risikostruktur. Selbstverständlich lassen sich bei langfristigen Aufträgen jedoch nicht nur Risiken, sondern auch Chancen herausstellen. So kann beispielsweise die kundenindividuelle Auftragsdurchführung dazu führen, daß der Auftraggeber über einen längeren Zeitraum an das Know-how des Auftragnehmers gebunden wird und deshalb auch evtl. Anschlußaufträge an diesen vergibt.

wortung der Frage, wann Gewinne zu realisieren sind."[246] Hinsichtlich des Schwerpunktes der Risikoentstehung lassen sich solche Risiken herausstellen, deren Ursachen sich beim Auftragnehmer selbst, bei Anbieterkoalitionen, beim Auftraggeber und aus den allgemeinen ökonomischen und politischen Umweltbedingungen ergeben.[247] So können sich auf Seiten des Auftragnehmers erhebliche Kalkulationsrisiken entwickeln, da aufgrund der hohen Mengen- und Wertvolumina des Auftrags Fehleinschätzungen auftreten können, die auch im Rahmen einer noch so exakten Auftragsvorkalkulation oftmals nicht Berücksichtigung finden.[248] Zwar ist es im einzelnen möglich, während der Angebotsphase dem (potentiellen) Auftraggeber Schätzangebote unter Hinzufügung einer Fehlermarge zu unterbreiten,[249] aber generell lassen sich Fehleinschätzungen nicht vermeiden, da sich beispielsweise die Berücksichtigung von Kostensteigerungen antizipierenden Preisgleitklauseln im konkreten Angebot beim Auftraggeber oftmals nicht durchsetzen läßt.[250] So schlagen Preis- und Mengenänderungsrisiken auf den Auftragnehmer durch, da der Auftraggeber i.d.R. nur bereit sein wird, einen sog. "Generalübernehmervertrag mit Festpreisgarantie" zu akzeptieren, in dem die Gesamtleistung zu einem bestimmten, unveränderbaren Preis festgelegt ist und dem auch in den meisten Fällen nicht durch die Kalkulation von Festpreiszuschlägen entgegengewirkt werden kann.[251]

---

[246] *Kohler, M.*: Mehrjährig schwebende Geschäfte des Industrieanlagenbaus. Bilanzielle Behandlung in Deutschland, Frankreich, Großbritannien, Japan und den USA unter besonderer Berücksichtigung steuerlicher Auswirkungen, Frankfurt a.M., Bern, New York, Paris 1989, S. 122.

[247] Vgl. *Jung, A.*: Erfolgsrealisation im industriellen Anlagengeschäft. Ein Ansatz zur Operationalisierung einer zusätzlichen Angabepflicht, Frankfurt a.M., Bern, New York, Paris 1990, S. 11 ff. Es ist auch eine Risikostrukturierung hinsichtlich der Oberbegriffe Kostenunsicherheit aus Mengen und Effizienzen, Kostenunsicherheit als Abhängigkeiten gegenüber Dritten, Erlösunsicherheiten, Zahlungsunsicherheiten und Haftungsunsicherheiten durchführbar, vgl. *Funk, J.*, in: *Solaro, D.* u.a. (Hrsg.): a.a.O., S. 151.

[248] *Diehl, H.*, in: *Engelhardt, W.H., Lassmann, G.* (Hrsg.): a.a.O., S. 182 f.; *Funk, J.*, in: *Solaro, D.* u.a. (Hrsg.): a.a.O., S. 153; *Lindeiner-Wildau, K. von*, in: *Höffken, E., Schweitzer, M.* (Hrsg.): a.a.O., S. 19. In diesem Zusammenhang ist es zwar möglich, vorkalkulatorisch Risikoeinschlüsse zu berücksichtigen. Diese beinhalten allerdings die Gefahr, daß sich das Unternehmen durch zu hohe Einschlüsse aus dem Markt kalkuliert.

[249] Vgl. *Lindeiner-Wildau, K. von*, in: *Höffken, E., Schweitzer, M.* (Hrsg.): a.a.O., S. 19.

[250] Vgl. *Engelhardt, W.H.* in: *Engelhardt, W.H., Lassmann, G.* (Hrsg.): a.a.O., S. 33 f.; *Backhaus, K.*: Preisgleitklauseln als risikopolitisches Instrument bei langfristigen Fertigungs- und Absatzprozessen, ZfbF-Kontaktstudium, 31. Jg. (1979), S. 3-10, s. bes. S. 9.

[251] Vgl. *Stein, H.*: Rechenschaftslegung auftragsweiser langfristiger Fertigung bei Aktiengesellschaften, Göttingen 1978, S. 22. Neben den Festpreisverträgen werden auch Verträge auf der Basis "cost plus fee" abgeschlossen, bei denen der Auftragnehmer gegen Nachweis die ihm entstehenden Kosten plus einen Gewinnaufschlag beim Auftraggeber in Rechnung stellt. Allerdings ist die Bedeutung von Verträgen auf "cost plus fee"-Basis sowohl im nationalen als auch internationalen Bereich sehr gering, vgl. hierzu auch *Lindeiner-Wildau, K. von*: Risiken und Risikomanagement im Anlagenbau, in: *Funk, J., Lassmann, G.* (Hrsg.): a.a.O., S. 21-37, s. bes. S. 25, *Herdmann, G.*: a.a.O., S. 73. Im Hinblick auf die mangelnde Möglichkeit, unvorhergesehene Kostenentwicklungen auf die Auftraggeber abzuwälzen, weisen Hilkert/Krause darauf hin, daß bei langfristigen Aufträgen "Kapital- und Substanzerhaltungsprobleme ... eine besondere Tragweite" aufweisen, *Hilkert, O., Krause, W.*: a.a.O., S. 1603.

Neben den Kalkulationsrisiken nehmen aber auch Risiken technischer und organisatorischer Art auf Seiten des Auftragnehmers eine herausragende Stellung ein.[252] So hat beispielsweise im Anlagenbau die Anlage genau festgelegten technologischen und verfahrensmäßigen Eigenschaften zu entsprechen und es sind bestimmte Liefer- oder Inbetriebnahmetermine einzuhalten.[253] Bei Verstoß gegen diese Vorgaben können Pönalien fällig werden, deren Wert 15 bis 20 % des Auftragswertes annehmen kann.[254] Im Zusammenhang mit der Vereinbarung technologischer und verfahrensmäßiger Spezifikationen ist auch das vor allem den Anlagenbau in besonderem Maße prägende Gesamtfunktionsrisiko zu sehen. Diese Risikokomponente ergibt sich aus der Tatsache, daß bei der Erstellung von Gesamtanlagen, beispielsweise im Bereich der chemischen Industrie, der Auftraggeber nicht an den physischen Einzelkomponenten der Anlage interessiert ist, sondern an der von der Gesamtanlage ausgehenden Gesamtfunktion, was auch durch die Gewährung von Input-Output-Garantien sichergestellt wird. Ebenso wird sich ein Auftraggeber bei einer im Rahmen eines Auftrages zu erstellenden EDV-Software an der von ihm erwünschten Gesamtfunktion orientieren.[255] Im Hinblick auf die Gewährung von Investitionszulagen

---

[252] Vgl. *Hilkert, O., Krause, W.*: a.a.O., S. 1602 f.; *Lindeiner-Wildau, K., von*, in: *Höffken, E., Schweitzer, M.* (Hrsg.): a.a.O., S. 20 f. In diesem Zusammenhang werden von Technikerseite oftmals ökonomische Kriterien vernachlässigt, da "die Techniker ... vor allem daran interessiert sind, daß die Anlage läuft. Dabei können die Kosten schon mal vernachlässigt werden", *Schmiedeknecht, H.*: Beitrag im Interview v. *Fischer, M., Hennes, M.*, in: WirtschaftsWoche Nr. 12, 46. Jg. (1992), S. 208.

[253] Vgl. *Kirchgässer, W.*: Die rechtliche und wirtschaftliche Bedeutung des Anlagenvertrages, ZfbF, 33. Jg. (1981), S. 936-945, s. bes. S. 941 ff.; *Lindeiner-Wildau, K. von*, in: *Höffken, E., Schweitzer, M.* (Hrsg.): a.a.O., S. 20.

[254] Vgl. *Spiller, K.*: a.a.O., S. 212. In den Fällen, in denen den vereinbarten, spezifizierten Eigenschaften und Terminvereinbarungen nicht entsprochen wird, ist es allerdings denkbar, eine abgestufte Pönalregelung zu vereinbaren, bei der mit zunehmender Abweichung der Pönalumfang steigt, vgl. *Kirchgässer, W.*: a.a.O., S. 942 f.

[255] An das Gesamtfunktionsrisiko knüpfen aber auch Risiken an, die sich aus der organisatorischen Zusammenarbeit von Anbieterkoalitionen ergeben. So setzt die Gewährung von Input-Output-Garantien im Falle eines Konsortiums oder einer Generalunternehmerschaft eine verfahrenstechnische Koordination auf Anbieterseite voraus, um Schnittstellenprobleme zu vermeiden, vgl. *Siepert, H.M.*: Projectcontrolling im Großanlagenbau, krp, Jg. 1986, S. 47-50, s. bes. S. 49. Deshalb können aus einer derartigen organisatorischen Zusammenarbeit auf Anbieterseite rechtliche, ökonomische und technische Koordinationsprobleme auftreten, die nur über die Anwendung eines adäquaten Projekt-Management und -Controlling zu lösen sind, vgl. *Günter, B.*, in: *Engelhardt, W.H., Lassmann, G.* (Hrsg.): a.a.O., S. 166 ff.; *Lindeiner-Wildau, K. von*, in: *Höffken, E., Schweitzer, M.* (Hrsg.): a.a.O., S. 21 u. 36 ff. Technische Abstimmungsprobleme können beispielsweise bei einer mangelnden Weitergabe von zu berücksichtigenden auftragsspezifischen Besonderheiten an den Subunternehmer auftreten, so daß sich bei der Anpassung von Schnittstellen Inkompatibilitäten ergeben können, vgl. *Bürgel, H.D.*: Grundfehler bei der Organisation und Abwicklung von Großprojekten, in: *Solaro, D.* u.a. (Hrsg.): a.a.O., S. 163-178, s. bes. S. 171.

müssen Anlagen auch genehmigungsfähig sein, was insbesondere durch die Einhaltung von Sicherheitsbestimmungen gewährleistet wird.[256]

Nicht unerhebliche Probleme ergeben sich aber auch aus der Zusammenarbeit des Auftragnehmers mit dem Auftraggeber. So wird gerade im Auslandsgeschäft von Auftraggeberseite oftmals verlangt, zahlreiche lokale Zulieferer bei der Auftragsdurchführung mit zu berücksichtigen.[257] Aufgrund mangelnder Kooperationsbereitschaft und oftmals unzureichendem technischem Know-how auf Zulieferseite können hier erhebliche Abstimmungsprobleme bei der Auftragsdurchführung auftreten. Verstärkt werden diese Probleme noch durch den enormen Umfang an Bau- und Montageaktivitäten im Abnehmerland.[258] Als wesentlichen Gesichtspunkt im Auslandsgeschäft lassen sich auf Auftraggeberseite aber auch die finanziellen Risiken herausstellen, bei denen vor allem Delkredere-, Währungs- und Zinsänderungsrisiken zu nennen sind.[259]

---

[256] Vgl. BMF: Schreiben v. 28.8.1991 IV B3-InvZ 1010-13/91, Gewährung von Investitionszulagen nach der Investitionszulagenverordnung und nach dem Investitionszulagengesetz, BStBl. 1991 I, S. 768-778, s. bes. S. 770, Rn. 15.

[257] Vgl. *Engelhardt, W.H., Günter, B.*: a.a.O., S. 129.

[258] Vgl. *Döll, B.*: a.a.O., S. 22 f.

[259] Vgl. *Spiller, K.*: a.a.O., S. 209; *Kley, A.*: Beurteilung von Zinsrisiken der Absatzfinanzierung, in: *Funk, J., Lassmann, G.* (Hrsg.): a.a.O., S. 61-79; *Lindeiner-Wildau, K. von*, in: *Höffken, E., Schweitzer, M.* (Hrsg.): a.a.O., S. 23 ff. Das Delkredere-Risiko ist vor allem bei Aufträgen aus Entwicklungsländern zu beachten, da wirtschaftliche Ursachen, wie Zahlungsunfähigkeit oder -unwilligkeit des Auftraggebers, als auch politische Ursachen, wie Kriege, Zahlungsverbote oder Moratorien, zu einem vorübergehenden oder völligen Zahlungsausfall führen können, vgl. *Lindeiner-Wildau, K. von*, in: *Höffken, E., Schweitzer, M.* (Hrsg.): a.a.O., S. 26. Währungsrisiken resultieren oftmals aus der Tatsache heraus, daß der Auftraggeber die Forderung stellt, Aufträge nicht in einer "Hart"-Währung, sondern einer "Weich"-Währung zu fakturieren und demzufolge Wechselkursrisiken aus einem Nachgeben der zugrundeliegenden "Weich"-Währung während der Auftragsdurchführung auftreten können, vgl. *Spiller, K.*: a.a.O., S. 211 f.; *Backhaus, K.*: Investitionsgütermarketing, a.a.O., S. 464. Als Absicherungsmöglichkeiten sind hier unternehmensinterne Maßnahmen, wie beispielsweise Ein- und Verkauf in derselben Währung, als auch unternehmensexterne Maßnahmen, wie beispielsweise der Abschluß von Hermes-Wechselkursversicherungen oder Devisentermingeschäften, zu nennen, vgl. *Süchting, J.*: Möglichkeiten und Probleme der Exportfinanzierung, ZfbF-Kontaktstudium, 30. Jg. (1978), S. 39-49, s. bes. S. 42; *Endell, L.*: Die Kontrolle finanzieller Risiken beim Anlagenexport, ZfbF, 36. Jg. (1984), S. 306-316, s. bes. S. 309; *Lindeiner-Wildau, K. von*, in: *Höffken, E., Schweitzer, M.* (Hrsg.): a.a.O., S. 23 ff. Schließlich besteht auch die Gefahr von Zinsänderungsrisiken, die sich bei einer Festzinsgewährung in einem Lieferantenkredit bei gleichzeitiger Refinanzierung mit variablem Zins ergeben können, vgl. *Endell, L.*: a.a.O., S. 311; *Backhaus, K.*: Investitionsgütermarketing, a.a.O., S. 464. *Kley, A.*, in: *Funk, J., Lassmann, G.* (Hrsg.): a.a.O., S. 65 weist darauf hin, daß der Anbieter versuchen wird, Zinsänderungsrisiken in seiner Kalkulation zu berücksichtigen, wobei er allerdings Gefahr laufe, zum einen die Zinsänderungsrisiken zu knapp berücksichtigt zu haben und zum anderen mit seiner Kalkulation den Preisvorstellungen des Abnehmers nicht mehr zu entsprechen. Um die genannten Risiken abzusichern, nehmen Exportkreditversicherungen, wie beispielsweise die staatliche Hermes-Exportkreditversicherung, eine wichtige Funktion ein. Dabei ist allerdings zu berücksichtigen, daß eine derartige Risikoabdeckung zum einen Kosten verursacht und außerdem ein nicht abdeckbares Restrisiko vom Versicherungsnehmer zu tragen ist. Zum anderen sind auch nur bestimmte Risiken versicherbar, was durch unterschiedliche nationale Bestimmungen auch zu erheblichen Wettbewerbsverzerrungen führt, vgl. *Schill, J.*: Internationale Wettbewerbsfähigkeit des deutschen Anlagenbaus: Ein Problem verzerrter Exportfinanzierungsstrukturen, DBW, 51. Jg. (1991), S. 7-19.

Eng verknüpft mit derartigen finanziellen Risiken sind aber auch die allgemeinen politischen und ökonomischen Risiken, wobei vor allem auch steuerliche Aspekte zu nennen sind. Dabei stellen die Problembereiche der Betriebsstätten- und Lohnbesteuerung zentrale Schwerpunkte dieser Risikokomponente dar.[260] Insbesondere im Anlagenexport ergeben sich große Gefahren daraus, daß die Steuerrechtssysteme der Abnehmerländer zum einen unkalkulierbaren Änderungen unterworfen werden und zum anderen Gewinnbesteuerungsregelungen enthalten können, die nicht an einen tatsächlich erzielten Gewinn, sondern an einen geschätzten Gewinn als Prozentsatz vom Auftragswert anknüpfen.[261] Ebenso kann auf Liefergewinne aus importierten Anlageteilen eine nationale Ertragsteuer erhoben werden, obwohl dies nicht durch bestehende Doppelbesteuerungsabkommen abgedeckt wird.[262]

Das Kennzeichen einer hohen mengen- und wertmäßigen Dimension der Aufträge tangiert dabei neben der Risikostruktur auch die vertragsrechtliche Gestaltungsform, deren Ausprägung wiederum, wie gezeigt, auf die Risikostruktur zurückwirken kann.[263] Dabei finden im Rahmen langfristiger Aufträge vor allem Werkverträge i.S. der §§ 631 ff. BGB bzw. Werklieferungsverträge i.S. des § 651 BGB Anwendung.[264] Beide Vertragsformen stellen entgeltliche, gegenseitige Verträge i.S. der §§ 320 ff. BGB dar. Im Falle des Werkvertrages wird der Unternehmer gem. § 631 Abs. 1 BGB zur Herstellung des versprochenen Werkes und der Besteller zur Entrichtung der vereinbarten Vergütung verpflichtet. Beim Werk-

---

[260] Vgl. *Feuerbaum, E.*: Internationale Besteuerung des Industrieanlagenbaus. Betriebsstättenbesteuerung, insbesondere zu Bauausführungen und Montagen, 2. Aufl., Herne, Berlin 1983, S. 55 ff. u. 174 ff.; *Wirke, H.*: Die Problematik der Steuerplanung im internationalen Anlagengeschäft, in: *Backhaus, K.* (Hrsg.): Planung im industriellen Anlagengeschäft, Düsseldorf 1984, S. 289-321, s. bes. S. 289 f.

[261] Vgl. *Feuerbaum, E.*: Maßnahmen zur Sicherung der internationalen steuerlichen Wettbewerbsfähigkeit der deutschen Außenwirtschaft - insbesondere des Großanlagenbaus, DB, 33. Jg. (1980), S. 1805-1812, s. bes. S. 1811 u. *Lindeiner-Wildau, K. von*, in: *Höffken, E., Schweitzer, M.* (Hrsg.): a.a.O., S. 28 ff., die das Beispiel Libyen nennen, wobei von einem geschätzten Gewinn von 15 % des Auftragswertes ausgegangen werde, was bei dem libyschen KSt-Satz von 64 % zu einer zusätzlichen steuerlichen Belastung von 9,6 % führe.

[262] Vgl. *Lindeiner-Wildau, K. von*, in: *Höffken, E., Schweitzer, M.* (Hrsg.): a.a.O., S. 29, der gleichzeitig darauf hinweist, daß "in der Bundesrepublik eine Anrechenbarkeit oder Abzugsfähigkeit von im Ausland unzulässigerweise erhobenen Steuern wegen der Bestimmungen des § 34 c EStG nicht möglich" sei und so, bedingt durch anbieterfreundlichere Regelungen in anderen Staaten, Wettbewerbsverzerrungen auftreten.

[263] Die Interdependenzen zwischen vertraglicher Konzeption und Risikostruktur können dabei so verstanden werden, daß durch die vertragliche Ausgestaltung neue Risiken auftreten können, aber auch bestehende Risiken in geeigneter Weise entgegengewirkt werden kann (z.B., wenn möglich, durch den Abschluß von "cost plus fee"-Verträgen anstatt von Festpreisverträgen). Als Hauptziel jeder vertraglichen Konzeption muß deshalb die Risikoabgrenzung herausgestellt werden, vgl. *Kirchgässer, W.*: a.a.O., S. 937.

[264] Im Bereich des Großanlagenbaus spricht man allgemein auch von Anlagenverträgen, "die zwischen Auftraggeber (Betreiber bzw. Käufer) und Auftragnehmer (Anlagenlieferant) bei dem Erwerb einer Anlage getroffen werden" und ihrer Rechtsnatur nach "wohl eine Kombination sui generis aus Werk- bzw. Werklieferungsvertrag darstellen", ebenda, S. 936.

lieferungsvertrag verpflichtet sich der Unternehmer gem. § 651 Abs. 1 Satz 1 BGB, das Werk aus einem von ihm zu beschaffenden Stoffe herzustellen, wobei er dem Besteller die hergestellte Sache zu übergeben und das Eigentum an der Sache zu verschaffen hat.[265] Beide Vertragstypen zielen auf die Herbeiführung eines bestimmten Erfolges durch den Hersteller ab,[266] wobei die vertragsgemäße Erfüllung beim Werkvertrag und beim Werklieferungsvertrag über nicht vertretbare Sachen i.S. des § 651 Abs. 1 Satz 2 2. Halbsatz BGB mit der Abnahme durch den Besteller i.S. des § 640 Abs. 1 BGB anerkannt wird.[267] Mit dem Zeitpunkt der Abnahme treten allerdings auch erhebliche Rechtsfolgen ein: So kann es für den Besteller zum Verlust von nicht vorbehaltenen Gewährleistungsrechten für bekannte Mängel i.S. des § 640 Abs. 2 HGB kommen, es tritt der Gefahrenübergang auf den Besteller i.S. des § 644 Abs. 1 BGB ein, es geht die Beweislast für Mängel und nicht vertragsgemäße Leistungen auf den Besteller über, es beginnt die Gewährleistungsfrist i.S. des § 638 Abs. 1 i.V.m. § 477 Abs. 1 BGB und gem. § 641 Abs. 1 BGB wird die vereinbarte Vergütung fällig.[268]

Unterschiede zwischen beiden Vertragsformen zeigen sich dahingehend, daß sich der Unternehmer im Werklieferungsvertrag gem. § 651 BGB verpflichtet, das Werk aus einem von ihm zu beschaffenden Stoffe herzustellen und dem Besteller die hergestellte Sache zu übereignen hat.[269] Demgegenüber hat beim Werkvertrag der Besteller das Material zur Verfügung zu stellen, d.h. lediglich die Herstellung einer Sache ist Gegenstand der werkvertraglichen Vereinbarung.[270] Bedeutsam wird diese Unterscheidung vor allem im Baugewerbe, wo Bauverträge abgeschlossen werden, die Werkverträge i.S. der §§ 631 ff. BGB

---

[265] Vgl. *Fikentscher, W.*: Schuldrecht, 7. Aufl., Berlin/New York 1985, § 80; *Palandt, O.*: Bürgerliches Gesetzbuch, 50. Aufl., München 1991, Einführung vor § 631, Rn. 1 u. 5 c.

[266] Vgl. *Palandt, O.*: a.a.O., Einführung vor § 631, Rn. 1. Dienstverträge i.S. der §§ 611 ff. BGB stellen dagegen auf ein "Leisten" ab. I.d.R. zielen langfristige Aufträge aber auf einen "Erfolg" ab.

[267] Die Verpflichtung zur Abnahme i.S. des § 640 BGB ist wesentlich weitergehender als die Abnahmeverpflichtung i.S. des § 433 Abs. 2 BGB, da sie sowohl die körperliche Hinnahme einer Sache als auch die Erklärung des Bestellers umfaßt, daß er das Werk in der Hauptsache als vertragsgemäß anerkennt, vgl. *Joussen, P.*: Der Industrieanlagenvertrag, Heidelberg 1981, S. 364 f. Wie Joussen treffend feststellt, finden i.d.R. im Großanlagenbau typischerweise Werklieferungsverträge über nicht vertretbare Sachen Anwendung, da die Großanlagen i.d.R. keine vertretbaren, d.h. keine beweglichen Sachen darstellen, die gem. § 91 BGB im Verkehr nach Zahl, Maß oder Gewicht bestimmt zu werden pflegen, vgl. ebenda, S. 29. Insofern ist hier auch die Regelung des § 651 Abs. 1 Satz 2 2. Halbsatz BGB einschlägig.

[268] Vgl. *Palandt, O.*: a.a.O., § 640, Rn. 5.

[269] Beim Werklieferungsvertrag werden Komponenten des Werk- und Kaufvertragsrechts miteinander verknüpft, wobei sich insbesondere aus der Stoffbeschaffungspflicht eine inhaltliche Annäherung zum Kaufvertrag ergibt, vgl. *Joussen, P.*: a.a.O., S. 29.

[270] Vgl. *Seiler, H.H.*, in: *Ermann, W.*: Handkommentar zum bürgerlichen Gesetzbuch, 8. Aufl., Münster 1989, § 651, Rn. 1; *Palandt, O.*: a.a.O., § 651, Rn. 1.

darstellen.[271] Obgleich der Bauunternehmer i.d.R. ein Bauwerk aus von ihm zu beschaffenden Stoffen herstellt, ist kein Werklieferungsvertrag i.S. des § 651 BGB gegeben, da keine rechtsgeschäftliche Übereignung des Materials stattfindet, vielmehr das Grundstück als die Hauptsache angesehen wird und die Materialien als wesentliche Bestandteile des Grundstückes gem. §§ 94, 946 BGB in das Eigentum des Grundstückseigentümers übergehen.[272]

Im Zusammenhang mit dem Abschluß von Bauverträgen ist auch die "Verdingungsordnung für Bauleistungen (VOB)" zu nennen, die oftmals in Bauverträgen zur näheren inhaltlichen Konkretisierung als Vertragsbestandteil einbezogen wird.[273] Dabei werden vor allem die in Teil B der VOB geregelten "Allgemeinen Vertragsbedingungen für die Ausführung von Bauleistungen" berücksichtigt, wobei es sich bei diesen Klauseln um AGB i.S. des § 1 Abs. 1 AGB-G handelt.[274] Bezüglich ihrer Rechtsnatur stellen die VOB-Regelungen somit weder Gesetze oder Rechtsverordnungen dar, noch kann man sie als Gewohnheitsrecht oder Handelsbrauch interpretieren. VOB-Regelungen werden vielmehr erst dann Vertragsbestandteil, wenn sie im konkreten Einzelfall ausdrücklich zwischen den Partnern des Bauvertrages vereinbart wurden.[275]

II. Langfristige Aufträge als schwebende Geschäfte - Eine begriffliche Festlegung

Versucht man vor dem Hintergrund der ökonomischen und vertragsrechtlichen Kennzeichnung langfristiger Aufträge eine Anknüpfung an das Handels- und Steuerbilanzrecht durchzuführen, so ist es notwendig, die langfristigen Aufträge in den bilanzrechtlichen Problemkreis schwebender Geschäfte einzubetten, um überhaupt erst Fragen der Gewinn-

---

[271] Vgl. *Herding, W., Schmalzl, M.*: Vertragsgestaltung und Haftung im Bauwesen, 2. Aufl., München, Berlin 1967, S. 429 ff.

[272] Vgl. *Weber, R.L.*: a.a.O., S. 185; *Seiler, H.H.*, in: *Ermann, W.*: a.a.O., Vor § 631, Rn. 18; *Herding, W., Schmalzl, M.*: a.a.O., S. 430.

[273] Zur allgemeinen Zielsetzung der VOB vgl. *Ingenstau, H., Korbion, H.*: VOB, Teile A und B, Kommentar, 10. Aufl., Düsseldorf 1984, Einleitung, Rn. 2.

[274] Vgl. *Heiermann, W.*: Auswirkungen des Gesetzes zur Regelung des Rechts der Allgemeinen Geschäftsbedingungen auf das Bauvertragswesen, DB, 30. Jg. (1977), S. 1733-1738, s. bes. S. 1734.

[275] Vgl. *Ingenstau, H., Korbion, H.*: a.a.O., Einleitung, Rn. 7 ff.; *Palandt, O.*: a.a.O., Einführung vor § 631, Rn. 4. Neben der VOB findet auch die "Verdingungsordnung für Leistungen - ausgenommen Bauleistungen (VOL)" Anwendung. Sowohl die VOB als auch die VOL werden dabei besonders im öffentlichen Auftragswesen zur Auftragsvergabe herangezogen, vgl. hierzu *Wachendorff, P., Hartle, J.*: Beschaffungswesen öffentlicher Verwaltungen, in: *Chmielewicz, K., Eichhorn, P.* (Hrsg.): HWÖ, Stuttgart 1989, Sp. 102-111, s. bes. Sp. 105 f.

realisierung, insbesondere solche nach dem Realisationszeitpunkt, beantworten zu können.[276]

Bei der Erörterung der vertragsrechtlichen Besonderheiten des Kundenvertrages wurde bereits herausgestellt, daß durch die i.d.R. zugrundeliegenden Werk- oder Werklieferungsverträge bestimmte Pflichten (und Rechte) vom Auftraggeber und Auftragnehmer begründet werden. Dabei führen die den Vertragsparteien zur Vertragserfüllung auferlegten Pflichten (und eingeräumten Rechte) zu einer gegenseitigen Abhängigkeit, in der beide Vertragsparteien sowohl Gläubiger- als auch Schuldnerposition einnehmen. So werden im folgenden sog. "synallagmatische Rechtsgeschäfte" in die Untersuchung einbezogen, die durch das Merkmal der zweiseitigen Verpflichtung gekennzeichnet sind, d.h. jede Vertragspartei verpflichtet sich deshalb zu einer eigenen Leistung, weil die Gegenpartei sich zu einer Gegenleistung verpflichtet:[277] "In diesem Sinne ..." wird "eine Beziehung zwischen den Parteien" begründet, "die auf dem gegenseitigen Leistungsinteresse beruht und deren Zweck in der Befriedigung des beiderseitigen Leistungsinteresses besteht".[278] Darüber hinaus werden nur solche synallagmatische Verträge einbezogen, bei denen die Vertragspartner eine Vertragsbeziehung aufbauen, die auf einen Austausch ausgerichtet ist und die folglich auch als Austauschverträge bezeichnet werden können.[279]

Die unter dem Begriff des schwebenden Geschäftes zum Ausdruck kommende Bezugnahme auf den Terminus "Geschäft" knüpft dabei an die so verstandenen Rechtsgeschäfte an, die ihrerseits für die weitere Untersuchung Absatz- und nicht Anschaffungsvorgänge zum Gegenstand haben.[280] Gleichzeitig wird durch den Terminus "schwebend" zum Ausdruck

---

[276] Treffend bemerkt deshalb Jung im Zusammenhang mit langfristigen Aufträgen im Anlagenbau: "... Die Bilanz eines Anlagenanbieters" ist "typischerweise mit dem Problemkreis der schwebenden Geschäfte belastet", *Jung, A.*: a.a.O., S. 16.

[277] Vgl. *Esser, J.*: Schuldrecht. Bd. I, Allgemeiner Teil, 3. Aufl., Karlsruhe 1968, S. 102 sowie das BFH-Urt. v. 25.1.1984 IR 7/80, BStBl. 1984 II, S. 344, wo festgestellt wird: "Jeder Vertragspartner verpflichtet sich zu seiner Leistung um der Leistung des anderen willen."

[278] *Friederich, H.*: Grundsätze ordnungsmäßiger Bilanzierung für schwebende Geschäfte, Düsseldorf 1975, S. 14.

[279] Vgl. *Larenz, K.*: Lehrbuch des Schuldrechts, 1. Bd.: Allgemeiner Teil, 9. Aufl., München 1968, S. 207. Vgl. ebenso die Abgrenzungen bei *Bieg, H.*: Schwebende Geschäfte..., a.a.O., S. 11 ff.; *Bauer, H.*: Schwebende Geschäfte im Steuerrecht, Diss., Nürnberg-Erlangen 1981, S. 3 ff.; *Müller, H.*: a.a.O., S. 63 ff.

[280] Zur Abgrenzung der Absatz- von Anschaffungsgeschäften vgl. auch *Friederich, H.*: a.a.O., S. 33 ff.; *Bauer, H.*: a.a.O., S. 14.

gebracht, daß ein Stadium des Überganges oder der Abwicklung betroffen ist,[281] d.h., "daß etwas noch nicht endgültig ist".[282]

Weitaus schwieriger gestaltet es sich dagegen, den Begriff des schwebenden Geschäftes in seiner Gesamtheit zu bestimmen. So wird der Begriff zwar in verschiedenen Gesetzesvorschriften genannt,[283] eine gesetzliche Definition unterbleibt aber.[284] Deshalb mangelt es in Rechtsprechung und Literatur auch nicht an Definitionsversuchen, die sowohl auf die inhaltliche Bestimmung als auch auf die zeitliche Festlegung in bezug auf den Beginn und das Ende des schwebenden Geschäftes abzielen.[285] Bezüglich ihrer inhaltlichen Bestimmung herrscht überwiegend Einigkeit, wonach schwebende Geschäfte "das Vorhandensein einer vollkommenen vertraglichen Bindung"[286] voraussetzen. Hinsichtlich der zeitlichen Festlegung von Beginn und Ende des Geschäftes haben sich aber unterschiedliche Auffassungen herausgebildet.[287]

---

[281] Vgl. *Vellguth, H.K.*: Grundsätze ordnungsmäßiger Bilanzierung für schwebende Geschäfte, in: Veröffentlichungen der Schmalenbach-Vereinigung, Bd. 11, Leipzig 1937, S. 5.

[282] *Stapper, K.*: Die Bilanzierung schwebender Geschäfte, Diss., München 1964, S. 3. Zu Recht lehnt *Müller, H.*: a.a.O., S. 63 ff. die von Schmalenbach (*Schmalenbach, E.*: Dynamische Bilanz, a.a.O., S. 74) im Zusammenhang mit der dynamischen Bilanz aufgestellte Definition des "schwebenden Geschäftes" ab, da Schmalenbach den Terminus "schwebend" im Sinne der dynamischen Bilanz zu weitgefaßt definiert, vgl. hierzu auch *Wöhe, G.*: Bilanzierung ..., a.a.O., S. 228, Fn. 3.

[283] Vgl. die zivilrechtlichen Vorschriften der §§ 730 Abs. 2 Satz 1, 740 BGB sowie die handelsrechtlichen Regelungen der §§ 149, 235 Abs. 2 u. 3, 249 Abs. 1 HGB.

[284] In diesem Zusammenhang weisen *Bergmann, W.*: Die steuerliche Beurteilung schwebender Geschäfte, DB, 25. Jg. (1972), S. 2367-2373 u. S. 2421-2427, s. bes. S. 2367 und *Bauer, H.*: a.a.O., S. 1 auf den zivilrechtlichen Ursprung des Begriffs hin.

[285] Vgl. *Woerner, L.*: Grundsatzfragen zur Bilanzierung schwebender Geschäfte, FR, 39. (66.) Jg. (1984), S. 489-496, s. bes. S. 490.

[286] *Kohler, M.*: a.a.O., S. 115; vgl. hierzu auch *Bauer, H.*: a.a.O., S. 7; *Woerner, L.*: Grundsatzfragen ..., a.a.O., S. 490.

[287] Einen Überblick über die unterschiedlichen Auffassungen geben insbesondere *Vellguth, H.K.*: a.a.O., S. 1 ff. u. *Stapper, K.*: a.a.O., S. 4 ff. Einerseits wird der Beginn des schwebenden Geschäftes erst im Zeitpunkt des Vertragsabschlusses gesehen, vgl. *Vellguth, H.K.*: a.a.O., S. 6; *Bergmann, W.*: a.a.O., S. 2367; *Bieg, H.*: Schwebende Geschäfte ..., a.a.O., S. 27; *Bauer, H.*: a.a.O., S. 9. Andererseits soll - in Ausnahmefällen (so *Friederich, H.*: a.a.O., S. 19) - bereits mit der Abgabe eines bindenden Vertragsangebotes i.S. des § 145 BGB, dessen Annahme mit Sicherheit erwartet werden kann, oder mit Abschluß eines Vorvertrages der Schwebezustand eingeleitet sein, vgl. *Stapper, K.*: a.a.O., S. 10; *Thiery, G.*: Die Aktivierungsfähigkeit und Aktivierungspflicht unverbriefter Forderungen nach deutschem Aktienrecht, Diss., Innsbruck 1969, S. 16 f.; *Friederich, H.*: a.a.O., S. 19; *Woerner, L.*: Grundsatzfragen ..., a.a.O., S. 490. Nach letzterer Auffassung sei "das Verhältnis zwischen den Parteien so weitgehend konkretisiert, daß bereits bestimmte Rechte und Verpflichtungen entstanden sind", *Stapper, K.*: a.a.O., S. 10. Darüber hinaus kann sich der angebotsabgebende Partner - in diesem Fall also der Auftragnehmer - gem. § 145 BGB nicht mehr einer Angebotsannahme entziehen.

Konzentriert man sich innerhalb dieses Meinungsspektrums auf die Auffassung des BFH zum Beginn des schwebenden Geschäftes, so stellt dieser im Zusammenhang mit Rückstellungen wegen drohender Verluste aus schwebenden Geschäften fest: "Eine Rückstellung wegen drohender Verluste aus schwebenden Geschäften ist schon vor dem Vertragsabschluß zulässig und geboten, wenn der Steuerpflichtige ein bindendes Vertragsangebot abgegeben hat, dessen Annahme mit Sicherheit erwartet werden kann."[288] In der weiteren Untersuchung soll der Auffassung, die in Ausnahmefällen auf den Zeitpunkt der Angebotsabgabe bzw. den Zeitpunkt des Vorvertragsabschlusses abstellt, gefolgt werden, wobei der Schwebezustand allerdings dann endet, wenn das Vertragsangebot gem. § 146 BGB abgelehnt wird oder durch nicht rechtzeitige Annahme i.S. der §§ 147 ff. BGB erlischt.[289]

Auch über die Festlegung des Endes des Schwebezustandes herrscht Uneinigkeit, was durch unterschiedliche Definitionsversuche zum Ausdruck gebracht wird.[290] So zielt der Begriff "schwebendes Geschäft im engeren Sinne" darauf ab, daß der Vertrag wirksam abgeschlossen wurde (bzw. in Ausnahmefällen ein bindendes Vertragsangebot abgegeben oder ein Vorvertrag abgeschlossen wurde) und noch keiner der beiden Vertragsparteien mit der Leistungserfüllung begonnen hat, d.h. der Schwebezustand bezieht sich rechtlich lediglich auf das Verpflichtungs- und nicht auf das Erfüllungsgeschäft oder, wirtschaftlich betrachtet, auf den Zeitraum bis zum Zeitpunkt des Beginns der Leistungserstellung durch den Auftragnehmer bzw. der Leistungserbringung in Form von Anzahlungen durch den Auftraggeber.[291] Als "schwebendes Geschäft im eigentlichen" oder "weiteren Sinne" wird dagegen der Schwebezustand beschrieben, der vom Vertragsabschluß (bzw. in Ausnahmefällen vom Zeitpunkt des Vertragsangebotes oder des Vorvertragsabschlusses) bis zur Vertragserfüllung durch einen Vertragspartner reicht, wobei i.d.R. der zur Leistung verpflichtete Auftragnehmer zuerst erfüllt.[292] Vom "schwebenden Geschäft im weitesten"

---

[288] BFH-Urt. v. 16.11.1982 VIII R 95/81, BStBl. 1983 II, S. 361-364, s. bes. S. 361.

[289] Vgl. *Friederich, H.*: a.a.O., S. 19.

[290] In diesem Zusammenhang stellt Bieg fest, daß die Festlegung des Endes des Schwebezustandes "von größerer Bedeutung" sei als die Festlegung des Anfanges, *Bieg, H.*: Schwebende Geschäfte ..., a.a.O., S. 27. Es ist gleichzeitig darauf hinzuweisen, daß sich für gleiche Definitionsinhalte unterschiedliche Bezeichnungen finden.

[291] Vgl. beispielsweise *Klebba, W*: Die Bilanzfähigkeit von Geschäftsvorfällen, DB, 14. Jg. (1961), S. 1037-1039, s. bes. S. 1037; *Gerlt, H.*: Die schwebenden Geschäfte im Bilanzsteuerrecht, Diss., Münster 1963, S. 147 f.; RFH-Urt. v. 24.1.1933 I A 218/31, RStBl. 1933, S. 337 f.

[292] Vgl. beispielsweise *Kaatz, P.*: Zur Gewinnverwirklichung bei schwebenden Geschäften, FR, 12. (39.) Jg. (1957), S. 479-482, s. bes. S. 479; *Stapper, K.*: a.a.O., S. 12; *Wirke, H.*: Grundsatzfragen zur steuerlichen Behandlung schwebender Geschäfte bei langfristiger Auftragsabwicklung, DB, 26. Jg. (1973), S. 1567-1574, s. bes. S. 1568; *Friederich, H.*: a.a.O., S. 24; *Bieg, H.*: Schwebende Geschäfte ..., a.a.O., S. 69; *Bauer, H.*: a.a.O., S. 13; *Ogiermann, L.*: Die Bilanzierung unfertiger Aufträge im Bauunternehmen, Köln-Braunsfeld 1981, S. 19; *Woerner, L.*: Grundsatzfragen ..., a.a.O., S. 491.

oder "umfassenden Sinne" spricht man schließlich, wenn der Schwebezustand auf den Zeitraum vom Vertragsabschluß (bzw. in Ausnahmefällen vom Zeitpunkt des Vertragsangebotes oder des Vorvertragsabschlusses) bis zur vollständigen Leistungserfüllung beider Vertragspartner, d.h. dem vollständigen Austausch von Leistung und Gegenleistung bezogen wird.[293]

Bezieht man nun auf diese Begriffsbestimmungen den in den vorhergehenden Abschnitten erörterten phasenweisen Ablauf langfristiger Aufträge, so ergibt sich folgende Darstellung, in der den vertragsrechtlich bestimmten Komponenten des Auftragsablaufs die korrespondierenden Definitionen des "schwebenden Geschäftes" vergleichend gegenübergestellt werden können:[294]

---

[293] Vgl. beispielsweise *Vellguth, H.K.*: a.a.O., S. 6; *Arensberg, M.*: Die Bilanzierung schwebender Geschäfte, Diss., Berlin 1935, S. 5; *Schönnenbeck, H.*: Bilanzierungsfragen schwebender Geschäfte, DB, 13. Jg. (1960), S. 1133-1137, s. bes. S. 1133; derselbe: Bilanzierung drohender Verluste aus schwebenden Geschäften, DB, 15. Jg. (1962), S. 1281-1284 u. S. 1313-1317, s. bes. S. 1281; *Littmann, E.*: Der schwebende Vertrag in der Steuerbilanz des Kaufmanns, DStZ A, 51. Jg. (1963), S. 177-182, s. bes. S. 178; *Van der Velde, K.*: Rückstellungen für drohende Verluste aus schwebenden Liefergeschäften, DB, 16. Jg. (1963), S. 353-354, s. bes. S. 353; *Maassen, K.*: Die Aufrechnung von Verlust- und Gewinnchancen bei schwebenden Geschäften, StBp, 5. Jg. (1965), S. 85-89, s. bes. S. 85; *Bodarwé, E.*: Erfüllen die Grundsätze ordnungsmäßiger Buchführung und Bilanzierung noch ihre Aufgaben?, WPg, 19. Jg. (1966), S. 668-672, s. bes. S. 670; *Bergmann, W.*: a.a.O., S. 2367; *Roer, H.*: Bilanzierung und Vermögensbewertung bei schwebenden Geschäften (Verträgen), DB, 25. Jg. (1972), S. 345-355, s. bes. S. 345; *Rosenau, H.*: Schwebende Geschäfte der Unternehmer im Steuerrecht, BB, 27. Jg. (1972), S. 167-172, s. bes. S. 167. Hinsichtlich der letztgenannten Definition besteht allerdings auch die Auffassung, den Schwebezustand erst mit dem Ablauf der Gewährleistungsfrist als beendet zu betrachten, was im Falle langfristiger Aufträge zur Konsequenz führen würde, daß die gesetzlichen Verjährungsfristen nach § 638 Abs. 1 BGB bzw. die vertraglichen nach § 638 Abs. 2 BGB oder § 13 VOB/B maßgebend wären, vgl. *Weber, R.L.*: a.a.O., S. 200.

[294] In Anlehnung an *Weber, R.L.*: a.a.O., S. 199; *Döll, B.*: a.a.O., S. 39.

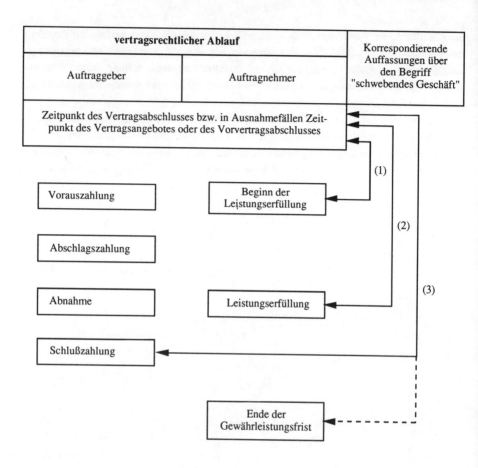

(1) = "Schwebendes Geschäft im engeren Sinne"
(2) = "Schwebendes Geschäft im weiteren Sinne"
(3) = "Schwebendes Geschäft im weitesten oder umfassenden Sinne"

Bezugnehmend auf die Gewinnrealisierung bei langfristigen Aufträgen soll nun der Meinung gefolgt werden, die den Umfang des schwebenden Geschäftes in seiner Ausprägung als "schwebendes Geschäft im weiteren" oder "eigentlichen Sinne" auffaßt. Dabei wird bei dieser Begriffsauffassung auf die Komponente abgestellt, die die Erfüllung durch den Lieferungs- oder Leistungsverpflichteten, hier also den Auftragnehmer, stärker gewichtet als die Erfüllung durch den zur Zahlung Verpflichteten.[295] Das schwebende Geschäft konzentriert sich somit auf ein schwebendes Liefer- oder Leistungsgeschäft und ist unabhängig von der Erfüllung durch den zur Gegenleistung verpflichteten Vertragspartner zu sehen, der durch seine Erfüllung ein gesondertes schwebendes Kreditgeschäft berührt. Deshalb wirken auch kundenseitige An- oder Vorauszahlungen nicht auf den Schwebezustand eines Geschäftes ein, da sie lediglich als "Korrespondierende" zum schwebenden Lieferungs- und Leistungsgeschäft anzusehen sind.[296] Eine andere Beurteilung erfährt dagegen die bei den hier zu betrachtenden Werk- und Werklieferungsverträgen auftretende Verpflichtung des Bestellers zur Abnahme gem. § 640 Abs. 1 BGB. Wie noch zu zeigen sein wird, übt gerade diese Verpflichtung des Auftraggebers entscheidenden Einfluß auf das schwebende Lieferungs- und Leistungsgeschäft aus.

Der Begriff "schwebendes Geschäft" ist damit hinsichtlich der Auffassung "im weiteren" oder "eigentlichen Sinne" determiniert. Eine solche begriffliche Festlegung kann an dieser Stelle der Untersuchung aber nicht mehr sein "als eine These, die erst ausreichend legitimiert werden kann, wenn Klarheit darüber besteht, was der bilanzrechtlichen Behandlung schwebender Geschäfte gedanklich zugrunde liegt".[297] Denn über die bilanzrechtliche Behandlung schwebender Geschäfte wurde bisher keine Aussage gemacht. Gerade darin zeigt sich aber erst der Zusammenhang zu den erörterten begrifflichen Ausprägungen zum Umfang des schwebenden Geschäftes und es wird gleichzeitig der Blick frei auf die mit der Beendigung des Schwebezustandes zu untersuchende Konsequenz, nämlich, wann positive Erfolgsbeiträge aus schwebenden Geschäften bilanziell zu erfassen sind.

---

[295] Dies wird auch durch die Rechtsprechung gestützt, vgl. hierzu beispielsweise BFH-Urt. v. 28.1.1960 IV 226/58 S, BStBl. 1960 III, S. 291-294, s. bes. S. 292 f.; BFH-Urt. v. 24.1.1961 I 200/60 S, BStBl. 1961 III, S. 118-119, s. bes. S. 118; vgl. auch Erl. des FM NRW v. 24.10.1966 -S 3194 - 32 V 1, DStZ B, 54. Jg. (1966), S. 461.

[296] *Friederich, H.*: a.a.O., S. 26, vgl. hierzu auch *Schönnenbeck, H.*: Bilanzierung ..., a.a.O., S. 1282; *Schäfer, W.*: Grundsätze ordnungsmäßiger Bilanzierung für Forderungen, Düsseldorf 1986, S. 12.

[297] *Woerner, L.*: Grundsatzfragen ..., a.a.O., S. 491.

3. Kapitel: Die bilanzrechtliche Behandlung langfristiger Aufträge als schwebende Geschäfte

I. Der Grundsatz der bilanziellen Nichtberücksichtigung schwebender Geschäfte

Durch den Abschluß des Kundenvertrages zwischen Auftraggeber und Auftragnehmer nehmen beide Vertragsparteien sowohl Gläubiger- als auch Schuldnerposition ein. So entsteht beim Werkvertrag gem. § 631 BGB auf der einen Seite für den Auftragnehmer ein Vergütungsanspruch und eine Leistungsverpflichtung und auf der anderen Seite für den Auftraggeber ein Leistungsanspruch und eine Vergütungsverpflichtung. Aus der Sicht des Auftragnehmers ist nun zu fragen, wie seine Leistungsverpflichtung und sein Vergütungsanspruch bilanzrechtlich zu behandeln sind, d.h. es stellt sich zunächst die Frage nach der Bilanzierungsfähigkeit von Ansprüchen und Verpflichtungen schwebender Geschäfte.[298]

Mit dem Vollständigkeitsgebot des § 246 Abs. 1 Satz 1 HGB, wonach der Jahresabschluß "sämtliche Vermögensgegenstände, Schulden, Rechnungsabgrenzungsposten, Aufwendungen und Erträge zu enthalten" hat, "soweit gesetzlich nichts anderes bestimmt ist", wird eine "unmittelbare Beziehung" zur Frage der Bilanzierungsfähigkeit begründet,[299] die es über den Maßgeblichkeitsgrundsatz des § 5 Abs. 1 Satz 1 EStG auch für die Steuerbilanz zu beachten gilt.[300] Der Begriff der Bilanzierungsfähigkeit meint damit "die grundsätzliche Eignung eines realen Objektes oder Vorganges ..., als 'Bilanzposten' in eine Bilanz aufge-

---

[298] Auf die bilanzrechtliche Behandlung von Anspruch und Verpflichtung des Auftraggebers soll im folgenden nicht näher eingegangen werden. Weiterhin wird die Überprüfung der Bilanzierungsfähigkeit des schwebenden Geschäftes aus der Sicht des Auftragnehmers sowohl für den Anspruch auf der einen Seite als auch für die Verpflichtung auf der anderen Seite getrennt durchgeführt; vgl. hierzu auch *Wirke, H.*: Grundsatzfragen ..., a.a.O., S. 1569, *Bauer, H.*: a.a.O., S. 27, die treffend feststellen, daß einer zusammenfassenden Betrachtung von Anspruch und Verpflichtung und einem daraus sich ergebenden Saldo das Saldierungsverbot gem. § 152 Abs. 8 AktG a.F. (jetzt § 246 Abs. 2 HGB) entgegensteht. Vgl. zur gegenteiligen Auffassung beispielsweise *Bergmann, W.*: a.a.O., S. 2370; *Lohmeyer, H.*: Zur Bilanzierung schwebender Geschäfte, DStR, 13. Jg. (1975), S. 651-658, s. bes. S. 651, sowie die Auffassung des BFH, der auf ein immaterielles Wirtschaftsgut "Gewinnchancen aus schwebenden Geschäften" abstellt, beispielsweise in BFH-Urt. v. 9.7.1958 I 207/57 U, BStBl. 1958 III, S. 416-417, s. bes. S. 416; BFH-Urt. v. 20.11.1962 I 266/61 U, BStBl. 1963 III, S. 59-60, s. bes. S. 60; BFH-Urt. v. 3.7.1964 VI 346/62 U, BStBl. 1964 III, S. 548-550, s. bes. S. 548; BFH-Urt. v. 6.3.1970 III R 20/66, BStBl. 1970 II, S. 489-492.

[299] *Kussmaul, H.*, in: *Küting, K., Weber, C.-P.* (Hrsg.): a.a.O., § 246, Rn. 5.

[300] Vgl. ebenda, § 246, Rn. 4. Die Frage nach der Bilanzierungsfähigkeit wird im folgenden, entsprechend des Maßgeblichkeitsgrundsatzes in § 5 Abs. 1 Satz 1 EStG, zwar primär aus handelsrechtlicher Sicht diskutiert, gleichzeitig wird aber auch auf steuerrechtliche Besonderheiten hingewiesen, die über die steuerliche Rechtsprechung in das Handelsrecht einwirken. Beisse spricht in diesem Zusammenhang treffend von "handelsrechtlichen Implikationen der Steuerrechtsprechung", *Beisse, H.*: Handelsbilanzrecht in der Rechtsprechung des Bundesfinanzhofs, BB, 35. Jg. (1980), S. 637-646, s. bes. S. 638.

nommen werden zu können".³⁰¹ Die Frage nach der Bilanzierungsfähigkeit konzentriert sich dabei in zwei Beurteilungsschritten, wobei zum einen die Frage nach der abstrakten und zum anderen die Frage nach der konkreten Bilanzierungsfähigkeit zu stellen ist.³⁰² Während die abstrakte Bilanzierungsfähigkeit unabhängig vom konkreten Einzelfall und unter Einbeziehung bestimmter Merkmale auf eine Objekteigenschaft abstellt, wird im Rahmen der konkreten Bilanzierungsfähigkeit mit eigenen Prüfkriterien festgestellt, ob bei Vorliegen der abstrakten Bilanzierungsfähigkeit auch im konkreten Einzelfall die Bilanzierungsfähigkeit bestätigt werden kann.³⁰³ Da § 246 Abs. 1 Satz 1 HGB die Aufnahme sämtlicher Vermögensgegenstände und Schulden fordert, kann weiterhin die Frage der Bilanzierungsfähigkeit im Hinblick auf Kriterien der abstrakten und konkreten Aktivierungs- bzw. Passivierungsfähigkeit spezifiziert werden.

Untersucht man die abstrakte Aktivierungsfähigkeit in der Handelsbilanz, so ist die Frage nach den Merkmalen des handelsrechtlichen Begriffs "Vermögensgegenstand" unumgänglich.³⁰⁴ Steuerrechtlich wird durch das Prinzip der Maßgeblichkeit in § 5 Abs. 1 Satz 1 EStG das steuerbilanzrechtliche Bewertungsobjekt "(aktives) Wirtschaftsgut" dem handelsbilanzrechtlichen Begriff des Vermögensgegenstandes gleichgesetzt.³⁰⁵

Überprüft man nun die abstrakte Aktivierungsfähigkeit des aus dem Rechtsgeschäft entstandenen Zahlungsanspruches, so gilt es zunächst zu prüfen, ob dieser Anspruch als verkehrsfähig aufzufassen ist. Da das primär handelsrechtlich determinierte Kriterium der Verkehrsfähigkeit voraussetzt,³⁰⁶ "daß der Vermögensgegenstand für sich allein übertrag-

---

301 *Federmann, R.*: a.a.O., S. 170; vgl. hierzu auch *Thiery, G.*: a.a.O., S. 4 f.

302 Vgl. zu dieser Vorgehensweise auch *Mutze, O.*: Aktivierungsfähigkeit und Aktivierungspflicht, NB, 12. Jg. (1959), S. 5-10, s. bes. S. 5; *Freericks, W.*: a.a.O., S. 141 ff.; *Federmann, R.*: a.a.O., S. 170 ff.; *Kussmaul, H.*, in: *Küting, K., Weber, C.-P.* (Hrsg.): a.a.O., II, Rn. 180 ff. u. § 46, Rn. 5 ff.

303 Vgl. *Federmann, R.*: a.a.O., S. 170 ff.

304 Vgl. *Freericks, W.*: a.a.O., S. 141; *Federmann, R.*: a.a.O., S. 172; *Kussmaul, H.*, in: *Küting, K., Weber, C.-P.* (Hrsg.): a.a.O., II, Rn. 180 u. § 246, Rn. 6.

305 Vgl. BFH-Urt. v. 6.12.1978 I R 35/78, BStBl. 1979 II, S. 262-263, s. bes. S. 263 u. BFH-Beschl. v. 26.10.1987 GrS 2/86, BStBl. 1988 II, S. 348-357, s. bes. S. 352. Vgl. hierzu auch *Beisse, H.*: Handelsbilanzrecht ..., a.a.O., S. 638; *Wöhe, G.*: Betriebswirtschaftliche Steuerlehre ..., a.a.O., S. 18; *ADS*: a.a.O., § 246, Tz. 12; *Budde, W.D., Kofahl, G.*, in: *Budde, W.D.* u.a. (Bearb.): a.a.O., § 247, Anm. 15; *Schmidt, L.*: a.a.O., § 5, Rn. 16 a. Zur Bedeutung des Maßgeblichkeitsprinzips für die Kennzeichnung des Begriffs "Wirtschaftsgut" vgl. *Kussmaul, H.*: Ertragsteuerliche Bedeutung des Begriffs "Wirtschaftsgut", in: *John, G.* (Hrsg.): Besteuerung und Unternehmenspolitik, FS für Günter Wöhe, München 1989, S. 253-276, s. bes. S. 257 ff.

306 Dem Kriterium "Verkehrsfähigkeit" wird von steuerbilanzrechtlicher Seite keine entscheidende Bedeutung beigemessen, sondern vielmehr dem Kriterium der selbständigen Bewertbarkeit, vgl. hierzu *Freericks, W.*: a.a.O., S. 312; *Wöhe, G.*: Betriebswirtschaftliche Steuerlehre ..., a.a.O., S. 24 f.; *ADS*: a.a.O., § 246, Tz. 12; *Budde, W.D., Kofahl, G.*, in: *Budde, W.D.* u.a. (Bearb.): a.a.O., § 247, Anm. 16 f.

bar ist, also selbständig als Gegenstand des Handels- und Rechtsverkehrs auftreten kann",[307] ist angesichts der Möglichkeit, gem. § 398 BGB den Anspruch abtreten zu können, das Kriterium als erfüllt anzusehen. Weiterhin kann die abstrakte Aktivierungsfähigkeit des Anspruches nur bejaht werden, wenn ein wirtschaftlicher Wert für das Unternehmen gegeben ist, wobei dieser Wert "durch den Nutzen für das Unternehmen bestimmt" wird.[308] Auch dieses Merkmal ist gegeben, da durch das Eingehen des Vertrages unternehmerische Ziele, die einen bestimmten Nutzenbeitrag leisten, erreicht werden sollen.[309] Ebenfalls ist das Kriterium der selbständigen Bewertungsfähigkeit erfüllt, das als ein aus dem Grundsatz der Einzelbewertung heraus aufzubauendes Objektivierungserfordernis aufzufassen ist, um die Abgrenzbarkeit eines Wertes von anderen Werten sicherzustellen.[310] Nimmt man hier Bezug auf den Bereich langfristiger Aufträge, so ist sowohl durch den Abschluß von sog. "Generalübernehmerverträgen mit Festpreisgarantie" als auch im Falle von sog. "cost plus fee"-Verträgen[311] eine solche Wertabgrenzbarkeit gegeben. Schließlich erfordert das Kriterium der Zurechenbarkeit zum Bilanzvermögen primär die Orientierung an der wirtschaftlichen Zugehörigkeit: Es sind "... wirtschaftliche Tatbestände und nicht die mannigfachen Strukturformen der Rechtsverhältnisse auszuweisen."[312] Auch dieses Kriterium wird durch den Anspruch erfüllt, zumal sich hier auch keine Abgrenzungsprobleme zwischen juri-

---

[307] *Freericks, W.*: a.a.O., S. 142; vgl. hierzu auch *Saage, G.*: Veränderte Grundlagen ..., a.a.O., s. bes. S. 1710.

[308] *Freericks, W.*: a.a.O., S. 145 f.; vgl. hierzu auch *Knapp, L.*: Was darf der Kaufmann als seine Vermögensgegenstände bilanzieren?, DB, 24. Jg. (1971), S. 1121-1129, s. bes. S. 1123. In diesem Zusammenhang interpretiert die Steuerrechtsprechung den "wirtschaftlichen Wert" als Nutzungspotential über einen längeren Zeitraum, vgl. hierzu RFH-Urt. v. 4.1.1939, StuW, Teil II, 18. Jg. (1939), Nr. 123, Sp. 195-197; BFH-Urt. v. 13.3.1956 I 209/55 U, BStBl. 1956 III, S. 149-150, s. bes. S. 150.

[309] Treffend weist zudem Bauer darauf hin, die Werthaltigkeit werde dadurch unterstrichen, daß Unternehmen bereit sind, für das Zustandekommen von Vertragsbeziehungen sogar Ausgaben, beispielsweise Werbeausgaben oder Vermittlungsprovisionen, zu tätigen, vgl. *Bauer, H.*: a.a.O., S. 26 f.

[310] Vgl. *Freericks, W.*: a.a.O., S. 151; *Noack, H.*: Wirtschaftsgut oder wertsteigender Faktor im steuerlichen Bewertungsrecht, Düsseldorf 1961, S. 18. Das Kriterium der selbständigen Bewertungsfähigkeit kann als die durch die steuerliche Rechtsprechung herausgearbeitete zentrale Determinante des Wirtschaftsgutbegriffs bezeichnet werden. So heißt es beispielsweise im BFH-Urt. v. 28.2.1961 I 13/61 U, BStBl. 1961 III, S. 383-384, s. bes. S. 384: "Die selbständige Bewertungsfähigkeit, die die Einzelbewertung ermöglicht, ist ein dem Begriff des Wirtschaftsguts innewohnendes Merkmal." Moxter wendet diese Betrachtungsweise treffend auch im Handelsbilanzrecht an, wenn er sagt, daß die Bilanz im Rechtssinne durch das Objektivierungserfordernis geprägt ist und die so "vergegenständlichten Vermögenswerte auch einen greifbaren, konkretisierten Wert haben" müssen, "um bilanzrechtlich als Vermögensgegenstände gelten zu können", *Moxter, A.*: Selbständige Bewertbarkeit als Aktivierungsvoraussetzung, BB, 42. Jg. (1987), S. 1846-1851, s. bes. S. 1847; vgl. hierzu auch derselbe: Immaterielle Vermögensgegenstände des Anlagevermögens, in: *Leffson, U.* u.a. (Hrsg.): a.a.O., S. 246-250, s. bes. S. 247 f.

[311] Die Wertabgrenzbarkeit wird auch im Falle von sog. "cost plus fee"-Verträgen bejaht, da eine zuverlässige Schätzung des Wertes möglich ist, was für das Vorliegen des Kriteriums der selbständigen Bewertungsfähigkeit genügt.

[312] *Freericks, W.*: a.a.O., S. 172; vgl. hierzu auch *Husemann, K.-H.*: Grundsätze ordnungsmäßiger Bilanzierung für Anlagegegenstände, Düsseldorf 1970, S. 76.

stischem und wirtschaftlichem Eigentum stellen. Da somit alle Voraussetzungen erfüllt werden, ist der Anspruch aus dem Rechtsgeschäft als abstrakt aktivierungsfähig anzusehen.

Da neben dem Vergütungsanspruch auch eine Leistungsverpflichtung besteht, ist für diese zu prüfen, ob eine abstrakte Passivierungsfähigkeit bejaht werden kann. Die Frage nach der abstrakten Passivierungsfähigkeit kann wiederum grundsätzlich gleichgesetzt werden mit der Frage nach dem Vorliegen einer Schuld.[313] Dem handelsrechtlichen Schuldbegriff entspricht dabei der steuerrechtliche Begriff des (passiven) Wirtschaftsgutes.[314]

Ein Kriterium für das Vorliegen einer Schuld ist zunächst das Merkmal der wirtschaftlichen Belastung, das durch all diejenigen "Ereignisse, Umstände oder Tatbestände" begründet wird, "die zu Ansprüchen Dritter gegenüber dem Unternehmen führen".[315] Zweifellos wird die Leistungsverpflichtung aus dem schwebenden Geschäft als eine ausreichend konkretisierte Verpflichtung mit der "ernsthaft zu rechnen" ist[316] und die einen Abfluß von Vermögenswerten bewirkt,[317] durch eine wirtschaftliche Last begründet. Unmittelbar aus der vorliegenden Leistungsverpflichtung wird auch das mit dem erstgenannten Kriterium sehr eng zusammenhängende zweite Kriterium erfüllt, das für die abstrakte Passivierungsfähigkeit gerade eine Leistungsverpflichtung fordert, d.h. eine Verpflichtung, der man sich aus rechtlichen oder tatsächlichen Gründen nicht mehr entziehen kann.[318] Schließlich wird auch das dritte Kriterium, das die Quantifizierbarkeit und selbständige Bewertungsfähigkeit fordert, durch die vorliegende Leistungsverpflichtung erfüllt. Die Quantifizierbarkeit setzt eine Wertzumessung voraus und die selbständige Bewertungsfähigkeit stellt auf die Konkre-

---

[313] Vgl. *Kussmaul, H.*, in: *Küting, K., Weber, C.-P.* (Hrsg.): a.a.O., § 246, Rn. 14.

[314] Vgl. hierzu OFH-Urt. v. 28.2.1948 I 10/47, StuW, Teil II, 25. Jg. (1948), Nr. 5, Sp. 9-14, s. bes. Sp. 10; BFH-Urt. v. 15.4.1958 I 27/57 U, BStBl. 1958 III, S. 260-261, s. bes. S. 260; *Freericks, W.*: a.a.O., S. 346; *Wöhe, G.*: Betriebswirtschaftliche Steuerlehre ..., a.a.O., S. 18.

[315] *Freericks, W.*: a.a.O., S. 228. Die Rechtsprechung des BFH stellt hierbei auf eine hinreichende Wahrscheinlichkeit und Konkretisierbarkeit der Schuld ab, vgl. hierzu BFH-Urt. v. 1.8.1984 I R 88/80, BStBl. 1985 II, S. 44-47, s. bes. S. 46.

[316] BFH-Urt. v. 17.7.1980 IV R 10/76, BStBl. 1981 II, S. 669-672, s. bes. S. 670. Treffend knüpft Moxter an diese Sichtweise ebenfalls das Kennzeichen der "Greifbarkeit" an und stellt zugleich fest: "So wie nur der 'greifbare' vermögenswerte Vorteil ein Aktivum bildet, so kann nur die 'greifbare' Verpflichtung als Passivum gelten", *Moxter, A.*: Bilanzrechtsprechung, a.a.O., S. 72.

[317] In diesem Sinne ist auch die Auffassung von *Freericks, W.*: a.a.O., S. 229 zu verstehen: "Wirtschaftliche Last bedeutet Belastung des Bruttovermögens durch zu erbringende Leistungen."

[318] Vgl. *ADS*: a.a.O., § 246, Tz. 69; *Kussmaul, H.*, in: *Küting, K., Weber, C.-P.* (Hrsg.): a.a.O., II, Rn. 205 u. § 246, Rn. 14; *Clemm, H., Nonnenmacher, R.*, in: *Budde, W.D.* u.a. (Bearb.): a.a.O., § 247, Anm. 204.

tisierbarkeit bzw. Abgrenzbarkeit ab.[319] Die Leistungsverpflichtung ist in diesem Sinne quantifizier- und konkretisierbar.

Es kann somit festgestellt werden, daß sowohl für den Anspruch als auch für die Leistungsverpflichtung die abstrakte Bilanzierungsfähigkeit zu bejahen ist, d.h. es ist auf dieser Prüfungsebene handelsbilanzrechtlich ein Vermögensgegenstand bzw. eine Schuld und steuerbilanzrechtlich ein (aktives bzw. passives) Wirtschaftsgut gegeben.[320]

Zur konkreten Bilanzierungsfähigkeit des schwebenden Geschäftes besteht kein handels- oder steuerrechtlich gesetzlich festgelegtes Bilanzierungsverbot, welches einer konkreten Bilanzierungsfähigkeit entgegenstünde.[321] Dennoch gilt handels- und steuerrechtlich der Grundsatz der bilanziellen Nichtberücksichtigung schwebender Geschäfte, d.h. im Zeitpunkt des Beginns des schwebenden Geschäftes werden die daraus resultierenden Ansprüche und Verpflichtungen grundsätzlich bilanziell nicht erfaßt.[322]

---

[319] Vgl. *Freericks, W.*: a.a.O., S. 230 u. S. 360, wo Freericks treffend feststellt, daß das Merkmal der selbständigen Bewertungsfähigkeit aus steuerbilanzrechtlicher Sicht durch das Merkmal der wirtschaftlichen Last umfaßt wird. Damit erhält auch hier das Kennzeichen der "Greifbarkeit" besondere Bedeutung.

[320] Es sei hier nochmals herausgestellt, daß die Frage nach der abstrakten Bilanzierungsfähigkeit für Anspruch und Verpflichtung getrennt voneinander untersucht wurde. Insofern wird nicht der Auffassung im Schrifttum gefolgt, die steuerbilanzrechtlich das schwebende Geschäft als ein Wirtschaftsgut "Ansprüche und Verpflichtungen aus dem Vertrag" betrachtet, vgl. hierzu *Bergmann, W.*: a.a.O., S. 2370. Treffend stellt *Bauer, H.*: a.a.O., S. 28 hierzu fest: "Anspruch und Verpflichtung sind ... im schwebenden Vertrag ... nicht so eng miteinander verbunden, daß sie ihre Selbständigkeit verlieren und im schwebenden Geschäft aufgehen." Vgl. zu der hier vertretenen Auffassung beispielsweise auch *Schönnenbeck, H.*: Bilanzierung drohender Verluste ..., a.a.O., s. bes. S. 1316; *Schindele, W.*: Bilanzierung verlustbringender Artikel, BB, 18. Jg. (1963), S. 947-951, s. bes. S. 950. Zur Auffassung des BFH im BFH-Urt. v. 17.3.1959 I 207/58 U, BStBl. 1959 III, S. 320-322, s. bes. S. 322, wonach "der schwebende Vertrag ... bilanzmäßig voll erfaßt werden müsse", wird von Schönnenbeck treffend festgestellt: "Als Wirtschaftsgut kennt die Bilanz ... nicht 'die ziffernmäßige Bewertung des gesamten Vertragsinhalts', sondern nur 'bestimmte Rechte und Verbindlichkeiten, die sich aus dem Vertragsinhalt ergeben'", *Schönnenbeck, H.*: Bilanzierung drohender Verluste ..., a.a.O., S. 1316.

[321] Vgl. *Freericks, W.*: a.a.O., S. 204 u. S. 246 in bezug auf die handelsrechtliche konkrete Bilanzierungsfähigkeit, sowie S. 335 u. S. 363 in bezug auf die steuerrechtliche konkrete Bilanzierungsfähigkeit.

[322] Vgl. beispielsweise BFH-Urt. v. 8.12.1982 I R 142/81, BStBl. 1983 II, S. 369-371, s. bes. S. 371 u. BFH-Urt. v. 20.1.1983 IV R 158/80, BStBl. 1983 II, S. 413-417, s. bes. S. 415, wo festgestellt wird: "Zu ... den ungeschriebenen Grundsätzen ordnungsmäßiger Buchführung mit ihrer rechtlichen Aussage darüber, welchen Inhalt die Bilanz haben muß, gehört auch der Grundsatz der Nichtbilanzierung eines schwebenden Geschäftes." Vgl. weiter auch *Woerner, L.*: Grundsatzfragen ..., a.a.O., S. 491 ff.; *ADS*: a.a.O., § 246, Tz. 115; *Woerner, L.*: Die Gewinnrealisierung bei schwebenden Geschäften - Vollständigkeitsgebot, Vorsichts- und Realisationsprinzip, BB, 43. Jg. (1988), S. 769-777, s. bes. S. 771 ff.; *Kussmaul, H.*, in: Küting, K., Weber, C.-P. (Hrsg.): a.a.O., II, Rn. 200 f. u. § 246, Rn. 11; *Clemm, H., Nonnenmacher, R.*, in: Budde, W.D. u.a. (Bearb.): a.a.O., § 249, Anm. 55; *Plewka, H.*, in: Lademann, F., Söffing, G., Brockhoff, H.: a.a.O., § 5, Anm. 468.

Als ein Grund für die Nichterfassung wird die Meinung vertreten, die doppelte Buchführung sei nicht in der Lage, eine von einer Gegenleistung abhängige Forderung aufzunehmen.[323] Dieser Auffassung wurde allerdings mehrfach zu Recht widersprochen: "Wenn man nur wollte, könnte man auch im System der doppelten Buchhaltung alle Forderungen und Verbindlichkeiten, soweit ihr Geldwert feststeht oder geschätzt werden kann, verbuchen, ohne Rücksicht darauf, ob schon geleistet ist oder nicht."[324] Für die bilanzielle Nichtberücksichtigung schwebender Geschäfte wird weiterhin angemerkt, Leistung und Gegenleistung aus dem schwebenden Geschäft glichen sich in der Regel wertmäßig aus.[325] Der Wert der Ansprüche und Verpflichtungen aus dem schwebenden Geschäft, so wird argumentiert, hebe sich "wegen der noch bestehenden Ungewißheit des wirtschaftlichen Erfolges" auf, so daß die Nichtberücksichtigung der Ansprüche und Verpflichtungen auch den "Vermögensstand" nicht beeinfluße.[326] Die Auffassung, ausgehend von dieser Ausgeglichenheit von Anspruch und Verpflichtung könne die bilanzielle Erfassung aus Vereinfachungsgründen unterbleiben, da sonst lediglich eine Bilanzverlängerung und damit eine unnötige Aufblähung der Bilanz

---

[323] Vgl. beispielsweise *Simon, H.V.*: Die Bilanzen der Aktiengesellschaften und der Kommanditgesellschaften auf Aktien, 2. Aufl., Berlin 1898, S. 174; *Martin, H.G.*: Die Bilanzierung von Forderungen und Schulden in der Handels- und Steuerbilanz, Diss., Frankfurt a.M. 1958, S. 38; *Weber, M.*: Zur Lehre vom Wirtschaftsgut. Zugleich ein Beitrag zur Lösung von Bilanzierungsproblemen bei schwebenden Geschäften, Berlin 1969, S. 74.

[324] *Passow, R.*: Die Bilanzen der privaten und öffentlichen Unternehmungen, Bd. I, 2. Aufl., Leipzig, Berlin 1918, S. 279. Vgl. hierzu auch *Gold, E.-A.*: Wann entsteht ein Debitor in der Bilanz?, ZfhF, 26. Jg. (1932), S. 393-402, s. bes. S. 397; *Vellguth, H.K.*: a.a.O., S. 8. Im neueren Schrifttum wird in diesem Zusammenhang insbesondere von Bieg folgender Vorschlag unterbreitet: Zum Zeitpunkt des Vertragsabschlusses sei eine buchmäßige, erfolgsneutrale Erfassung auf den Konten "Geldforderungen aus schwebenden Verträgen" und "Sachlieferungs- und Leistungsverpflichtungen aus schwebenden Verträgen" vorzunehmen, wobei in der Bilanz dann die erfaßte Leistungsverpflichtung um die Differenz zwischen Geldforderung und erwarteten Aufwendungen zu kürzen und diese Differenz in der Position "erwarteten, noch nicht für Gewinnausschüttungen und Steuerzahlungen zur Verfügung stehenden Gewinn aus schwebenden Verträgen" auszuweisen sei, vgl. *Bieg, H.*: Schwebende Geschäfte ..., a.a.O., S. 315 ff. u. S. 335 ff. Mit diesem Vorschlag wird auf eine Informationsverbesserung der Rechnungslegung abgestellt, die allerdings auch mit einem erheblichen Aufwand und einer Verkomplizierung verbunden ist. Auf dieses Problem weist Bieg selbst hin; vgl. *Bieg, H.*: Lassen sich die buchhaltungstechnischen Schwierigkeiten bei der Erfassung schwebender Geschäfte lösen?, WPg, 30. Jg. (1977), S. 113-127, s. bes. S. 126 sowie mit weiteren kritischen Gesichtspunkten zu dem von Bieg gemachten Vorschlag, *Hamel, H.*: Erhöhung der Bilanzaussage durch Bilanzierung synallagmatischer Verträge?, StuW, 54. (7.) Jg. (1977), S. 223-229.

[325] Vgl. beispielsweise *Vellguth, H.K.*: a.a.O., S. 20 ff.; *Kaatz, P.*: a.a.O., S. 479; *Maassen, K.*: Die Aufrechnung ..., a.a.O., S. 86; *Mittelbach, R.*: Bewertung verkaufter Wirtschaftsgüter, DStZ A, 54. Jg. (1966), S. 265-268, s. bes. S. 265; *Rosenau, H.*: a.a.O., S. 167; *Pietschmann, L.*: Gewinnrealisierung und Veräußerung, insbesondere der Zeitpunkt der Gewinnrealisierung, DStR, 18. Jg. (1980), S. 645-648, s. bes. S. 646; RFH-Urt. v. 7.5.1920 I A 302/19, RStBl. 1920, S. 444-446, s. bes. S. 445; RFH-Urt. v. 25.3.1925 VI A 67,68,69/25, RStBl. 1925, S. 166; BFH-Urt. v. 16.9.1970 I R 184/67, BStBl. 1971 II, S. 85-87, s. bes. S. 86.

[326] RFH-Urt. v. 7.5.1920, a.a.O., S. 445.

erreicht würde,[327] ist zwar zutreffend, kann aber nicht als ausreichende materielle Begründung angesehen werden.[328] So wird zu Recht in der Literatur festgestellt: "Praktische Erwägungen können es kaum rechtfertigen, Forderungen und Schulden - und solche sind immerhin schon bei Vertragsabschluß entstanden - nicht zu bilanzieren."[329] Die eigentliche materielle Begründung für den bilanziellen Nichtausweis schwebender Geschäfte liegt in der Berücksichtigung des Vorsichtsprinzips, d.h. Vorsichtsgründe verbieten eine bilanzielle Erfassung des Geschäftes, das zunächst noch mit erheblichen Risiken behaftet ist.[330] So können sich Risiken ergeben, wenn die Leistungsverpflichtung nicht, oder nicht zum vereinbarten Zeitpunkt, erfüllt werden kann. Auch können im Falle einer Lieferverpflichtung noch nicht vorhandener Güter neben erheblichen innerbetrieblichen Risiken, wie z.b. Streik im Unternehmen, auch erhebliche außerbetriebliche Risiken, wie z.b. Schwierigkeiten bei der Rohstoffbeschaffung, auftreten.[331] Den eigentlichen inneren Grund für die Nichtbilanzierung des schwebenden Geschäftes bilden allerdings die schuldrechtlichen Risikogesichtspunkte, wie die Einrede des nichterfüllten Vertrages gem. § 320 BGB, die Unmöglichkeit der eigenen Leistung gem. §§ 323-325 BGB, der Rücktritt vom Vertrag wegen Unmöglichkeit oder Verzug gem. §§ 325, 326 BGB oder der zufällige Untergang der verkauften

---

[327] Vgl. beispielsweise *Passow, R.*: a.a.O., S. 280; *Maassen, K.*: Die Aufrechnung ..., a.a.O., S. 86; *Friederich, H.*: a.a.O., S. 9 f.

[328] Vgl. hierzu auch *Döllerer, G.*: Droht eine neue Aktivierungswelle?, BB, 35. Jg. (1980), S. 1333-1337, s. bes. S. 1335; *Woerner, L.*: Grundsatzfragen ..., a.a.O., S. 491; derselbe: Die Gewinnrealisierung ..., a.a.O., S. 771; *Crezelius, G.*: Das sogenannte schwebende Geschäft in Handels-, Gesellschafts- und Steuerrecht, in: *Knobbe-Keuk, B.* u.a. (Hrsg.): a.a.O., S. 81-95, s. bes. S. 85; *Knobbe-Keuk, B.*: a.a.O., S. 141; *Plewka, H.*, in: *Lademann, F., Söffing, G., Brockhoff, H.*: a.a.O., § 5, Anm. 468.

[329] *Woerner, L.*: Die Gewinnrealisierung ..., a.a.O., S. 771 im Zusammenhang mit dem Vollständigkeitsgebot des § 246 Abs. 1 HGB.

[330] Vgl. *Döllerer, G.*: Droht eine ..., a.a.O., S. 1335; *Woerner, L.*: Grundsatzfragen ..., a.a.O., S. 492; derselbe: Die Gewinnrealisierung ..., a.a.O., S. 771; *Knobbe-Keuk, B.*: a.a.O., S. 141; *Clemm, H., Nonnenmacher, R.*, in: *Budde, W.D.* u.a. (Bearb.): a.a.O., § 249, Anm. 55; BFH-Urt. v. 8.12.1982, a.a.O., s. bes. S. 371; BFH- Urt. v. 20.1.1983, a.a.O., s. bes. S. 415; BFH-Urt. v. 27.2.1986 IV R 52/83, BStBl. 1986 II, S. 552-554, s. bes. S. 553. Schreiber bezeichnet das Verbot der Bilanzierung schwebender Geschäfte treffend als "ungeschriebene Konkretisierung des Vorsichtsprinzips", *Schreiber, J.*, in: *Ebling, K., Freericks, W.* (Hrsg.): a.a.O., § 5, Rn. 242.

[331] Vgl. *Leffson, U.*: Die Grundsätze ..., a.a.O., S. 260 ff.

oder hergestellten Sache gem. §§ 446, 640, 644 BGB.[332] Angesichts dieser Risikogesichtspunkte vermag das Vorsichtsprinzip, als eine diese Gesichtspunkte aufnehmende bilanzrechtliche Kategorie, eine ausreichende Antwort darauf zu geben, warum trotz des Vollständigkeitsgebotes des § 246 Abs. 1 Satz 1 HGB und trotz der nachgewiesenen abstrakten Bilanzierungsfähigkeit von Anspruch und Verpflichtung auf der Ebene der konkreten Bilanzierungsfähigkeit das schwebende Geschäft grundsätzlich bilanziell nicht erfaßt wird. Gerade im Hinblick auf das Vollständigkeitsgebot des § 246 Abs. 1 Satz 1 HGB ist das Vorsichtsprinzip als Modifikation aufzufassen,[333] wobei das Realisationsprinzip, als ein Ausdruck des Vorsichtsprinzips, seine Wirkung bei der bilanziellen Behandlung von Anspruch und Verpflichtung entfaltet.[334] Da i.d.R. bei Absatzgeschäften ein Gewinn erwartet wird und somit der Anspruch höher als die Verpflichtung ist, würde ein Ausweis dieses Anspruches bei gleichzeitigem Ausweis der niedrigeren Verpflichtung gegen das sich aus dem Vorsichtsprinzip ergebende Verbot, nichtrealisierte Gewinne auszuweisen, verstoßen.[335] Aus dem Vorsichtsprinzip folgt gleichzeitig aber auch das Imparitätsprinzip, wonach drohende Verluste aus schwebenden Geschäften im Wege der Rückstellungsbildung gem. § 249 Abs. 1 Satz 1 HGB auszuweisen sind und der Grundsatz der Nichtbilanzierung schwebender Geschäfte somit eine wichtige Ausnahme erfährt.[336] Diese Ausnahme fügt sich aber insofern systemkonform ein, da sie unmittelbar aus dem Vorsichtsprinzip zu erklären ist. Gleichzeitig beschränkt sich die Rückstellungsbildung nur auf den Verpflichtungsüberschuß des Wertes der Leistungsverpflichtung über den Wert des Vergütungsanspruches

---

[332] Vgl. *Döllerer, G.*: Droht eine ..., a.a.O., S. 1335. Crezelius differenziert sogar noch weiter, indem er auf das Trennungsprinzip zwischen schuldrechtlichem Verpflichtungsgeschäft und Erfüllungsgeschäft als Hintergrund der von Döllerer genannten Argumente verweist, vgl. *Crezelius, G.*, in: *Knobbe-Keuk, B.* u.a. (Hrsg.): a.a.O., S. 86. Gleichzeitig weist Woerner aber treffend darauf hin, daß die zivilrechtlichen Argumente zwar den Risikogesichtspunkt deutlich machen, daß diese letztlich aber nur über eine bilanzrechtliche Kategorie, nämlich das Vorsichtsprinzip, bilanzrechtlich relevant werden können, vgl. *Woerner, L.*: Die Gewinnrealisierung ..., a.a.O., S. 771. Wenn demnach Lüders die Argumentation mit dem Vorsichtsprinzip lediglich als "Teilaspekt" betrachtet und "die durch das Synallagma bedingte Verknüpfung von Leistung und Gegenleistung" als "entscheidenden Gesichtspunkt" ansieht, so berücksichtigt er nicht, daß erst durch das Vorsichtsprinzip die Voraussetzung für eine bilanzrechtliche Berücksichtigung der zweifellos zutreffenden zivilrechtlichen Argumente geschaffen wird, vgl. *Lüders, J.*: Der Zeitpunkt der Gewinnrealisierung im Handels- und Steuerbilanzrecht, Köln 1987, S. 67 ff.

[333] Vgl. *Woerner, L.*: Die Gewinnrealisierung ..., a.a.O., S. 772; BFH-Urt. v. 20.1.1983, a.a.O., s. bes. S. 415; BFH-Urt. v. 7.6.1988 VIII R 296/82, BStBl. 1988 II, S. 886-890, s. bes. S. 887.

[334] Das Vorsichtsprinzip ist zwar als Bewertungsgrundsatz in § 252 Abs. 1 Nr. 4 HGB kodifiziert, es kann aber "wohl kaum ernstlich zweifelhaft sein, das Vorsichts- und Realisationsprinzip auch schon beim Ansatz ... zu berücksichtigen", *Woerner, L.*: Die Gewinnrealisierung ..., a.a.O., S. 772.

[335] Vgl. ebenda, S. 771, wo gleichzeitig darauf hingewiesen wird, daß auch ein Ausweis von Anspruch und Verpflichtung mit dem gleichen Betrag "zu einer bilanzverfälschenden Erhöhung eines Passivpostens" führe.

[336] Clemm, Nonnenmacher sprechen in diesem Zusammenhang treffend vom "Zusammenspiel von Realisationsprinzip, Imparitätsprinzip und allgemeinem Vorsichtsprinzip", *Clemm, H., Nonnenmacher, R.*, in: *Budde, W.D.* u.a. (Bearb.): a.a.O., § 249, Anm. 55.

und nimmt damit nur eine Saldogröße auf.[337] Diese Feststellung kann damit auch als Indiz für die Nichtbilanzierung von Anspruch und Verpflichtung aus dem schwebenden Geschäft angesehen werden, da es bei "vollem" Ansatz von Anspruch und Verpflichtung der Berücksichtigung der Saldogröße nicht mehr bedürfe.[338]

Damit sind schwebende Geschäfte - sofern nicht Anlaß zur Bildung einer Rückstellung wegen drohender Verluste besteht - in der Bilanz nicht zu berücksichtigen, wobei der materielle Grund für diese Nichtberücksichtigung in der Beachtung des Vorsichtsprinzips und dabei in seiner Ausprägung als Realisationsprinzip liegt. Dieser Ausfluß des Grundsatzes vorsichtiger Bilanzierung baut gleichzeitig auf schuldrechtlichen Risikogesichtspunkten auf, wobei zu beachten ist, daß deren bilanzrechtliche Relevanz erst durch das Vorsichtsprinzip sichergestellt wird. Dennoch ist den schuldrechtlich geprägten Risikogesichtspunkten besondere Bedeutung beizumessen, da sie als innerer Grund zum bilanziellen Nichtausweis von Verpflichtung und Anspruch des schwebenden Geschäftes führen.

Der zugrundeliegende Begriff des schwebenden Geschäftes i.S. eines schwebenden Geschäftes "im weiteren Sinne" ist damit hinsichtlich seiner bilanziellen Behandlung während des Schwebezustandes beschrieben, die Frage nach der bilanziellen Behandlung zum Zeitpunkt der Beendigung des schwebenden Geschäftes ist allerdings noch nicht geklärt. Wie bedeutsam aber die Beantwortung gerade dieser Frage für die hier vorgenommene Untersuchung ist, wird durch die Übereinstimmung des Zeitpunktes der Beendigung des schwebenden Geschäftes mit dem Zeitpunkt der Gewinnrealisierung erkennbar.[339]

---

[337] Vgl. hierzu auch *ADS*: a.a.O., § 246, Tz. 115; *Mayer-Wegelin, E.*, in: *Küting, K., Weber, C.-P.* (Hrsg.): a.a.O., § 249, Rn. 41; *Clemm, H., Nonnenmacher, R.*, in: *Budde, W.D.* u. a. (Bearb.): a.a.O., § 249, Anm. 56; BGH-Urt. v. 1.3.1982 II ZR 23/81, BGHZ 83, S. 341-350, s. bes. S. 349.

[338] An dieser Stelle gilt es ebenso auf weitere Ereignisse, wie z.B. Anzahlungen oder Teilleistungen hinzuweisen, die zwar bilanzielle Berücksichtigung finden, deren Berücksichtigung aber nicht so aufzufassen ist, als wäre damit der Anspruch und die Verpflichtung aus dem schwebenden Geschäft auszuweisen. In bezug auf Anzahlungen vgl. beispielsweise *Friederich, H.*: a.a.O., S. 27; *Lohmeyer, H.*: a.a.O., S. 653; *ADS* : a.a.O., § 246, Tz. 116. Wenn demnach Woerner in diesem Zusammenhang feststellt, "der Nichtausweis schwebender Verträge bei Vertragsabschluß ist also nicht absolut in dem Sinne zu verstehen, daß sich schwebende Verträge bis zur Beendigung des Schwebezustandes bilanzrechtlich nicht auswirken dürften", so führt das "Auswirken dürfen" eben nicht zum Ausweis von Anspruch und Verpflichtung aus dem schwebenden Geschäft, *Woerner, L.*: Die Gewinnrealisierung ..., a.a.O., S. 772.

[339] Vgl. *Woerner, L.*: Grundsatzfragen ..., S. 493; *Wassermeyer, F.*: Neues zum Zeitpunkt der Gewinnrealisierung - Konkretisiert sich die neue BFH-Rechtsprechung?, StKgR 1986, München 1986, S. 69-85, s. bes. S. 71.

II. Erfassungs- und Ausweismöglichkeiten bzw. -verpflichtungen langfristiger Aufträge als schwebende Geschäfte unter Beachtung des Grundsatzes ihrer bilanziellen Nichtberücksichtigung

Trotz des Vollständigkeitsgebotes des § 246 Abs. 1 Satz 1 HGB führt das Vorsichtsprinzip zur bilanziellen Nichtberücksichtigung von Ansprüchen und Verpflichtungen aus schwebenden Geschäften und kann somit sogar als Modifikation des Vollständigkeitsgebotes interpretiert werden. Damit stellt sich aber auch die Frage, ob vor allem aus handelsrechtlicher Sicht andere Möglichkeiten oder gar Verpflichtungen gegeben sind, die eine Erfassung bzw. einen Ausweis schwebender Geschäfte außerhalb bzw. innerhalb des Jahresabschlusses gewährleisten.

a) Inventarisierung schwebender Geschäfte

Aus dem mit "Inventar" überschriebenen § 240 Abs. 1 u. 2 HGB, wonach jeder Kaufmann zu Beginn seines Handelsgewerbes und für den Schluß eines jeden Geschäftsjahres seine Grundstücke, seine Forderungen und Schulden, den Betrag seines baren Geldes sowie seine Vermögensgegenstände genau zu verzeichnen und dabei den Wert der einzelnen Vermögensgegenstände und Schulden anzugeben hat, könnte sich auch die Frage nach der Inventarisierung schwebender Geschäfte stellen. Dazu wird im Schrifttum die Ansicht geäußert, Ansprüche und Verpflichtungen aus schwebenden Verträgen seien durchaus fähig, inventurmäßig erfaßt zu werden,[340] ja, es bestehe sogar eine Pflicht zur inventurmäßigen Erfassung.[341] Gerade im Zusammenhang mit langfristigen Aufträgen wird hierbei auf die Erfassung des sog. "Auftragsbestandes" abgestellt, wobei der Auftragsbestand den Gesamtwert aller zu einem bestimmten Zeitpunkt erhaltenen und noch nicht ausgeführten bzw. erhaltenen und noch nicht fakturierten Aufträge umfaßt.[342] Die Ermittlung dieses Gesamtwertes ist sichergestellt, da bei Auftragserhalt der einzelne Auftrag, mit einer Auftrags- oder Bestellnummer versehen, in die Auftrags- oder Bestellbücher aufgenommen und durch

---

[340] Vgl. hierzu auch *Saage, G.*: Die Haftung des Aufsichtsrats für wirtschaftliche Fehlentscheidungen des Vorstandes nach dem Aktiengesetz, DB, 26. Jg. (1973), S. 115-121, s. bes. S. 120; *Reichow, H.J.*: Devisentermingeschäfte - ihre Erfassung und Bewertung bei Banken, DB, 30. Jg. (1977), S. 685-689 u. S. 737-741, s. bes. S. 687; *Stein, H.*: a.a.O., S. 31; *Huppertz, W.*: Zur Behandlung der schwebenden Geschäfte im Rechnungswesen der Unternehmen und bei der externen Abschlußprüfung, ZGR, 7. Jg. (1978), S. 98-118, s. bes. S. 108 f.; *Döll, B.*: a.a.O., S. 101 ff.

[341] Vgl. *Saage, G.*: Die Haftung ..., a.a.O., S. 120; *Reichow, H.J.*: a.a.O., S. 687; *Huppertz, W.*: a.a.O., S. 108 f.

[342] Zu den verschiedenen Definitionen des Begriffes "Auftragsbestand" vgl. auch *Gericke, H.*: Der Auftragsbestand in Industrieunternehmen, Diss., Zürich 1969, S. 17-40.

weitere auftragsspezifische Informationen ergänzt wird.[343] Somit wird eine Auftragserfassung vorgenommen und es erscheint angebracht, dies auch durch eine Inventarisierung der Aufträge bzw. der mit ihnen unmittelbar zusammenhängenden Ansprüche und Verpflichtungen zu dokumentieren. Wie dazu treffend im Schrifttum festgestellt wird, soll das Inventar gerade die Vermögenslage darstellen und da Ansprüche und Verpflichtungen unmittelbar auf diese Vermögenslage einwirken, sind sie folglich auch im Inventar auszuweisen.[344] Eine solche Inventarisierung erscheint im Hinblick auf die Selbstinformation des Bilanzerstellers auch geboten und ist gleichzeitig im Interesse der externen Bilanzadressaten, denn deren Schutz ist umso besser gewährleistet, je sicherer der Bilanzersteller seine wirtschaftliche Lage einschätzen kann.[345] Ein weiterer Grund für die inventurmäßige Erfassung wird in diesem Zusammenhang treffend auch darin gesehen, daß die Frage, ob und in welcher Höhe Rückstellungen für drohende Verluste aus schwebenden Geschäften zu bilden sind, nur durch die aufgelistete Gegenüberstellung von Anspruch und Verpflichtung aus dem jeweiligen Auftrag zuverlässig beantwortet werden kann, wobei diese Auflistung nichts anderes darstellt als eine Inventarisierung von Ansprüchen und Verpflichtungen.[346] Darin zeigt sich auch die besondere Bedeutung einer Inventarisierung von Ansprüchen und Verpflichtungen schwebender Geschäfte für das Steuerrecht, da dort zwar der Informationsaspekt des Inventars weniger bedeutsam ist, nicht aber die Relevanz des Inventars in bezug auf die zutreffende "Abgrenzung des Periodenerfolges"[347], was in nicht unbedeutendem Maße von der Rückstellungsproblematik tangiert wird. "Abgrenzung des Periodenerfolges" meint dabei die Berücksichtigung einer "periodenrichtigen" Gewinnermittlung, um damit den Zielen einer möglichst schnellen Einnahmegewinnung durch den Staat sowie einer Gleichbehandlung der Steuerpflichtigen zu entsprechen.[348]

Wenn also Ansprüche und Verpflichtungen aus schwebenden Geschäften grundsätzlich schon nicht bilanzielle Berücksichtigung finden, so sind sie doch im Rahmen einer inventurmäßigen Erfassung zu dokumentieren, wobei eine Inventarisierung außerhalb der eigentlichen Buchführung in Neben- oder Hilfsbüchern "anhand von Aufzeichnungen, Unterlagen oder" im schlechtesten Fall "aufgrund des Gedächtnisses des Bilanzierenden vorgenommen

---

[343] Vgl. *Gericke, H.*: a.a.O., S. 20; *Stein, H.*: a.a.O., S. 40 ff.; *Huppertz, W.*: a.a.O., S., 109 f.

[344] Vgl. *Stein, H.*: a.a.O., S. 30 f.; *Döll, B.*: a.a.O., S. 102 ff.

[345] Vgl. ebenda.

[346] Vgl. *Reichow, H.J.*: a.a.O., S. 687; *Stein, H.*: a.a.O., S. 34; *Schulze-Osterloh, J*: Zum Umfang der Berichtspflicht des Abschlußprüfers, in: *Gross, G.* (Hrsg.): a.a.O., S. 239-251, s. bes. S. 244.

[347] *Wöhe, G.*: Betriebswirtschaftliche Steuerlehre ..., a.a.O., S. 108.

[348] Vgl. ebenda, S. 15.

werden" muß.[349] Dem Vorwurf, eine derartige Erfassung außerhalb der eigentlichen Buchführung würde zu einer "Zettel-Wirtschaft" führen,[350] kann zumindest für den Bereich langfristiger Aufträge, in dem die Auftragnehmer gerade an einer zuverlässigen und zeitnahen Führung des Auftragsbestandes, auch unter Einsatz geeigneter EDV-Lösungen, interessiert sind, nicht zugestimmt werden. Ebenso trifft die Auffassung nicht zu, die auch für das Inventar die Beachtung des Realisationsprinzips fordert, d.h. es werde ebenso wie bei der Bilanz auf das Prinzip der Periodenabgrenzung abgestellt und das durch die Periodenabgrenzung zum Ausdruck kommende Realisationsprinzip bewirke dabei die Nichtinventarisierung von Forderungen aus schwebenden Geschäften.[351] Eine solche Auffassung verkennt das hinter dem Realisationsprinzip stehende Vorsichtsprinzip, das verhindern soll, noch nicht realisierte Gewinne in der Bilanz auszuweisen, die dann ausgeschüttet und besteuert werden könnten. Ein Bedarf, das so verstandene Vorsichtsprinzip hinsichtlich des Inventars zu berücksichtigen, besteht demgegenüber nicht, da bei der Inventarisierung nicht die Gefahr der Ausschüttung bzw. Besteuerung unrealisierter Gewinne gegeben ist. Somit ist der Ansicht, Ansprüche und Verpflichtungen aus schwebenden Geschäften seien inventarisierungspflichtig, zuzustimmen.

b) Ausweis schwebender Geschäfte im Anhang

Neben der inventurmäßigen Erfassung von Ansprüchen und Verpflichtungen aus schwebenden Geschäften ist auf handelsrechtlicher Seite gleichzeitig auch zu prüfen, ob, infolge des bilanziellen Nichtausweises, im Falle von Kapitalgesellschaften eine Ausweismöglichkeit durch den Anhang in Betracht zu ziehen ist. So könnte sich eine Angabe im Anhang aus der Vorschrift des § 285 Nr. 3 HGB ergeben,[352] die eine Pflichtangabe im Anhang für den Gesamtbetrag der sonstigen finanziellen Verpflichtungen fordert, die weder in der Bilanz erscheinen noch nach § 251 HGB unter der Bilanz vermerkt werden, sofern diese Angabe für die Beurteilung der Finanzlage bedeutsam ist. Allerdings stellt § 285 Nr. 3 HGB einerseits

---

[349] *Friederich, H.*: a.a.O., S. 31. Vgl. hierzu auch *Schulze-Osterloh, J*: Rechtliche Verhältnisse, Prüfung, in: *Coenenberg, A.G., Wysocki, K. von* (Hrsg.): a.a.O., Sp. 1620-1631, s. bes. Sp. 1623; *Weirich, S.*: Rückstellungen für drohende Verluste aus schwebenden Geschäften, Prüfung der, in: *Coenenberg, A.G., Wysocki, K. von* (Hrsg.): a.a.O., Sp. 1684-1697, s. bes. Sp. 1691; *Schulze-Osterloh, J*, in: *Gross, G.* (Hrsg.): a.a.O., S. 244; Sie fordern zu Recht eine gesonderte Aufzeichnung in einem "Vertragsregister". Dieses Vertragsregister kann man auch als "Zusatzinventar" bezeichnen.

[350] *Bieg, H.*: Lassen sich ..., a.a.O., S. 126.

[351] Vgl. *Gelhausen, H.F.*: Das Realisationsprinzip im Handels- und Steuerbilanzrecht, Frankfurt a.M., Bern, New York 1985, S. 7.

[352] Wie aus § 288 HGB zu entnehmen ist, bezieht sich die Pflichtangabe gem. § 285 Nr. 3 HGB allerdings nur auf mittelgroße und große Kapitalgesellschaften i.S. des § 267 HGB.

nur auf die Angabe eines Gesamtbetrages und nicht auf die einzelnen Verpflichtungen ab.[353] Weiterhin wird eine Berichtspflicht nur für Verpflichtungen begründet, nicht aber für entsprechende Ansprüche.[354] Schließlich besteht eine Angabepflicht nur für finanzielle Verpflichtungen; Leistungsverpflichtungen nichtfinanzieller Art, also Leistungsverpflichtungen, wie sie sich typischerweise aus langfristigen Aufträgen ergeben, werden demnach durch die Angabepflicht nicht erfaßt.[355] Kritisch wird deshalb im Schrifttum angemerkt, es würden damit die Ausweismöglichkeiten für schwebende Geschäfte im Anhang erheblich eingeschränkt, da weder der Ausweis von Ansprüchen noch der Ausweis von derartigen Leistungsverpflichtungen zu erfolgen hätte:[356] "Es ... nicht einzusehen, warum nur latente Verbindlichkeiten aus schwebenden Verträgen, nicht aber die korrespondierenden Forderungen im Anhang betragsmäßig angegeben werden sollen, da erst mit der Angabe beider Größen eine zuverlässige Einschätzung der zukünftigen Vermögens-, Finanz- und Ertragslage der Unternehmung möglich wird. Außerdem ist nicht ersichtlich, warum die Berichtspflicht nur auf finanzielle Verpflichtungen beschränkt ist, ..."[357] Die Kritik ist auch angebracht, da der Anhang durch einen Ausweis von Ansprüchen und Verpflichtungen nichtfinanzieller Art aus dem schwebenden Geschäft seiner Funktion eines primär der Informationsvermittlung dienendem Jahresabschlußelement nachkommen könnte, ohne daß die Höhe des Bilanzgewinnes beeinflußt würde.[358] Diese Vorgehensweise wäre aus Gründen der Klarheit und Übersichtlichkeit i.S. des § 243 Abs. 2 HGB auch der Auffassung vorzuziehen, die einen Ausweis der Ansprüche und Verpflichtungen in einer nicht aufaddierten Vorspalte auf Aktiv- und Passivseite der Bilanz oder den Ausweis des Auftragsbestandes, verstanden "als Summe aller noch nicht abgerechneter und zu Verkaufspreisen

---

[353] Vgl. *ADS*: a.a.O., § 285, Tz. 30; *Csik, A., Dörner, D.*, in: *Küting, K., Weber, C.-P.*(Hrsg.): a.a.O., §§ 284-288, Rn. 164.

[354] Vgl. *Döll, B.*: a.a.O., S. 120.

[355] Vgl. *ADS*: a.a.O., § 285, Tz. 50; *Selchert, F.W.*: Der Anhang als Instrument der Informationspolitik, Stuttgart 1987, S. 44; *Clemm, H., Ellrott, H.*, in: *Budde, W.D.* u.a. (Bearb.): a.a.O., § 285, Anm. 22.

[356] Vgl. *Geisthardt, A.*: Bedeutung der vierten EG-Richtlinie für den Aussagegehalt des aktienrechtlichen Jahresabschlusses, Thun, Frankfurt a.M. 1980, S. 306, Fn. 2; *Döll, B.*: a.a.O., S. 120.

[357] *Döll, B.*: a.a.O., S. 120.

[358] Vgl. *Schindlbeck, K.*: a.a.O., S. 76.

bewerteten Leistungen" unter dem Strich der Bilanz befürwortet.[359] Ebenso wäre ein Ausweis von Ansprüchen und derartigen Verpflichtungen aus schwebenden Geschäften im Anhang dem im Schrifttum geforderten Ausweis des Auftragsbestandes im Lagebericht gem. § 289 Abs. 1 HGB[360] vorzuziehen, da die Bedeutung der schwebenden Geschäfte für eine Berücksichtigung im Jahresabschlußelement Anhang und nicht in dem zum Jahresabschluß nicht gehörenden Lagebericht gem. § 264 Abs. 1 Satz 1 HGB spricht. Deshalb sollte das Gesetz überprüft werden, ob de lege ferenda schwebende Geschäfte im Anhang ausgewiesen werden sollten. Allerdings muß diesbezüglich auch berücksichtigt werden, daß ein solches Vorgehen mit einem großen Aufwand und einer erheblichen Verkomplizierung verbunden wäre.

De lege lata ist der im Wortlaut des Gesetzes zum Ausdruck kommende Wille des Gesetzgebers zu berücksichtigen. So spricht § 285 Nr. 3 HGB ausdrücklich von finanziellen Verpflichtungen, was in der Tat nicht als Pflicht zum Ausweis von Ansprüchen und den hier zu betrachtenden Leistungsverpflichtungen anzusehen ist. Da aber auch aus keiner sonstigen handelsrechtlichen Vorschrift eine Verpflichtung zum Ausweis von Ansprüchen und derartigen Leistungsverpflichtungen aus schwebenden Geschäften im Anhang abgeleitet werden kann, ist für die weitere Untersuchung, trotz der herausgestellten positiven Gründe für eine Berücksichtigung, auch für den Anhang vom Nichtausweis von Ansprüchen und Leistungsverpflichtungen aus schwebenden Geschäften auszugehen.

III. Zur Bilanzierung der Durchführung langfristiger Aufträge beim Auftragnehmer

Nachdem nun die Frage erörtert ist, in welcher Weise die durch den Begriff des schwebenden Geschäftes in Bezug genommene Vertragsbeziehung zwischen dem Auftraggeber und dem Auftragnehmer und insbesondere die daraus resultierenden Ansprüche und Verpflichtungen aus der Sicht des Auftragnehmers bilanziell zu behandeln sind bzw. welche sonstigen Ausweis- und Erfassungsmöglichkeiten oder -verpflichtungen bestehen, schließt sich in den folgenden Überlegungen die Frage der bilanziellen Behandlung der eigentlichen

---

[359] *Stein, H.*: a.a.O., S. 76. Döll lehnt die Angabe eines derartigen Auftragsbestandes unter dem Strich der Bilanz ab, da hier lediglich auf eine Gesamtgröße abgestellt werde, die nicht nach Ansprüchen und Verpflichtungen aufgegliedert sei und demnach auch "ein Abschätzen der dem Auftragsbestand insgesamt zuzurechnenden Gewinnchancen bzw. Verlustrisiken mangels Angabe entsprechender Verpflichtungen" verhindert würde, *Döll, B.*: a.a.O., S. 117 f. Was generell den Ausweis unter dem Strich der Bilanz betrifft, so erscheint Bieg "das Informationsgefälle zwischen Informationen innerhalb der Bilanz und solchen 'unter dem Strich' ... zu groß, als daß bei einem derartigen Ausweis die Ansprüche und Verpflichtungen aus schwebenden Geschäften die für notwendig erachtete Beachtung finden könnten", *Bieg, H.*: Lassen sich ..., a.a.O., S. 117.

[360] Vgl. beispielsweise *ADS*: a.a.O., § 289, Tz. 76; *Clemm, H., Ellrott, H.*, in: *Budde, W.D.* u.a. (Bearb.): a.a.O., § 289, Anm. 20; *Lück, W.*, in: *Küting, K., Weber, C.-P.* (Hrsg.): a.a.O., § 289, Rn. 38.

Vertragserfüllung aus der Sicht des Auftragnehmers, also die bilanzielle Behandlung der Auftragsdurchführung an. Da, wie bereits herausgestellt, bei langfristigen Aufträgen der Prozeß der Auftragsdurchführung durch eine mehrjährige Abwicklungszeit gekennzeichnet ist, der zudem an mehreren Abschlußstichtagen in der Handels- und Steuerbilanz erfaßt wird, gilt es, die Fragestellung aus dem Blickwinkel dieser Kennzeichnung heraus zu diskutieren.

1. Die Problematik der Bilanzierungsfähigkeit und des Bilanzausweises

a) Die Bilanzierung unfertiger Erzeugnisse und unfertiger Leistungen

Liegt für den Auftragnehmer ein Auftrag vor und hat er mit der Ausführung des Auftrages begonnen, so tragen ab diesem Zeitpunkt eine Vielzahl von Einzelleistungen zur Auftragsdurchführung bei, die bis zur endgültigen Erstellung und Abnahme der Gesamtleistung bzw. Erbringung der Gesamtleistung in ihrer Gesamtheit bilanziell allgemein als "unfertiges Erzeugnis" bzw. als "unfertige Leistung" bezeichnet werden. Unter der Bezeichnung "unfertige Erzeugnisse" gehen dabei die mit den Einzelleistungen verbundenen Aufwendungen des Auftragnehmers zur Erstellung des Erzeugnisses ein, wobei diese Aufwendungen materiellen als auch immateriellen Gehaltes sein können.[361] Demgegenüber stellt die Bezeichnung "unfertige Leistungen" in ihrem substantiellen Gehalt nicht auf mit Einzelleistungen verbundene Aufwendungen zur Erstellung eines Erzeugnisses, sondern auf mit Einzelleistungen verbundene Aufwendungen zur Erbringung einer Dienstleistung ab.[362]

Was nun die bilanzielle Behandlung unfertiger Erzeugnisse bzw. Leistungen betrifft, so sind die mit diesen in Zusammenhang stehenden Aufwendungen zu aktivieren.[363] Es liegen handelsbilanzrechtlich zu aktivierende Vermögensgegenstände bzw. steuerbilanzrechtlich zu aktivierende Wirtschaftsgüter vor. Der oben herausgestellte Grundsatz der bilanziellen Nichtberücksichtigung von Ansprüchen und Verpflichtungen aus schwebenden Geschäften steht dabei in keinerlei Widerspruch zu dieser Feststellung, da bei der Auftragsdurchführung die Vertragserfüllung angesprochen wird, die insoweit ihren bilanziellen Niederschlag

---

361 Vgl. hierzu auch *Döll, B.*: a.a.O., S. 140.

362 Vgl. ebenda, S. 142. Zur Bezeichnung "unfertige Leistungen" im Zusammenhang mit Reparaturaufträgen vgl. *Döllerer, G.*: Zur Bilanzierung des schwebenden Vertrages, BB, 29. Jg. (1974), S. 1541-1548. Zur Bezeichnung "unfertige Leistungen" im Zusammenhang mit Dienstleistungen vgl. *ADS*: a.a.O., § 266, Tz. 108; *Knop, W.*, in: *Küting, K., Weber, C.-P.* (Hrsg.): a.a.O., § 266, Rn. 66; *Sarx, M., Pankow, M.*, in: *Budde, W.D.* u.a. (Bearb.): a.a.O., § 266, Anm. 100.

363 Vgl. hierzu auch *Roer, H.*: a.a.O., S. 346; *Schmidt, W., Meyer, V.*: a.a.O., S. 70 f.

findet.³⁶⁴ Zur Frage, unter welcher Position unfertige Erzeugnisse bzw. Leistungen in der Bilanz auszuweisen sind, sieht das handelsrechtliche Gliederungsschema für Kapitalgesellschaften in § 266 Abs. 2 B. I. 2. HGB einen Ausweis unter der Vorratsposition "unfertige Erzeugnisse, unfertige Leistungen" im Umlaufvermögen vor.³⁶⁵

Hat demnach der Auftraggeber beispielsweise mit der Herstellung eines Erzeugnisses begonnen, so ist dieses noch nicht endgültig fertiggestellte Erzeugnis unter dieser Bilanzposition auszuweisen.³⁶⁶ Um allerdings dem besonderen Charakter langfristiger Aufträge gerecht zu werden, ist es sinnvoll, die unfertigen Erzeugnisse aus langfristigen Aufträgen unter einer gesonderten Position, beispielsweise unter der Position "in Ausführung befindliche Aufträge" oder unter "unfertige Arbeiten" auszuweisen.³⁶⁷ Gerade bei Unternehmen, die nicht nur im Bereich langfristiger Aufträge, sondern auch in anderen Sparten tätig sind, kann ein gesonderter Ausweis bezüglich langfristiger Aufträge zu einer verbesserten Klarheit und Übersichtlichkeit in der Bilanz beitragen.³⁶⁸ Gleichzeitig ist bei langfristigen Aufträgen - z.B. bei Auftragsfertigung mit ihrem typischen Einzelfertigungscharakter - der Absatz eines Erzeugnisses vor dem eigentlichen Produktionsprozeß angesiedelt und insofern trägt ein Ausweis unfertiger Erzeugnisse unter einer gesonderten Bilanzposition auch dazu

---

364 Im Falle einer Anlagenerrichtung im Rahmen langfristiger Aufträge stellt *Wirke, H.*: Grundsatzfragen ..., a.a.O., S. 1570 treffend fest: "Der Grundsatz, daß schwebende Geschäfte bis zur Erfüllung nicht zu bilanzieren sind, betrifft nur den Vertrag selbst, nicht dagegen die entstehende Anlage. Diese ist nach 'Maßgabe' der angefallenen Kosten zu bilanzieren."

365 Es ist darauf hinzuweisen, daß das Gliederungsschema des § 266 HGB - unter gleichzeitiger Berücksichtigung der Erleichterungen für kleine Kapitalgesellschaften i.S. des § 266 Abs. 1 Satz 3 i.V.m. § 267 Abs. 1 HGB - nur für Kapitalgesellschaften verbindlich ist. Dagegen sieht § 266 für Nicht-Kapitalgesellschaften kein Gliederungsschema vor, sondern fordert in § 247 Abs. 1 HGB nur, daß in der Bilanz das Anlage- und das Umlaufvermögen, das Eigenkapital, die Schulden sowie die Rechnungsabgrenzungsposten gesondert auszuweisen und hinreichend aufzugliedern sind. Allerdings kann das in § 266 HGB niedergelegte Gliederungsschema auch für die Gliederung der von Nicht-Kapitalgesellschaften aufzustellenden Bilanz herangezogen werden, vgl. hierzu *ADS*: a.a.O., § 247, Tz. 28; *Reinhard, H.*, in: *Küting, K., Weber, C.-P.* (Hrsg.): a.a.O., § 247, Rn. 2 u. 13 ff.

366 Im Zusammenhang mit dem Herstellungsvorgang stellt *Knop, W.*, in: *Küting, K., Weber, C.-P.* (Hrsg.): a.a.O., § 266, Rn. 65 zur Abgrenzung unfertiger Erzeugnisse zu den in § 266 Abs. 2 B. I. 1. HGB auszuweisenden Rohstoffen treffend fest: "Mit dem Beginn des Zeitraums der Herstellung hat eine Umgliederung des Vermögensgegenstands von den Rohstoffen zu den unfertigen Erzeugnissen zu erfolgen". Vgl. hierzu unter Hinweis auf den begonnenen Produktionsprozeß *ADS*: a.a.O., § 266, Tz. 106. Bei langfristigen Aufträgen ergibt sich außerdem die Besonderheit, daß Abgrenzungsprobleme zwischen unfertigen und fertigen Erzeugnissen i.d.R. nicht auftreten, da ein Auftrag vorliegt und das herzustellende Erzeugnis nach Fertigstellung sofort abgerechnet wird, vgl. hierzu auch *Schmidt, W., Meyer, V.*: a.a.O., S. 71.

367 Vgl. beispielsweise *Sarx, M., Pankow, M.*, in: *Budde, W.D.* u.a. (Bearb.): a.a.O., § 247, Anm. 65 u. § 266, Anm. 103.

368 § 265 Abs. 6 HGB fordert sogar eine abweichende Bezeichnung, wenn damit dem Grundsatz der Klarheit und Übersichtlichkeit besser entsprochen wird. Vgl. hierzu auch *ADS*: a.a.O., § 265, Tz. 71 ff.; *Weber, H.*, in: *Küting, K., Weber, C.-P.* (Hrsg.): a.a.O., § 265, Rn. 61 ff.; *Budde, W.D., Geissler, H.*, in: *Budde, W.D.* u.a. (Bearb.): a.a.O., § 265, Anm. 16.

bei, daß ein langfristiger Auftrag trotz des Grundsatzes der bilanziellen Nichtberücksichtigung schwebender Geschäfte dennoch seine sichtbare bilanzielle Berücksichtigung findet.

Unfertige Leistungen stellen im juristischen Sinne keine körperlichen Gegenstände oder Sachen dar, sondern es handelt sich um Rechte, genauer, um in Entstehung befindliche Forderungen.[369] Dennoch werden unfertige Leistungen bilanziell nicht als Forderungen ausgewiesen, da die Kriterien für die Forderungsbilanzierung noch nicht erfüllt sind, d.h. es gilt der Grundsatz: "Sofern eine Leistung i.s. des Jahresabschlusses (noch nicht; Bem. des Verf.) 'fertig' ist, ist sie als Forderung (noch nicht; Bem. des Verf.) auszuweisen."[370] Dieser Grundsatz läßt sich allerdings im Hinblick auf die zu erfüllenden Kriterien auch zu der Frage umformulieren: Wann ist eine Leistung i.s. des Jahresabschlusses "fertig", um sie als Forderung auszuweisen?[371] Die in dieser Frage zum Ausdruck kommende Ausweisproblematik unfertiger Leistungen knüpft damit unmittelbar an die Grundsätze zur Forderungsbilanzierung an, die wiederum, wie noch zu zeigen sein wird, unmittelbar mit der Frage nach der Festlegung des Zeitpunktes der Gewinnrealisierung verbunden sind. D.h. gleichzeitig aber auch: Die Tatsache, unfertige Leistungen seien nicht als Forderungen, sondern unter der Position "unfertige Erzeugnisse, unfertige Leistungen" auszuweisen,[372] kann erst durch die Klärung dieser Fragestellungen verständlich gemacht werden. Eine ähnliche Problematik ergibt sich auch bei der vor allem im Baugewerbe auftretenden Frage, welche Besonderheiten es zum Bilanzausweis unfertiger Bauten auf fremdem Grund und Boden zu beachten gilt.

---

[369] Vgl. *ADS*: a.a.O., § 266, Tz. 108; *Knop, W.*, in: *Küting, K., Weber, C.-P.* (Hrsg.): a.a.O., § 266, Rn. 66; *Sarx, M., Pankow, M.*, in: *Budde, W.D.* u.a. (Bearb.): a.a.O., § 266, Anm. 102.

[370] *Leffson, U.*: Unfertige Leistungen, in: *Leffson, U.* u.a. (Hrsg.): a.a.O., S. 315-318, s. bes. S. 316; vgl. hierzu auch *Sarx, M., Pankow, M.*, in: *Budde, W.D.* u.a. (Bearb.): a.a.O., § 266, Anm. 101.

[371] Der herausgestellte Grundsatz sowie diese Fragestellung berücksichtigen implizit, daß eine Position "Fertige Leistungen" nicht ausgewiesen wird, sondern daß eine fertige Leistung stets als Forderung auszuweisen ist, vgl. hierzu *Leffson, U.*: Unfertige Leistungen, in: *Leffson, U.* u.a. (Hrsg.): a.a.O., S. 316.

[372] Auch hier kommt, beispielsweise bei langfristigen Reparaturaufträgen, eine abweichende Postenbezeichnung etwa mit "in Ausführung befindliche Aufträge" oder "unfertige Arbeiten" in Betracht, vgl. hierzu *Sarx, M., Pankow, M.*, in: *Budde, W.D.* u.a. (Bearb.): a.a.O., § 247, Anm. 65 u. § 266, Anm. 103. Gleichzeitig ist darauf hinzuweisen, daß keine bilanziellen Abgrenzungsprobleme zwischen unfertigen Erzeugnissen und unfertigen Leistungen auftreten, da sie unter der gleichen Bilanzposition ausgewiesen werden, vgl. *Leffson, U.*: Unfertige Leistungen, in: *Leffson, U.*, u.a. (Hrsg.): a.a.O., S. 318.

b) Das Problem des Bilanzausweises unfertiger Bauten auf fremdem Grund und Boden

I.d.R. erfolgt bei langfristigen Aufträgen im Baugewerbe und in Einzelfällen auch im Anlagenbau die Auftragsdurchführung auf dem Grund und Boden des Auftraggebers.[373] Bei einer derartigen Fertigung auf fremdem Grund und Boden ist die zivilrechtliche Besonderheit zu beachten, wonach sich gem. § 946 i.V.m. § 94 BGB das Eigentum am Grundstück auch auf bewegliche Sachen erstreckt, die mit dem Grundstück so verbunden werden, daß sie wesentliche Bestandteile des Grundstücks sind. Dabei können zu den wesentlichen Bestandteilen eines Grundstückes neben Gebäuden auch komplette Industrieanlagen auf fremdem Grund und Boden gezählt werden, wenn Maschinen dieser Anlagen sich nicht ohne erhebliche Beschädigungen entfernen lassen.[374] Eine besondere zivilrechtliche Wirkung ergibt sich hier nun durch die Regelung des § 93 BGB, wonach wesentliche Bestandteile einer Sache nicht Gegenstand besonderer Rechte sein können, d.h. der Auftragnehmer "verliert ... im Augenblick der Fertigung bereits gem. § 946 BGB das Eigentum am Produkt"[375] und an die Stelle des verlorenen Eigentums tritt nach § 631 Abs. 1 BGB (in seltenen Fällen nach § 632 Abs. 1 BGB) ein Vergütungsanspruch.[376]

Was die bilanzielle Behandlung unfertiger Bauten auf fremdem Grund und Boden betrifft, so entstehen durch die Leistungserstellung handelsbilanzrechtlich Vermögensgegenstände bzw. steuerbilanzrechtlich (aktive) Wirtschaftsgüter, die als solche auch bilanziell auszuweisen sind.[377] Allerdings stellt sich neben diese wohl unbestrittene Aussage[378] die in Schrifttum und Rechtsprechung kontrovers diskutierte Frage, wie der Ausweis zu erfolgen hat.

Mit z.T. "sehr unterschiedlichen Begründungen"[379] wird etwa die Auffassung vertreten, unfertige Bauten seien als Forderungen des Bauunternehmers gegen den Auftraggeber

---

[373] Im folgenden wird bei der Leistungserstellung auf fremdem Grund und Boden von "unfertigen Bauten auf fremdem Grund und Boden" oder kurz von "unfertigen Bauten" gesprochen. Desweiteren ist im folgenden anstatt von "Auftragnehmern" auch von "Bauunternehmen" die Rede. Dies soll die besondere Bedeutung der Problematik vor allem für das Baugewerbe herausstellen.

[374] Vgl. *Wirke, H.*: Grundsatzfragen ..., a.a.O., S. 1571.

[375] *Schmidt, W., Meyer, V.*: a.a.O., S. 71.

[376] Vgl. *Thimmel, K.*: Ausweis und Bewertung von Bauleistungen in der Bilanz, DB, 21. Jg. (1968), S. 181-186, S. 229-236, S. 275-279, s. bes. S. 182; *Nickolay, H.O.*: Die Bilanzierung von unfertigen Bauten auf fremdem Grund und Boden in der Ertragsteuerbilanz der Bauunternehmung, DStR, 14. Jg. (1976), S. 271-282, s. bes. S. 278; *Döll, B.*: a.a.O., S. 141.

[377] Vgl. hierzu auch *Nickolay, H.O.*: a.a.O., S. 273 ff.; *Weber, R.L.*: a.a.O., S. 223 ff.

[378] Vgl. *Nickolay, H.O.*: a.a.O., S. 271 f.

[379] Ebenda, S. 272.

auszuweisen. Insbesondere in der Rechtsprechung des BFH findet sich dabei die Argumentation, "der Bauunternehmer" habe "eine mit dem Fortschreiten des Bauwerkes ständig größer werdende Forderung" zu bilanzieren.[380] Ferner stellt die BFH-Rechtsprechung auch darauf ab, die unfertigen Bauten auf fremdem Grund und Boden als "besonders geartete Forderungen" zu betrachten, deren "Vollwertigkeit davon abhängt, daß das Unternehmen die halbfertigen Arbeiten vollenden kann".[381] Ebenso wird im Anschluß an diese Rechtsprechung auch von einigen Stimmen des steuerrechtlichen Schrifttums der Ausweis als Forderung vertreten.[382] Aufgrund des zivilrechtlichen Eigentumsüberganges sieht ein Teil der handelsrechtlichen Literatur einen Ausweis unter den Forderungen sogar als zwingend an.[383] Es finden sich allerdings auch abgeschwächte Meinungen, die einen Ausweis unter den Forderungen lediglich als zulässig betrachten und ebenso eine Zuordnung zu den Vorräten

---

[380] BFH- Urt. v. 19.2.1959 IV 305/306/56, (n.v.), zit. bei *Börnstein, U.*: Zur Bilanzierung halbfertiger Arbeiten, DB, 13. Jg. (1960), S. 591-592, s. bes. S. 592.

[381] BFH-Urt. v. 8.3.1968 III 85/65, BStBl. 1968 II, S. 575-578, s. bes. S. 577. Vgl. hierzu auch BFH-Urt. v. 15.3.1968 III R 161/66, BStBl. 1968 II, S. 578-579. Gleichzeitig wird in dieser für das Bewertungsrecht ergangenen BFH-Rechtsprechung angeführt, daß die Bewertung unfertiger Bauten nicht mit dem Nennwert gem. § 12 Abs. 1 BewG, sondern zum Teilwert gem. § 10 BewG zu erfolgen hätte, welcher die bis zum Bilanzstichtag angefallenen Herstellungskosten einschließlich der Gemeinkosten sowie der Vertriebskosten umfasse, vgl. BFH-Urt. v. 8.3.1968, a.a.O., S. 577 f. Gestützt auf diese Rechtsprechung wird deshalb von Teilen des steuerrechtlichen Schrifttums gefordert, als bilanziellen Bewertungsmaßstab unfertiger Bauten die Selbstkosten heranzuziehen, vgl. *Schlemmermeyer, H.*: Die Bewertung halbfertiger Bauten auf fremdem Grund und Boden in der Steuerbilanz und in der Vermögensaufstellung, StBp, 6. Jg. (1966), S. 278-280; *Suhr, G.*: Die Bewertung der halbfertigen Arbeiten auf fremdem Grund und Boden in der Ertragsteuerbilanz und bei der Einheitsbewertung des Betriebsvermögens, StBp, 9. Jg. (1969), S. 198-202, s. bes. S. 200 ff. Es wird argumentiert, unfertige Bauten seien als besonders geartete Forderungen gem. § 6 Abs. 1 Nr. 2 EStG mit den Anschaffungskosten zu bewerten, wobei diese Anschaffungskosten bei Forderungen dem Nennwert entsprechen würden, der sich aus den Selbstkosten und dem erwarteten Gewinn ergebe. Der in diesem Nennwert enthaltene, erwartete Gewinn sei mangels Abnahme aber noch nicht realisiert, so daß deshalb nur eine Einbeziehung der Selbstkosten erfolgen könne, vgl. ebenda. Zu Recht wird diese Auffasung aber mit dem Gegenargument abgelehnt, daß einem Abstellen auf die Anschaffungskosten "die erste notwendige Voraussetzung" fehlt, "nämlich die Anschaffung" (so *Schönnenbeck, H.*: Bilanzierungsfragen schwebender Geschäfte, DB, 13. Jg. (1960), S. 1134-1137, s. bes. S. 1136), so "daß der Begriff Anschaffungskosten bei der Bewertung des herstellenden Bauunternehmers ausscheidet", *Thimmel, K.*: a.a.O., S. 229. Vgl. hierzu auch *Kühn, R.*: Nochmals: Bewertung der halbfertigen Arbeiten auf fremdem Grund und Boden in der Ertragsteuerbilanz und bei der Einheitsbewertung des Betriebsvermögens, StBp, 9. Jg. (1969), S. 250-251 sowie BdF-Schreiben v. 27.2.1961 IV B1-2130-31/61, DB, 14. Jg. (1961), S. 322 u. Erl. des FM NRW v. 20.3.1961 S2130-9-VB1, DB, 14. Jg. (1961), S. 555. Folglich handelt es sich nicht um einen Anschaffungs-, sondern um einen Herstellungsvorgang, für den als Bewertungsmaßstab handels- und steuerrechtlich die Herstellungskosten heranzuziehen sind.

[382] Vgl. beispielsweise *Schönnenbeck, H.*: Auftragsausführung auf fremdem Grund in ihrer Problematik für Steuerbilanz und Vermögensaufstellung der Bauunternehmung, DB, 19. Jg. (1964), S. 1001-1004, s. bes. S. 1002; *Suhr, G.*: a.a.O., S. 199; *Roer, H.*: a.a.O., S. 349; *Wirke, H.*: Grundsatzfragen ..., a.a.O., S. 1571.

[383] Vgl. *Disselkamp, E.*: Vorräte, in: *Castan, E.* u.a. (Hrsg.): Beck'sches Handbuch der Rechnungslegung, Kommentar, Loseblatt, München 1987, B 214, Rn. 99.

für möglich halten.[384] Noch einschränkender wird schließlich argumentiert, ein Ausweis sei unter den Forderungen nur in Ausnahmefällen zulässig, z.b. wenn der Abnahme durch den Auftraggeber nur noch unwesentliche Einwendungen entgegenstünden.[385] Schließlich ist auch die Auffassung festzustellen, die einen Ausweis unter den Forderungen für ausgeschlossen hält.[386]

Der zuletzt genannten, konsequent ablehnenden Haltung ist auch zu folgen, denn zivilrechtlich betrachtet entsteht die Forderung zwar bei Abschluß des Bauvertrages, wirtschaftlich betrachtet aber erst im Zeitpunkt der Abnahme des Bauwerkes durch den Auftraggeber. Bis zu diesem Zeitpunkt ist das unfertige Bauwerk noch erheblichen Risiken ausgesetzt, da es untergehen kann oder verschlechtert wird. Allerdings wird durch die Abnahme auch nicht ausgeschlossen, daß noch eventuelle Mängel über ein Abnahmeprotokoll erfaßt werden. Dies ändert jedoch nichts daran, daß bis zum Zeitpunkt der Abnahme durch den Auftraggeber unfertige Bauten handels- und steuerbilanziell nicht als Forderungen aus Lieferungen und Leistungen ausgewiesen werden können.[387] Ebenso wie dies bereits zum Nichtausweis unfertiger Leistungen als Forderungen getan wurde, wird mit einer derartigen Sichtweise an die Grundsätze zur Forderungsbilanzierung angeknüpft. Deshalb drängt sich hier wie dort die Frage nach einer tiefergehenden Begründung auf. Zumindest kann an dieser Stelle bereits die besondere Bedeutung des Kriteriums der Abnahme festgestellt werden, was im Falle unfertiger Bauten auf fremdem Grund und Boden dazu führt, diese nicht als Forderungen ausweisen zu können.[388] Dabei ist auch die Auffassung abzulehnen, die unfertigen Bauten als "Forderungen aus ungerechtfertigter Bereicherung gem. § 951 Abs. 1 BGB" betrachtet.[389] Bei dieser Auffassung wird die Forderung als Ausgleich für den Rechtsverlust angesehen, den das Unternehmen aufgrund des § 946 BGB erleidet.[390] Diese Meinung verkennt allerdings die Bezugnahme des § 951 Abs. 1 BGB als Rechtsgrundverweisung auf

---

[384] Vgl. *Reinhard, H.*, in: *Küting, K., Weber, C.-P.* (Hrsg.): a.a.O., § 247, Rn. 84.

[385] Vgl. *ADS*: a.a.O., § 266, Tz. 108.

[386] Vgl. *Sarx, M., Pankow, M.*, in: *Budde, W.D.* u.a. (Bearb.): a.a.O., § 266, Anm. 96.

[387] Vgl. *Meierkord, E.*: Bewertung "halbfertiger Bauten" in der Ertragsteuerbilanz und in der Vermögensaufstellung der Baubetriebe, BB, 20. Jg. (1965), S. 1022-1025, s. bes. S. 1023 f.; *Thimmel, K.*: a.a.O., S. 183 f.; *Nickolay, H.O.*: a.a.O., S. 281; *Sarx, M., Pankow, M.*, in: *Budde, W.D.* u.a. (Bearb.): a.a.O., § 266, Anm. 101.

[388] Der Nichtausweis als Forderungen ist dabei strikt zu beachten, so daß der Auffassung von *ADS*: a.a.O., § 266, Tz. 108, in "Ausnahmefällen" einen Ausweis unter dieser Position zuzulassen, nicht zugestimmt werden kann.

[389] *Schlemmermeyer, H.*: a.a.O., S. 278.

[390] Vgl. ebenda.

die Voraussetzungen des § 812 Abs. 1 Satz 1 BGB, die unter anderem im Fehlen eines Rechtsgrundes als Anspruchsgrundlage bestehen, gleichzeitig aber der Bauunternehmer durch den Bauvertrag zur Leistung verpflichtet ist und somit eben nicht ohne Rechtsgrund handelt.[391]

Die Bilanzierung unfertiger Bauten kann nach h.M. nur unter den Vorräten erfolgen.[392] Sie stellen ihrer Art nach unfertige Leistungen i.S. des § 266 Abs. 2 B. I. 2. HGB dar, da sie als entstehende Forderungen aufzufassen sind.[393] Unfertige Leistungen sind dabei nicht nur auf reine Dienstleistungsunternehmen beschränkt,[394] sondern sind auch in dem hier zu betrachtenden Fall zu berücksichtigen. Bemerkenswerterweise sieht das HGB keinen getrennten Ausweis der unfertigen Erzeugnisse von den unfertigen Leistungen vor. Demgemäß "... können bei Bauunternehmen sowohl die unfertigen Bauten auf eigenem Grund und Boden (Erzeugnisse), als auch diejenigen auf fremdem Grund und Boden (entstehende Forderungen), die unmittelbar in das Eigentum des Grundstückseigentümers übergehen, gemeinsam ausgewiesen werden ...".[395] Der gemeinsame Ausweis läßt damit auch die vor allem im älteren steuerrechtlichen Schrifttum aufgetretene Diskussion überflüssig werden, ob unfertige Bauten als Sachgegenstände aufzufassen und als unfertige Erzeugnisse auszuweisen sind.[396] Gleichzeitig ist aber auch den branchenspezifischen Besonderheiten Rechnung zu tragen, indem bei unfertigen Bauten auf fremdem Grund und Boden ab-

---

[391] Vgl. hierzu BFH-Urt. v. 8.3.1968, a.a.O., S. 577; *Nickolay, H.O.*: a.a.O., S. 281; *Weber, R.L.*: a.a.O., S. 173 ff.

[392] Vgl. *Sarx, M., Pankow, M.*, in: *Budde, W.D.* u.a. (Bearb.): a.a.O., § 266, Anm. 96.

[393] Vgl. *ADS*: a.a.O., § 266, Tz. 108; *Knop, W.*, in: *Küting, K., Weber, C.-P.*(Hrsg.): a.a.O., § 66, Rn. 66; *Sarx, M., Pankow, M.*, in: *Budde, W.D.* u.a. (Bearb.): a.a.O., § 247, Anm. 65 u. § 266, Anm. 102. Zur Interpretation des "entstehende Forderung" vgl. allerdings kritisch *Schulze-Osterloh, J*: Der Ausweis von Aufwendungen nach dem Realisations- und dem Imparitätsprinzip, in: *Moxter, A.* u.a. (Hrsg.): Rechnungslegung. Entwicklungen bei der Bilanzierung und Prüfung von Kapitalgesellschaften, FS für K.-H. Forster, Düsseldorf 1992, S. 653-670, s. bes. S. 658. Rahlfs schlägt vor, unfertige Bauten auf fremdem Grund und Boden unmittelbar nach den Vorräten mit einer gesonderten Postenbezeichnung auszuweisen, vgl. *Rahlfs, J.*: Ausweis "nichtabgerechneter Bauarbeiten" bei Bau-Aktiengesellschaften, DB, 22. Jg. (1969), S. 2144. Durch die Zuordnung zu den unfertigen Leistungen bedarf es eines solchen Ausweises aber nicht.

[394] Vgl. so aber *Schindlbeck, K.*: a.a.O., S. 82.

[395] *ADS*: a.a.O., § 266, Tz. 108. Vgl. hierzu auch *Leffson, U.*: Unfertige Leistungen, in: *Leffson, U.* u.a. (Hrsg.): a.a.O., S. 318.

[396] Vgl. beispielsweise zustimmend *Meierkord, E.*: a.a.O., S. 1023. Vgl. dagegen ablehnend *Schlemmermeyer, H.*: a.a.O., S. 278; *Schönnenbeck, H.*: Die Bilanzbewertung der halbfertigen Arbeiten auf fremdem Grund und Boden, DB, 23. Jg. (1970), S. 453-454, s. bes. S. 453; *Nickolay, H.O.*: a.a.O., S. 281 sowie BFH-Urt. v. 19.2.1959, a.a.O., S. 592; BFH-Urt. v. 8.3.1968, a.a.O., S. 577.

weichende Postenbezeichnungen, wie beispielsweise "in Ausführung befindliche Bauaufträge" oder "unfertige Bauten und Leistungen" heranzuziehen sind.[397]

Zusammenfassend sind damit unfertige Bauten auf fremdem Grund und Boden handels- und steuerbilanziell als unfertige Leistungen mit den hier angeführten Postenbezeichnungen auszuweisen. Abzulehnen ist dagegen ein Ausweis als Forderungen, wobei auch Ausnahmefälle nicht dazu führen können, einen Ausweis zuzulassen.

2. Langfristige Aufträge und Ermittlung des handels- und steuerbilanzrechtlichen Herstellungskostenansatzes

a) Relevante Wertmaßstäbe und Bewertungsprinzipien

Während in den vorhergehenden Überlegungen geklärt wurde, wie die Durchführung langfristiger Aufträge beim Auftragnehmer ihrem Ansatz nach handels- und steuerbilanziell zu erfassen ist, stellt sich nun die Frage, mit welchem Wert die Auftragsdurchführung ihren Niederschlag in der Handels- und Steuerbilanz findet. Handelsrechtlich relevant wird dabei für Vermögensgegenstände des Umlaufvermögens die Vorschrift des § 253 Abs. 1 Satz 1 HGB und steuerrechtlich gilt es, die in § 6 Abs. 1 Nr. 2 EStG festgelegten Wertmaßstäbe zu beachten.[398] Wie bedeutsam für diese Untersuchung gerade die Frage der Bewertung der Auftragsdurchführung beim Auftragnehmer ist, wird an den noch zu erläuternden Problemen der Gewinnrealisierung bei langfristigen Aufträgen sichtbar werden.

Nach der handelsrechtlichen Vorschrift des § 253 Abs. 1 Satz 1 HGB dürfen Vermögensgegenstände (des Umlaufvermögens) generell höchstens mit den Anschaffungs- oder Herstellungskosten angesetzt werden.[399] Im Zusammenhang mit langfristigen Aufträgen wird jedoch primär auf die Herstellung abgestellt. Insofern kommt von diesen beiden Wertmaßstäben nur den Herstellungskosten herausragende Bedeutung zu, was sich für den

---

[397] Vgl. *Sarx, M.*, *Pankow, M.*, in: *Budde, W.D.* u.a. (Bearb.): a.a.O., § 247, Anm. 65 u. § 266, Anm. 103. Wie bereits herausgestellt, ist in diesem Zusammenhang für Kapitalgesellschaften auch die Vorschrift des § 265 Abs. 6 HGB zu beachten.

[398] Die Bewertung des Umlaufvermögens in der Steuerbilanz folgt hier nicht dem Maßgeblichkeitsgrundsatz des § 5 Abs. 1 EStG. Steuerrechtlich ist vielmehr eine eigenständige Bewertungsvorschrift in § 6 Abs. 1 Nr. 2 EStG i.V.m. § 5 Abs. 6 EStG gegeben, vgl. hierzu *Sarx, M.*, in: *Budde, W.D.* u.a. (Bearb.): a.a.O., § 253, Anm. 532.

[399] Durch die Verwendung des Wortes "höchstens" in § 253 Abs. 1 Satz 1 HGB wird deutlich gemacht, daß die Anschaffungs- und Herstellungskosten die Bewertungsobergrenze darstellen, was auch als "Anschaffungswertprinzip" bezeichnet wird; vgl. hierzu *ADS*: a.a.O., § 253, Tz. 2; *Karrenbauer, M.*, in: *Küting, K.*, *Weber, C.-P.* (Hrsg.): a.a.O., § 253, Rn. 7.

Bereich langfristiger Aufträge auch aus der Definition der Herstellungskosten in § 255 Abs. 2 Satz 1 HGB entnehmen läßt. Danach werden Herstellungskosten als die Aufwendungen definiert, "die durch den Verbrauch von Gütern und die Inanspruchnahme von Diensten für die Herstellung eines Vermögensgegenstandes, seine Erweiterung oder für eine über seinen ursprünglichen Zustand hinausgehende wesentliche Verbesserung entstehen". Es besteht wohl kein Zweifel, daß entsprechend dieser Definition die Auftragnehmer auf die Herstellung und nicht auf die Anschaffung eines Vermögensgegenstandes abzielen, insbesondere auch deshalb, da die von ihnen durchgeführten Aufträge i.d.R. durch einen physischen Fertigungsprozeß gekennzeichnet sind, der als ein zentrales Kriterium für den Herstellungsvorgang und damit für die Heranziehung der Herstellungskosten als Wertmaßstab herausgestellt werden kann.[400] Anschaffungskosten, die nach § 255 Abs. 1 Satz 1 HGB die Aufwendungen umfassen, die geleistet werden, um einen Vermögensgegenstand zu erwerben und ihn in einen betriebsbereiten Zustand zu versetzen, kommen bei den Auftragnehmern allerdings insofern in Betracht, als diese beispielsweise zur Bewertung von Roh-, Hilfs- und Betriebsstoffen sowie für fremdbezogene Fertigungsteile relevant werden.[401] Insbesondere fremdbezogene Fertigungsteile gehen aber i.d.R. unmittelbar nach Lieferung in den Fertigungsprozeß ein, wobei die damit verbundenen Aufwendungen Bestandteile der Herstellungskosten des neu herzustellenden Vermögensgegenstandes werden.[402] Beschränkt man sich deshalb, aufgrund ihrer herausragenden Bedeutung im Bereich langfristiger Aufträge, auf die Wertgröße Herstellungskosten, so ist diese Wertgröße gleichzeitig nur als "ursprünglicher Bewertungsmaßstab" anzusehen,[403] da handelsrechtlich auch Bewertungsvorschriften existieren, die freiwillige oder zwingende Wertabschläge von diesem Ausgangswert einräumen bzw. fordern.[404] Hier ist z.B. § 253 HGB und dabei besonders die Vorschrift des § 253 Abs. 3 Satz 1 u. 2 HGB zu nennen, die das für die Bewertung des Umlaufvermögens bedeutsame strenge Niederstwertprinzip enthält. Dieses fordert bei Vermögensgegenständen des Umlaufvermögens Abschreibungen, um diese mit einem niedrigeren Wert anzusetzen, der sich aus einem Börsen- oder Marktpreis am Abschlußstichtag, bzw. wenn ein

---

[400] Vgl. *Knop, W., Küting, K.,* in: *Küting, K., Weber, C.-P.* (Hrsg.): a.a.O., § 255, Rn. 17 f. Bei unfertigen Leistungen spricht man statt von "Herstellungskosten" auch von den "bisher entstandenen Kosten", *Karrenbauer, M.,* in: *Küting, K., Weber, C.-P.* (Hrsg.): a.a.O., § 253, Rn. 10. Materiell ergeben sich durch die unterschiedlichen Bezeichnungen aber keine Unterschiede.

[401] Vgl. hierzu *Fülling, F.*: Grundsätze ordnungsmäßiger Bilanzierung für Vorräte, Düsseldorf 1976, S. 86.

[402] Vgl. *Döll, B.*: a.a.O., S. 150 f.

[403] *Wohlgemuth, M.*: Die Anschaffungskosten in Handels- und Steuerbilanz, in: *Wysocki, K. von, Schulze-Osterloh, J.*: (Hrsg.): a.a.O., Abt. I/9, S. 11. Vgl. hierzu auch die treffenden Bezeichnungen als "Ausgangswerte der Handels- und Steuerbilanz" bei *Wöhe, G.*: Bilanzierung ..., a.a.O., S. 386 bzw. als "Ausgangspunkt der Bewertung" bei *ADS*: a.a.O., § 253, Tz. 28 u. 38.

[404] Vgl. *Knop, W., Küting, K.,* in: *Küting, K., Weber, C.-P.* (Hrsg.): a.a.O., § 255, Rn. 4.

solcher Börsen- oder Marktpreis nicht festzustellen ist, aus dem am Abschlußstichtag beizulegenden Wert ergibt.[405] Gleichermaßen sind in diesem Zusammenhang auch die Vorschriften der §§ 254, 279 u. 280 HGB von Bedeutung. Die besondere Relevanz dieser Vorschriften zeigt sich dabei vor allem in der Frage, "mit welchem konkreten Wert die einzelnen Vermögensgegenstände ... letztlich in der Bilanz anzusetzen sind ...".[406] Im Hinblick auf die hier zu betrachtende eigentliche Auftragsdurchführung wirkt sich diese allerdings unmittelbar nur auf die Wertgröße der Herstellungskosten aus. Deshalb soll im folgenden eine nähere Betrachtung der genannten und zweifellos bedeutsamen Bewertungsvorschriften unterbleiben.

Diese Vorgabe soll dabei auch für die steuerbilanzrechtliche Seite der weiteren Betrachtung gelten, da das Steuerrecht neben den Wertgrößen der Anschaffungs- und Herstellungskosten auch die Wertkategorie des niedrigeren Teilwertes kennt.[407] Somit soll im folgenden auch auf steuerbilanzrechtlicher Seite der in § 6 Abs. 1 Nr. 2 Satz 1 EStG vorgesehene Wertmaßstab der Herstellungskosten näher betrachtet werden. Begrifflich kann dabei mangels einer eigenständigen steuerrechtlichen Definition zwar die bereits genannte Definition in § 255 Abs. 2 Satz 1 HGB zugrunde gelegt werden,[408] jedoch muß die Frage, wie diese Wertgröße sich zusammensetzt, für Handels- und Steuerbilanz getrennt beantwortet werden.

---

[405] Für den Bereich langfristiger Aufträge ist allerdings anzumerken, daß am Abschlußstichtag keine Börsen- oder Marktpreise für unfertige Erzeugnisse bzw. Leistungen aus langfristigen Aufträgen vorhanden sind, da diese sich "aufgrund der Individualität der in Arbeit befindlichen Objekte nicht feststellen lassen", *Stein, H.*: a.a.O., S. 96. Mangels eines Börsen- oder Marktpreises ist daher gem. § 253 Abs. 3 Satz 2 HGB der beizulegende Wert zu ermitteln, um diesen aufgrund des strengen Niederstwertprinzips als Vergleichsgröße gegenüber den Herstellungskosten heranzuziehen.

[406] *Knop, W., Küting, K.*, in: *Küting, K., Weber, C.-P.*(Hrsg.): a.a.O., § 255, Rn. 4.

[407] Für die hier zu betrachtenden Wirtschaftsgüter des Umlaufvermögens stellt § 6 Abs. 1 Nr. 2 EStG klar, daß statt der Anschaffungs- oder Herstellungskosten auch der niedrigere Teilwert angesetzt werden kann, welcher nach § 6 Abs. 1 Nr. 1 Satz 3 EStG definiert wird als der Betrag, den ein Erwerber des ganzen Betriebs im Rahmen des Gesamtkaufpreises für das einzelne Wirtschaftsgut ansetzen würde, wobei davon auszugehen ist, daß der Erwerber den Betrieb fortführt. Vgl. aus dem umfangreichen Schrifttum zur Konzeption des Teilwertes beispielsweise die grundlegenden Ausführungen bei *Mirre, L.*: Gemeiner Wert und Ertragswert, Zeitschrift des deutschen Notarvereins 1913, S. 155-176; *Schnitzler, H.*: Teilwert und gemeiner Wert im Einkommensteuergesetz und Reichsbewertungsgesetz, Diss., Münster 1936; *Maassen, K.*: Der Teilwert im Steuerrecht, Köln 1968; *Wöhe, G.*: Betriebswirtschaftliche Steuerlehre ..., a.a.O., S. 175 ff.; *Knobbe-Keuk, B.*: a.a.O., S. 174 ff.

[408] Vgl. hierzu auch Abschn. 33 Abs. 1 Satz 1 EStR.

b) Die Ermittlung der handels- und steuerbilanziellen Herstellungskosten auf der Grundlage der betrieblichen Kostenrechnung

Zur Ermittlung der handels- und steuerbilanziellen Herstellungskosten wird auf die Daten der betrieblichen Kostenrechnung zurückgegriffen, da es aus Gründen der Wirtschaftlichkeit sinnvoller ist, die Ergebnisse der betrieblichen Kostenrechnung zu nutzen als ein eigenes, nur für Zwecke der Bilanzierung vorgesehenes Rechnungswesen einzurichten.[409] Hierbei ist die betriebliche Kostenrechnung allerdings nicht an gesetzliche Vorschriften gebunden. Deshalb hat bei einer Anknüpfung an diese für Zwecke der Bilanzierung - bei der sehr wohl gesetzliche Vorschriften zu beachten sind - eine Überprüfung und Abstimmung der aus der betrieblichen Kostenrechnung herangezogenen Ergebnisse anhand eben dieser gesetzlichen Vorschriften zu erfolgen.

Die Kostenrechnung stellt eine unternehmensinterne Rechnung dar, deren Aufgabe es ist, "die Erfassung, Verteilung und Zurechnung der Kosten, die bei der betrieblichen Leistungserstellung und -verwertung entstehen", zu gewährleisten.[410] Unmittelbar aus dieser Aufgabe folgt auch ihr dreistufiger Aufbau, wobei der ersten Stufe, der Kostenartenrechnung, die Funktion zukommt, zu ermitteln, welche Kosten insgesamt in welcher Höhe angefallen sind. Daran schließt die zweite Stufe, die Kostenstellenrechnung, an, die die in der ersten Stufe ermittelten Kostenarten auf die einzelnen Kostenbereiche verteilt, bis schließlich in einer dritten Stufe, der Kostenträgerrechnung, die angefallenen Kosten den betrieblichen Leistungen zugerechnet werden.[411] Bedeutsam wird das Zusammenspiel dieser drei Stufen, wenn es gilt, die in der Kostenartenrechnung ermittelten Kosten auf die Kostenträger, d.h. also auf eine bestimmte betriebliche Leistung zu verteilen, wobei zu unterscheiden ist zwischen solchen Kosten, die als sog. "Einzelkosten" direkt dem Kostenträger zugerechnet werden und solchen Kosten, den sog. "Gemeinkosten", bei denen eine derartige Zurechnung nur indirekt, mittels Verrechnung über eine Kostenstelle, erfolgt. Gerade dem Endpunkt dieser Vorgehensweise, der Kostenträgerrechnung, die auch als Kostenträgerstückrechnung[412] bzw. Kalkulation bezeichnet werden kann, kommt dabei konkret die Aufgabe

---

[409] Vgl. hierzu *Disselkamp, E.*: Bestandteile der Herstellungskosten im Anlage- und Vorratsvermögen der Handels- und Steuerbilanzen von Aktiengesellschaften, Diss., Gießen 1974, S. 108; *Harrmann, A.*: Zur Prüfung der schwebenden Geschäfte in der Jahresabschlußrechnung, ZfR, 16. Jg. (1981), S. 118-126, s. bes. S. 121.

[410] *Wöhe, G.*: Einführung in die Allgemeine Betriebswirtschaftslehre, 17. Aufl., München 1990, S. 960.

[411] Vgl. hierzu *Haberstock, L.*: Kostenrechnung I, Einführung mit Fragen, Aufgaben und Lösungen, 8. Aufl., Hamburg 1987, S. 18 ff.

[412] Während bei der Kostenträgerstückrechnung die Kosten "pro Stück" zugerechnet werden, erfolgt bei der Kostenträgerzeitrechnung eine Zurechnung der Kosten auf die Leistungen der Periode, vgl. hierzu *Wöhe, G.*: Einführung ..., a.a.O., S. 1256.

zu, die betrieblichen Herstell- und Selbstkosten zu ermitteln, die wiederum als Grundlage zur Ableitung der bilanziellen Herstellungskosten heranzuziehen sind.

aa) Besonderheiten der Kalkulation langfristiger Aufträge

Hinsichtlich des zeitlichen Ablaufs der Kalkulationsaufstellung lassen sich bei langfristigen Aufträgen die drei Kalkulationsformen der Vor-, Zwischen- und Nachkalkulation unterscheiden. Bei der Vorkalkulation unterscheidet man wiederum zwischen der Angebotskalkulation, mit deren Hilfe eine "Kostenermittlung für Projekte im Angebotsstadium bis zum erteilten Auftrag" vorgenommen wird,[413] und der Auftragskalkulation, die "nach Auftragserhalt ... auf der Grundlage der vom Kunden vertraglich festgeschriebenen Liefer- und Leistungsspezifikation" durchgeführt wird.[414] Während der Auftragsdurchführung sichert die Zwischenkalkulation, die auch als "mitlaufende Auftragskalkulation" bezeichnet werden kann,[415] eine zeitnahe Darstellung der bisher angefallenen Kosten, eine Prognose der noch anfallenden Kosten sowie eine generelle Kontrolle der Wirtschaftlichkeit des Auftrages.[416] Durch den hohen zeitlichen Umfang langfristiger Aufträge stellt gerade die Zwischenkalkulation während der Auftragsdurchführung zum einen eine zentrale Bewertungsgrundlage dar und zum anderen dient sie der Festsetzung von Abschlagszahlungen, die häufig bei langfristigen Aufträgen vereinbart werden.[417] Schließlich erfolgt nach Auftragsdurchführung die Nachkalkulation, die die tatsächlich angefallenen Kosten ermittelt und damit auch für die Vorkalkulation ähnlicher Aufträge in der Zukunft genutzt werden kann.[418]

---

[413] *Hay, P.H.*: Planungs- und Kontrollrechnungen im Anlagenbau, in: *Höffken, E., Schweitzer, M.* (Hrsg.): a.a.O., S. 113-172, s. bes. S. 119. Zur Erstellung der Angebotskalkulation vgl. auch *Feuerbaum, E.*: Controlling in einem projektorientierten Unternehmen, in: *Solaro, D.*, u.a. (Hrsg.): a.a.O., S. 1-47, s. bes. S. 11 ff.

[414] *Hay, P.H.*: Planungs- und Kontrollrechnungen ..., in: *Höffken, E., Schweitzer, M.* (Hrsg.): a.a.O., S. 144. Zur Vorkalkulation vgl. auch *Mellerowicz, K.*: a.a.O., S. 322 ff.

[415] *Hay, P.H.*: Planungs- und Kontrollrechnungen ..., in: *Höffken, E., Schweitzer, M.* (Hrsg.): a.a.O., S. 147 ff.

[416] Vgl. zur zentralen Bedeutung der Zwischenkalkulation bei langfristigen Aufträgen beispielsweise auch *Möckelmann, K.*: Kalkulation und Preisbildung bei langfristiger Fertigung - insbesondere im Schiffbau, Berlin 1970, S. 28 ff.; *Mellerowicz, K.*: a.a.O., S. 333 f.

[417] Vgl. *Zahn, E.*: Kalkulation, in: *Kosiol, E.*, u.a. (Hrsg.): HWR, 2. Aufl., Stuttgart 1981, Sp. 841-856, s. bes. Sp. 845. In diesem Zusammenhang kann man die Zwischenkalkulation auch als besondere Form der Nachkalkulation auffassen, vgl. hierzu *Haberstock, L.*: a.a.O., S. 165.

[418] Vgl. hierzu auch *Möckelmann, K.*: a.a.O., S. 30 ff.

Als adäquates Kalkulationsverfahren bei langfristigen Aufträgen läßt sich die Zuschlagskalkulation herausstellen, da bei langfristigen Aufträgen i.d.R. einerseits ein Mehrproduktbetrieb vorliegt, der "weder ... gleichartige noch vergleichbare, sondern nur ... heterogene Betriebsleistungen" erstellt und damit nicht die Anwendung der Divisions- oder Äquivalenzziffernkalkulation ermöglicht,[419] andererseits aber auch keine Kuppelproduktion mit der Möglichkeit zur Vornahme von Kuppelkalkulationen gegeben ist. Das Kalkulationsverfahren der Zuschlagskalkulation beruht dabei auf der Trennung von Einzel- und Gemeinkosten, wobei die Einzelkosten den erstellten Leistungen direkt zugerechnet werden, während die Zurechnung der Gemeinkosten mit Hilfe von Zuschlagssätzen erfolgt.[420] Kennzeichnend für den Bereich langfristiger Aufträge ist die Zuschlagskalkulation in ihrer Ausprägung als differenzierende Zuschlagskalkulation, bei der eine Verrechnung der Gemeinkosten nach verschiedenen Kostenstellen vorgenommen wird und für jede Kostenstelle separate Zuschlagssätze ermittelt werden.[421] In diesem Zusammenhang ergibt sich bei langfristigen Aufträgen im Baugewerbe die Besonderheit, den einzelnen Auftrag, d.h. im Falle der auftragsbezogenen Baustellenfertigung also die einzelne Baustelle, als eigene (Haupt-) Kostenstelle bei gleichzeitiger Untergliederung nach den mit dem Gesamtauftrag einhergehenden Teilleistungen in weitere (Unter-) Kostenstellen zu betrachten, wobei die (Haupt-) Kostenstelle "Auftrag" mit dem Kostenträger "Auftrag" übereinstimmt,[422] eine zusätzliche Kostenträgerrechnung sich damit erübrigt.[423] Insofern stellt "dieses Verfahren eine Kombination von Kostenstellen- und Kostenträgerrechnung dar, mit dem Vorteil, daß nicht nur die eigentlichen Kostenträger-Einzelkosten dem einzelnen Auftrag (bzw. dessen Teilleistungen) direkt zurechenbar sind, sondern ebenfalls die Kostenstellen-Einzelkosten direkt und unver-

---

[419] *Vormbaum, H.*: Kalkulationsarten und Kalkulationsverfahren, 4. Aufl., Stuttgart 1977, S. 66. Vgl. hierzu auch die treffende Feststellung von Haberstock, daß "bei den Zuschlagskalkulationen ... der Auftrag ... der Ausgangspunkt" sei, *Haberstock, L.*: a.a.O., S. 178.

[420] Vgl. *Haberstock, L.*: a.a.O., S. 178.

[421] Vgl. *Männel, W.*: Kalkulationsverfahren Zuschlagskalkulation, krp, Jg. 1986, S. 149-155, s. bes. S. 151.

[422] Vgl. für den Gesamtbereich langfristiger Aufträge *Döll, B.*: a.a.O., S. 177 sowie für den Bereich des Baugewerbes im speziellen *Pfarr, K.*: Die Bauunternehmung, Wiesbaden, Berlin 1967, S. 195 sowie *Weber, R.L.*: a.a.O., S. 265, der in diesem Zusammenhang unter Hinweis auf *Zeiger, K.*: Betriebsabrechnung im Baugeschäft, Düsseldorf 1958, S. 14 f. u. *Pfarr, K.*: a.a.O., S. 195 feststellt: "Aus der Besonderheit der Bauproduktion als Auftragsproduktion mit der Folge der Baustellenfertigung ergibt sich der rechnerische Vorteil, daß die Baustelle als Hauptkostenstelle mit dem Kostenträger 'Werkvertrag' in der Regel übereinstimmt."

[423] Vgl. Hauptverband der Deutschen Bauindustrie e.V. u. Zentralverband des Deutschen Baugewerbes e.V. (Hrsg.): Kosten- und Leistungsrechnung der Bauunternehmen - KLR Bau, 2. Aufl., Wiesbaden, Berlin 1979, S. 58.

schlüsselt dem Auftrag zugerechnet werden können".[424] Unterstützt wird diese Vorgehensweise gleichzeitig durch das Einrichten von Baukonten für jedes Bauwerk,[425] auf denen eine Erfassung von Kostenträger- bzw. Kostenstellen-Einzelkosten vorgenommen wird, verbunden mit einer Aufteilung entsprechend den mit dem Gesamtauftrag einhergehenden Teilleistungen in Unterkonten.[426] Ebenfalls ist zur Kalkulation bei langfristigen Aufträgen im Bereich des Schiffbaues die Besonderheit herauszustellen, den einzelnen Schiffsauftrag als Kostenträger zu betrachten, für den aber nicht in seiner Gesamtheit eine Kostenermittlung vorgenommen wird, sondern eine Aufteilung des Kostenträgers in Baugruppen und dementsprechend eine baugruppenweise Kostenermittlung erfolgt.[427] Vorteil einer solchen Vorgehensweise ist, den durch große Ausmaße gekennzeichneten Gesamtauftrag in übersichtlichere Einheiten aufteilen und für Baugruppen, die bereits in früheren Aufträgen kalkulatorische Berücksichtigung fanden, auf bestehende Kalkulationsunterlagen zurückgreifen zu können.[428]

bb) Abgrenzungsfragen und Bestimmung des Umfangs handels- und steuerbilanzieller Herstellungskosten

Eine Ermittlung handels- und steuerbilanzieller Herstellungskosten auf der Grundlage der betrieblichen Kostenrechnung macht es zunächst erforderlich, Abgrenzungsfragen zu erörtern, die sich aus der Anwendung unterschiedlicher Kostenbegriffe für Zwecke der betrieblichen Kostenrechnung auf der einen Seite und für Zwecke der Bilanzierung auf der anderen Seite ergeben. Während nämlich in der Betriebswirtschaftslehre unter Kosten der "bewertete sachziel- (leistungs-) bezogene Güterverbrauch" verstanden wird,[429] stellt der handels- und steuerbilanzrechtliche Begriff der Herstellungskosten auf den sog. "pagatorischen Kostenbegriff" ab, d.h. die Herstellungskosten sollen nur jene Wertverzehre umfas-

---

[424] *Döll, B.*: a.a.O., S. 177, wobei Kostenstellen-Einzelkosten als solche Gemeinkosten verstanden werden, die direkt den einzelnen Kostenstellen zugerechnet werden können, im Gegensatz zu solchen Gemeinkosten, die als Kostenstellen-Gemeinkosten mehrere oder alle Kostenstellen betreffen. Vgl. zu dieser Unterscheidung auch *Mellerowicz, K.*: a.a.O., S. 123 ff.

[425] Unabhängig vom Bereich des Baugewerbes kann generell auch von "Auftragskonten" gesprochen werden, vgl. hierzu auch *Döll, B.*: a.a.O., S. 178.

[426] Vgl. *Döll, B.*: a.a.O., S. 178. Zur Bedeutung von Baukonten vgl. auch *Weber, R.L.*: a.a.O., S. 264 f.; *Ogiermann, L.*: a.a.O., S. 73.

[427] Vgl. beispielsweise *Möckelmann, K.*: a.a.O., S. 38 ff.

[428] Vgl. ebenda, S. 38; *Kraus, R.*: Vorkalkulation bei langfristiger Einzelfertigung, Frankfurt a.M., Bern, New York 1986, S. 242.

[429] *Küpper, H.-U.*: Kosten, in: *Lück, W.* (Hrsg.): Lexikon der Betriebswirtschaft, 3. Aufl., Landsberg am Lech 1989, S. 627. Vgl. dabei zur Sachzielbezogenheit auch *Schweitzer, M., Küpper, H.-U.*: Systeme der Kostenrechnung, 5. Aufl., Landsberg am Lech 1991, S. 33 f.

sen, "die zu Ausgaben führen und im Rahmen der Gewinn- und Verlustrechnung aufwandsmäßig erfaßt wurden"[430], bei denen es sich also um sog. aufwandsgleiche Kosten handelt.[431] Denn sowohl § 255 Abs. 2 Satz 1 HGB als auch, in Ermangelung einer steuergesetzlichen Definition des Begriffs Herstellungskosten, Abschn. 33 Abs. 1 Satz 1 EStR stellen, wie aus dem Wortlaut unmittelbar zu entnehmen ist, nicht auf "Kosten", sondern auf "Aufwendungen" ab.[432] Insofern dürfen in die bilanziellen Herstellungskosten auch keine kalkulatorischen Kosten "in dem Umfange, in dem sie nicht aufwandsgleich sind" einbezogen werden.[433] Eine Heranziehung von Kostenrechnungswerten zur Ableitung der handels- und steuerbilanziellen Herstellungskosten macht deshalb auch Korrekturen dieser Werte notwendig, die am pagatorischen Charakter der Werte ansetzen.[434] Da in die Herstellungskosten aber auch nur Aufwendungen eingerechnet werden dürfen, die in einem zeitlichen Bezug zur Produktion der Periode stehen sowie nur solche Aufwendungen, bei denen ein sachlicher Bezug zum Produktionsprozeß besteht, können auch hier bei der Heranziehung von Kostenrechnungswerten Korrekturen erforderlich werden.[435] Gehen nun die so korrigierten Kostenrechnungswerte in die handelsrechtlichen Herstellungskosten ein, so ist auf steuerbilanzrechtlicher Seite zudem zu beachten, nur solche Aufwendungen in die steuerlichen Herstellungskosten einzubeziehen, die abzugsfähige Betriebsausgaben i.S. von

---

[430] *Knop, W., Küting, K., Weber, C.-P.*: Die Bestimmung der Wertuntergrenze der Herstellungskosten nach dem Entwurf eines Bilanzrichtlinien-Gesetzes, DB, 38. Jg. (1985), S. 2517-2523, s. bes. S. 2518.

[431] *Knop, W., Küting, K.*, in: *Küting, K., Weber, C.-P.* (Hrsg.): a.a.O., § 255, Rn. 143. Zur pagatorischen Natur der Herstellungskosten vgl. auch *ADS*: a.a.O., § 255, Tz. 134 ff.; *Pankow, M., Schmidt-Wendt, D.*, in: *Budde, W.D.* u.a. (Bearb.): a.a.O., § 255, Anm. 335. Ebenso finden nach Wöhe nur die Kosten in den Herstellungskosten Berücksichtigung, "die aufwands- und - über die Totalperiode - ausgabengleich sind",*Wöhe, G.*: Bilanzierung ..., a.a.O., S. 399.

[432] In diesem Zusammenhang ist auch auf den Vorschlag in der Literatur hinzuweisen, der darauf abstellt, daß besser der Begriff "Herstellungsaufwand" anstatt "Herstellungskosten" im Gesetz berücksichtigt worden wäre, vgl. beispielsweise *Frank, D.*: Zur Ableitung der aktivierungspflichtigen "Herstellungskosten" aus der kalkulatorischen Buchhaltung, BB, 22. Jg. (1967), S. 177-181, s. bes. S. 177 f.; Kommission Rechnungswesen im Verband der Hochschullehrer für Betriebswirtschaft e.V.: Reformvorschläge zur handelsrechtlichen Rechnungslegung, DBW, 39. Jg. (1979), S. 3-70, s. bes. S. 22; *Wöhe, G.*: Bilanzierung ..., a.a.O., S. 399; *Knop, W., Küting, K.*, in: *Küting, K., Weber, C.-P.* (Hrsg.): a.a.O., § 255, Rn. 143.

[433] *Wöhe, G.*: Bilanzierung ..., a.a.O., S. 402.

[434] Vgl. *Knop, W., Küting, K., Weber, C.-P.*: a.a.O., S. 2518.

[435] Vgl. *Baetge, J., Uhlig, A.*: Zur Ermittlung der handelsrechtlichen "Herstellungskosten" unter Verwendung der Daten der Kostenrechnung, WiSt, 14. Jg. (1985), S. 274-280, s. bes. S. 277. Aufwendungen, die nicht in einem zeitlichen Bezug zur Produktion der Periode stehen, betreffen im allgemeinen Forschungs-, Entwicklungs- und Konstruktionskosten sowie Verwaltungskosten, bzw. Aufwendungen, die nicht in einem sachlichen Bezug zum Produktionsprozeß stehen, betreffen im allgemeinen Vertriebs- und Finanzierungskosten, vgl. hierzu auch *Fülling, F.*: a.a.O., S. 133 ff.

§ 4 Abs. 4 EStG darstellen.[436] Zentrale Bedeutung bei der Ermittlung der handels- und steuerbilanziellen Herstellungskosten auf der Grundlage der betrieblichen Kostenrechnung bilden aber auch die handels- und steuerbilanzrechtlich festgelegten Unter- und Obergrenzen der Herstellungskosten bezüglich der einzubeziehenden Kostenarten.[437]

cc) Bestandteile handels- und steuerbilanzieller Herstellungskosten

Zur Bestimmung der handelsrechtlichen Herstellungskosten legt die Vorschrift des § 255 Abs. 2 Satz 2-6 und Abs. 3 HGB ausdrücklich fest, welche Aufwandsarten einbeziehungspflichtige und einbeziehungsfähige Bestandteile der Herstellungskosten sind und es wird außerdem festgelegt, welche Aufwandsarten nicht einbezogen werden dürfen. Für die Steuerbilanz kann mangels einer gesetzlichen Vorschrift über die Zusammensetzung der Herstellungskosten Abschn. 33 EStR herangezogen werden.

Als einbeziehungspflichtige und damit aktivierungspflichtige Bestandteile nennt § 255 Abs. 2 Satz 2 HGB die Materialkosten, die Fertigungskosten und die Sonderkosten der Fertigung, wobei "diese Umschreibung dahingehend interpretiert" wird, "daß die Einzelkosten die Untergrenze der Herstellungskosten bestimmen".[438] Material(einzel)kosten umfassen dabei beispielsweise die nach dem Kostenverursachungsprinzip dem herzustellenden Produkt direkt zurechenbaren Aufwendungen für Rohstoffe sowie fremdbezogene Teilerzeugnisse (Zuliefermaterial, Zulieferteile), die gerade bei langfristigen Aufträgen besonders bedeutsam sind.[439] Weiter setzen sich Fertigungs(einzel)kosten insbesondere aus direkt zurechenbaren Aufwendungen für Fertigungslöhne zusammen[440] und schließlich umfassen die Sonder(einzel)kosten der Fertigung beispielsweise die direkt zurechenbaren Aufwendungen

---

[436] Vgl. hierzu auch *Wöhe, G.*: Bilanzierung ..., a.a.O., S. 399, wo gleichzeitig festgestellt wird, daß der Steuergesetzgeber nicht den Begriff Aufwand, sondern den Begriff Betriebsausgaben verwendet, wobei nach § 4 Abs. 4 EStG Betriebsausgaben als "die Aufwendungen" verstanden werden, "die durch den Betrieb veranlaßt sind".

[437] Um dem Aufwandscharakter der bilanziellen Herstellungskosten gerecht zu werden, wird im folgenden neben dem Begriff "Kostenarten" auch der Begriff "Aufwandsarten" verwendet.

[438] *Knop, W., Küting, K.*, in: *Küting, K., Weber, C.-P.* (Hrsg.): a.a.O., § 255, Rn. 146, wo diese Interpretation auch treffend durch die Feststellung gestützt wird, daß der Wortlaut des § 255 Abs. 2 Satz 3 HGB auf die Gemeinkosten abstellt.

[439] Vgl. beispielsweise *Pankow, M., Schmidt-Wendt, D.*, in: *Budde, W.D.* u.a. (Bearb.): a.a.O., § 255, Anm. 349.

[440] Vgl. ebenda, § 255, Anm. 351. Durch den projektbezogenen Personaleinsatz bei langfristigen Aufträgen ist das Kriterium der direkten Zurechenbarkeit "unabhängig von der Lohnform" gegeben, so daß in diesem Falle auch Zeitlöhne Einzelkostencharakter aufweisen, *Knop, W., Küting, K.*, in: *Küting, K., Weber, C.-P.* (Hrsg.): a.a.O., § 255, Rn. 173.

für Konstruktionen, Modelle oder Spezialwerkzeuge,[441] die bei langfristigen Aufträgen i.d.R. ebenfalls in nicht geringem Umfange anfallen. Auch für die Steuerbilanz stellen gem. Abschn. 33 Abs. 1 Satz 2 EStR die Material(einzel)kosten, die Fertigungs(einzel)kosten und die Sonder(einzel)kosten der Fertigung einbeziehungspflichtige Bestandteile dar, wobei Abschn. 33 Abs. 3 EStR Sonder(einzel)kosten, wie beispielsweise Entwurfskosten, Lizenzgebühren usw. zu den Herstellungskosten zählt, "soweit sie zur Fertigung der Erzeugnisse aufgewendet werden und nicht zu den allgemeinen Verwaltungskosten oder den Vertriebskosten zu rechnen sind". Als einbeziehungsfähige Bestandteile der handelsrechtlichen Herstellungskosten, für die insofern ein Aktivierungswahlrecht besteht, lassen sich nach § 255 Abs. 2 Satz 3 HGB angemessene Teile der notwendigen Materialgemeinkosten, der notwendigen Fertigungsgemeinkosten und des Wertverzehrs des Anlagevermögens, soweit er durch die Fertigung veranlaßt ist, nennen. Im Bereich langfristiger Aufträge zählen dabei zu den Materialgemeinkosten Aufwendungen für Lagerhaltung und Transport und die Fertigungsgemeinkosten umfassen beispielsweise nicht unmittelbar zurechenbare Löhne des Fertigungsbereichs.[442] Für die Steuerbilanz stellen dagegen nach Abschn. 33 Abs. 1 Satz 2 und Abs. 4 EStR die notwendigen Materialgemeinkosten, die notwendigen Fertigungsgemeinkosten sowie der Wertverzehr des Anlagevermögens - soweit er durch die Fertigung veranlaßt ist - in Höhe der steuerlichen Absetzungen (AfA) einbeziehungspflichtige Bestandteile dar. Demnach wird erst durch die Einbeziehungspflicht auch dieser Aufwandsarten die Wertuntergrenze der steuerlichen Herstellungskosten determiniert. Für die Materialgemeinkosten und Fertigungsgemeinkosten enthält dabei Abschn. 33 Abs. 2 EStR eine beispielhafte Aufzählung von Aufwandsarten, wobei die dort aufgezählten Aufwandsarten für den Bereich langfristiger Aufträge wegen der Auftragsbezogenheit zum Großteil Einzelkosten darstellen.[443] Demgegenüber besteht sowohl für die handelsbilanziellen Herstellungskosten nach § 255 Abs. 2 Satz 4 HGB als auch für die steuerbilanziellen Herstellungskosten nach Abschn. 33 Abs. 1 Satz 3 EStR i.V.m. Abschn. 33 Abs. 5 EStR ein Wahlrecht, Kosten der allgemeinen Verwaltung, Aufwendungen für Sozialeinrichtungen des Betriebes, Aufwendungen für freiwillige soziale Leistungen und Aufwendungen für betriebliche Altersversorgung in die Herstellungskosten einzubeziehen. Unter bestimmten Voraussetzungen besteht

---

[441] Vgl. beispielsweise *Sarx, M.*, in: *Budde, W.D.* u.a. (Bearb.): a.a.O., § 255, Anm. 424.

[442] Vgl. hierzu auch *Döll, B.*: a.a.O., S. 157.

[443] Für die Steuerbilanz ist dies zwar materiell nicht bedeutsam, da für Material(einzel)kosten bzw. Materialgemeinkosten und für Fertigungs(einzel)kosten bzw. Fertigungsgemeinkosten Einbeziehungspflicht besteht, es kann sich dafür aber materiell in der Handelsbilanz auswirken, wenn Abschn. 33 Abs. 2 EStR zur Bestimmung von nicht einbeziehungspflichtigen Materialgemeinkosten und Fertigungsgemeinkosten herangezogen werden sollte. So zählen beispielsweise die in Abschn. 33 Abs. 2 EStR erwähnten Kosten der Fertigungsvorbereitung im Rahmen langfristiger Aufträge zu den Sonderkosten der Fertigung, da sie auftragsbezogen anfallen, vgl. hierzu auch *Knop, W., Küting, K.*, in: *Küting, K., Weber, C.-P.* (Hrsg.): a.a.O., § 255, Rn. 250.

handelsrechtlich nach § 255 Abs. 3 HGB und steuerrechtlich nach Abschn. 33 Abs. 7 EStR auch die Möglichkeit, Fremdkapitalzinsen in die Herstellungskosten einzubeziehen. Um welche Voraussetzungen es sich dabei handelt, ist nun im folgenden näher zu erläutern, wobei zusätzlich noch die nach § 255 Abs. 2 Satz 6 HGB bzw. nach Abschn. 33 Abs. 1 Satz 4 EStR mit einem Einbeziehungsverbot belegten Vertriebskosten sowie der Bereich der Forschungs-, Entwicklungs- und Konstruktionskosten betrachtet werden sollen.

dd) *Die Berücksichtigung bestimmter Kostenarten bei langfristigen Aufträgen*

(1) Fremdkapitalzinsen

Sowohl nach § 255 Abs. 3 Satz 1 HGB als auch nach Abschn. 33 Abs. 7 Satz 1 EStR gehören Zinsen für Fremdkapital nicht zu den Herstellungskosten. Ausnahmsweise dürfen allerdings handelsrechtlich nach § 255 Abs. 3 Satz 2 HGB Zinsen für die Fremdkapitalaufnahme insoweit in die Herstellungskosten einbezogen werden, als die Fremdkapitalaufnahme zur Finanzierung der Herstellung eines Vermögensgegenstandes verwendet wird und die Fremdkapitalzinsen auf den Zeitraum der Herstellung entfallen.[444] Das Verhältnis von § 255 Abs. 3 Satz 1 HGB zu Satz 2 der Vorschrift kann dabei dahingehend interpretiert werden, Satz 1 als Normalfall und Satz 2 als Ausnahmefall zu betrachten.[445] Durch den Wortlaut des § 255 Abs. 3 Satz 2 2. Halbsatz HGB ("... gelten sie als Herstellungskosten ...") wird gleichzeitig klargestellt, daß es sich gesetzestechnisch um fiktive Herstellungskosten handelt, die Vorschrift des § 255 Abs. 3 Satz 2 HGB deshalb auch nicht ein Bewertungswahlrecht einräumt, sondern lediglich die Inanspruchnahme einer Bewertungshilfe ermöglicht.[446] Auch steuerrechtlich wird in Ausnahmefällen die Möglichkeit zur Einbeziehung von Fremdkapitalzinsen gem. Abschn. 33 Abs. 7 Satz 3 u. 4 EStR eingeräumt, wenn die Fremdkapitalzinsen zum einen für einen Kredit bezahlt wurden, der in unmittelbarem wirtschaftlichem Zusammenhang mit der Herstellung eines Wirtschaftsgutes steht und die Fremdkapitalzinsen

---

[444] Werden Fremdkapitalzinsen einbezogen, müssen Kapitalgesellschaften die Einbeziehung dieser Zinsen gem. § 284 Abs. 2 Nr. 5 HGB im Anhang angeben.

[445] Vgl. hierzu auch *ADS*: a.a.O., § 255, Tz. 233.

[446] Vgl. BT-Drucks. 10/317, S. 88, wo die Bewertungshilfe des § 260 Abs. 4 HGB-E (jetzt § 255 Abs. 3 HGB) zudem als eine "auch steuerlich anerkannte Bewertungshilfe" bezeichnet wird. Vgl. weiterhin auch *Pankow, M., Schmidt-Wendt, D.*, in: *Budde, W.D.* u.a. (Bearb.): a.a.O., § 255, Anm. 502. Zur Abgrenzung der Bewertungshilfe gegenüber der Bilanzierungshilfe vgl. auch *Dziadkowski, D.*: Bilanzhilfsposten (Bilanzierungshilfen) und Bewertungshilfen im künftigen Handelsbilanzrecht, BB, 37. Jg. (1982), S. 1337-1343.

auf den Herstellungszeitraum entfallen und zum anderen schließlich in der Handelsbilanz entsprechend verfahren wird.[447]

Im Rahmen langfristiger Aufträge wird die Auftragsdurchführung in hohem Maße mit Fremdkapital finanziert, wodurch mit der Aktivierung von Fremdkapitalzinsen in diesem Bereich, handelsbilanzrechtlich betrachtet, gerade den Anforderungen einer sorgfältigen Rechnungslegung entsprochen wird.[448] So kann bei langfristigen Aufträgen durch die bestehende Auftragsbezogenheit verhältnismäßig leicht ein unmittelbarer Zusammenhang zwischen der Herstellung und der Kreditaufnahme nachgewiesen werden, wobei i.d.R. auch die in Abschn. 33 Abs. 7 Satz 3 EStR geforderte, relativ strengere Voraussetzung des unmittelbaren wirtschaftlichen Zusammenhangs als erfüllt anzusehen ist.[449] Der Zeitraum der Herstellung, auf den die Fremdkapitalzinsen entfallen, wird dabei determiniert durch den Zeitpunkt der Auftragserlangung als Beginn der Herstellung und er erstreckt sich bis zu dem Zeitpunkt, in dem der Herstellungsprozeß beendet ist.

(2) Vertriebskosten

Zur alten aktienrechtlichen Vorschrift des § 153 Abs. 2 2. Halbsatz AktG a.F., wonach Vertriebskosten nicht als Betriebs- und Verwaltungskosten galten, fand sich im Schrifttum teilweise die Interpretation, ein Aktivierungsverbot nur auf Vertriebsgemeinkosten, also insbesondere vom Produktionsprozeß unabhängige Marketingkosten, wie z.B. Kosten für Vertriebsorganisationen, Werbung, Öffentlichkeitsarbeit und Kundendienst,[450] zu beziehen,

---

[447] Die steuerrechtliche Regelung ist insoweit enger als die handelsrechtliche Regelung, da das Steuerrecht einen unmittelbaren wirtschaftlichen Zusammenhang zwischen der Aufnahme eines Kredits und der Herstellung eines Wirtschaftsguts verlangt, das Handelsrecht dagegen lediglich die Verwendung des Fremdkapitals zur Finanzierung der Herstellung eines Vermögensgegenstandes fordert: So "... erfüllen die steuerrechtlichen Aktivierungsvoraussetzungen immer die handelsrechtlichen Kriterien, während umgekehrt die handelsbilanziellen nicht unbedingt den steuerrechtlichen Aktivierungsvoraussetzungen entsprechen", *Knop, W., Küting, K.*, in: *Küting, K., Weber, C.-P.* (Hrsg.): a.a.O., § 255, Rn. 310. Desweiteren ist zu berücksichtigen, daß die Inanspruchnahme der Bewertungshilfe in § 255 Abs. 3 Satz 2 HGB nicht zwangsläufig auch zum Ansatz in der Steuerbilanz führt, da es sich lediglich um ein, in Form einer Fiktion eingeräumtes Wahlrecht handelt. Sollte sich dabei die Inanspruchnahme der Bewertungshilfe auf die Handelsbilanz beschränken, könnte dies u.U. zur passiven Steuerabgrenzung gem. § 274 Abs. 1 HGB führen, vgl. hierzu *Pankow, M., Schmidt-Wendt, D.*, in: *Budde, W.D.* u.a. (Bearb.): a.a.O., § 255, Anm. 510.

[448] Vgl. HFA (1974): Die Aktivierung von Fremdkapitalzinsen als Teil der Herstellungskosten, WPg, 27. Jg. (1974), S. 324-325, s. bes. S. 324.

[449] Vgl. hierzu auch *ADS*: a.a.O., § 255, Tz. 234; *Pankow, M., Schmidt-Wendt, D.*, in: *Budde, W.D.* u.a. (Bearb.): a.a.O., § 255, Anm. 507. Zum Nachweis über den Zusammenhang zwischen Herstellung und Kreditaufnahme vgl. auch *Selchert, F.W.*: Fremdkapitalzinsen in der Kalkulation der bilanziellen Herstellungskosten, DB, 38. Jg. (1985), S. 2413-2420, s. bes. S. 2414.

[450] Vgl. *Busse von Colbe, W.*: Vertriebskosten, in: *Leffson, U.* u.a. (Hrsg.): a.a.O., S. 375-377, s. bes. S. 375.

während ein solches Verbot die Vertriebseinzelkosten nicht betreffe, also ein Aktivierungswahlrecht[451] oder wie vereinzelt gefordert wurde, sogar eine Aktivierungspflicht[452] bestehe. Im Gegensatz dazu wurde von der steuerlichen Rechtsprechung die Aktivierung von Vertriebskosten generell, d.h. also ohne weitere Differenzierung in Einzelkosten und Gemeinkosten, abgelehnt.[453]

Nunmehr besteht auch für das neue Handelsrecht gem. § 255 Abs. 2 Satz 6 HGB, wonach Vertriebskosten nicht in die Herstellungskosten einbezogen werden dürfen, ein Aktivierungsverbot für Vertriebseinzelkosten bzw. Sondereinzelkosten des Vertriebs,[454] da sie "als Unterkategorie der Vertriebskosten zweifelsfrei nicht aktiviert werden dürfen".[455] Insofern geht nunmehr die handelsrechtliche Regelung auch konform mit der steuerrechtlichen Regelung in Abschn. 33 Abs. 1 Satz 4 EStR, die ebenfalls ein Aktivierungsverbot für Vertriebskosten vorsieht. Angesichts der nunmehr auch handelsrechtlich einem uneingeschränkten Aktivierungsverbot unterliegenden Vertriebseinzelkosten bzw. Sondereinzelkosten des Vertriebs wird allerdings in der Literatur gerade im Zusammenhang mit dem Bereich langfristiger Aufträge die Forderung erhoben, "die sog. Sondereinzelkosten des Vertriebs, die die Praxis ... in der Vergangenheit als einen teilweise unscharfen Sammel-

---

[451] Vgl. beispielsweise *Krause, W., Schmidt, B.*: Aktienrechtliche und ertragsteuerliche Erzeugnis-Bewertung bei langfristiger Fertigung, DB, 25. Jg. (1972), S. 689-692, s. bes. S. 689; *Brandl, R.*: Aktivierungswahlrecht für Sondereinzelkosten des Vertriebs in Handels- und Steuerbilanz bei langfristiger Auftragsfertigung, BB, 32. Jg. (1977), S. 886-892, s. bes. S. 888; WP-Handbuch 1985/86, Handbuch für Rechnungslegung, Prüfung und Beratung, Bd. I, bearb. v. *Budde, W.D.* u.a., hrsg. v. IDW, 9. Aufl., Düsseldorf 1985, S. 603.

[452] Vgl. beispielsweise *Siegel, T.*: Direkt zurechenbare Vertriebskosten und andere Bilanzierungsprobleme im schwebenden Geschäft, BB, 35. Jg. (1980), S. 1649-1652, s. bes. S. 1650 f.; *Wysocki, K. von*: Zur Bilanzpolitik bei rückläufiger Konjunktur, StuW, 59. (12.) Jg. (1982), S. 44-50, s. bes. S. 47.

[453] Vgl. BFH-Urt. v. 19.6.1973 I R 206/71, BStBl. 1973 II, S. 774; BFH-Urt. v. 24.3.1976 I R 139/73, BStBl. 1976 II, S. 450-452. Vgl. hierzu auch *Döllerer, G.*: Droht eine ..., a.a.O., S. 1336, sowie die gegen die zitierte BFH-Rechtsprechung im Rahmen langfristiger Aufträge geäußerte Auffassung von *Brandl, R.*: a.a.O., S. 887 ff.

[454] Im Schrifttum findet überwiegend der Begriff "Sondereinzelkosten des Vertriebs" Berücksichtigung, der gerade im Rahmen langfristiger Aufträge als Sammelbegriff für auftragsbezogene, direkt zurechenbare Kosten des Vertriebs verwendet wird. Mit der Vorschrift des § 255 Abs. 2 Satz 6 HGB ist damit der Gesetzgeber auch nicht den Vorschlägen gefolgt, die im Zuge der Transformation der Bilanzrichtlinie für (Sonder-)Einzelkosten des Vertriebs ein Aktivierungsgebot bzw. zumindest ein Aktivierungswahlrecht befürwortet hatten, vgl. hierzu beispielsweise WPK/IDW: Gemeinsame Stellungnahme der Wirtschaftsprüferkammer und des Instituts der Wirtschaftsprüfer zum Vorentwurf eines Bilanzrichtlinie-Gesetzes, WPg, 33. Jg. (1980), S. 501-523, s. bes. S. 511; Kommission Rechnungswesen im Verband der Hochschullehrer für Betriebswirtschaft e.V.: Stellungnahme zum Regierungsentwurf eines Bilanzrichtlinie-Gesetzes, DBW, 43. Jg. (1983), S. 5-14, s. bes. S. 9.

[455] *Knop, W., Küting, K.*, in: *Küting, K., Weber, C.-P.* (Hrsg.): a.a.O., § 255, Rn. 281. Gegen eine unterschiedliche Behandlung von Sondereinzelkosten des Vertriebs und Vertriebsgemeinkosten sprechen sich beispielsweise auch aus: *Döllerer, G.*: Die Vierte EG-Richtlinie und das Steuerrecht, DStZ A, 69. Jg. (1981), S. 311-318, s. bes. S. 317, *ADS*: a.a.O., § 255, Tz. 247, *Sarx, M.*, in: *Budde, W.D.* u.a. (Bearb.): a.a.O., § 255, Anm. 455.

begriff verwendet hat, ... im Hinblick auf die Bewertungsuntergrenze für die Herstellungskosten und das Einbeziehungsverbot für Vertriebskosten strenger in ihre bilanziellen Kostenbestandteile ..." aufzulösen.[456]

So lassen sich bei langfristigen Aufträgen hinsichtlich der konkreten Ausprägungen der Sondereinzelkosten des Vertriebs die Kosten der Auftragserlangung (Akquisitionskosten), die Kosten der Auftragsvorbereitung und die Kosten der Auftragsabwicklung unterscheiden.[457] Bei den Kosten der Auftragserlangung handelt es sich um die dem einzelnen Auftrag direkt zurechenbaren Kosten, die von ersten Kundenkontakten bis zur Erteilung des Auftrages anfallen, wobei hierzu insbesondere Kosten für die Angebotserstellung, für Reisen zu Auftragsverhandlungen oder auch Vertreterprovisionen zählen. Unter die Kosten der Auftragsvorbereitung, die vom Zeitpunkt der Auftragserlangung bis zum Produktionsbeginn anfallen, werden beispielsweise Kosten für die Bearbeitung von Plänen, Konstruktionszeichnungen, Mustern oder Modellen subsumiert. Schließlich entstehen Kosten der Auftragsabwicklung, d.h. Kosten für die auftragsgemäße Zuführung des fertiggestellten Auftragsgegenstandes zum Auftraggeber, wie z.B. Prämien für Transportversicherungen, Prämien für Ausfuhr-Kreditversicherungen, Kosten für Liefer- und Anzahlungsgarantien oder Konventionalstrafen.

Was nun die Möglichkeit der Einbeziehung der Kosten der einzelnen Kostengruppen in den Herstellungskostenansatz anbelangt, so ist zunächst zu den Kosten der Auftragserlangung zu sagen, daß diese für unmittelbar mit dem Herstellungsprozeß verbundene akquisitorische Maßnahmen anfallen und somit - obgleich sie nicht-technischer Natur sind - im Rahmen langfristiger Aufträge überhaupt erst die Grundlage zur Durchführung des Herstellungs-

---

[456] *Sarx, M.*, in: *Budde, W.D.* u.a. (Bearb.): a.a.O., § 255, Anm. 455. Vgl. hierzu auch *Nordmeyer, A.*: Herstellungskosten, in: *Busse von Colbe, W., Reinhard, H.* (Hrsg.): Erste Erfahrungen mit den neuen Rechnungslegungsvorschriften. Stellungnahmen auf dem Deutschen Betriebswirtschaftertag 1988, Stuttgart 1990, S. 29-33, s. bes. S. 31, sowie die treffende Feststellung von *Weber E.*: Die Einordnung von Sondereinzelkosten des Vertriebs bei langfristiger Auftragsfertigung nach neuem Recht, DB, 40. Jg. (1987), S. 393-398, s. bes. S. 397: "Die Heterogenität" der einzelnen Kostenbestandteile, die unter dem Begriff der Sondereinzelkosten des Vertriebs zusammengefaßt werden, "... läßt nicht zu, allgemein gültige Aussagen darüber zu machen, ob die begriffsbildenden Merkmale der bilanziellen Vertriebskosten für die einzelnen Arten von Sondereinzelkosten des Vertriebs bei langfristiger Auftragsfertigung vorliegen oder nicht, zumal im Einzelfall zusätzlich unternehmens- und auftragsspezifische Besonderheiten mit zu berücksichtigen sind. Es ist daher notwendig, in jedem Einzelfall die unterschiedlichen Kostenbestandteile, die unter dem Begriff Sondereinzelkosten des Vertriebs zusammengefaßt worden sind, daraufhin zu untersuchen, ob die typischen Merkmale für Vertriebskosten gegeben sind." Auf damit einhergehende Abgrenzungsfragen, insbesondere im Hinblick auf die Sonder(einzel)kosten der Fertigung weisen beispielsweise *ADS*: a.a.O., § 255, Tz. 247 sowie *Knop, W., Küting, K.*, in: *Küting, K., Weber, C.-P.* (Hrsg.): a.a.O., § 255, Rn. 282 hin.

[457] Vgl. hierzu *Selchert, F.W.*: Probleme der Unter- und Obergrenze von Herstellungskosten, BB, 41. Jg. (1986), S. 2298-2306, s. bes. S. 2303 ff. sowie die Aufzählungen bei *Brandl, R.*: a.a.O., S. 888 f.; *Clemm, H.*, in: *Ruppe, H.G.* (Hrsg.): a.a.O., S. 122; *Wysocki, K. von*: Zur Bilanzpolitik ..., a.a.O., S. 46 f.

prozesses bilden: "Es sind Kosten für die Beschaffung von Daten für den technischen Herstellungsprozeß, ohne die dieser bei ökonomischer Betrachtung gar nicht ablaufen kann."[458] Gerade im akquisitorischen Bereich werden in Vorabgesprächen mit dem potentiellen Auftraggeber bereits wichtige Auftragsspezifikationen festgelegt und auf ihre ökonomische und technische Machbarkeit hin untersucht. Es handelt sich hier um einen die Herstellung direkt determinierenden Vorgang und nicht um einen "Vertreterbesuch", der den Absatz eines auf Lager hergestellten Sachgutes zum Gegenstand hat. Angesichts des unmittelbaren Zusammenhangs mit dem Prozeß der Herstellung ist deshalb auch der Auffassung im Schrifttum zuzustimmen, derartige Kosten nicht als mit einem Aktivierungsverbot belegte Vertriebskosten aufzufassen, sondern im Gegenteil, sie unter der Prämisse der Auftragserteilung als einbeziehungspflichtige Sonder(einzel)kosten der Fertigung zu betrachten.[459] Wenn dieser Auffassung insbesondere im Hinblick auf Provisionen und Kosten für Reisen zu Auftragsverhandlungen vorgeworfen wird, sie würde unzulässigerweise verallgemeinern, indem Kostenbestandteile in die Herstellungskosten einbezogen würden, die tatsächliche Vertriebsleistungen betreffen und deshalb eine noch differenziertere Betrachtungsweise notwendig sei,[460] so muß gesehen werden, daß diese Forderung wohl an den Tatsachen der Praxis vorbeiläuft. Die besondere ökonomische Situation bei langfristigen Aufträgen verlangt hier nämlich, eine andere Sichtweise zum Herstellungsprozeß einzunehmen. So stellen in diesem Zusammenhang etwa die Reisen zu Auftragsverhandlungen in der Tat eben keine Vertriebsleistungen dar, sondern sind notwendig, um den Herstellungsprozeß überhaupt erst sicherstellen zu können. Der Versuch, die Kosten für derartige Reisen daraufhin zu prüfen, ob sie mehr dem Herstellungsprozeß oder mehr dem Vertriebsbereich zuzuordnen sind,[461] ist deshalb überflüssig, da grundsätzlich unter der Prämisse der tatsächlichen Auftragserteilung die Herstellungsbezogenheit zu bejahen ist.

Untersucht man die Kosten der Auftragsvorbereitung, so ist deren Verzahnung mit dem Herstellungsprozeß noch eindeutiger, da auf Planungsaktivitäten Bezug genommen wird, die

---

[458] *Selchert, F.W.*: Probleme ..., a.a.O., S. 2304.

[459] Vgl. ebenda, S. 2305; *Förschle, G.*: Bilanzierung sogenannter Sondereinzelkosten des Vertriebs aus handelsrechtlicher Sicht, in: *Albach, H., Forster, K.-H.* (Hrsg.): Beiträge zum Bilanzrichtliniengesetz. Das neue Recht in Theorie und Praxis, ZfB-Ergänzungsheft 1/87, 57. Jg. (1987), S. 95-117, s. bes. S. 103 f.; *Knop, W., Küting, K.*, in: *Küting, K., Weber, C.-P.* (Hrsg.): a.a.O., § 255, Rn. 185. Treffend weisen Knop/Küting darauf hin, diese auftragsspezifischen Kosten nicht den Fertigungseinzel- bzw. Fertigungsgemeinkosten zuzuordnen, sondern, entsprechend ihrer früheren Einordnung als Sondereinzelkosten, den Sonder(einzel)kosten der Fertigung, vgl. *Knop, W., Küting, K.*, in: *Küting, K., Weber, C.-P.* (Hrsg.): a.a.O., § 255, Rn. 186.

[460] Vgl. *Ordelheide, D.*: Zum Verbot der Aktivierung von Vertriebskosten in den Herstellungskosten gem. § 255 Abs. 2 Satz 6 HGB, in: *Moxter, A.* u.a. (Hrsg.): a.a.O., S. 507-517, s. bes. S. 513 f.

[461] Vgl. ebenda, S. 514.

zweifellos mit dem technischen Herstellungsprozeß unmittelbar verbunden sind. Somit handelt es sich im Rahmen langfristiger Aufträge auch bei den Kosten dieser Kostengruppe nicht um Vertriebskosten, sondern um Sonder(einzel)kosten der Fertigung, die in den Herstellungskostenansatz einzubeziehen sind, wobei auch hier die Auftragserteilung vorausgesetzt wird.[462]

Reine Vertriebskosten stellen dagegen i.d.R. die Kosten der Auftragsabwicklung dar, die bei der auftragsgemäßen Zuführung des Auftragsgegenstandes zum Auftraggeber und damit eben nicht herstellungsbezogen anfallen. Insofern schlägt für Kosten dieser Kostengruppe i.d.R. das Aktivierungsverbot durch.[463]

Damit ist im Rahmen langfristiger Aufträge die Frage nach dem Umfang der nicht einbeziehungsfähigen Sonder(einzel)kosten des Vertriebs sehr differenziert zu behandeln, da der Bereich langfristiger Aufträge ein besonderes ökonomisches Gepräge aufweist und es somit der einzelfallbezogenen Prüfung bedarf, ob die Kosten hier tatsächlich dem Vertriebs- und nicht etwa dem Fertigungsbereich zuzuordnen sind. Dies impliziert gleichzeitig aber auch, nicht alle Sondereinzelkosten des Vertriebs - wie dies z.T. im Schrifttum vorgeschlagen wird[464] - ungeprüft in den Herstellungskostenansatz einzubeziehen, da hier durchaus, wie die Gruppe der Kosten der Auftragsabwicklung zeigt, eine Vertriebsbezogenheit gegeben sein kann. Somit wird ein Konflikt mit der handelsrechtlichen Vorschrift des § 255 Abs. 2 Satz 6 HGB nur vermieden, wenn gerade die differenzierte Überprüfung der betreffenden Kosten vorgenommen wird, auch wenn eine Abgrenzung nur schwer durchzuführen ist.[465] Eine derartige Überprüfung sollte aber nicht nur auf den handelsbilanziellen Bereich beschränkt bleiben, sondern auch für die Steuerbilanz Beachtung finden, da Kosten, die ein-

---

[462] Vgl. *Selchert, F.W.*: Probleme ..., a.a.O., S. 2304; *Sarx, M.*, in: *Budde, W.D.* u.a. (Bearb.): a.a.O., § 255, Anm. 456; *Knop, W., Küting, K.*, in: *Küting, K., Weber, C.-P.* (Hrsg.): a.a.O., § 255, Rn. 185.

[463] Vgl. *Selchert, F.W.*: Probleme ..., a.a.O., S. 2305. Der Hinweis auf den Regelfall soll deutlich machen, daß hier eine weitere Differenzierung theoretisch denkbar ist, um Herstellungsbezogenheit feststellen zu können. Diese Herstellungsbezogenheit wird sich dabei aber in der Praxis eben nur schwer nachweisen lassen.

[464] Vgl. hierzu beispielsweise *Backhaus, K.*: Die Gewinnrealisation bei mehrperiodigen Lieferungen und Leistungen in der Aktienbilanz, ZfbF, 32. Jg. (1980), S. 347-360, s. bes. S. 358; *Wohlgemuth, M.*: Zeitraum der Herstellung, in: *Leffson, U.* u.a. (Hrsg.): a.a.O., S. 470-480, s. bes. S. 478; *Weber E.*: a.a.O., S. 398, die eine Einbeziehung aller direkt zurechenbaren Vertriebskosten in den Herstellungskostenansatz fordern, da bei langfristigen Aufträgen eine willkürfreie Trennung von Vertriebs- und Fertigungsbereich nicht möglich wäre. Dem ist aber entgegenzuhalten, daß die hier dargestellte Einteilung in Kostengruppen sehr wohl zuverlässige und willkürfreie Aussagen ermöglicht.

[465] Insofern macht es sich Höffken sehr einfach, wenn er für den Bereich des Anlagenbaus ein Aktivierungswahlrecht für Vertriebseinzel- oder -gemeinkosten fordert, vgl. *Höffken, E.*: Projekte des Anlagenbaus im Jahresabschluß, in: *Höffken, E., Schweitzer, M.* (Hrsg.): a.a.O., S. 173-181, s. bes. S. 181. Eine solche Sichtweise muß offensichtlich mit dem Gesetz in Konflikt geraten.

deutig dem Fertigungs- und nicht dem Vertriebsbereich zuzuordnen sind, eben keine Vertriebskosten darstellen. Insofern sollte hier trotz des durch die zitierten BFH-Entscheidungen[466] zu Recht ausgesprochenen, aber zu undifferenzierten Verbotes der Aktivierung von Vertriebskosten eine im Rahmen langfristiger Aufträge differenziertere Betrachtungsweise Anwendung finden.

(3) Forschungs-, Entwicklungs- und Konstruktionskosten

Ein besonderes Kennzeichen langfristiger Aufträge ist auch der z.T. enorme Umfang, den Forschungs-, Entwicklungs- und Konstruktionskosten einnehmen.[467] Es stellt sich hierbei die Frage, inwieweit diese in die Herstellungskosten einzubeziehen sind. Hierbei soll im folgenden, in Ermangelung einer expliziten gesetzlichen Regelung, auf eine Überprüfung nach der Art der Forschungs-, Entwicklungs- und Konstruktionstätigkeit im Rahmen langfristiger Aufträge abgestellt werden.[468]

Dabei stellen, zunächst handelsrechtlich betrachtet, die für den jeweiligen Auftrag unmittelbar anfallenden Konstruktionskosten Sonder(einzel)kosten der Fertigung dar und sind somit aktivierungspflichtige Herstellungskostenbestandteile.[469] Bei den Entwicklungskosten ist zu unterscheiden zwischen Kosten der Neu- und der Weiterentwicklung,[470] wobei letztere ebenfalls als aktivierungspflichtige Sonder(einzel)kosten der Fertigung anzusehen sind, wenn auch sie unmittelbar einem bestimmten Auftrag zugerechnet werden können.[471] Sollten die Erkenntnisse aus der Weiterentwicklung auch für andere Aufträge verwendet werden können, liegen aktivierungsfähige Fertigungsgemeinkosten vor, die insofern anteilig

---

[466] Vgl. BFH-Urt. v. 19.6.1973, a.a.O., S. 774; BFH-Urt. v. 24.3.1976, a.a.O., S. 450.

[467] Vgl. *Stein, H.*: a.a.O., S. 90 ff.; *Döll, B.*: a.a.O., S. 84 ff. sowie grundlegend *Flume, W.*: Die Forschungs- und Entwicklungskosten in Handels- und Steuerbilanz, DB, 11. Jg. (1958), S. 1045-1054; IASC: Vorschlag des IASC für eine Stellungnahme zur Bilanzierung von Forschungs- und Entwicklungskosten (= ED 9), WPg, 30. Jg. (1977), S. 330-332.

[468] Vgl. hierzu die differenzierte Vorgehensweise bei *ADS*: a.a.O., § 255, Tz. 179; *Knop, W., Küting, K.*, in: *Küting, K., Weber, C.-P.* (Hrsg.): a.a.O., § 255, Rn. 326.

[469] Vgl. *ADS*: a.a.O., § 255, Tz. 179; *Sarx, M.*, in: *Budde, W.D.* u.a. (Bearb.): a.a.O., § 255, Anm. 424.

[470] Vgl. *Sarx, M.*, in: *Budde, W.D.* u. a. (Hrsg.): a.a.O., § 255, Rn. 425. Zur Differenzierung der Kosten des Entwicklungsbereiches vgl. auf steuerrechtlicher Seite auch die Ausführungen des FM NRW: Erl. v. 4.12.1958 S 2118-6184/VB-1, Steuerliche Behandlung von Forschungs- und Entwicklungskosten, DB, 11. Jg. (1958), S. 1403-1404, aber auch BMWF: Schreiben v. 11.6.1971 F/IV B 2- S 2133-3/71, Steuerliche Behandlung von Forschungs- und Entwicklungskosten, BB, 26. Jg. (1971), S. 809.

[471] Vgl. *ADS*: a.a.O., § 255, Tz. 179; *Knop, W., Küting, K.*, in: *Küting, K., Weber, C.-P.* (Hrsg.): a.a.O., § 255, Rn. 327. Zur Erfassung von Entwicklungs- und Konstruktionskosten beim Auftragnehmer vgl. auch *Stein, H.*: a.a.O., S. 50 f.

einbezogen werden dürfen.[472] Diese Einbeziehung als Sonder(einzel)kosten der Fertigung bzw. als Fertigungsgemeinkosten gilt dabei im Rahmen langfristiger Aufträge auch für Kosten der Neuentwicklung sowie für Kosten der Grundlagenforschung, allerdings nur unter der hier noch strenger zu beachtenden Voraussetzung der Auftragsgebundenheit. Kosten der Neuentwicklung sowie Kosten der Grundlagenforschung, die demnach auftragsungebunden anfallen, d.h. die dem einzelnen Auftrag oder einer begrenzten Zahl von Aufträgen nicht unmittelbar zuzurechnen sind, dürfen dagegen nicht aktiviert werden.[473] Die so dargestellte handelsrechtliche Abgrenzung wird dabei im Rahmen langfristiger Aufträge auch für die Steuerbilanz relevant, wobei es allerdings zu beachten gilt, daß sowohl für Sonder(einzel)kosten der Fertigung als auch für Fertigungsgemeinkosten Aktivierungspflicht besteht.[474]

---

[472] Vgl. *ADS*: a.a.O., § 255, Tz. 179; *Knop, W., Küting, K.*, in: *Küting, K., Weber, C.-P.* (Hrsg.): a.a.O., § 255, Rn. 327.

[473] Insofern wird hier der Auffassung von Knop/Küting gefolgt, die zur Frage der Aktivierungspflicht bzw. -fähigkeit allgemein auf die Entwicklungsaufwendungen abstellen, die auftragsgebunden anfallen, vgl. *Knop, W., Küting, K.*, in: *Küting, K., Weber, C.-P.* (Hrsg.): a.a.O., § 255, Rn. 327.

[474] Vgl. *Hottmann, J.*: Forschungs- und Entwicklungskosten in der Handels- und Steuerbilanz, StBp, 22. Jg. (1982), S. 286-295, s. bes. S. 289.

ZWEITER TEIL

Das Realisationsprinzip und seine Anwendung bei langfristigen Aufträgen

1. Kapitel: Das Realisationsprinzip im System handelsrechtlicher Grundsätze ordnungsmäßiger Buchführung sowie seine steuerrechtliche Geltung

Wie bereits hervorgehoben, stellen die in § 252 Abs. 1 Nr. 4 HGB kodifizierten Gewinnermittlungsprinzipien Realisations- und Imparitätsprinzip sowie weitere Objektivierungs- und Vereinfachungsprinzipien, und hier vor allem das Einzelbewertungsprinzip nach § 252 Abs. 1 Nr. 3 HGB, die prägenden Fundamentalprinzipien des Systems handelsrechtlicher Grundsätze ordnungsmäßiger Buchführung dar. Auch für die bilanzielle Behandlung langfristiger Aufträge gelten sie. Das System stellt auf die Ermittlung eines vereinfachten und objektivierten, vorsichtigen, d.h. umsatzgebundenen und verlustantizipierenden Gewinnes ab. Konzentriert man sich nun innerhalb des Systems auf den Bereich, der die Bestimmung eines umsatzgebundenen Gewinnes abdeckt, so rückt das Realisationsprinzip als Fundamentalprinzip in den Vordergrund der Betrachtung. Seine handelsrechtliche Grundlage findet das Realisationsprinzip in § 252 Abs. 1 Nr. 4 HGB, wo es heißt: "Es ist vorsichtig zu bewerten, ...; Gewinne sind nur zu berücksichtigen, wenn sie am Abschlußstichtag realisiert sind." Das Gesetz stellt damit klar, das Realisationsprinzip als "einen Bestandteil des Vorsichtsprinzips" aufzufassen, wobei es die Gewinnentstehung an den Umsatz knüpft, "das heißt an die erfüllte Lieferung oder sonstige Leistung im Rechtssinne".[1] Aus handelsrechtlicher Sicht soll durch das Realisationsprinzip zum einen der Ausweis und die Ausschüttung unrealisierter Gewinne verhindert und zum anderen die Erfolgsneutralität von Beschaffungsvorgängen sichergestellt werden.[2] Deshalb schließt das Realisationsprinzip auch das Anschaffungswertprinzip ein, das die Beibehaltung von Anschaffungs- oder Herstellungskosten solange fordert, bis ein Umsatz erfolgt ist. Da Wertänderungen insofern erst der Bestätigung durch den Umsatz bedürfen, um damit Gewinne zu verwirklichen, stellt sich aber gleichzeitig die Frage, welche allgemeinen Voraussetzungen erfüllt sein müssen, durch die eben diese Wertänderung begründet werden kann. Damit konzentriert sich die Frage auf eine zeitpunktbezogene Betrachtung, die das durch den Wortlaut des § 252 Abs. 1 Nr. 4 HGB aufgeworfene Problem, was Realisation ist und ab

---

[1] Moxter, A.: Bilanzlehre, Bd. II ..., a.a.O., S. 38 f.

[2] Vgl. Leffson, U.: Die Grundsätze ..., a.a.O., S. 251; Selchert, F.W., in: Küting, K., Weber, C.-P. (Hrsg.): a.a.O., § 252, Rn. 81.

wann Realisation eintritt, zum Gegenstand hat. Hintergrund dieser Problematik bildet zugleich die Tatsache, daß das Realisationsprinzip durch den Wortlaut des § 252 Abs. 1 Nr. 4 HGB als zeitpunktbezogenes Gebot ("Gewinne sind ... zu berücksichtigen, wenn sie am Bilanzstichtag realisiert sind.") aufzufassen ist.[3] Allerdings wirft § 252 Abs. 1 Nr. 4 HGB lediglich das Problem, was Realisation ist und ab wann Realisation eintritt, auf, enthält aber keine expliziten Regelungen darüber, wie das Problem zu lösen ist.[4] Insofern stellt sich mangels einer gesetzlichen Regelung die konkrete Frage nach der Bestimmung des Zeitpunktes der Gewinnrealisierung, unter unmittelbarer Anwendung des Realisationsprinzips als Grundsatz ordnungsmäßiger Buchführung und unter besonderer Berücksichtigung der mit diesem Prinzip konform gehenden handelsbilanzrechtlichen Zielsetzung. Dabei sichert die Beachtung der handelsbilanzrechtlichen Zielsetzung die Berücksichtigung der für den handelsrechtlichen Jahresabschluß (verstanden als Bilanz und Gewinn- und Verlustrechnung) vertretenen Auffassung vom Primat der Bestimmung eines als Gewinn verteilbaren Betrages.

Das handelsrechtliche Realisationsprinzip wirkt aber über den Grundsatz der Maßgeblichkeit der Handelsbilanz für die Steuerbilanz gem. § 5 Abs. 1 EStG auch in das Ertragsteuerrecht ein und stellt sich dort als "Konkretisierung einer gleichmäßigen und wirtschaftlich maßvollen Besteuerung nach der Leistungsfähigkeit" dar.[5] Es sichert nämlich die Erfassung grundsätzlich nur realisierter, am Markt bestätigter Einkommen und kann deshalb auch "zu den Fundamentalkonkretisierungen des Markteinkommens" gerechnet werden.[6] Eine Anknüpfung des Ertragsteuerrechts an die Handelsbilanz über § 5 Abs. 1 EStG wird deshalb erforderlich, da steuerrechtlich für Fälle des § 5 Abs. 1 EStG keine dem Realisationsprinzip entsprechende, eigenständige Regelung existiert. Insbesondere findet hier nicht die Vorschrift des § 11 Abs. 1 Satz 1 EStG Anwendung, die eine eigenständige Abgrenzungs-

---

[3] Zu beachten ist in diesem Zusammenhang, daß mit dem zeitpunktbezogenen Gebot auch die mit dem Vorsichtsprinzip einhergehende Konsequenz der bilanziellen Nichtberücksichtigung schwebender Geschäfte entfällt, vgl. hierzu *Woerner, L.*: Die Gewinnrealisierung ..., a.a.O., S. 772. Zur Wirkung des Realisationsprinzips als zeitpunktbezogenem Gebot vgl. auch *Moxter, A.*: Bilanzrechtsprechung ..., a.a.O., S. 11.

[4] Vgl. *Lüders, J.*: a.a.O., S. 10.

[5] *Knobbe-Keuk, B.*: a.a.O., S. 254 f. Es ist zu beachten, daß der Zusammenhang zwischen Gewinnrealisierung und steuerlicher Leistungsfähigkeit z.T. von einer kontroversen Diskussion tangiert wird, wobei zum einen die These vertreten wird, auch unrealisierte Gewinne schafften Leistungsfähigkeit und müßten folglich besteuert werden, vgl. *Tipke, K.*: Rechtfertigung des Themas; Ziel der Tagung, in: *Ruppe, H.G.*: a.a.O., S. 1-12, s. bes. S. 2 f. In einer dazu konträren These wird dagegen behauptet, daß die Erfassung unrealisierter Gewinne vollends und selbst die Erfassung realisierter Gewinne bei Nichtvorliegen bestimmter, die Realisation determinierender Voraussetzungen dem Grundsatz der Besteuerung nach der Leistungsfähigkeit widerspreche, vgl. *Schneider, D.*: Realisationsprinzip und Einkommensbegriff, in: *Baetge, J.* u.a. (Hrsg.): a.a.O., S. 101-117, s. bes. S. 116 f.

[6] *Tipke, K., Lang, J.*: a.a.O., S. 309.

konzeption aufstellt: "Einnahmen sind innerhalb des Kalenderjahres bezogen, in dem sie dem Steuerpflichtigen zugeflossen sind."[7] Denn gem. § 11 Abs. 1 Satz 4 EStG bezieht sich das so verankerte Zuflußprinzip lediglich auf alle Überschußeinkunftsarten i.S. des § 2 Abs. 2 Nr. 2 EStG und auf die Fälle der Gewinnermittlung durch Überschußrechnung gem. § 4 Abs. 3 EStG, wobei ausdrücklich die Gewinnermittlung nach § 4 Abs. 1 oder § 5 EStG ausgenommen wird: "Die Vorschriften über die Gewinnermittlung (§ 4 Abs. 1, § 5) bleiben unberührt." Bedeutsam wird diese Feststellung deshalb, da durch § 11 Abs. 1 Satz 1 EStG festgelegt wird, ab welchem Zeitpunkt Einkünfte i.S. des § 2 Abs. 2 Nr. 2 EStG und Gewinne i.S. des § 4 Abs. 3 EStG der Besteuerung unterliegen. Insofern legt die Vorschrift des § 11 Abs. 1 Satz 1 EStG zwar den Zeitpunkt der Einnahmen bzw. den Zeitpunkt der Gewinnrealisierung für Fälle des § 4 Abs. 3 EStG fest, eine derartige Festlegung für Fälle des § 4 Abs. 1 oder § 5 EStG erfolgt damit aber nicht. Somit ist zur Festlegung des Zeitpunktes der Gewinnrealisierung bei den hier zu betrachtenden, den Maßgeblichkeitsgrundsatz des § 5 Abs. 1 EStG betreffenden Fällen auf die handelsrechtlichen Grundsätze ordnungsmäßiger Buchführung und hier insbesondere auf das Realisationsprinzip Bezug zu nehmen.[8] Gestützt wird diese Bezugnahme durch die Regelung in § 6 Abs. 1 Nr. 1 u. 2 EStG, die in gleicher Weise wie das Handelsrecht die Beachtung des Anschaffungswertprinzips im Steuerrecht vorschreibt.[9]

Dieser enge Zusammenhang zwischen Handels- und Steuerbilanzrecht in bezug auf Tatbestände, die sich in Handels- und Steuerbilanz niederschlagen und bei denen die (parallele) Anwendung des Realisationsprinzips im Vordergrund steht - insofern spricht man auch von Realisationstatbeständen im engeren Sinne -, darf aber nicht darüber hinwegtäuschen, daß das Steuerrecht zum Komplex der Gewinnrealisierung auch spezifisch steuerrechtliche Tatbestände erfaßt, "die eben keine oder doch keine unmittelbare handelsrechtliche Parallele" aufweisen.[10] Zu diesen besonderen steuerrechtlichen Gewinnrealisationstatbeständen, die eine Aufdeckung stiller Reserven sicherstellen sollen, gehören beispielsweise die Entnahme gem. § 4 Abs. 1 Satz 2 EStG, die Betriebsaufgabe gem. § 16 Abs. 3 EStG, die Liquidation von Kapitalgesellschaften gem. § 11 KStG, das Ausscheiden einer unbeschränkt steuerpflichtigen Körperschaft oder Vermögensmasse aus der unbeschränkten Steuerpflicht gem. § 12 Abs. 1 KStG sowie die Auflösung einer inländischen Betriebsstätte einer beschränkt steuerpflichtigen Körperschaft, Personenvereinigung oder Vermögensmasse oder ihre

---

[7] Vgl. hierzu auch *Gelhausen, H.F.*: a.a.O., S. 19 f.

[8] Vgl. in diesem Zusammenhang *Lüders, J.*: a.a.O., S. 12 f.

[9] Vgl. *Tipke, K.*, in: *Ruppe, H.G.* (Hrsg.): a.a.O., S. 4.

[10] *Beisse, H.*, in: *Ruppe, H.G.* (Hrsg.): a.a.O., S. 18.

Verlegung ins Ausland gem. § 12 Abs. 2 KStG.[11] Im folgenden sollen diese steuerrechtlichen Sondertatbestände allerdings nicht näher erörtert werden, da sie für das hier zu untersuchende Problem der Gewinnrealisierung bei langfristigen Aufträgen nicht relevant sind und auch mit dem eigentlichen Realisationsprinzip als zeitlichem Abgrenzungsgrundsatz nur in den Auswirkungen, nicht aber im Regelungsgehalt zusammenhängen.[12]

---

[11] Vgl. *Beisse, H.*, in: *Ruppe, H.G.* (Hrsg.): a.a.O., S. 28 ff.

[12] Vgl. *Gelhausen, H.F.*: a.a.O., S. 24.

2. Kapitel: Zur Festlegung des Zeitpunktes der Gewinnrealisierung im Handels- und Steuerbilanzrecht

I. Realisationszeitpunkt und Forderungsbilanzierung

Der Frage nach dem Zeitpunkt der Gewinnrealisierung in Handels- und Steuerbilanzrecht ist vorgelagert, was eigentlich unter "Gewinnrealisierung" zu verstehen ist und welcher bilanzrechtliche Ansatzpunkt hierbei herausgestellt werden muß. So gilt es, an dieser Stelle nochmals an den Grundsatz des bilanziellen Nichtausweises von Ansprüchen und Verpflichtungen beim schwebenden Vertrag zu erinnern und dabei insbesondere an die dort herausgestellte Begründung der Modifikation des Vollständigkeitsgebotes durch das Vorsichtsprinzip. Denn genau in diesen Zusammenhang greift nun der Vorgang der Gewinnrealisierung - auf der Grundlage des Realisationsprinzips in seiner Ausprägung als zeitpunktbezogenem Gebot - ein, da mit der Gewinnrealisierung die aus dem Vorsichtsprinzip sich ergebenden Gründe für den Nichtausweis schwebender Geschäfte in der Bilanz entfallen sind.[13] Bilanziell wird hierbei, wie der BFH treffend ausführt, mit der Gewinnrealisierung "an Stelle eines veräußerten Wirtschaftsgutes eine Geldforderung mit einem höheren Nennwert als dem Buchwert des veräußerten und nicht mehr zu bilanzierenden Wirtschaftsguts angesetzt".[14] Es zeigt sich damit ein Zusammenspiel von Vollständigkeitsgebot, Vorsichtsprinzip und Realisationsprinzip, wobei das Vollständigkeitsgebot sowohl durch das Vorsichtsprinzip als auch durch das Realisationsprinzip modifiziert wird: "Entweder der Bestand einer Forderung ist so riskant, daß ihr Ausweis noch keine Aussagekraft hat, oder eine Ware ist bereits so vom betrieblichen Geschehen gelöst, daß die Ware nicht mehr in der Bilanz festgehalten zu werden braucht. Im ersten Fall beruht die Modifikation des Vollständigkeitsgebotes auf einem 'noch nicht', im zweiten Fall auf einem 'nicht mehr'."[15] Kennzeichnend für diesen Moment des Überganges im Realisationszeitpunkt ist dabei ein damit verbundener Wertsprung[16] und nicht ein kontinuierlicher, von einem Zeitpunkt unabhängiger Wertaufbau i.S. einer stetigen Gewinnakkumulation.[17] Zugleich ist allerdings der Auffassung im Schrifttum zuzustimmen, die die Bezeichnung "Wertsprung"

---

[13] Vgl. *Woerner, L.*: Die Gewinnrealisierung ..., a.a.O., S. 772.

[14] BFH-Urt. v. 27.2.1986, a.a.O., s. bes. S. 553.

[15] *Woerner, L.*: Die Gewinnrealisierung ..., a.a.O., S. 773.

[16] Vgl. *Leffson, U.*: Die Grundsätze ..., a.a.O., S. 248.

[17] Vgl. *Sprouse, R.T., Moonitz, M.*: A Tentative Set of Broad Accounting Principles for Business Enterprises, Accounting Research Study Nr. 3 des AICPA, New York 1962, S. 13 ff., s. bes. S. 14; *Albach, H.*: Gewinnrealisierungen im Ertragsteuerrecht, StbJb. 1970/71, S. 287-320, s. bes. S. 319. Vgl. hierzu auch den Diskussionsentwurf des IASC: E 41: Revenue Recognition, FN-IDW, Nr. 6/1992, S. 195-201, s. bes. S. 197.

als rechtlich zu unscharf interpretiert und deshalb unter Heranziehung der auch hier vertretenen Auffassung vom Gewinn als "Vermögensmehrung in disponibler Form"[18] treffend vom "vermögenserhöhenden Wertsprung" spricht.[19] Ebenso zeigt sich ein unmittelbarer Zusammenhang der Frage nach dem Realisationszeitpunkt mit dem Problem der Forderungsbilanzierung, da die Festlegung des Realisationszeitpunktes den Zeitpunkt des bilanzrechtlichen Entstehens von Forderungen determiniert.[20] Dagegen wird in der Literatur jedoch auch die Auffassung vertreten, die Frage nach dem Realisationszeitpunkt und die Frage nach der Forderungsbilanzierung seien getrennt voneinander zu beantworten. So sei zu unterscheiden zwischen der Gewinnrealisation und der Umsatzrealisation, wobei erstere den eigentlichen Gewinnausweis zum Gegenstand habe, während die Umsatzrealisation - unter der Prämisse des Überganges des wirtschaftlichen Eigentums - die Frage regele, welcher Vermögensgegenstand bzw. welches Wirtschaftsgut ausgewiesen werden müsse (die Ware oder die Forderung auf die Gegenleistung).[21] Dies ermögliche, sowohl dem Realisationsprinzip (mit der Gewinnrealisation) als auch dem Vollständigkeitsprinzip (mit der Umsatzrealisation) Rechnung zu tragen.[22] Allerdings wird gegen diese Auffassung von einer getrennten Vorgehensweise zu Recht der Einwand erhoben, sie könne sich auf keine gesetzliche Grundlage stützen.[23] Treffend wird dabei insbesondere auch darauf hingewiesen, daß ein mit der so verstandenen Gewinnrealisation verbundenes Hochschreiben des in der Bilanz verbleibenden Vermögensgegenstandes bzw. Wirtschaftsgutes auf den Wert der Forderung nicht mit dem in § 253 Abs. 1 Satz 1 HGB bzw. § 6 Abs. 1 Nr. 2 EStG kodifizierten Anschaffungswertprinzip zu vereinbaren sei,[24] zumal das zur Rechtfertigung dieser Vorgehensweise herangezogene Argument der teleologischen Reduktion[25] eine "recht frag-

---

[18] *Beisse, H.*, in: *Ruppe, H.G.* (Hrsg.): a.a.O., S. 20.

[19] *Woerner, L.*: Die Gewinnrealisierung ..., a.a.O., S. 773, der treffend die Unschärfe dadurch beschreibt, daß die alleinige Heranziehung der Auffassung vom Wertsprung auch den Irrtum eintreten lassen könne, "als komme es bei der Bestimmung des Realisationszeitpunktes auch darauf an, ob ein Leistungserfolg bei dem ... eingetreten sei, der die Lieferung oder Leistung beanspruchen darf". Diesem Irrtum gelte es vorzubeugen, da es lediglich um die Gewinnermittlung des Leistungsverpflichteten gehe: Nur "sein Erfolgsbeitrag soll erfaßt werden".

[20] Vgl. *Lüders, J.*: a.a.O., S. 45.

[21] Vgl. *Gelhausen, H.F.*: a.a.O., S. 26 ff.

[22] Vgl. ebenda, S. 38 u. S. 241.

[23] Vgl. *Lüders, J.*: a.a.O., S. 45.

[24] Ein Hochschreiben wird deshalb angenommen, da im Falle des Versendungskaufs gem. §§ 433, 447 BGB der Gewinn schon mit der Übergabe der Ware an die Transportperson realisiert werde, der Umsatz jedoch erst mit der Ablieferung an den Käufer, vgl. ebenda, S. 45 f.

[25] Vgl. *Gelhausen, H.F.*: a.a.O., S. 397.

würdige Konstruktion" darstelle.²⁶ Zudem wird gegen die Auffassung zu Recht der handelsrechtliche Einwand erhoben, eine Trennung in Gewinn- und Umsatzrealisation würde zwar der auch hier vertretenen Primäraufgabe der Ausschüttungsregelung - sofern Erfolgsneutralität gesichert wäre - nicht widersprechen, für den Nebenzweck der Informationsregelung gelte dies jedoch nicht unbedingt: U.U. "dürfte die Trennung von Gewinn- und Umsatzrealisation sogar Informationsverluste verursachen, da aus der Bezeichnung der Aktiva nicht erkennbar wäre, ob erfolgsneutral (etwa fertige Erzeugnisse und Waren) oder erfolgswirksam (Forderungen aus Lieferungen und Leistungen) bewertet wurde."²⁷ Zutreffend wird deshalb die "gekünstelte Konstruktion"²⁸ der Trennung in Gewinn- und Umsatzrealisation verworfen. Es besteht ein entscheidender Zusammenhang zwischen der Frage nach der Bestimmung des Realisationszeitpunktes und dem Problem der Forderungsbilanzierung. Dieser Zusammenhang beschreibt aber nur, wie sich bei der Forderungsbilanzierung die Grundsätze der Gewinnrealisierung zeigen.²⁹ Über das "Zeigen" hinaus wird jedoch noch nicht geklärt, wie diese Grundsätze lauten. Im Kern wird damit das eigentliche Problem der Festlegung des Zeitpunktes der Gewinnrealisierung angesprochen.³⁰

II. Die Ermittlung des Realisationszeitpunktes

1. Das Prinzip des quasisicheren Anspruchs und die Diskussion möglicher Realisationszeitpunkte

Versucht man, die Frage nach dem Zeitpunkt der Gewinnrealisierung zuverlässig zu beantworten, so gilt es, zunächst den bilanzrechtlichen Hintergrund zu dieser Fragestellung hervortreten zu lassen. Diesen Hintergrund dabei lediglich als Wertsprung zu kennzeichnen,³¹

---

[26] *Lüders, J.*: a.a.O., S. 45, der die These von der Trennung in Gewinn- und Umsatzrealisation am Fall des Versendungskaufs gem. §§ 433, 447 BGB diskutiert. Vgl. hierzu auch *Woerner, L.*: Die Gewinnrealisierung ..., a.a.O., S. 771.

[27] *Euler, R.*: a.a.O., S. 120.

[28] *Woerner, L.*: Die Gewinnrealisierung ..., a.a.O., S. 771.

[29] Vgl. *Schönnenbeck, H.*: Die Eigengesetzlichkeit der Forderungen im Jahresabschluß, DB, 15. Jg. (1962), S. 545-548, s. bes. S. 546.

[30] Unter der Annahme, die Realisation von Aufwendungen zur Abwicklung eines Rechtsgeschäftes sei der Realisation der Erträge, die aus dem Rechtsgeschäft zu erwarten sind, zeitlich vorgelagert, stellt Selchert nicht auf den Zeitpunkt der Gewinnrealisierung, sondern auf den Zeitpunkt der Realisation von Erträgen ab, vgl. *Selchert, F.W.*, in: *Küting, K., Weber, C.-P.* (Hrsg.): a.a.O., § 252, Rn. 82. Im folgenden soll allerdings an dem in Rechtsprechung, Schrifttum und Praxis häufiger verwendeten Begriff des Zeitpunktes der Gewinnrealisierung festgehalten werden.

[31] Vgl. *Leffson, U.*: Die Grundsätze ..., a.a.O., S. 248.

kann, wie bereits herausgestellt, keine ausreichende Beschreibung darstellen, sondern es wird erforderlich, ein zusätzlich determinierendes Element einfließen zu lassen, das den bilanzrechtlichen Hintergrund der Gewinnrealisierung erhellt. So tritt zu Recht die Auffassung hinzu, die das Wesen der Gewinnrealisierung als "Vermögensmehrung in disponibler Form"[32] beschreibt. Damit wird eine bestimmte Gewinnkonzeption (durch das Realisationsprinzip) angestrebt,[33] eine Konzeption, die Gewinn eben nur dann als realisiert betrachtet, wenn das Kriterium von der Vermehrung disponiblen Vermögens erfüllt ist. Zugleich bedingt eine solche Sichtweise eine Konkretisierung durch ein normatives Element, das festlegt, wann eine solche Vermögensmehrung vorliegt. Hier schließt nun eine in Rechtsprechung und Literatur zu Recht vertretene Auffassung an, die die Gewinnrealisierung dann als eingetreten betrachtet, wenn in einem Schuldverhältnis der zur Sach- oder Dienstleistung Verpflichtete seine geschuldete Leistungshandlung in der Weise erbracht hat, daß ihm die Forderung auf die Gegenleistung - von den mit jeder Forderung einhergehenden Risiken abgesehen - so gut wie sicher ist.[34] Diese auch als Prinzip des quasisicheren Anspruchs bezeichnete These[35] stützt sich damit aber bereits auf einen bestimmten Zeitpunkt, den Zeitpunkt, zu dem der zur Sach- oder Dienstleistung Verpflichtete seine Leistungshandlung erbringt. Deshalb muß zur Absicherung dieser These noch die Frage beantwortet werden, warum nicht ein anderer, möglicher Realisationszeitpunkt als der "richtige" Realisationszeitpunkt anzusehen ist.[36]

Daß hier zumindest der Zeitpunkt des Vertragsabschlusses nicht als der "richtige" Zeitpunkt angesehen werden kann, haben schon die Ausführungen zum Grundsatz der bilanziellen

---

[32] *Beisse, H.*, in: *Ruppe, H.G.* (Hrsg.): a.a.O., S. 20.

[33] *Moxter, A.*: Bilanzrechtsprechung ..., a.a.O., S. 20.

[34] Vgl. beispielsweise *Woerner, L.*: Grundsatzfragen, a.a.O., S. 494; *Mathiak, W.*: Rechtsprechung zum Bilanzsteuerrecht, StuW, 64. (17.) Jg. (1987), S. 51-59, s. bes. S. 55; *Moxter, A.*: Selbständige Bewertbarkeit ..., a.a.O., S. 1850; *Woerner, L.*: Die Gewinnrealisierung ..., a.a.O., S. 773; *Knobbe-Keuk, B.*: a.a.O., S. 246 f. sowie BFH-Beschl. v. 11.12.1985 I B 49/85, BFH-NV 1986, S. 595-596; BFH-Urt. v. 25.2.1986 VIII R 134/80, BStBl. 1986 II, S. 788-790, s. bes. S. 789. Döllerer spricht in diesem Zusammenhang gleichfalls davon, "daß der Anspruch ... auf die Gegenleistung im wesentlichen als gesichert erscheint", *Döllerer, G.*: Zur Bilanzierung ..., a.a.O., S. 1543 u. Lohmeyer stellt treffend darauf ab, daß "der Anspruch auf Gegenleistung in einer nicht mehr streitig zu machenden Weise entstanden" sein muß, *Lohmeyer, H.*: a.a.O., S. 653.

[35] Vgl. *Moxter, A.*: Bilanzrechtsprechung ..., a.a.O., S. 10; *Euler, R.*: a.a.O., S. 67.

[36] Welche Vielzahl möglicher Realisationszeitpunkte es dabei zu beachten gilt, wird beispielsweise deutlich hervorgehoben von *Gold, E.-A.*: a.a.O., S. 396 u. *Lüders, J.*: a.a.O., S. 21 ff.

Nichtberücksichtigung schwebender Geschäfte gezeigt.[37] Zutreffend findet dieser Grundsatz nämlich seine Rechtfertigung im Vorsichtsprinzip als bilanzrechtlicher Kategorie und dabei insbesondere in den dieses Prinzip konkretisierenden schuldrechtlichen Risikogesichtspunkten, die einem bilanziellen Ausweis der im Zeitpunkt des Vertragsabschlusses entstandenen Ansprüche und Verpflichtungen aus dem schwebenden Geschäft entgegenstehen. Anders könnte dies aber für den Zeitpunkt zu beantworten sein, "zu dem der Schuldner bezahlt hat".[38] So wird von einer nicht unerheblichen Anzahl von Autoren die These aufgestellt, den Gewinn erst im Zeitpunkt des Geldeinganges als realisiert zu betrachten.[39] So stelle nur die Gewinnverwirklichung zum Zeitpunkt des Geldeinganges sicher, mögliche, an den als "realisiert" ausgewiesenen Gewinn anknüpfende Auszahlungen infolge Ausschüttung und Besteuerung vorzunehmen, ohne das Gebot der (nominellen) Kapitalerhaltung zu verletzen.[40] Eine solche Verletzung wäre nämlich dann gegeben, wenn der Realisationszeitpunkt auf den Zeitpunkt der Lieferung oder Leistung festgelegt würde, da in einem solchen Fall u.U. der ausgewiesene Gewinn nur buchmäßig, "fiktiv", nicht aber in liquider Form vorliege, ertragsabhängige Auszahlungen, wie Gewinnausschüttungen und Steuerzahlungen mithin nur im Wege der Vorfinanzierung geleistet werden könnten und eine sub-

---

[37] Hier den Zeitpunkt des Vertragsabschlusses als maßgebenden Realisationszeitpunkt in Betracht zu ziehen, ergibt sich aus der Tatsache, "daß mit dem Vertragsabschluß ein wesentlicher, manchmal sogar der schwierigste Teil des Umsatzaktes erfüllt" ist, *Jacobs, O.H.*: a.a.O., S. 121; vgl. hierzu auch *Leffson, U.*: Die Grundsätze ..., a.a.O., S. 260. Denn wie Helpenstein in diesem Zusammenhang treffend formuliert, erfährt die Unternehmensleistung durch den Vertragsabschluß erstmals eine "außerbetriebliche Wertschätzung", *Helpenstein, F.*: Wirtschaftliche und steuerliche Erfolgsbilanz, Berlin 1932, S. 537 f.

[38] *Leffson, U.*: Die Grundsätze ..., a.a.O., S. 258.

[39] Vgl. hierzu *Fischer, R.*: Die Bilanzwerte, was sie sind und was sie nicht sind, Leipzig 1908, Bd. I, Teil II, S. 246 ff.; *Kottke, K.*: Vorfinanzierung der Einkommensteuer durch unrichtige Bewertung von Forderungen?, BB, 8. Jg. (1953), S. 762-763; *Ruchti, H.*: Erfolgsermittlung und Bewegungsbilanz, ZfhF, 7. Jg. (1955), S. 499-520; *Pohmer, D.*: Die betriebswirtschaftliche Problematik der Gewinnrealisation und der Periodenabgrenzung unter dem Gesichtspunkt der Erfolgsbesteuerung, WPg, 10. Jg. (1957), S. 461-466, S. 498-501, S. 523-529 u. S. 551-553; *Götzen, G.*: Die Behandlung von realisierten und unrealisierten Gewinnen und Verlusten in der Bilanz und die sich hierbei ergebende Problematik unter besonderer Berücksichtigung der Höhe und des Zeitpunktes des Ausweises, Frankfurt a.M. 1963, S. 321 ff.; *Schneider, D.*: Bilanzgewinn und ökonomische Theorie, ZfhF, 15. Jg. (1963), S. 457-474, s. bes. S. 468 f.; *Dietrich, S.*: Das Realisationsprinzip in Betriebswirtschaft und Recht und sein Einfluß auf die Liquidität der Unternehmung, Der österreichische Betriebswirt, 19. Jg. (1969), S. 100-111; *Schneider, D.*: Sieben Thesen zum Verhältnis von Handels- und Steuerbilanz, DB, 23. Jg. (1970), S. 1697-1705, s. bes. S. 1702; derselbe: Eine Reform der steuerlichen Gewinnermittlung? - Anmerkungen zum Teil "Gewinnermittlung" des Gutachtens der Steuerreformkommission 1971, StuW, 48. (1.) Jg. (1971), S. 326-341, s. bes. S. 340; derselbe: Gewinnermittlung und steuerliche Gerechtigkeit, ZfbF, 23. Jg. (1971), S. 352-394, s. bes. S. 379 f.; derselbe: Aktienrechtlicher Gewinn ..., a.a.O., s. bes. S. 609 f.; *Jacobs, O.H.*: a.a.O., S. 122 ff.; *Schneider, D.*: Realisationsprinzip und Einkommensbegriff, in: *Baetge, J.* u.a. (Hrsg.): a.a.O., S. 101-118, s. bes. S. 116; derselbe: Steuerbilanzen - Rechnungslegung als Messung steuerlicher Leistungsfähigkeit, Wiesbaden 1978, S. 60 ff.; sehr ausführlich *Lemm, W.*: Forderungsbilanzierung bei alternativer Auslegung des Realisationsprinzips unter Berücksichtigung der steuerlichen Gewinnermittlung, Frankfurt a.M., Bern 1981, S. 156 ff.; *Kottke, K.*: Vorfinanzierung der Einkommensteuer durch jahrzehntelange unrichtige Bewertung von Forderungen, BB, 42. Jg. (1987), S. 1577-1581, s. bes. S. 1580.

[40] Vgl. hierzu insbesondere *Schneider, D.*: Steuerbilanzen ..., s. bes. S. 57 u. S. 60 ff.

stanzgefährdende Wirkung damit verbundener Finanzierungskosten nicht auszuschließen sei.[41] Treffend wird der Beweisführung einer derartigen Sichtweise aber entgegengehalten, sie baue "meist auf hypothetischen Rechenbeispielen" auf.[42] Zudem sei auch nicht der Aspekt zu vernachlässigen, wonach im Zeitraum zwischen dem Bilanzstichtag und den Gewinn- und Steuerauszahlungen im Regelfall wieder liquide Mittel zugeflossen sein werden.[43] Vermag schon die Heranziehung des ausgewählten Aspektes der Kapitalerhaltungsproblematik zur Rechtfertigung des Zeitpunktes des Geldeinganges als Realisationszeitpunkt nicht recht zu überzeugen, so treten außerdem weitere Kriterien hinzu, die sehr deutlich machen, warum dieser Zeitpunkt überhaupt als Realisationszeitpunkt ausscheidet. So wird in Literatur und Rechtsprechung zu Recht darauf aufmerksam gemacht, daß mit der Festlegung des Zeitpunktes des Geldeinganges als zutreffendem Realisationskriterium eine nicht unerhebliche Manipulationsgefahr in Form von Periodenverlagerungen von Einzahlungen verbunden wäre,[44] die zudem noch wesentlich leichter durchzuführen seien als Periodenverlagerungen von Lieferungen oder Leistungen.[45] Die "Irrelevanz des Geldeinganges als Realisationskriterium" zeigt sich außerdem zum einen an der Forderung des § 252 Abs. 1 Nr. 5 HGB, "... Erträge ... unabhängig von den Zeitpunkten der entsprechenden Zahlungen ... zu berücksichtigen", was bei einem Abstellen der Gewinnrealisierung auf den Zeitpunkt des Geldeinganges "nicht sinnvoll erklärbar" wäre und zum anderen ist der nach § 266 Abs. 2 B. II. 1. HGB geregelte Ausweis von Forderungen aus Lieferungen und Leistungen nur zu verstehen, wenn eben nicht auf den späten, der Lieferung oder Leistung i.d.R. zeitlich nachfolgenden Zeitpunkt des Geldeinganges als Realisationszeitpunkt abgestellt wird.[46] Der Zeitpunkt des Geldeinganges ist aber auch abzulehnen, wenn die Zahlung zeitlich vor der Lieferung oder Leistung erfolgt, also Anzahlungen geleistet werden, wobei dieser Fall häufig bei langfristigen Aufträgen anzutreffen ist. Bei diesen Anzahlungen

---

[41] *Pohmer, D.*: a.a.O., S. 462.

[42] *Heibel, R.*: Handelsrechtliche Bilanzierungsgrundsätze und Besteuerung. Eine Analyse der erfolgsteuerlichen Implikationen des Realsteuerprinzips und des Imparitätsprinzips, Köln 1981, S. 55.

[43] Vgl. *Leffson, U.*: Die Grundsätze ..., a.a.O., S. 259.

[44] Vgl. BFH-Urt. v. 23.11.1967 IV 123/63, BStBl. 1968 II, S. 176-177; *Heibel, R.*: a.a.O., S. 40 f.; *Luik, H.*: Grundprobleme des Realisationszeitpunktes, dargestellt an den Fällen der Lieferung mit Rückgaberecht, des Umtauschgeschäfts und der Liquidation, in: *Ruppe, H.G.* (Hrsg.): a.a.O., S. 97-115, s. bes. S. 102; *Leffson, U.*: Die Grundsätze ..., a.a.O., S. 259; *Euler, R.*: a.a.O., S. 68.

[45] Vgl. *Moxter, A.*: Integration der "Grundzüge der Unternehmensbesteuerung" in den Pflichtfächerkatalog?, ZfB, 46. Jg. (1976), S. 289-292, s. bes. S. 292.

[46] *Euler, R.*: a.a.O., S. 68 f. Es ist in diesem Zusammenhang Euler zuzustimmen, wenn er unter Hinweis auf *Ballwieser, W.*: Grundsätze ..., a.a.O., S. 15 f. feststellt, daß die dem Bilanzausweis zugrundeliegende Ansatzfähigkeit durch die Grundsätze ordnungsmäßiger Buchführung geregelt werde und insofern § 266 Abs. 2 B. II. 1. HGB, rechtsformunabhängig, implizit die Gewinnrealisation regele, vgl. *Euler, R.*: a.a.O., S. 69, Fn. 329.

handelt es sich um vertraglich vereinbarte Zahlungen, die dem Auftragnehmer vom Auftraggeber zur Sicherung der Finanzierung und zur Minderung des Gläubigerausfallrisikos überlassen werden.[47] Mit dieser Zielsetzung wird gleichzeitig aber auch beschrieben, wie unbedeutsam Anzahlungen zur Festlegung des Zeitpunktes der Gewinnrealisierung sind. So betreffen Anzahlungen lediglich Finanzierungsgesichtspunkte und erweisen sich deshalb zur Festlegung des Realisationszeitpunktes als "völlig unergiebig".[48]

Es kann damit festgestellt werden: Weder der Zeitpunkt des Vertragsabschlusses noch der Zeitpunkt des Geldeinganges (und schon gar nicht der Zeitpunkt zu dem eine Anzahlung geleistet wird) ist als zutreffender Realisationszeitpunkt anzusehen. Als "richtiger" Realisationszeitpunkt, der dem hier vertretenen Prinzip des quasisicheren Anspruchs entspricht, kann vielmehr nur der Zeitpunkt angesehen werden, zu dem die Lieferung oder Leistung erfolgt. Diesen Zeitpunkt nun näher zu konkretisieren und dabei unmittelbar auf den Bereich langfristiger Aufträge Bezug zu nehmen, soll Gegenstand der folgenden Überlegungen sein.

2. Die Bedeutung des Schuldrechts zur Festlegung des Zeitpunktes der Gewinnrealisierung
   - Das Prinzip des quasisicheren Anspruchs im Spiegel schuldrechtlicher Indikatoren

Versucht man zur Konkretisierung der These vom lieferungs- oder leistungsbedingten Gewinn, der "mit Quasisicherheit entstanden" ist,[49] zunächst die Auffassungen der BFH-Rechtsprechung zu analysieren, so wird dort mit z.T. sehr unterschiedlichen Argumentationen zum Problem des Zeitpunktes der Gewinnrealisierung Stellung genommen. Beispielsweise wird hier vom BFH die Auffassung vertreten, "daß die Frage der Gewinnrealisierung nach wirtschaftlichen Gesichtspunkten entschieden werden muß".[50] Davon abweichend findet sich aber auch eine andere argumentative Grundlage: "Ob ein gegenseitiger Vertrag

---

[47] Vgl. *Breng, E.G.*: Bilanzmäßige Abgrenzung von "Erträgen" aus erhaltenen Anzahlungen zur Vermeidung unrealisierter Gewinne, WPg, 28. Jg. (1975), S. 546-550, s. bes. S. 546; *Döll, B.*: a.a.O., S. 123. Unter den hier verwendeten Begriff der Anzahlung sollen dabei auch die im Baugewerbe anzutreffenden Voraus- und Abschlagszahlungen subsumiert werden, wobei erstere nach § 16 Nr. 2 VOB/B vor dem Beginn des Produktionsprozesses geleistet werden und Abschlagszahlungen nach § 16 Nr. 1 VOB/B nur in Höhe des Wertes der nachgewiesenen, vertragsgemäßen Leistungen, vgl. hierzu *Weber, R.L.*: a.a.O., S. 287.

[48] *Lüders, J.*: a.a.O., S. 66. Vgl hierzu auch *Vellguth, H.K.*: a.a.O., S. 63, der treffend feststellt: "Die Finanzierung hat ... mit der Gewinnrealisierung nichts zu tun", sowie *Leffson, U.*: Die Grundsätze ..., a.a.O., S. 264.

[49] *Moxter, A.*: Bilanzrechtsprechung ..., a.a.O., S. 11.

[50] BFH-Urt. v. 17.5.1952 I 4/52 U, BStBl. 1952 III, S. 208-213, s. bes. S. 212; vgl. hierzu auch bereits ähnliche Ansätze im sog. "Kammgarnurteil" des RFH v. 10.4.1940 VI 754/39, RStBl. 1940, S. 595-596.

am Bilanzstichtag voll oder nur teilweise erfüllt ist und daher ein noch zum Teil schwebendes Geschäft vorliegt, ist unter Berücksichtigung der bürgerlichrechtlichen Vorschriften zu entscheiden, die für das jeweilige Rechtsgeschäft gelten."[51] Man könnte nun, angesichts des zeitlichen Abstands der zitierten Entscheidungen, annehmen, die BFH-Rechtsprechung habe sich von der Argumentation auf der Grundlage einer wirtschaftlichen Betrachtungsweise hin zu einer Argumentation auf der Grundlage einer zivilrechtlichen Betrachtungsweise entwickelt. Einer derartigen Annahme steht dann aber wiederum eine neuere Auffassung des BFH entgegen, die zur Frage der Festlegung des Zeitpunktes der Gewinnrealisierung gerade die Bezugnahme auf zivilrechtliche Argumente wieder zurückdrängt.[52] So wird einerseits unter Betonung der wirtschaftlichen Betrachtungsweise festgestellt, die Gewinnrealisierung sei mit der wirtschaftlichen Vertragserfüllung[53] gegeben, andererseits wird aber auch noch eine zusätzliche, Zivilrechtsaspekte hervortretenlassende "Hilfsbegründung"[54] bemüht, wie die Bezugnahme auf das Kaufpreisrisiko, auf Gewährleistungsansprüche, auf den Übergang von Besitz, Nutzungen und Lasten und auf den Übergang der Leistungs- und Preisgefahr als zivilrechtliche Aspekte deutlich werden läßt. Angesichts dieser "wenig konsequenten Vermengung wirtschaftlicher und juristischer Argumente"[55] wird deshalb in der Literatur zu Recht Kritik an einer derartigen Rechtsprechung geübt. Im übrigen müsse man sich, wie das Beispiel des Versendungskaufes gem. § 447 BGB deutlich mache, auf zivilrechtlicher Seite schon entscheiden, "ob es 'auch' auf den Übergang von Besitz, Nutzungen und Lasten oder 'nur' auf den Übergang der Leistungs- und (oder?) Preisgefahr ankommen soll".[56] Wie schwer es dem BFH offenbar fällt, hier eine eindeutige Antwort zu geben, zeigt auch ein neueres Urteil, in dem lediglich die beiden Argumentationen gegenübergestellt werden, es

---

[51] BFH-Urt. v. 8.12.1982, a.a.O., s. bes. S. 371; vgl. hierzu auch BFH-Urt. v. 14.12.1982 VIII R 53/81, BStBl. 1983 II, S. 303-306.

[52] Vgl. BFH-Urt. v. 27.2.1986, a.a.O., S. 552 ff. Angesichts dieses "Schlängelkurses" der BFH-Rechtsprechung weist Crezelius treffend darauf hin, daß die BFH-Rechtsprechung "offenbar dem Zivilrecht die Lösung des Realisierungsproblems nicht durchgängig zutraut", *Crezelius, G.*, in: Knobbe-Keuk, B. u.a. (Hrsg.): a.a.O., S. 87.

[53] Zur Festlegung des Zeitpunktes der Gewinnrealisierung stellt der BFH auf den Begriff der sog. "wirtschaftlichen Vertragserfüllung" ab, vgl. hierzu auch BFH-Urt. v. 14.12.1982, a.a.O., S. 304 f. So sei beispielsweise der Kaufvertrag wirtschaftlich mit Übergabe der Sache an den Käufer gem. § 446 Abs. 1 BGB erfüllt: "Denn damit gehen die Gefahr, die Nutzung und die Lasten auf den Käufer über", BFH-Urt. v. 5.5.1976, a.a.O., s. bes. S. 542.

[54] *Wassermeyer, F.*: Gewinnrealisierung, FR, 41. Jg. (1986), S. 485-486, s. bes. S. 486.

[55] *Lüders, J.*: a.a.O., S. 19.

[56] *Wassermeyer, F.*: Gewinnrealisierung, a.a.O., S. 486, der die Relevanz dieser Fragestellung daran deutlich werden läßt, daß beim Versendungskauf nach § 447 BGB Besitz, Nutzungen und Lasten und Übergang der Leistungs- und Preisgefahr gem. § 446 Abs. 1 BGB zeitlich auseinanderfallen.

der BFH unter Hinweis auf den vorliegenden Streitfall aber offen läßt, "welcher Auffassung er sich anschließt".[57]

Die Literatur hat sich dagegen wohl überwiegend[58] für die zivilrechtliche Argumentation in der Form ausgesprochen, dem Übergang der Preisgefahr die entscheidende Bedeutung für die Festlegung des Zeitpunktes der Gewinnrealisierung beizumessen.[59] Es ist der Heranziehung eines zivilrechtlichen (schuldrechtlichen) Indikators zur Festlegung des Realisationszeitpunktes auch zuzustimmen, da eine derartige Auffassung ihre bilanzrechtliche Einbettung derart erfährt, als sie unmittelbar an den bereits herausgestellten Grundsatz der bilanziellen Nichtberücksichtigung schwebender Geschäfte anknüpft, einen Grundsatz, der gerade durch zivilrechtliche Aspekte begründet wird. Da diese Aspekte aber durch die synallagmatische Verknüpfung von Leistung und Gegenleistung bedingt werden, wird es erforderlich, ja sogar "zwingend", die Frage nach dem Zeitpunkt der Gewinnrealisierung und den damit verbundenen bilanziellen Ausweis der (rechtlich bereits entstandenen) Forderung auf die Gegenleistung "auch durch das Charakteristikum des gegenseitigen Vertrages, mithin unter Heranziehung des Synallagmas zu erklären".[60] Den Übergang der Preisgefahr[61] als zutreffenden schuldrechtlichen Indikator anzusehen, kann nur als folgerichtig aufgefaßt werden, da nur durch diesen Vorgang in geeigneter Weise der bilanzrechtlichen Prämisse von der "Vermögensmehrung in disponibler Form"[62] entsprochen wird.[63] Denn würde man etwa auf den Übergang der Leistungsgefahr gem. §§ 243 Abs. 2, 300 Abs. 2, 275 BGB abstellen, so ginge das mit dieser Prämisse nicht konform, da der Übergang der Leistungsgefahr lediglich der Tatsache Rechnung trägt, daß der Schuldner einer Sache, beispielsweise beim Kaufvertrag der Verkäufer, nicht noch einmal leisten muß, über den

---

57 BFH- Urt. v. 2.3.1990 III R 70/87, BStBl. 1990 II, S. 733-736, s. bes. S. 735.

58 Vgl. *Schmidt, L.*: a.a.O., § 5, Anm. 61 b).

59 Vgl. *Gelhausen, H.F.*: a.a.O., S. 162 ff.; *Lüders, J.*: a.a.O., S. 72 ff.; *Woerner, L.*: Die Gewinnrealisierung ..., S. 774; *Euler, R.*: a.a.O., S. 81 ff.; *Knobbe-Keuk, B.*: a.a.O., S. 247.

60 *Lüders, J.*: a.a.O., S. 71 f.

61 Die Regeln über die Preisgefahr behandeln die Frage nach dem Schicksal der Gegenleistung, wenn der Schuldner der Leistung nach § 275 Abs. 1 BGB infolge Unmöglichkeit von seiner Leistungspflicht freigestellt wird. Was allerdings die Gegenleistung betrifft, so ist § 323 Abs. 1 BGB zu beachten, der in diesem Fall auch den vollständigen Untergang der Gegenleistung anordnet, d.h. der Schuldner hat die Preisgefahr zu tragen. Ein Übergang der Preisgefahr findet dagegen statt, d.h. der Gläubiger bleibt zur Gegenleistung verpflichtet, wenn die Regelung des § 324 Abs. 2 BGB über den Annahmeverzug des Gläubigers Anwendung findet oder die Regelungen über die Gefahrtragung beim Kaufvertrag gem. §§ 446 f. BGB, beim Werkvertrag gem. §§ 644 f. BGB oder beim Dienstvertrag gem. § 616 Abs. 1 BGB einschlägig sind.

62 *Beisse, H.*, in: *Ruppe, H.G.* (Hrsg.): a.a.O., S. 20.

63 Vgl. *Woerner, L.*: Die Gewinnrealisierung ..., a.a.O., S. 774.

Zeitpunkt der Mehrung disponiblen Vermögens und damit über den Anspruch auf die Gegenleistung wird damit aber nichts ausgesagt.[64] Ebenso scheidet der Zeitpunkt der Erfüllung gem. § 362 Abs. 1 BGB als maßgebendes Kriterium aus, da einerseits der Schuldner zwar die Preisgefahr i.S. des § 323 Abs. 1 BGB grundsätzlich bis zur vollständigen Erfüllung i.S. des § 362 Abs. 1 BGB trägt, andererseits aber in einigen nicht unbedeutenden Fällen, so beispielsweise beim Kaufvertrag gem. § 446 BGB oder beim Werkvertrag gem. § 644 Abs. 1 BGB, die Preisgefahr bereits vor der vollständigen Erfüllung i.S. des § 362 Abs. 1 BGB übergeht und damit schon den, die Gewinnrealisierung determinierenden Anspruch auf die Gegenleistung hinreichend bestimmt.[65]

Zusammenfassend stellt damit der Übergang der Preisgefahr als schuldrechtlicher Indikator einen geeigneten Maßstab zur Beantwortung der hier vertretenen, fundamental-bilanzrechtlichen Frage dar, wann eine Forderung auf die Gegenleistung zur Quasisicherheit erstarkt ist, also eine "Vermögensmehrung in disponibler Form"[66] vorliegt. Mit dieser Feststellung soll allerdings auch wieder der Boden einer mehr allgemeinen, aber notwendigen Betrachtung verlassen werden, um sich nun der Frage zuzuwenden, wie sich ein so herausgestellter schuldrechtlicher Indikator im besonderen Fall langfristiger Aufträge auswirkt.

---

[64] Vgl. *Gelhausen, H.F.*: a.a.O., S. 146; vgl. hierzu auch *Lüders, J.*: a.a.O., S. 74, der treffend feststellt, daß auch der Zeitpunkt der Konkretisierung bei der Gattungsschuld gem. § 243 Abs. 2 BGB ebenso wie der Zeitpunkt des Wegfalls der Einrede des nichterfüllten Vertrages gem. § 320 Abs. 1 BGB keinen unmittelbaren Bezug zu der hier vertretenen Prämisse von der Vermögensmehrung einnehmen.

[65] Vgl. *Gelhausen, H.F.*: a.a.O., S. 156; *Lüders, J.*: a.a.O., S. 75. Angesichts dessen ist auch die Auffassung von *Döllerer, G.*: Zur Bilanzierung ..., a.a.O., S. 1543, vor Erfüllung sei der Anspruch auf die Gegenleistung durch die Regelungen über die Unmöglichkeit gem. §§ 275 ff., 306, 323-325 BGB schwer gefährdet, wesentlich zu relativieren. Sehr deutlich unterstreicht Lüders die Konsequenzen, die mit der Festlegung des Realisationszeitpunktes auf den Zeitpunkt der Erfüllung gem. § 362 BGB verbunden wären, wenn er unter Hinweis auf das RG-Urt. v. 2.6.1931 VII 461/30, RGZ 133, S. 40-45, s. bes. S. 42 u. auf das BGH-Urt. v. 24.5.1954 IV ZR 184/53, NJW, 7. Jg. (1954), 2. Halbband, S. 1325-1328, s. bes. S. 1326 darlegt, daß bei i.d.R. häufig unter Eigentumsvorbehalt gem. § 455 BGB stehenden Kauf- oder Werklieferungsverträgen gem. § 433 bzw. § 651 BGB erst mit der vollständigen Bezahlung erfüllt wäre (" ..., da der Vertragspartner erst zu diesem Zeitpunkt bedingungsfreies Eigentum erwirbt."), mithin ein derart festgelegter Realisationszeitpunkt die Gewinnrealisierung auf den Zeitpunkt der Zahlung hinauszögere und damit "unzutreffenderweise auch das nicht an das Liefergeschäft anschließende Kreditgeschäft in den Schwebezustand des Vertrages miteinbezogen würde", *Lüders, J.*: a.a.O., S. 75 f.

[66] *Beisse, H.*, in: *Ruppe, H.G.* (Hrsg.): a.a.O., S. 20.

3. Kapitel: Die Problematik der Gewinnrealisierung bei langfristigen Aufträgen

I. Anknüpfung an vertragsrechtliche Grundlagen

Will man das herausgestellte Realisationskriterium des Überganges der Preisgefahr in seinen Auswirkungen auf den Bereich langfristiger Aufträge analysieren, so ist es zunächst erforderlich aufzuzeigen, in welcher Weise sich dieser schuldrechtliche Indikator in den diesem Bereich zugrundeliegenden vertragsrechtlichen Komponenten darstellt. Da bei langfristigen Aufträgen, wie bereits gezeigt, i.d.R. Werk- oder Werklieferungsverträge gem. § 631 bzw. § 651 BGB zugrundeliegen, ist deshalb auch nach dem Übergang der Preisgefahr in diesen Fällen zu fragen.

So geht beim Werkvertrag die Preisgefahr gem. § 644 BGB bei Abnahme des Werkes auf den Besteller über, zu der er gem. § 640 BGB verpflichtet ist.[67] § 644 BGB findet dabei auch bei den Werklieferungsverträgen Anwendung, da es sich bei langfristigen Aufträgen i.d.R. um nicht vertretbare Sachen i.S. des § 651 Abs. 1 Satz 2 2. Halbsatz BGB handelt und somit auch die Vorschriften über den Werkvertrag mit Ausnahme der §§ 647, 648 BGB anzuwenden sind.[68] Was damit die Anwendung des Kriteriums des Überganges der Preisgefahr im Fall der Gewinnrealisierung bei langfristigen Aufträgen betrifft, so tritt die Gewinnrealisierung mit Abnahme des Auftragsgegenstandes und dem dadurch bedingten Übergang der Preisgefahr ein, d.h. anstelle des zu Herstellungskosten bewerteten und als "unfertige Erzeugnisse, unfertige Leistungen" berücksichtigten Auftrages, tritt nun die zum Nennwert zu buchende Forderung. Mit dieser Aussage wird somit deutlich zum Ausdruck gebracht, daß die Gewinnrealisierung zwar durch den schuldrechtlichen Indikator des Überganges der Preisgefahr determiniert wird, dieser Gefahrenübergang aber wiederum durch die Abnahme seitens des Bestellers bedingt ist, wobei diese Bedingung zugleich ein abnahmefähiges Werk voraussetzt.[69] Welche Bedeutung hierbei gerade der Abnahme als bedingendem Element der Gewinnrealisierung bei langfristigen Aufträgen beizumessen ist, wird daran erkennbar, wenn man die in der Praxis häufig aus Praktikabilitätserwägungen anzutreffende Auffassung betrachtet, die Gewinnrealisierung an den Zeitpunkt der

---

[67] Vgl. *Seiler, H.H.*, in: *Ermann, W.* (Hrsg.): a.a.O., § 644, Rn. 2.

[68] Vgl. *Palandt, O.*: a.a.O., § 651, Rn. 4.

[69] Zumindest im Falle von Werk- und Werklieferungsverträgen kann deshalb nicht, wie *Lüders, J.*: a.a.O., S. 81 fordert, "auf das Merkmal der Abnahme verzichtet" werden, da hier gerade die Abnahme als bedingendes Element für das Realisationskriterium des Überganges der Preisgefahr anzusehen ist.

Rechnungserteilung zu knüpfen.[70] Ein solcher Zeitpunkt kann nämlich keine materielle Rechtfertigung für die Gewinnrealisierung finden, da er nicht als bedingendes Element für das Realisationskriterium des Überganges der Preisgefahr herangezogen werden kann.[71] Wenn also häufig die Rechnungserteilung an die Abnahme anknüpft, so ist es nicht die Rechnungserteilung als rein wirtschaftlicher Begleitumstand, sondern die Abnahme, die den eigentlichen materiellen Beitrag zur Gewinnrealisierung leistet.[72]

Nachdem nun aber festgestellt worden ist, wie das durch die Abnahme bedingte Realisationskriterium des Überganges der Preisgefahr im Rahmen langfristiger Aufträge vertragsbezogene Anwendung findet, ist im folgenden zu fragen, mit welchen bilanziellen Auswirkungen eine derartige Anwendung verbunden ist.

II. Darstellung und Beurteilung der Problematik

Durch die Beachtung des Überganges der Preisgefahr als maßgebendem Realisationskriterium wird im Falle langfristiger Aufträge die bilanzrechtliche Wirkung hervorgerufen, während der gesamten, mehrere Bilanzierungsperioden betreffenden Auftragsdurchführung die Bewertung des Auftrages sowohl in Handelsbilanz nach § 253 Abs. 1 Satz 1 HGB als auch in Steuerbilanz nach § 6 Abs. 1 Nr. 2 Satz 1 EStG höchstens mit den (vollen) Herstellungskosten vorzunehmen und erst im Zeitpunkt des durch die Abnahme bedingten Überganges der Preisgefahr den Auftragsgewinn zu realisieren. Dies führt aber gleichzeitig dazu, die Gewinnrealisierung eben nicht als kontinuierlichen Entstehungsprozeß während der Auftragsdurchführung anzusehen, sondern sie als "vermögenserhöhenden Wertsprung"[73] in einer einzigen Bilanzierungsperiode zu zeigen. Zudem kann sich diese Vorgehensweise, die im anglo-amerikanischen Schrifttum auch als "Completed-Contract"-Methode bezeichnet

---

[70] Vgl. *Schindlbeck, K.*: a.a.O., S. 154.

[71] Vgl. hierzu auch die treffende Aussage Woerners: "Durch ... Rechnungserteilung lassen sich Gewinne nicht in die Welt setzen", *Woerner, L.*: Die Gewinnrealisierung ..., a.a.O., S. 770 unter Hinweis auf das BFH-Urt. v. 29.4.1987 I R 192/82, BStBl. 1987 II, S. 797-800.

[72] Vgl. *Schindlbeck, K.*: a.a.O., S. 154. Wenn *Stein, H.*: a.a.O., S. 106 in diesem Zusammenhang den Zeitpunkt der Lieferung als Realisationszeitpunkt betrachtet und diesen mit dem Argument abstützt, daß zu diesem Zeitpunkt "die Rechnungserteilung an die Lieferung bzw. Abnahme anknüpft" so kann leicht der Eindruck entstehen, daß auch der Rechnungserteilung materielle Bedeutung für die Gewinnrealisierung beizumessen wäre.

[73] *Woerner, L.*: Die Gewinnrealisierung ..., a.a.O., S. 773.

wird,[74] dahingehend auswirken, daß während der Auftragsdurchführung nicht nur keine Gewinne, sondern - da nicht sämtliche Kostenarten gem. § 255 Abs. 2 u. 3 HGB bzw. gem. Abschn. 33 EStR in den bilanziellen Herstellungskosten Berücksichtigung finden und als Aufwand der Periode gewinnmindernd zu verbuchen sind - sogar Verluste ausgewiesen werden müssen. Dementsprechend kann sich die bilanzielle Situation einstellen, im Durchführungszeitraum Auftrags-Zwischenverluste in Höhe der handels- und steuerbilanziell nicht aktivierungsfähigen Selbstkostenbestandteile ausweisen zu müssen. Andererseits wird mit "diametraler Wirkung"[75] zum Zeitpunkt des durch die Abnahme bedingten Überganges der Preisgefahr der volle Auftragsgewinn - einschließlich der bis dahin nicht aktivierten Selbstkostenbestandteile - "punktartig"[76] gezeigt.[77] Unterstellt man beispielsweise einen Durchführungszeitraum von vier Bilanzierungsperioden, unter der gleichzeitigen Annahme, der Auftragnehmer führe über diesen Zeitraum nur einen einzigen Auftrag durch, so ergibt sich bei graphischer Darstellung der Zusammenhänge folgendes Bild:[78]

---

[74] Vgl. hierzu beispielsweise *Welsch, G.A., Zlatkovich, C.T., White, J.A.*: Intermediate Accounting, 4th ed., Homewood, Illinois, Georgetown, Ontario 1976, S. 425 f., sowie den Rechnungslegungsgrundsatz des IASC: Zur Bilanzierung bei Fertigungsaufträgen (construction contracts), IAS 11, WPg, 32. Jg. (1979), S. 446-450.

[75] *Freidank, C.-C.*: Erfolgsrealisation bei langfristigen Fertigungsprozessen, DB, 42. Jg. (1989), S. 1197-1204, s. bes. S. 1197.

[76] *Hilkert, O., Krause, W.*: a.a.O., S. 1653.

[77] Vgl. zu dieser Problematik beispielsweise *Stein, H.*: a.a.O., S. 107; *Backhaus, K.*: Die Gewinnrealisation ..., a.a.O., s. bes. S. 350 f.; *Clemm, H.*, in: *Ruppe, H.G.* (Hrsg.): a.a.O., S. 119 f.; *Haug, W.*: Beitrag, in: *Haug, W., Letters, W.* (Bearb.): Möglichkeiten und Grenzen der Bilanzpolitik der Unternehmen in schwierigen Zeiten, JbFSt 1983/84, S. 311-375, s. bes. S. 353; *Schindlbeck, K.*: a.a.O., S. 156; *Lüders, J.*: a.a.O., S. 101. Besonders deutlich zeigen sich derartige Auswirkungen in den Fällen, in denen kapazitätsbedingt oder aufgrund der wirtschaftlichen Gegebenheiten über mehrere Bilanzierungsperioden hinweg nur ein einziger Auftrag durchgeführt wird oder in den Fällen, in denen der Abnahmetermin parallel durchgeführter Aufträge zufällig in einer Bilanzierungsperiode zusammenfällt, vgl. hierzu *Feuerbaum, E.*: Steuerliche Erfahrungen im In- und Ausland beim Anlagengeschäft sowie bei Ingenieurleistungen, DB, 21. Jg. (1968), S. 1501-1506 u. S. 1548-1553, s. bes. S. 1501; *Stein, H.*: a.a.O., S. 107; *Schindlbeck, K.*: a.a.O., S. 156; *Stewing, C.*: Bilanzierung bei langfristiger Auftragsfertigung, BB, 45. Jg. (1990), S. 100-106, s. bes. S. 104. Es zeigt sich, daß neben der Festlegung des Realisationszeitpunktes auf den Übergangs der Preisgefahr auch die zweite Ausprägung des Realisationsprinzips, das Anschaffungswertprinzip, in die Problematik einbezogen wird, so daß im folgenden auch von der "konsequenten Anwendung des Realisationsprinzips" als eine der beiden Ausprägungen aufnehmende Kategorie gesprochen wird.

[78] In Anlehnung an *Kücken, N.*: Notwendigkeit und Möglichkeiten einer Bilanzierungshilfe durch Erzeugnisbewertung bei langfristiger Fertigung, DB, 27. Jg. (1974), S. 1969-1976, s. bes. S. 1969; *Freidank, C.-C.*: a.a.O., S. 1197.

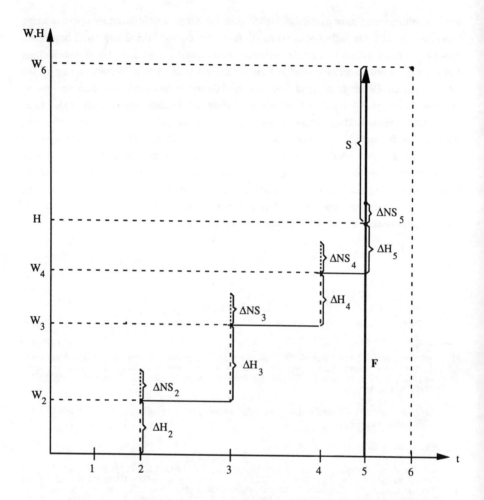

In diesem Beispiel erhält der Auftragnehmer zum Zeitpunkt t=1 einen Auftrag und aktiviert zum Bilanzierungszeitpunkt t=2 der ersten Bilanzierungsperiode Teil-Herstellungskosten ΔH_2 zum Bilanzwert in Höhe von W_2.[79] Gleichermaßen erhöht sich der Herstellungskostenansatz zu den folgenden Bilanzierungszeitpunkten t=3, t=4 um den Betrag ΔH_3 bzw. ΔH_4 (Bilanzansätze W_3 bzw. W_4). Zum Zeitpunkt t=5 ist die Auftragsdurchführung schließlich beendet und es erfolgt die Abnahme durch den Auftraggeber. Mit dem damit verbundenen

---

[79] Beim Wertansatz zu Herstellungskosten sei angenommen, daß der Auftragnehmer alle nach § 253 Abs. 2 u. 3 HGB bzw. Abschn. 33 EStR einbeziehungsfähigen Kostenbestandteile einbezieht.

Übergang der Preisgefahr ist die Forderung F zu buchen, die sich aus den bis dahin aggregierten Herstellungskosten H (einschließlich der in der 4. Periode noch angefallenen Herstellungskosten ΔH_5) sowie einem "vermögenserhöhenden Wertsprung"[80] S zusammensetzt und zum Bilanzierungszeitpunkt t=6 in Höhe des Bilanzwertes W_6 gezeigt wird. Der Wertsprung S beinhaltet die Differenz aus dem Umsatzerlös und den aktivierten Kostenbestandteilen. Er setzt sich zusammen aus den nicht aktivierungsfähigen Kostenbestandteilen der jeweiligen Bilanzierungsperiode (ΔNS_2, ΔNS_3, ΔNS_4, ΔNS_5) und dem eigentlichen Gewinn des Auftrags.

Eine derartige, an den herausgestellten Grundsätzen der Gewinnrealisierung streng ausgerichteten Bilanzierungsmethode zeichnet sich zwar einerseits durch den Vorteil aus, sich nicht auf Schätzungen, sondern "auf Ergebnisse zu stützen, die nach Durchführung oder wesentlicher Durchführung des Auftrages festgestellt werden",[81] andererseits ruft sie aber auch negative Auswirkungen hervor, die zu einer vielfältigen Kritik an dieser Methode geführt haben. So wird kritisch angemerkt, durch den mangelnden Gewinnausweis und u.U. sogar Verlustausweis in den Perioden der Auftragsdurchführung und dem sich anschließenden geballten Gewinnausweis in der Periode der Auftragsabnahme würden stark schwankende und dem tatsächlichen Stand der Auftragstätigkeit der einzelnen Perioden nicht entsprechende Periodenergebnisse ausgewiesen.[82] Die Intensität des Auftretens derart sprunghafter Ergebniswirkungen kann dabei zwar davon abhängig sein, ob die Auftragsstruktur des betreffenden Unternehmens so gestaltet ist, daß die Abfolge verschiedener Aufträge zu einem Ausgleich von Ergebniswirkungen führt,[83] typisch wird solch eine

---

[80] *Woerner, L.*: Die Gewinnrealisierung ..., a.a.O., S. 773.

[81] Vgl. IASC: Zur Bilanzierung ..., a.a.O., S. 448.

[82] Vgl. *Krause, W., Schmidt, B.*: a.a.O., s. bes. S. 689 f.; IASC: Zur Bilanzierung ..., a.a.O., S. 448 f.; *Backhaus, K.*: Die Gewinnrealisation ...,a.a.O., S. 350 f.; *Döll, B.*: a.a.O., S. 205; *Schindlbeck, K.*: a.a.O., S. 155 f. Im Schrifttum finden sich vereinzelt aber auch andere Auffassungen. So stellt Schweitzer im Hinblick auf die Gewinnrealisierung im Anlagenbau unter gleichzeitiger Zugrundelegung einer "realisiert-pagatorischen Bilanzauffassung" fest: "Die Aussagekraft von Bilanzen im Anlagenbau ist keineswegs beeinträchtigt durch starke Schwankungen der ausgewiesenen Erfolge im Jahresablauf. Vielmehr ist es als Besonderheit dieser Branche anzusehen, daß ihre Produkte (Projekte) periodenübergreifend sind, die Projektrisiken außerordentlich hoch sind und damit der Erfolgsausweis von Jahr zu Jahr schwanken kann. Anteilseigner, Gläubiger, die Geschäftsführer, die Belegschaft und die sonstige Öffentlichkeit müssen es lernen, die Leistungen der Unternehmung von der Bilanz her so zu bewerten, wie die Besonderheit des Periodenübergreifens es verlangt"; *Schweitzer, M.*: Probleme der Bilanzierung von Projekten im Anlagenbau, in: The Annals of the School of Business Administration, Kobe University (Japan), 1992, No. 36, S. 43-58, s. bes. S. 57.

[83] Vgl. *Kücken, N.*: a.a.O., S. 1970 f.; *Thimmel, K.*: a.a.O., s. bes. S. 236.

ausgleichende Abfolge im Rahmen langfristiger Aufträge jedenfalls nicht sein.[84] Ganz im Gegenteil, der typische Fall kann durch eine "Häufung von fertiggestellten Aufträgen in einer Periode und das Fehlen solcher Fertigstellungen in einer anderen Periode" gekennzeichnet werden.[85] Angesichts derartiger Auswirkungen[86] wird in der Literatur deshalb auf handelsbilanzrechtlicher Seite vielfach von einer "unrichtigen Darstellung der Vermögens- und Ertragslage"[87] als zentraler Problematik gesprochen und ein "Konflikt mit der Generalklausel des § 264 Abs. 2 HGB" festgestellt.[88] Eine derartige Konfliktsituation wird dabei damit erklärt, "das strenge bilanzrechtliche, am Vorsichtsgrundsatz ausgerichtete Realisationsprinzip" würde "in Gegensatz zu dem betriebswirtschaftlichen Grundsatz der periodengerechten Gewinnermittlung" geraten.[89] Desweiteren wird argumentiert, "daß der Rhythmus der Auftragsdurchführungen nicht mit dem vorgeschriebenen Rechnungslegungsrhythmus übereinstimmt, so daß sich die jährlichen Bilanzen in bezug auf die langfristigen

---

[84] Vgl. IASC: Zur Bilanzierung ..., a.a.O., S. 448 f.; *Döll, B.*: a.a.O., S. 206. Die hier im obigen Beispiel aufgestellte Annahme, daß über mehrere Perioden nur ein einziger Auftrag durchgeführt wird, kann dabei als anderer Extrempunkt ebenfalls nicht als typisch angesehen werden. Insofern ist das Beispiel lediglich als Modellfall zu betrachten, um die Ergebniswirkungen besonders deutlich werden zu lassen.

[85] *Forster, M.*: Gewinnrealisierung bei langfristiger Fertigung, in: *Castan, E.* u.a. (Hrsg.): a.a.O., B 700, Rn. 7.

[86] Im Zusammenhang mit den Auswirkungen ist außerdem auf die Auffassung im Schrifttum hinzuweisen, die im Rahmen langfristiger Aufträge das Umsatzkostenverfahren gem. § 275 HGB bei der Aufstellung der Gewinn- und Verlustrechnung im Hinblick auf die Aussagefähigkeit als dem Gesamtkostenverfahren gem. § 275 HGB deutlich unterlegen betrachtet, vgl. hierzu *Niehus, R.J.*: Die Gliederung der Ergebnisrechnung nach der 4. EG-Richtlinie bzw. nach dem Entwurf eines Bilanzrichtlinie-Gesetzes - In Zukunft nur als Gesamtkostenverfahren?, DB, 35. Jg. (1982), S. 657-663, s. bes. S. 658; *Bohl, W.*: Der Jahresabschluß nach neuem Recht, WPg, 39. Jg. (1986), S. 29-36, s. bes. S. 36; *Wysocki, K. von*, in: *Funk, J., Lassmann, G.* (Hrsg.): a.a.O., S. 132; *Nahlik, W.*: Bilanzpolitische Bedeutung der Herstellungskosten, Die Bank, o. Jg. (1988), S. 84-91, s. bes. S. 89. Es wird allerdings auch die zutreffende Auffassung vertreten, daß die Aussagefähigkeit ebenso bei Anwendung des Umsatzkostenverfahrens gegeben sei, da das Umsatzkostenverfahren zwar keine Erträge aufgrund Bestandserhöhungen ausweise, wohl aber Bestandsveränderungen in der Bilanz ersichtlich werden, vgl. *Borchert, D.*, in: *Küting, K., Weber, C.-P.* (Hrsg.): a.a.O., § 275, Rn. 21; *Jung, A.*: a.a.O., S. 59.

[87] *Bodarwé, E.*: Bewertung ..., a.a.O., S. 1973; vgl. hierzu beispielsweise auch *Busse von Colbe, W.*, in: *Leffson, U.* u.a. (Hrsg.): a.a.O., S. 376 im Zusammenhang mit dem Aktivierungsverbot von Vertriebskosten gem. § 266 Abs. 2 Satz 6 HGB. Schindler meint in diesem Zusammenhang, daß der Einblick in die Vermögenslage eingeschränkt werde, da in der Bilanz einerseits "auf der Aktivseite der Anteil der unfertigen Erzeugnisse an der Bilanzsumme ständig steigt und auf der Passivseite dementsprechend immer mehr Verbindlichkeiten ausgewiesen werden" und auf der anderen Seite "in Höhe der nicht aktivierbaren Aufwendungen stille Rücklagen" entstehen, *Schindler, J.*: a.a.O., S. 575.

[88] *Forster, M.*, in: *Castan, E.* u.a. (Hrsg.): a.a.O., B 700, Rn. 7. Vgl. hierzu auch *Jonas, H.H.*: a.a.O., S. 183, der ebenfalls auf einen "Konflikt" hinweist, *Busse von Colbe, W.*, in: *Coenenberg, A.G., Wysocki, K. von* (Hrsg.): a.a.O., Sp. 1205, der von einer Beeinträchtigung des Aussagewertes des Jahresabschlusses spricht, *Paal, E.*: a.a.O., S. 46, der eine starke "Verzerrung des Einblicks in die wirkliche Lage der Gesellschaft" feststellt, sowie Walb, der die betrachtete Vorgehensweise gar "als völlig mechanisiert und damit sinnlos" bezeichnet, *Walb, E.*: Die Erfolgsrechnung privater und öffentlicher Betriebe, Berlin 1926, S. 204.

[89] *Beisse, H.*, in: *Ruppe, H.G.* (Hrsg.): a.a.O., S. 22.

Aufträge in besonderem Maße als 'Zwischenabschlüsse' darstellen".[90] Ebenso wird auf konjunkturelle Verzerrungen aufmerksam gemacht, da z.b. in Rezessionszeiten Aufträge beendet und damit Gewinne realisiert würden, hingegen in Zeiten der Hochkonjunktur im Verhältnis zur Beschäftigungslage viel zu niedrige Ergebnisse ausgewiesen würden.[91] Ferner würde angesichts der sprunghaften Erfolgsentwicklung eine kontinuierliche Dividendenpolitik verhindert.[92] Hier greift allerdings zu Recht das Gegenargument, diesem Problem auch mit einer adäquaten Gewinnrücklagenpolitik begegnen zu können.[93] Weiterhin wird auch auf eine "herabgesetzte Kreditwürdigkeit in Verlustjahren" hingewiesen.[94] Schließlich enthält das Schrifttum auch den Hinweis auf unerwünschte steuerliche Auswirkungen, da das geballte Auftreten von Gewinnen zum Zeitpunkt der Auftragsabnahme eine überproportional höhere ertragsteuerliche Belastung als bei einem vorgezogenen Gewinnausweis in den Herstellungsperioden ergäbe.[95] Beispielsweise kann bei natürlichen Personen als Gesellschafter einer Personengesellschaft, bedingt durch den progressiven Einkommensteuertarif, die einkommensteuerliche Belastung höher ausfallen als bei gleich-

---

[90] *Clemm, H.*, in: *Ruppe, H.G.* (Hrsg.): a.a.O., S. 121; vgl. hierzu auch *Knobbe-Keuk, B.*: a.a.O., S. 252.

[91] Vgl. hierzu auch *Bodarwé, E.*: Bewertung ..., a.a.O., S. 1974; *Krause, W., Schmidt, B.*: a.a.O., S. 690 sowie *Backhaus, K.*: Die Gewinnrealisation ..., a.a.O., S. 351, der allerdings gleichzeitig zu Recht anmerkt, daß das "Ziel der Bilanz ... nicht der Ausweis eines 'konjunkturell adäquaten' Gewinnes, sondern des prinzipiell ausschüttungsfähigen Gewinnes" sei.

[92] Vgl. Gutachten des DIHT aus dem Jahre 1931, veröffentlicht im RFH-Urt. v. 22.10.1931 VI A 935/30, RFHE 29, S. 276-290, s. bes. S. 284 f.; *Krause, W., Schmidt, B.*: a.a.O., S. 690; *Kücken, N.*: a.a.O., S. 1969.

[93] Vgl. *Stapper, K.*: a.a.O., S. 64; *Backhaus, K.*: Die Gewinnrealisation ..., a.a.O., S. 352. Vgl. hierzu auch die Feststellung von Böhmer: "Von ... dividendenpolitischen Erwägungen dürfen ... keine Einflüsse auf die Gewinnermittlung im Jahresabschluß ausgehen", *Böhmer, J.*: Die Bilanzierung langfristiger Aufträge, Diss., Bonn 1982, S. 61. Auch dem in der Literatur aufgeworfenen Problem, kumulierte Buchverluste infolge nicht aktivierter Selbstkostenbestandteile könnten zur Überschuldung gem. § 92 Abs. 2 Satz 2 AktG führen (vgl. *Krause, W., Schmidt, B.*: a.a.O., S. 690), ist entgegenzuhalten, daß sich einerseits auftretende Auftrags-Zwischenverluste i.d.R. durch einen Gewinnvortrag aus dem Vorjahr oder durch die Auflösung von Rücklagen ausgleichen lassen und andererseits die Überschuldungsgefahr, insbesondere bei Unternehmen in der Anfangsphase, nicht auf die konsequente Einhaltung des Realisationsprinzips zurückgeführt werden kann, da bei der Bewertung im Überschuldungsstatus eine Gewinnrealisierung nicht nur nach dem jeweiligen Auftragsfortschritt, sondern sogar der Ansatz des gesamten Ergebnisbeitrages als möglich angesehen wird, vgl. *Schindlbeck, K.*: a.a.O., S. 158 f.; WP-Handbuch 1992, Handbuch für Rechnungslegung, Prüfung und Beratung, Bd. I, bearb. von *Budde, W.D.* u.a., hrsg. v. IDW, 10. Aufl., Düsseldorf 1992, Abschn. T, Rn. 25.

[94] Vgl. *Richter, M.*: Stichwort "langfristige Fertigung", in: *Lück, W.* (Hrsg.): Lexikon der Rechnungslegung und Abschlußprüfung, 2. Aufl., Marburg 1989, S. 487-488, s. bes. S 488.

[95] Vgl. *Bodarwé, E.*: Bewertung ..., a.a.O., S. 1974; *Bühler, O., Scherpf, P.*: Bilanz und Steuer, 7. Aufl., München 1971, S. 426; *Krause, W., Schmidt, B.*: a.a.O., S. 690; *Fülling, F.*: a.a.O., S. 207; *Schindler, J.*: a.a.O., S. 575; *Freidank, C.-C.*: a.a.O., S. 1198; *Selchert, F.W.*: Das Realisationsprinzip ...,a.a.O., S. 804.

mäßigem Ausweis des Gewinns über den Durchführungszeitraum des Auftrages.[96] Auch bei Gewinnausschüttungen von Kapitalgesellschaften an ihre Anteilseigner könnten sich derartige Progressionswirkungen einstellen.[97] Ebenso könnte der Fall eintreten, daß durch den Nichtausweis von Gewinnen Sonderausgaben steuerlich nicht ausreichend Berücksichtigung finden.[98]

Welches dieser aufgeführten "unbefriedigenden Ergebnisse"[99] infolge einer konsequenten Anwendung des Realisationsprinzips das herausragende ist, hängt sicherlich von der Gewichtung des Einzelfalles ab. Eines kommt aber deutlich zum Ausdruck: Die Dissonanz des Prozesses der Auftragsdurchführung in seinem wirtschaftlichen Gehalt und dessen bilanzielle Erfassung im "vorgeschriebenen Rechnungslegungsrhythmus".[100] Eine völlig andere Frage zielt dagegen darauf ab, welche Konsequenzen aus der dargelegten Problematik zu ziehen sind. Hier kann keine eindeutige Antwort gegeben werden, wie das sehr breite Spektrum an Auffassungen, die zu den aufgeworfenen Problemen in Rechtsprechung, Schrifttum und Praxis geäußert werden, zeigt.[101] So sieht sich auf der einen Seite das Realisationsprinzip in seiner konsequenten Anwendung der Frage ausgesetzt, ob nicht seine Modifikation bzw. Durchbrechung[102] im Hinblick auf eine leistungsbezogene, periodengerechte "Glättung des Erfolgsausweises"[103] zu einer Überwindung der aufgeworfenen Pro-

---

[96] Vgl. *Mittelbach, R.*: Der Zeitpunkt der Gewinnverwirklichung im Baugewerbe, DStZ A, 45. Jg. (1957), S. 375-377, s. bes. S. 376; *Bodarwé, E.*: Bewertung ..., a.a.O., S. 1974; *Schindler, J.*: a.a.O., S. 575; *Stewing, C.*: a.a.O., S. 103; *Selchert, F.W.*: Das Realisationsprinzip ..., a.a.O., S. 804.

[97] Vgl. *Schindler, J.*: a.a.O., S. 575; *Selchert, F.W.*: Das Realisationsprinzip ..., a.a.O., S. 804. Vgl. hierzu auch *Stein, H.*: a.a.O., S. 120, der im Falle einer AG die negativen steuerlichen Auswirkungen auf die Aktionäre beschreibt: "So werden von den betroffenen Aktionären zusätzliche Opfer verlangt, die Dividendenbeziehern vergleichbarer Unternehmen, die jedoch von Ertragsschwankungen verschont sind, nicht abverlangt werden. Der Wunsch dieser Aktionäre nach einer 'Ertragsentzerrung' ist daher nicht unbegründet".

[98] Vgl. *Bodarwé, E.*: Bewertung ..., a.a.O., S. 1974; *Stewing, C.*: a.a.O., S. 103. Wenn als weiterer steuerlicher Nachteil in der Literatur festgestellt wird (vgl. hierzu *Fülling, F.*: a.a.O., S. 207; *Schindler, J.*: a.a.O., S. 575), daß eine Verrechnung von Auftrags-Zwischenverlusten durch eine Beschränkung der Verlustvortragsmöglichkeit ebenfalls zu nachteiligen Auswirkungen führen könnte, so ist anzumerken, daß mit dem StRefG 1990 § 10 d EStG geändert wurde und nunmehr ein Verlustvortrag ohne zeitliche Beschränkung zulässig ist , vgl. StRefG 1990 v. 25.7.1988, BStBl. 1988 I, S. 224-271, s. bes. S. 229.

[99] *Selchert, F.W.*: Das Realisationsprinzip ..., a.a.O., S. 800.

[100] *Clemm, H.*, in: *Ruppe, H.G.* (Hrsg.): a.a.O., S. 121.

[101] Vgl. *Döll, B.*: a.a.O., S. 208 f. Clemm stellt in diesem Zusammenhang fest, "daß es kaum einen anderen Teilbereich der Bilanzierung gibt, in dem die Meinungen zwischen Praxis, Wissenschaft, Verwaltung und Rechtsprechung so divergieren wie hier", *Clemm, H.*, in: *Ruppe, H.G.* (Hrsg.): a.a.O., S. 117.

[102] Vgl. *Freidank, C.-C.*: a.a.O., S. 1199.

[103] *Backhaus, K.*: Die Gewinnrealisation ..., a.a.O., S. 353.

bleme führen könnte. Andererseits finden sich aber auch Stimmen, die trotz der genannten Probleme an einer konsequenten Anwendung des Realisationsprinzips festhalten wollen, um nicht in das Fahrwasser eines "Grundsatzes ordnungswidriger Bilanzierung" zu gelangen.[104] Entsprechend diesem Spektrum unterschiedlicher Auffassungen wird es deshalb auch Aufgabe der nun folgenden Ausführungen sein, auf einzelne, die Problematik betreffende Vorschläge und Konzeptionen einzugehen, wobei dies insbesondere unter Beachtung der bereits herausgestellten Zielsetzungen von Handels- und Steuerbilanz, der Grundsätze ordnungsmäßiger Buchführung sowie unter Würdigung der besonderen wirtschaftlichen Gegebenheiten bei langfristigen Aufträgen zu erfolgen hat.

1. Ansatz aufwandsgleicher Selbstkosten

Eine Möglichkeit, die bei langfristigen Aufträgen auftretenden Probleme zu lösen, wird darin gesehen, bei der Bewertung der in Ausführung befindlichen Aufträge einen Ansatz zu aufwandsgleichen Selbstkosten vorzunehmen.[105] Zur Begründung wird dabei zutreffend angeführt, "daß durch die Nichtaktivierung der Vertriebs- und bestimmter Teile der Betriebs- und Verwaltungskosten ein lediglich buchmäßig entstandener Verlust ausgewiesen" werde, was, handelsrechtlich betrachtet, "in der Tat ein unzutreffendes Bild der Vermögens- und Ertragslage" vermittele.[106] Deshalb wird die Notwendigkeit gesehen, eine möglichst erfolgsneutrale Verbuchung angefallener, aufwandsgleicher Selbstkostenbestandteile vorzunehmen, um "zwar nicht Auftragsgewinne vorzuziehen, wohl aber ... 'Auftrags-Zwischen-Verluste' ... ganz oder teilweise auszugleichen".[107] Gleichzeitig wird die dabei angewendete Methode des Ansatzes aufwandsgleicher Selbstkosten durch die Feststellung rechtfertigt, sie durchbreche keineswegs das Realisationsprinzip, da sie weder das

---

[104] *Döllerer, G.*: Grundsätze ordnungswidriger Bilanzierung. Systematische Fehler in Bilanzen, BB, 37. Jg. (1982), S. 777-781, s. bes. S. 778.

[105] Vgl. *Krause, W., Schmidt, S.*: a.a.O., S. 691; *Clemm, H.*, in: *Ruppe, H.G.* (Hrsg.): a.a.O., S. 121 f.; *Döll, B.*: a.a.O., S. 210. Es sei in diesem Zusammenhang auch an die bereits herausgestellte Auffassung erinnert, die sich im Rahmen der Bilanzierung unfertiger Bauten auf fremdem Grund und Boden für eine Bewertung zu Selbstkosten ausspricht (vgl. hierzu beispielsweise *Schlemmermeyer, H.*: a.a.O., S. 278 ff.; *Suhr, G.*: a.a.O., S. 200 ff.; BFH-Urt. v. 8.3.1968, a.a.O., S. 578), wobei gleichzeitig aber festgestellt wurde, daß handels- und steuerrechtlich die Herstellungskosten als zutreffender Wertmaßstab heranzuziehen sind.

[106] *Lüders, J.*: a.a.O., S. 103. Vgl. hierzu auch *Knobbe-Keuk, B.*: a.a.O., S. 252 sowie *Höffken, E.*, in: *Höffken, E., Schweitzer, M.* (Hrsg.): a.a.O., S. 180, der für den Bereich des Anlagenbaus feststellt, "daß durch die Nichtaktivierung der Vertriebskosten ... die Ergebnisse der Abwicklungsjahre eines Auftrags zugunsten des Jahres der Abrechnung des Auftrags belastet" werden.

[107] *Clemm, H.*, in: *Ruppe, H.G.* (Hrsg.): a.a.O., S. 121 f.

Anschaffungswertprinzip noch die Festlegung des Realisationszeitpunktes in Frage stelle.[108] In bezug auf das Handelsrecht wird gerade zum letztgenannten Aspekt aber auch die Auffassung vertreten, es sei sehr wohl eine Durchbrechung des Realisationsprinzips gegeben, da das Höchstwertprinzip nach § 253 Abs. 1 Satz 1 HGB verletzt werde. Diese Durchbrechung, die im wesentlichen auf den Ansatz der mit einem Aktivierungsverbot belegten Vertriebskosten zurückgeführt werden könne, sei auch abzulehnen, da sie nicht durch die Regelung des § 264 Abs. 2 Satz 1 HGB Rechtfertigung finde.[109] Insoweit müsse beim Ansatz aufwandsgleicher Selbstkosten auch von einer Teilgewinnrealisierung in Höhe des die handelsrechtlich höchstzulässigen Herstellungskosten übersteigenden Betrages gesprochen werden.[110]

In der Tat liegt eine Durchbrechung des Realisationsprinzips in Handels- (und Steuerbilanz) vor, wenn der handels- (und steuerrechtlich) höchstzulässige Herstellungskostenansatz etwa dadurch überschritten wird, daß alle Vertriebskosten in den Wertansatz einbezogen werden, da damit ein eindeutiger Verstoß gegen § 255 Abs. 2 Satz 6 HGB (bzw. Abschn. 33 Abs. 1 Satz 4 EStR) gegeben ist.[111] Wenn dennoch auf handelsrechtlicher Seite - wie dies verstärkt unter Geltung des AktG a.F. geschehen ist - zur Vermeidung von Auftrags-Zwischenverlusten für eine Einbeziehung von Sondereinzelkosten des Vertriebs in den Herstellungskostenansatz plädiert wird,[112] so ist diese Forderung auf eine neue, den gesetzlichen Vorgaben des HGB entsprechende Grundlage zu stellen.[113] Die hierzu bereits durchgeführte Diskussion hat dabei ergeben, Sondereinzelkosten des Vertriebs im Rahmen langfristiger

---

[108] Vgl. *Döll, B.*: a.a.O., S. 210 sowie in bezug auf abgrenzbare und abgenommene Teilleistungen *Greess, W.*: Einzelprobleme des Jahresabschlusses durch die 4. EG-Richtlinie, in: *Bierich, M.*, u.a. (Hrsg.): a.a.O., S. 155-174, s. bes. S. 159.

[109] Vgl. *Schindlbeck, K.*: a.a.O., S. 161, der eine Durchbrechung des Realisationsprinzips nach § 264 Abs. 2 Satz 1 HGB mit dem Hinweis auf die Gesetzesbegründung (BT-Drucks. 10/317, S. 76) ablehnt, wonach es die Generalnorm nicht gestatte, den Inhalt des Jahresabschlusses in Abweichung von den Einzelvorschriften zu bestimmen. Vgl. hierzu ebenso die Einwände von *Leffson, U.*: Die Grundsätze ..., a.a.O., S. 283 u. *Müller, W.*: Zur Rangordnung der in § 252 Abs. 1 Nr. 1 bis 6 HGB kodifizierten allgemeinen Bewertungsgrundsätze, in: *Havermann, H.* (Hrsg.): a.a.O., S. 397-410, s. bes. S. 408. Auch Freidank sieht im Ansatz aufwandsgleicher Selbstkosten eine Durchbrechung des Realisationsprinzips, vgl. *Freidank, C.-C.*: a.a.O., S. 1202.

[110] Vgl. *Schindlbeck, K.*: a.a.O., S. 160; *Sarx, M*, in: *Budde, W.D.* u.a. (Bearb.): a.a.O., § 255, Anm. 458.

[111] Jung macht im Falle einer AG zu Recht darauf aufmerksam, daß eine Überbewertung nach § 256 Abs. 5 AktG zur Nichtigkeit des Jahresabschlusses führen kann, vgl. *Jung, A.*: a.a.O., S. 61.

[112] Vgl. beispielsweise *Krause, W., Schmidt, B.*: a.a.O., S. 689; *Brandl, R.*: a.a.O., S. 886 ff.; *Clemm, H.*, in: *Ruppe, H.G.* (Hrsg.): a.a.O., S. 122; *Wysocki, K. von*: Zur Bilanzpolitik ..., a.a.O., S. 46 f.; *Haug, W.*, in: *Haug, W., Letters, W.* (Bearb.): a.a.O., S. 351 ff.

[113] Vgl. hierzu auch *Weber E.*: a.a.O., S. 393; *Knop, W., Küting, K.*, in: *Küting, K., Weber, C.-P.* (Hrsg.): a.a.O., § 255, Rn. 334.

Aufträge durchaus als aktivierungsfähige, ja, als aktivierungspflichtige Herstellungskostenbestandteile aufzufassen, wenn die einzelfallbezogene Prüfung dazu führt, diesen Kostenbestandteilen Fertigungsbezogenheit nachweisen zu können und demgemäß aktivierungspflichtige Sonder(einzel)kosten der Fertigung vorliegen. Mithin kann auf handelsrechtlicher Seite eine Vorgehensweise contra legem dadurch vermieden werden, indem eine im Bereich langfristiger Aufträge in bezug auf die Vertriebskosten differenzierte Betrachtung vorgenommen wird. Entsprechend ist dies auch für den Bereich der Forschungs-, Entwicklungs- und Konstruktionskosten zu beachten. Da § 255 Abs. 3 Satz 2 HGB, wie ebenfalls herausgestellt, zudem die Möglichkeit einräumt, Zinsen für Fremdkapital in die Herstellungskosten einzubeziehen, ist somit die Möglichkeit zur Verhinderung oder zumindest Verringerung von u.U. auftretenden Auftrags-Zwischenverlusten auf handelsrechtlicher Seite durchaus gegeben. Auf steuerrechtlicher Seite ist es dagegen zu bedauern, wenn aus der BFH-Rechtsprechung Auffassungen entnommen werden können, die auf eine kritische Position - wenn auch im Zusammenhang mit anderen Sachverhalten - im Hinblick auf Maßnahmen zur Verhinderung bzw. Verringerung von Auftrags-Zwischenverlusten hindeuten.[114] Gerade für den Bereich langfristiger Aufträge ist es aufgrund seiner spezifischen Ausprägungen nämlich erforderlich, andere Maßstäbe anzuwenden, so daß der BFH sich nicht daran gehindert sehen sollte, eine differenzierte Sichtweise einzunehmen. Kostenbestandteile, die unter Würdigung der Verhältnisse des Einzelfalles bei langfristigen Aufträgen eindeutig dem Fertigungs- und nicht dem Vertriebsbereich zugeordnet werden können, stellen eben keine Vertriebskosten dar, auch wenn sie als solche unter der Bezeichnung "Sondereinzelkosten des Vertriebs" anfallen;[115] dies sollte auch die BFH-Rechtsprechung berücksichtigen. Ebenso ist auf die Kodifizierung einer Bewertungshilfe in § 255 Abs. 3 Satz 2 HGB hinzuweisen, die infolge ihrer rechtsformunabhängigen Geltung sogar

---

[114] Hier sei insbesondere auf das bereits herausgestellte BFH-Urt. v. 19.6.1973, a.a.O., s. bes. S. 775 u. auf das BFH-Urt. v. 24.3.1976, a.a.O., s. bes. S. 451 hingewiesen, wo gesagt wird, daß es keinen Grundsatz der einheitlichen Behandlung schwebender Geschäfte des Inhalts gäbe, daß im Rahmen eines schwebenden Geschäfts getätigte Aufwendungen in dasjenige Jahr zu verlagern seien, in dem die Erträge zufließen. Vgl. hierzu auch *Clemm, H.*, in: *Ruppe, H.G.* (Hrsg.): a.a.O., S. 122, der treffend aus dieser Rechtsprechung des BFH eine kritische Position gegenüber Maßnahmen zur Vermeidung von Auftrags-Zwischenverlusten erkennt.

[115] Wie Weber in diesem Zusammenhang treffend feststellt, ist es gerade die Bezeichnung "Sondereinzelkosten des Vertriebs", die in ihrer sprachlichen Nähe zum Begriff "Vertriebskosten" eine undifferenzierte Behandlung sogar fördert, vgl. *Weber E.*: a.a.O., S. 393.

einen kodifizierten Grundsatz ordnungsmäßiger Buchführung darstellt, der als solcher durchaus nicht der Akzeptanz des BFH verschlossen bleiben sollte.[116]

Demnach ist die Auffassung zutreffend, die einen undifferenzierten Ansatz aufwandsgleicher Selbstkosten als abzulehnende Durchbrechung des Realisationsprinzips betrachtet. Allerdings ist diese Auffassung um eine differenzierte Sichtweise zu ergänzen, die einerseits eine Überprüfung sog. "Sondereinzelkosten des Vertriebs" sowie von Forschungs-, Entwicklungs- und Konstruktionskosten im Hinblick auf ihre Zugehörigkeit zum Fertigungsbereich zum Gegenstand hat. Andererseits ist auch die Inanspruchnahme einer Bewertungshilfe zu berücksichtigen, die das Gesetz in § 255 Abs. 3 Satz 2 HGB vorsieht. Damit wird es möglich innerhalb der dadurch gesetzten Grenzen eine durchaus gesetzeskonforme Ausschaltung bzw. Verringerung von Auftrags-Zwischenverlusten vorzunehmen. Da sich die Problematik bei langfristigen Aufträgen aber nicht nur auf das Auftreten von Auftrags-Zwischenverlusten bezieht, sondern gerade auch den Bereich der "eigentlichen Gewinnrealisierung", d.h. die Realisation des Unterschiedsbetrages zwischen Auftragserlös und den handels- und steuerrechtlich höchstzulässigen Herstellungskostenansätzen betrifft, gilt es, auch Konzeptionen zu diskutieren, die eben auf diesen zentralen Bereich der Problematik abzielen.

2. Teilgewinnrealisierung durch Teilabnahme

Da die konsequente Einhaltung des Realisationsprinzips bei langfristigen Aufträgen in Handels- und Steuerbilanz zu unerwünschten Auswirkungen führen kann, ist von Rechtsprechung, Literatur und Praxis eine Methode entwickelt worden, die eine Lösung der aufgeworfenen Probleme ermöglichen soll, ohne aber das Realisationsprinzip als solches in Frage

---

[116] In diesem Zusammenhang sei auch nochmals an die von der Finanzverwaltung eingeräumte Möglichkeit zur Einbeziehung von Fremdkapitalzinsen gem. Abschn. 33 Abs. 7 Satz 3 u. 4 EStR erinnert. Überhaupt scheint sich die Finanzverwaltung, trotz Nichtvorliegens einer gesetzlichen Grundlage, eines (vollen!) Ansatzes aufwandsgleicher Selbstkosten nicht zu verschließen. So stellt Brandl fest, daß die Besonderheiten langfristiger Aufträge "... die Finanzverwaltung ... veranlaßt" haben, "der betroffenen Industrie ein Bewertungswahlrecht zuzugestehen. ... Die steuerlich zulässige Bewertungsbandbreite umfaßt die nach Abschn. 33 EStR nicht zu aktivierenden Kosten mit Ausnahme der kalkulatorischen Zusatzkosten", *Brandl, R.*: a.a.O., S. 891.

zu stellen.[117] So wird bei der sog. "Teilgewinnrealisierung durch Teilabnahme"[118] auf eine Modifizierung des Realisationsprinzips in seiner konsequenten Anwendung abgestellt, d.h. der einheitliche, mit dem abnahmebedingten Übergang der Preisgefahr verbundene Realisationszeitpunkt wird "in mehrere zeitlich gestaffelte Realisationszeitpunkte" mit entsprechenden Teilabnahmen aufgespalten, wobei diese Modifikation gerade nicht den Charakter des Realisationsprinzips als "einer objektiven, willkürfreien Norm" verletze.[119] Dementsprechend wird von Teilen des Schrifttums eine Teilgewinnrealisierung in den Fällen als zulässig erachtet, in denen der Gesamtauftrag in Teilabschnitte zerlegt werden kann und diesen Teilabschnitten eindeutig Teilgewinne zugeordnet werden können.[120] Andere Teile des Schrifttums und die Steuerrechtsprechung vertreten sogar die Auffassung, es bestehe eine Pflicht zur Teilgewinnrealisierung, wenn selbständig abgrenzbare Teilabschnitte ausgeführt und abgenommen sind.[121] Insofern stellt sich einerseits die Frage, ob Teilgewinnrealisierungen durch Teilabnahme als geboten oder als zulässig zu betrachten sind,[122] andererseits ist aber auch die notwendigerweise vorausgehende Frage nach den konkreten Voraussetzungen zu stellen, die für die Anwendung einer derartigen Teilgewinnrealisierungsmethode überhaupt gegeben sein müssen. Angesichts der Bedeutung der Frage nach den Voraussetzungen scheint es deshalb auch nicht zu verwundern, wenn in Recht-

---

[117] Vgl. in diesem Zusammenhang beispielsweise *Paal, E.*: a.a.O., S. 10, der im Zusammenhang mit dem Jahresabschluß einer AG von einer derartigen Lösung fordert, daß sie "einerseits den Rechnungslegungsvorschriften entsprechen" muß, "andererseits aber auch den Interessen von Gesellschaft, Aktionären und Dritten Rechnung tragen" soll.

[118] Für die im folgenden diskutierte Methode finden auch andere Bezeichnungen Anwendung, wie z.B. "Teilabrechnung" bei *Clemm, H.*, in: *Ruppe, H.G.* (Hrsg.): a.a.O., S. 125; *Sarx, M.*, in: *Budde, W.D.* u.a. (Bearb.): a.a.O., § 255, Anm. 461, "Teilfakturierungen" bei *Feuerbaum, E.*: Internationale Besteuerung ..., a.a.O., S. 81, "Abrechnung von Teilleistungen" bei *Knobbe-Keuk, B.*: a.a.O., S. 250 oder "Partialrealisation" bei *Freidank, C.-C.*: a.a.O., S. 1199. Diese Verschiedenartigkeit in den Bezeichnungen ist jedoch keinesfalls zu begrüßen, da eine einheitliche Terminologie für die Behandlung der Gewinnrealisierungsproblematik bei langfristigen Aufträgen sicherlich förderlich wäre.

[119] *Paal, E.*: a.a.O., S. 44; vgl. hierzu auch *Freidank, C.-C.*: a.a.O., S. 1199 sowie *Boelke, W.*: Die Bewertungsvorschriften des Aktiengesetzes 1965 und ihre Geltung für die Unternehmen in anderer Rechtsform, Berlin 1970, S. 73, der festellt: "Eine Ertragsrealisation nach Fertigstellung der einzelnen Teilaufträge scheint durchaus mit dem Realisationsprinzip vereinbar."

[120] Vgl. beispielsweise explizit *Paal, E.*: a.a.O., S. 60; *Clemm, H.*, in: *Ruppe, H.G.* (Hrsg.): a.a.O., S. 128; *Dziadkowski, D.*: a.a.O., S. 1344; *ADS*: a.a.O., § 252, Tz. 86; *Sigle, H.*, in: *Küting, K., Weber, C.-P.* (Hrsg.): a.a.O., § 277, Rn. 67 sowie implizit *Busse von Colbe, W.*, in: *Coenenberg, A.G., Wysocki, K. von* (Hrsg.): a.a.O., Sp. 1204; *Leffson, U.*: Die Grundsätze ..., a.a.O., S. 281 f.; *Freidank, C.-C.*: a.a.O., S. 1199; *Selchert, F.W.*, in: *Küting, K., Weber, C.-P.* (Hrsg.): a.a.O., § 252, Rn. 88.

[121] Vgl. BFH-Urt. v. 18.12.1956 I 84/56 U, BStBl. 1957 III, S. 27-28, s. bes. S. 28; *Albach, H.*: a.a.O., S. 299; *Nickolay, H.O.*: a.a.O., S. 271; *Roer, H.*: a.a.O., S. 350; *Schäfer, W.*: a.a.O., S. 18 f.; *Disselkamp, E.*, in: *Castan, E.* u.a. (Hrsg.): a.a.O., B 214, Rn. 104; *Lüders, J.*: a.a.O., S. 101; *Knobbe-Keuk, B.*: a.a.O., S. 250 f.

[122] Vgl. *Schindlbeck, K.*: a.a.O., S. 162.

sprechung, Schrifttum und Praxis eine Vielzahl zivilrechtlich und wirtschaftlich gearteter Kriterien[123] genannt werden, über deren Gewichtung allerdings keineswegs Einigkeit herrscht, da insbesondere auf explizite gesetzliche Regelungen zu dieser Frage nicht zurückgegriffen werden kann.[124]

Zunächst wird die Zulässigkeit derartiger Teilgewinnrealisierungen in Schrifttum und Praxis allgemein von der Voraussetzung vertraglicher Vereinbarungen über selbständig abgrenzbare Teilabschnitte des Auftrages abhängig gemacht.[125] Das Vorliegen dieses Kriteriums zur Vornahme von Teilgewinnrealisierungen wird auch zu Recht gefordert, da bei Fehlen vertraglicher Vereinbarungen über die Zulässigkeit von Teillieferungen oder -leistungen die schuldrechtliche Regelung des § 266 BGB Anwendung fände, wonach der Schuldner nicht zu Teilleistungen berechtigt ist. Als damit einhergehende Konsequenz ergäbe sich nämlich, daß bei Erbringen nicht vereinbarter Teillieferungen oder -leistungen und Nichtentgegennahme durch den Erwerber, das für die Gewinnrealisierung entscheidende Kriterium des Überganges der Preisgefahr nicht gegeben wäre.[126]

Neben dem Vorliegen dieses zivilrechtlichen Kriteriums wird für die Zulässigkeit derartiger Teilgewinnrealisierungen aber auch das Vorliegen des wirtschaftlichen Kriteriums verlangt, wonach die Teillieferung oder -leistung durch eine wirtschaftlich (technisch) sinnvolle

---

[123] Vgl. *Clemm, H.*, in: *Ruppe, H.G.* (Hrsg): a.a.O., S. 127.

[124] Vgl. *Busse von Colbe, W.*, in: *Coenenberg, A.G., Wysocki, K. von* (Hrsg.): a.a.O., Sp. 1204. Dies mag nicht verwundern, da schon zur generellen Problematik der Gewinnrealisierung, insbesondere zur Problematik der Festlegung des Realisationszeitpunktes, keine expliziten gesetzlichen Regelungen existieren.

[125] Vgl. *Mutze, O.*: Gewinnverwirklichung ..., a.a.O., S. 276; *Fülling, F.*: a.a.O., S. 212; Kommission Rechnungswesen im Verband der Hochschullehrer für Betriebswirtschaft e.V.: Reformvorschläge ..., a.a.O., S. 20; *Weber, R.L.*: a.a.O., S. 319; *Leffson, U.*: Unfertige Leistungen, in: *Leffson, U.* u.a. (Hrsg.): a.a.O., S. 318; *Lüders, J.*: a.a.O., S. 101; *Schindlbeck, K.*: a.a.O., S. 163 f.; *Knobbe-Keuk, B.*: a.a.O., S. 250. Vgl. hierzu auch bezüglich Teilleistungen im Rahmen von Beratungsverträgen FG Berlin, Urt. v. 29.4.1991 VIII 332/89, EFG 1992, S. 62-63, s. bes. S. 63. In diesem Zusammenhang fordert *Backhaus, K.*: Die Gewinnrealisation ..., a.a.O., S. 360: "Nur dann, wenn ein Auftrag auch faktisch, d.h. vertraglich in Teilaufträge zerlegt ist, ist eine erfolgswirksame bilanzielle Teilabrechnung möglich. Damit wird der Gesamtauftrag eher als 'Rahmenvertrag mit in sich abgeschlossenen und abgrenzbaren Einzelleistungen' interpretiert."

[126] Vgl. *Gelhausen, H.F.*: a.a.O., S. 216 f. Wenn *Schindlbeck, K.*: a.a.O., S. 163 f. in diesem Zusammenhang lediglich herausstellt, daß die vertraglichen Vereinbarungen die Ermittlung des entsprechenden Teilgewinnes bezwecken, so trifft dies zwar zu, kann aber andererseits nicht als alleinige Rechtfertigung für diese Voraussetzung angesehen werden. Vielmehr ist der hier dargestellte schuldrechtliche Aspekt ausschlaggebend.

Abgrenzbarkeit gekennzeichnet sein müsse.[127] Gerade die Anwendung dieses Abgrenzungskriteriums macht dabei besonders deutlich, mit welchen Problemen die Frage der Abgrenzung von Teillieferungen oder -leistungen im Einzelfall verbunden ist. Denn erhält das Unternehmen beispielsweise den Auftrag, fünf Flugzeuge eines bestimmten Typs zu liefern, so stellt jedes einzelne Flugzeug einen selbständig abgrenzbaren Teil des Gesamtauftrages dar, womit die Frage nach der wirtschaftlichen (technischen) Abgrenzbarkeit in diesem Fall relativ leicht zu beantworten wäre.[128] Dagegen läßt sich bei der Errichtung von komplexen Großanlagen eine solche Abgrenzung der einzelnen Komponenten oftmals nicht sicherstellen, da es an der notwendigen Einzelfunktionalität fehlt und demnach eine Aufteilung nur schwer durchzuführen wäre.[129] Als weitere Voraussetzung für die Vornahme von Teilgewinnrealisierungen wird die ebenfalls zutreffende Forderung erhoben, jede Teillieferung oder -leistung müsse für sich abrechnungsfähig sein.[130] Andererseits wird aber auch behauptet, die Abrechnungsfähigkeit genüge nicht als Kriterium, sondern es müßten Teilabrechnungen, d.h. tatsächliche Abrechnungen entsprechender Teillieferungen oder -leistungen vorliegen.[131] So sei das Abstellen auf die bloße Abrechnungsfähigkeit als nicht ausreichend anzusehen, da nur das Vorliegen endgültiger Teilabrechnungen zu einer "ge-

---

[127] Vgl. BdF-Erl. v. 23.11.1967 IV A 2- S 7440- 3/67, BStBl. 1967 I, S. 461-463, s. bes. S. 461; *Paal, E.*: a.a.O., S. 44; *Clemm, H.*, in: *Ruppe, H.G.* (Hrsg.): a.a.O., S. 127; *Schäfer, W.*: a.a.O., S. 18; *Leffson, U.*: Die Grundsätze ..., a.a.O., S. 282; *Schindlbeck, K.*: a.a.O., S. 162 f. Wenn *ADS*: a.a.O., § 252, Tz. 85 in diesem Zusammenhang "kalkulatorisch abgrenzbare Teilleistungen" fordern, so ist unklar, ob damit wirtschaftlich (technisch) abgrenzbare Teillieferungen oder -leistungen gemeint sind. Zur Frage der Abgrenzbarkeit von Leistungen im Baugewerbe fordern Ingenstau/Korbion, daß Teilleistungen "in sich abgeschlossene Teile der vertraglichen Leistung" darstellen und "daß es sich um Teile aus demselben Auftrag handelt", *Ingenstau, H., Korbion, H.*: a.a.O., B §12, Rn. 18.

[128] In diesem Zusammenhang stellt Bauer treffend auf die Gleichartigkeit der nach dem Auftrag herzustellenden Gegenstände ab, *Bauer, H.*: a.a.O., S. 176.

[129] Vgl. in diesem Zusammenhang auch *Paal, E.*: a.a.O., S. 44; *Leffson, U.*: Die Grundsätze ..., a.a.O., S. 282; *Lüders, J.*: a.a.O., S. 101; *Schindlbeck, K.*: a.a.O., S. 163. Im Zusammenhang mit dieser Abgrenzungsproblematik stellt Clemm mit dem Unterton der Resignation fest, "wie schwierig zu durchschauen und zu beurteilen diese Materie ist, und zwar nicht nur für die 'Bilanz-Kontrolleure' (Abschlußprüfer und Fiskus), sondern häufig auch für die internen Kontrolleure einschließlich der für die Bilanzierung zuständigen Personen", *Clemm, H.*, in: *Ruppe, H.G.* (Hrsg.): a.a.O., S. 127, Fn. 32. Sollten in dem hier dargestellten Fall der Errichtung einer Großanlage trotz einer willkürlichen Aufteilung gar Einzelverträge abgeschlossen werden, so müßte in bezug auf die Regelung des § 117 BGB geprüft werden, ob nicht eigentlich der Abschluß eines Gesamtvertrages gewollt ist, vgl. *Lüders, J.*: a.a.O., S. 101 f.

[130] Vgl. *Boelke, W.*: a.a.O., S. 73; *Schäfer, W.*: a.a.O., S. 18; *Freidank, C.-C.*: a.a.O., S. 1199; *Knobbe-Keuk, B.*: a.a.O., S. 250; *Baetge, J.*, in: *Küting, K., Weber, C.-P.* (Hrsg.): a.a.O., II, Rn. 149 sowie BFH-Urt. v. 28.1.1960, a.a.O., s. bes. S. 293; BFH-Urt. v. 13.12.1979 IV R 69/74, BStBl. 1980 II, S. 239-242, s. bes. S. 241.

[131] Vgl. *Kaatz, P.*: a.a.O., S. 480; *Roer, H.*: a.a.O., S. 350; *Kücken, N.*: a.a.O., S. 1976; *Paal, E.*: a.a.O., S. 47 f.; Kommission Rechnungswesen im Verband der Hochschullehrer für Betriebswirtschaft e.V.: Reformvorschläge ..., a.a.O., S. 20; *Bauer, H.*: a.a.O., S. 176; *Sigle, H.*, in: *Küting, K., Weber, C.-P.* (Hrsg.): a.a.O., § 277, Rn. 67. Auch im BFH-Urt. v. 18.12.1956, a.a.O., S. 28 wird auf die Bedeutung tatsächlich vorgenommener Teilabrechnungen hingewiesen.

wissen Objektivierung" des auf die Teillieferung oder -leistung entfallenden Erfolgsanteils beitrage.[132] Jedoch ist einer solchen Auffassung, die die Teilgewinnrealisierung an das Erteilen einer Rechnung - und nichts anderes bringt die Teilabrechnung zum Ausdruck - knüpfen will, keine materielle Bedeutung beizumessen. Denn materiell entscheidend kann in diesem Zusammenhang nur eine Ausrichtung am herausgestellten Realisationskriterium des abnahmebedingten Überganges der Preisgefahr sein und nicht das tatsächliche Erteilen einer Rechnung, auch wenn beide Kriterien oftmals zeitgleich gegeben sein können. Deshalb sollte die Voraussetzung der Abrechnungsfähigkeit genügen,[133] wobei es allerdings zur Absicherung einer hinreichenden Objektivierung erforderlich ist,[134] den auf die Teillieferungen oder -leistungen entfallenden Teilerlös vertraglich festzulegen[135] oder - was dem im Baugewerbe vorkommenden Einheitspreisvertrag entsprechen würde - eine Vereinbarung über Stückpreise effektiv verbrauchter Leistungsmengen zu treffen, anhand derer die Teilerlöse der entsprechenden Teillieferungen oder -leistungen ermittelt werden könnten.[136] Um schließlich auch die Objektivität bei der eigentlichen Festlegung der entsprechenden Teilgewinne zu gewährleisten, müßte auch das Vorhandensein einer exakten Kostenrechnung und Kalkulation vorausgesetzt werden, insbesondere um im Wege der Nachkalkulation die Kosten der entsprechenden Teillieferung oder -leistung zu ermitteln.[137]

Wenn schließlich als weitere Voraussetzung für die Vornahme von Teilgewinnrealisierungen eine Abnahme der selbständig abgrenzbaren Teillieferungen oder -leistungen

---

[132] *Paal, E.*: a.a.O., S. 48.

[133] Vgl. in diesem Sinne auch die zutreffende Feststellung von Schäfer, daß "die Realisation des Absatzes von Gütern nicht von der Rechnungserteilung, sondern von der Abrechnungsfähigkeit abhängig" sei, *Schäfer, W.*: a.a.O., S. 19. Zutreffend ist in diesem Zusammenhang auch die Feststellung von *Knobbe-Keuk, B.*: a.a.O., S. 250 f.: "Wenn der Leistungsverpflichtete vereinbarungsgemäß eine Teilleistung abrechnen kann ..., ist der Teilvergütungsanspruch zu aktivieren."

[134] Zur Notwendigkeit einer Objektivierung wird insofern Paal nicht widersprochen, vgl. *Paal, E.*: a.a.O., S. 48.

[135] Vgl. hierzu auch BFH-Urt. v. 13.12.1979, a.a.O., S. 242.

[136] Vgl. *Weber, R.L.*: a.a.O., S. 321. Beim Einheitspreisvertrag werden in einem Leistungsverzeichnis Einheitspreise zur Preisermittlung tatsächlich erbrachter Leistungsmengen vereinbart, während in einem Pauschal(preis)vertrag für eine nach Art und Umfang genau bestimmte Leistungsmenge ein Pauschalpreis vereinbart wird, vgl. hierzu ebenda, S. 189 f.; *Ogiermann, L.*: a.a.O., S. 59.

[137] Vgl. *Paal, E.*: a.a.O., S. 49 ff.

gefordert wird,[138] so kann dieser Forderung nur zugestimmt werden, da, wie bereits mehrfach herausgestellt, erst die Abnahme das für die Gewinnrealisierung entscheidende Kriterium des Überganges der Preisgefahr determiniert. Zugleich wird mit der Durchführung einer Teilabnahme auch die Anerkennung der vertragsgemäßen Leistung (bzw. Herstellung) durch den Auftraggeber bekundet.[139] Da im Falle des Werkvertrages gem. § 646 BGB "nach der Beschaffenheit des Werkes die Abnahme ausgeschlossen" sein kann, wird für die Zulässigkeit von Teilgewinnrealisierungen zu Recht ergänzend auf das Vorliegen der Voraussetzung abgestellt, "daß die abgrenzbare und fertige Teilleistung von dem Vertragsgegner abgenommen worden oder wirtschaftlich als abgenommen anzusehen ist".[140] Nicht gefolgt werden kann dagegen den Auffassungen, die entweder eine Teilabnahme durch das Erstellen von Teilabrechnungen vermuten[141] oder eine Teilabnahme als angenommen ansehen, wenn vom Auftraggeber auf abgegrenzte Teillieferungen oder -leistungen Abschlagszahlungen geleistet werden.[142] Denn nur die Teilabnahme als solche kann das für die Teilgewinnrealisierung maßgebende Kriterium des Überganges der Preisgefahr bedingen und nicht etwa andere, ersatzweise durchgeführte Maßnahmen.[143] Hierzu müssen im Rahmen von BGB-Verträgen bezüglich der Teilabnahmen gem. § 641 Abs. 1 Satz 2 BGB vertragliche Vereinbarungen getroffen werden, während es bei VOB-Bauverträgen einer solchen gesonderten Vereinbarung nicht bedarf, da nach § 12 Nr. 2a VOB/B der

---

[138] Vgl. *Stapper, K.*: a.a.O., S. 67; *Mutze, O.*: Gewinnverwirklichung ..., a.a.O., S. 276 f.; *Döllerer, G.*: Zur Bilanzierung ..., a.a.O., S. 1544; *Freericks, W.*: a.a.O., S. 103; *Paal, E.*: a.a.O., S. 49; *Stein, H.*: a.a.O., S. 127; Kommission Rechnungswesen im Verband der Hochschullehrer für Betriebswirtschaft e.V.: Reformvorschläge ..., a.a.O., S. 20. Vgl. in diesem Zusammenhang auch das BFH-Urt. vom 18.12.1956, a.a.O., S. 27 f. sowie das aktuelle Urt. des FG Berlin v. 29.4.1991, a.a.O., S. 62, wo die besondere Bedeutung der Teilabnahme herausgestellt wird. Vgl. dagegen aber auch die unzutreffende Auffassung im RFH-Urt. v. 22.10.1931, a.a.O., S. 280 u. im RFH-Urt. v. 11.1.1939 VI 744/38, RStBl. 1939, S. 323-324, s. bes. S. 324, wo festgestellt wird, daß u.U. eine Teilgewinnrealisierung auch dann in Betracht kommen könne, wenn eine Teilabnahme noch nicht erfolgt sei. Zur Notwendigkeit von Teilabnahmen für eine Teilgewinnrealisierung vgl. auch das Urt. des LG Düsseldorf im Fall Beton- und Monierbau, Urt. v. 24.10.1980 1 O 148/80, DB, 33. Jg. (1980), S. 2381-2384, s. bes. S. 2381 sowie das BGH-Urt. v. 12.7.1982 II ZR 175/81, DB, 35. Jg. (1982), S. 1861-1864, s. bes. S. 1862.

[139] Vgl. *Mutze, O.*: Gewinnverwirklichung ..., a.a.O., S. 276.

[140] BFH-Urt. v. 18.12.1956, a.a.O., S. 28. In einem solchen Ausnahmefall bestimmt § 646 BGB, daß an die Stelle der Abnahme die Vollendung des Werkes tritt. Mit Vollendung des Werkes geht allerdings ebenso wie bei der Abnahme die Preisgefahr über, vgl. hierzu auch *Palandt, O.*: a.a.O., § 646, Rn. 2.

[141] Vgl. *Van der Velde, K.*: Die Gewinnverwirklichung im Handels- und Steuerrecht, WPg, 3. Jg. (1950), S. 488-492, s. bes. S. 491; *Fehrenbach, J.*: Bilanzansätze von fertigen und nicht fertigen Arbeiten im Baugewerbe, FR, 12. (39.) Jg. (1957), S. 412-413; *Kaatz, P.*: a.a.O., S. 480.

[142] Vgl. *Bauer, H.*: a.a.O., S. 178.

[143] Selbstverständlich ausgenommen der bereits beschriebene Fall des § 646 BGB.

Auftragnehmer die Abnahme selbständig abgrenzbarer Teilleistungen sogar verlangen darf.[144]

Ein weiterer bedeutsamer Gesichtspunkt stellt schließlich die Forderung dar, eine Teilgewinnrealisierung dann nicht als zulässig ansehen zu können, wenn die Gefahr drohender Verluste bzw. Risiken besteht, so daß ein Gewinn aus dem Gesamtauftrag noch nicht gesichert wäre.[145] Dieses Kriterium stellt darauf ab, die Teillieferung oder -leistung nicht losgelöst vom Gesamtauftrag zu beurteilen, sondern, im Gegenteil, zur Feststellung drohender Risiken oder Verluste ist gerade der Auftrag in seiner Gesamtheit ausschlaggebend. Mit dieser ganzheitlichen Risikobetrachtung ergibt sich damit aber gleichzeitig das Problem, wonach wohl jeder Auftrag mehr oder weniger technischen und/oder wirtschaftlichen Risiken ausgesetzt ist.[146] Die Konsequenz dieser Feststellung kann allerdings nicht lauten, auch bei einer unbedenklichen, aber doch vorhandenen Risikosituation Teilgewinnrealisierungen nicht zuzulassen, sondern vielmehr sollte hier eine abgestufte, am Einzelfall orientierte Vorgehensweise Anwendung finden.[147] Als zentraler Maßstab sollte dabei eine Orientierung am sog. "Gesamtfunktionsrisiko" dienen, eine Kategorie, die wohl sehr deutlich die bestehende Risikosituation im Einzelfall hervortreten läßt. So macht es schon einen Unterschied, ob bei einem Gesamtauftrag "Lieferung von fünf Flugzeugen eines bestimmten Typs" auf eine vertragliche Festlegung eines Gesamtfunktionsrisikos verzichtet wird oder ob im Falle einer chemischen Großanlage gerade die Gesamtfunktionsgarantie

---

[144] § 12 Nr. 2a VOB/B bezieht sich auf den Fall der "echten" Teilabnahme, d.h. "auf in sich abgeschlossene Teile der Leistung ...," die "nach allgemeiner Verkehrsauffassung als selbständig und von den übrigen Teilleistungen aus demselben Bauvertrag unabhängig anzusehen sind, sie sich also in ihrer Gebrauchsfähigkeit abschließend für sich beurteilen lassen", *Ingenstau, H., Korbion, H.*: a.a.O., B § 12,2, Rn. 19. Von einer "unechten" Teilabnahme spricht man dagegen, wenn sich die Abnahme auf abgeschlossene Leistungsteile bezieht, die allerdings durch die weitere Bauausführung einer Nachprüfung entzogen werden, vgl. ebenda, B §12,2, Rn. 20.

[145] Vgl. *Mutze, O.*: Gewinnverwirklichung ..., a.a.O., S. 279 f.; *Bodarwé, E.*: Bewertung ..., a.a.O., S. 1975; *Paal, E.*: a.a.O., S. 53; *Feuerbaum, E.*: Internationale Besteuerung ..., a.a.O., S. 90; Kommission Rechnungswesen im Verband der Hochschullehrer für Betriebswirtschaft e.V.: Reformvorschläge ..., a.a.O., S. 20; *Haug, W.*, in: *Haug, W., Letters, W.* (Bearb.): a.a.O., S. 362; *Sarx, M.*, in: *Budde, W.D.* u.a. (Bearb.): a.a.O., § 255, Anm. 461; *ADS*: a.a.O., § 252, Tz. 85; *Disselkamp, E.*, in: *Castan, E.* u.a. (Hrsg.): a.a.O., B 214, Rn. 104; *Euler, R.*: a.a.O., S. 95 f.; *Freidank, C.-C.*: a.a.O., S. 1200; *Selchert, F.W.*, in: *Küting, K., Weber, C.-P.* (Hrsg.): a.a.O., § 252, Rn. 88. Leffson stellt die Bedeutung des Kriteriums zutreffend mit den Worten heraus: "Die Beurteilung des Risikos hat ... entscheidenden Einfluß auf die Möglichkeit der Teilrealisation", *Leffson, U.*: Die Grundsätze ..., a.a.O., S. 282.

[146] Vgl. *Bodarwé, E.*: Bewertung ..., a.a.O., S. 1974 f. Vgl. in diesem Zusammenhang auch die Kritik von Schindlbeck an Döll, die Voraussetzung nur dann als erfüllt betrachtet, wenn überhaupt keine Risiken gegeben sind, vgl. *Döll, B.*: a.a.O., S. 229. Schindlbeck stellt dazu treffend fest, daß "hier fälschlicherweise die abgenommene Teilleistung und nicht die gesamte Leistung als Auftragseinheit angesehen wird", *Schindlbeck, K.*: a.a.O., S. 167.

[147] Wenn Bauer in diesem Zusammenhang einerseits eine Teilgewinnrealisierung wegen der bestehenden Risiken generell ablehnt, andererseits aber wieder zuläßt, weil "sie ... heute allgemein praktiziert" wird, so wirkt diese Argumentation doch recht inkonsequent, *Bauer, H.*: a.a.O., S. 179 f.

einen wesentlichen Vertragsbestandteil darstellt.[148] Die Risiken, die sich aus einer derartigen Gesamtfunktionsgarantie ergeben können sind dabei so erheblich, daß bei Abschluß einer derartigen Garantie eine Teilgewinnrealisierung wohl nicht mehr in Betracht gezogen werden kann.[149] Eine andere, die Bedeutung des Kriteriums der Gesamtfunktion negierende Auffassung zur Teilgewinnrealisierung würde nämlich "einen eklatanten Verstoß gegen das Vorsichtsprinzip der Grundsätze ordnungsmäßiger Buchführung bedeuten".[150] Neben diese Einbeziehung des Gesamtfunktionsrisikos als wirtschaftlichem Beurteilungsmaßstab ist aber auch ein zivilrechtliches Kriterium zu stellen, da der Teilgewinn einer erbrachten Teillieferung oder -leistung (trotz Überganges der Preisgefahr) durch eine Leistungsstörung noch ausstehender Teillieferungen oder -leistungen in Frage gestellt sein könnte. Es ist deshalb auch erforderlich, die sog. "echte Teilunmöglichkeit" vertraglich zu vereinbaren,[151] d.h. bei erbrachter Teillieferung oder -leistung führt die Unmöglichkeit der Restlieferung oder -leistung eben nicht zur Unmöglichkeit insgesamt.[152]

---

[148] Hier wird der enge Zusammenhang zwischen dem Kriterium der wirtschaftlichen und technischen Abgrenzbarkeit, dem Kriterium der Teilabnahme und dem Aspekt des Gesamtfunktionsrisikos deutlich zum Ausdruck gebracht.

[149] Vgl. hierzu auch *Backhaus, K.*: Die Gewinnrealisation ..., a.a.O., S. 356. Es scheint, als ob Backhaus bei Nichtvereinbarung von Gesamtfunktionsrisiken eine Teilgewinnrealisierung ohne weitere Risikobetrachtung zuläßt, vgl. ebenda. Hier ist aber auch in derartigen Fällen noch eine zusätzliche Risikobetrachtung vorzunehmen, da durchaus noch weitere Risikokonstellationen "außerhalb" des Gesamtfunktionsrisikos denkbar sind, die ebenso einer Teilgewinnrealisierung entgegenstehen können. Auf die Bedeutung von Gesamtfunktionsrisiken in diesem Zusammenhang wird auch von *Lüders, J.*: a.a.O., S. 102 hingewiesen. Wenn weiterhin die Kommission Rechnungswesen im Verband der Hochschullehrer für Betriebswirtschaft e.V.: Reformvorschläge ..., a.a.O., S. 20, wohl in bezug auf die Berücksichtigung von Risiken, eine Ausschüttungssperre für Teilgewinne fordert, so wird eine solche Forderung treffend als "wenig sinnvoll" bezeichnet, da eine Teilgewinnrealisierung im Falle einer zu kritischen Risikosituation ohnehin nicht zu vertreten wäre, *Döll, B.*: a.a.O., S. 229 f., vgl. hierzu auch *Backhaus, K.*: Die Gewinnrealisation ..., a.a.O., S. 355 f., der die Forderung nach einer Ausschüttungssperre treffend unter der Überschrift "Überflüssige oder fragwürdige Kriterien" diskutiert.

[150] *Feuerbaum, E.*: Steuerliche Erfahrungen ..., a.a.O., S. 1502.

[151] In diesem Zusammenhang ist die Regelung des § 323 Abs. 1 2. Halbsatz BGB zu beachten, die festlegt, daß sich bei teilweiser Unmöglichkeit die Gegenleistung nach Maßgabe der Vorschriften über die Minderung (§§ 472, 473 BGB) mindert. Der Betrag, um den sich bei teilweiser Unmöglichkeit der Anspruch auf die Gegenleistung mindert, ergibt sich dabei aus dem Verhältnis des Wertes der Gesamtlieferung oder -leistung zum Wert der restlichen Teillieferungen oder -leistungen, vgl. hierzu *Palandt, O.*: a.a.O., § 323, Anm. 4. Allerdings ist bei der Anwendung dieser Norm zu berücksichtigen, daß die Teilunmöglichkeit auch der vollständigen Unmöglichkeit in den Fällen gleichstehen kann, in denen "der Gläubiger an dem Inhalt und Zweck des Vertrages nur an der vollständigen Leistung ein Interesse hat, die möglich gebliebene Teilerfüllung für ihn also sinnlos ist", ebenda, § 275, Anm. 5 b, vgl. hierzu auch RG-Urt. v. 27.5.1933 I 16/33, RGZ 140, S. 378-385, s. bes. S. 383. Deshalb erfordert die Anwendbarkeit des § 323 Abs. 1 2. Halbsatz BGB, durch den der auf die erbrachte Lieferung oder Leistung entfallende Teil der Gegenleistung (einschließlich des betreffenden Teilgewinnes) gesichert wird, auch die vertragliche Vereinbarung einer "echten Teilunmöglichkeit".

[152] Vgl. hierzu auch *Döllerer, G.*: Zur Bilanzierung ..., a.a.O., S. 1544; derselbe: Droht eine ..., a.a.O., S. 1335; derselbe: Grundsätze ordnungswidriger ..., a.a.O., S. 778; *Gelhausen, H.F.*: a.a.O., S. 219; *Schindlbeck, K.*: a.a.O., S. 167 f.

Zusammenfassend seien die hier für zutreffend erachteten Kriterien zur Vornahme einer Teilgewinnrealisierung durch Teilabnahme nochmals in einer Übersicht dargestellt:

Anwendungsvoraussetzungen einer Teilgewinnrealisierung durch Teilabnahme

- vertragliche Vereinbarung über selbständig abgrenzbare Teillieferungen oder -leistungen
- vertragliche Vereinbarung der sog. "echten Teilunmöglichkeit"
- wirtschaftlich (technisch) sinnvolle Abgrenzbarkeit des Gesamtauftrages
- Nichtvorliegen eines Gesamtfunktionsrisikos
- Abrechnungsfähigkeit der Teillieferung oder -leistung
- Teilabnahme

Unterzieht man die Methode der Teilgewinnrealisierung durch Teilabnahme einer abschließenden Beurteilung, so handelt es sich unter Berücksichtigung der hier herausgestellten Anwendungsvoraussetzungen in der Tat nicht um eine Durchbrechung, sondern lediglich um eine zulässige Modifikation des Realisationsprinzips in seiner konsequenten Anwendung. So ist denn auch das die Gewinnrealisierung in so herausragender Weise determinierende Prinzip der Quasisicherheit des Anspruchs auf die Gegenleistung nicht verletzt, wenn die herausgestellten Kriterien uneingeschränkte Berücksichtigung erfahren.[153] Die Forderung nach einer uneingeschränkten Beachtung der herausgestellten Kriterien ist dabei nicht nur als Selbstverständlichkeit, sondern gerade als eine ernstzunehmende Aufforderung anzusehen, da angesichts von vornehmlich in steuerrechtlichem Zusammenhang aufgestellten weniger

---

[153] Die Auffassung von der Quasisicherheit des Anspruchs wird auch in der HFA-Stellungnahme 1/1993 "Zur Bilanzierung von Joint Ventures" (WPg, 46. Jg. (1993), S. 441-444, s. bes. S. 442 f.) bestätigt. Allerdings wird auch erkannt, daß ein deutsches Partnerunternehmen möglicherweise über die Anwendung von Rechnungslegungsgrundsätzen im Joint Venture, die mit den deutschen handelsrechtlichen Rechnungslegungsgrundsätzen nicht kompatibel sind, Ergebnisse vereinnahmen könnte, die unter dem Gesichtspunkt der Quasisicherheit eben nicht hätten vereinnahmt werden dürfen. Für diesen Fall fordert die HFA-Stellungnahme eine Berücksichtigung von nicht in der Ergebnisrechnung des Joint Venture erfaßten Risiken durch die Passivierung einer Rückstellung für ungewisse Verbindlichkeiten; vgl. hierzu auch *Früh, H.-J., Klar, M.*: Joint-Ventures - Bilanzielle Behandlung und Berichterstattung, WPg, 46. Jg. (1993), S. 493-503, s. bes. S. 499. Bemerkenswert an dieser Stellungnahme ist, daß sich der HFA damit grundsätzlich für eine strenge Beachtung des Vorsichts- und Realisationsprinzips ausspricht und die angeführte Vereinnahmung des risikobehafteten Ergebnisses (mit entsprechender Passivierung einer Rückstellung) wohl nur durch die besondere Situation der Auftragsabwicklung im Joint Venture erklärbar ist, vgl. so wohl auch *Früh, H.-J., Klar, M.*: a.a.O., S. 498 f.

strengen Kriterien[154] die Gefahr eines unzulässigen "Aufweichens" der Gesamtproblematik sowohl in Handels- als auch in Steuerbilanz besteht. Insbesondere sollte dabei am Ende jeder Rechnungslegungsperiode die Vornahme von Teilgewinnrealisierungen erneut geprüft werden, wobei festgestellt werden sollte, ob Verlustrisiken bestehen, die die geplanten, noch vorzunehmenden Teilgewinnrealisierungen aufzehren könnten oder ob gar die Risikosituation zu einem Verlust des Gesamtauftrages zu führen droht.[155] Im letzten Fall wären für bereits realisierte Teilgewinne aus dem Gesamtauftrag Rückstellungen für drohende Verluste aus schwebenden Geschäften zu bilden.[156] Ist eine derartige akute Risikosituation allerdings nicht zu erkennen und werden die übrigen Voraussetzungen vom betreffenden Einzelfall zweifelsfrei erfüllt, so müßte auch die anfangs aufgeworfene Frage im Hinblick auf ein Wahlrecht oder eine Pflicht zur Vornahme von Teilgewinnrealisierungen dahingehend beantwortet werden, daß es sich hier um eine Verpflichtung zur Vornahme von Teilgewinnrealisierungen handelt. Denn die hier aufgestellten Voraussetzungen zur Vornahme von Teilgewinnrealisierungen bewirken gerade nicht eine Durchbrechung des Realisationsprinzips, sondern seine zulässige Modifikation, die die materielle Bedeutung keineswegs einschränkt. Wenn demgemäß in diesem Zusammenhang für die Steuerbilanz gefordert wird, "von der Zubilligung eines Wahlrechtes ..." müsse "grundsätzlich abgesehen werden",[157] so wäre dies auch auf handelsrechtlicher Seite zu fordern.[158] Allerdings werden in einer Vielzahl von Fällen die genannten Voraussetzungen schon nicht erfüllt, so daß sich die Frage nach einer Pflicht oder einem Wahlrecht zur Vornahme von Teilgewinnrealisierungen in derartigen Fällen demnach erst gar nicht stellen wird. So wird es gerade in vielen Bereichen des Industrieanlagenbaues nicht möglich sein, eine wirtschaftlich (technische) Abgrenzbarkeit herbeizuführen und auf eine vertragliche Festlegung von Gesamtfunktionsrisiken zu verzichten. Im Hinblick auf das Aufteilen des Gesamtauftrages in kurzfristige, selbständige Abschnitte die Methode als ein "Wegdefinieren des Periodisierungsproblems"[159] zu bezeichnen, würde andererseits allerdings eine überschießende Tendenz aufweisen, da sich dieses Verfahren in der Praxis zu Recht bewährt hat.

---

[154] Erinnert sei hier an die im Schrifttum vertretene Auffassung, Teilabnahmen durch das Erstellen von Teilabrechnungen (vgl. *Van der Velde, K.*: Die Gewinnverwirklichung ..., a.a.O., S. 491; *Fehrenbach, J.*: a.a.O., S. 412-413; *Kaatz, P.*: a.a.O., S. 480) oder gar im Falle geleisteter Abschlagszahlungen (vgl. *Bauer, H.*: a.a.O., S. 178) anzunehmen.

[155] Vgl. *Paal, E.*: a.a.O., S. 56; *Döll, B.*: a.a.O., S. 232; *Schindlbeck, K.*: a.a.O., S. 169.

[156] Vgl. *Paal, E.*: a.a.O., S. 56.

[157] Vgl. *Kaatz, P.*: a.a.O., S. 480.

[158] Für eine Verpflichtung zur Vornahme von Teilgewinnrealisierungen in Handels- und Steuerbilanz spricht sich auch *Schindlbeck, K.*: a.a.O., S. 169 aus.

[159] *Jung, A.*: a.a.O., S. 62.

3. *"Teilgewinnrealisierung" durch Teilabrechnung nicht selbständig abgrenzbarer Teillieferungen oder -leistungen*

Geht man von den, der vorhergehend beschriebenen Methode zugrundeliegenden Voraussetzungen zur Festlegung selbständig abgrenzbarer Teillieferungen oder -leistungen aus, so ist zu fragen, ob sich in den Fällen, in denen diese Voraussetzungen eben nicht gegeben sind, andere Möglichkeiten eröffnen. Hierbei rückt das vor allem im Großanlagenbau insbesondere aus zoll- und devisenrechtlichen Gründen häufig angewendete Verfahren der Erstellung von Teilrechnungen für nicht selbständig abgrenzbare Teillieferungen oder -leistungen in den Vordergrund der Betrachtung.[160] I.d.R. wird dabei auf der Grundlage einer vertraglichen Vereinbarung dem Auftragnehmer erlaubt, nach Erbringung bestimmter, nicht selbständig abgrenzbarer Teillieferungen oder -leistungen diese Teillieferungen oder -leistungen betreffende Teilrechnungen auszustellen. Insofern handelt es sich hier lediglich um ein rein abrechnungstechnisches Aufteilen des Auftrages, das die selbständige Abgrenzbarkeit der Teillieferungen oder -leistungen völlig unberücksichtigt läßt.[161]

Was die Ausstellung und Verbuchung derartiger Teilabrechnungen im Hinblick auf eine Forderungsbilanzierung betrifft, so ist zunächst anzumerken, daß die BFH-Rechtsprechung eine solche Vorgehensweise wohl indirekt zuläßt,[162] wenn sie feststellt: "Mit der Aktivierung ... einer Abrechnungsforderung kommt ... in der Regel der Wille des Kaufmanns zum Ausdruck, einen Teil des durch den Bauauftrag voraussichtlich erzielten Gewinns auch vor Vollendung des Bauwerks als verwirklicht auszuweisen. Diese Vermutung ist hier aber dadurch entkräftet, daß die Bfin. den in der Abrechnungsanforderung enthaltenen Gewinn einem passiven Rechnungsabgrenzungsposten zu Lasten der Erfolgsrechnung zugewiesen hat."[163] Das Schrifttum äußert sich zur Ausstellung und Verbuchung einer Teilabrechnung

---

[160] Vgl. *Roer, H.*: a.a.O., S. 350, der gleichzeitig darauf hinweist, daß damit häufig auch eine Aufspaltung des Gesamtauftrages in ein Liefer- und ein Montagegeschäft einhergeht, auf die sich die Teilrechnungen beziehen. Allerdings berührt diese Aufspaltung nicht die Verpflichtung, eine gesamtfunktionsfähige Anlage zu erstellen.

[161] Vgl. hierzu auch *Feuerbaum, E.*: Steuerliche Erfahrungen ..., a.a.O., S. 1502; *Roer, H.*: a.a.O., S. 350; *Feuerbaum, E.*: Internationale Besteuerung ..., a.a.O, S. 83; *Funk, J.*, in: *Solaro, D.* u.a. (Hrsg.): a.a.O., S. 158.

[162] Vgl. *Feuerbaum, E.*: Internationale Besteuerung ..., a.a.O., S. 82.

[163] BFH-Urt. v. 18.12.1956, a.a.O., S. 28, vgl. hierzu auch kritisch *Kaatz, P.*: a.a.O., S. 480. Der Inhalt dieser Rechtsprechung wird sogleich ersichtlich, wenn im folgenden die eigentliche Problematik der Teilabrechnungen dargelegt wird.

durch Aktivierung einer Forderung einerseits zustimmend,[164] andererseits ist aber auch vereinzelt die Auffassung festzustellen, die einer derartigen Vorgehensweise ablehnend gegenübersteht.[165] Ungeachtet solcher ablehnenden Auffassungen werden offenbar in der Praxis derartige Teilabrechnungen durchgeführt, wobei wohl auch eine ausreichende Akzeptanz von Seiten der Wirtschaftsprüfer als auch von Seiten der Finanzverwaltung besteht.[166] Die eigentliche Problematik bei der Vornahme von Teilabrechnungen wird darin gesehen, daß mit der Teilabrechnung erbrachter, nicht selbständig abgrenzbarer Teillieferungen oder -leistungen ein buchungstechnischer Vorgang vorliege,[167] der zu einem Abgang bei den unfertigen Erzeugnissen und unfertigen Leistungen und zu einem Zugang bei den Forderungen führe. Würde man es allerdings bei diesem buchtechnischen Vorgang als solchem belassen, so wird weiter argumentiert, käme das einer Anerkennung der Teilgewinnrealisierung bei Vornahme einer Teilabrechnung nicht selbständig abgrenzbarer Teillieferungen oder -leistungen gleich. Mithin läge ein eindeutiger Verstoß gegen die Voraussetzung vor, die eine Teilgewinnrealisierung gerade an die selbständige Abgrenzbarkeit entsprechender Teillieferungen oder -leistungen knüpfe. Es sei deshalb erforderlich, diesen "widerspruchsvollen Sachverhalt"[168] einer auch dem Realisationsprinzip konformen Lösung zuzuführen, wobei eine zusätzliche Buchung vorzunehmen sei, mit der eine Neutralisierung des angefallenen Teilgewinnes erreicht würde.[169] Im Schrifttum wird dazu einerseits vorgeschlagen,[170] die Gewinneutralisierung durch die Bildung einer Rückstellung vorzunehmen, wobei allerdings diese Auffassung als nicht mit der Vorschrift des § 249 Abs. 3 Satz 1 HGB vereinbar angesehen wird, die festlegt, daß für andere als die in § 249 Abs. 1

---

[164] Vgl. *Feuerbaum, E.*: Steuerliche Erfahrungen ..., a.a.O., S. 1502; *Roer, H.*: a.a.O., S. 350; *Feuerbaum, E.*: Internationale Besteuerung ..., a.a.O., S. 82 ff.

[165] Vgl. *Schönnenbeck, H.*: Bilanzierungsfragen ..., a.a.O., S. 1135.

[166] Vgl. *Feuerbaum, E.*: Steuerliche Erfahrungen ..., a.a.O., S. 1502.

[167] Wie *Feuerbaum, E.*: Internationale Besteuerung ..., a.a.O., S. 84 treffend feststellt, "handelt es sich bei den Teilrechnungen um Geschäftsvorfälle, die nach den Grundsätzen ordnungsmäßiger Buchführung nicht ungebucht bleiben dürfen". Ein bloßes Ansammeln von Teilrechnungen, die in ihrer Gesamtheit erst verbucht werden, wenn die Gesamtleistung erfolgt ist, kann mit dem Dokumentationszweck der Buchführung nicht vereinbart werden, vgl. ebenda.

[168] *Feuerbaum, E.*: Steuerliche Erfahrungen ..., a.a.O., S. 1502.

[169] Nach Feuerbaum werde durch die Gewinneutralisierung eine "Fortentwicklung der nicht kodifizierten GoB in Anpassung an die Besonderheiten des Anlagengeschäftes", begründet, *Feuerbaum, E.*: Internationale Besteuerung ..., a.a.O., S. 85.

[170] Vgl. beispielsweise *Feuerbaum, E.*: Steuerliche Erfahrungen ..., a.a.O., S. 1502; *Bodarwé, E.*: Bewertung ..., a.a.O., S. 1975; *Roer, H.*: a.a.O., S. 350; *Feuerbaum, E.*: Internationale Besteuerung ..., a.a.O., S. 85 f.

und 2 HGB genannten Zwecke Rückstellungen nicht gebildet werden dürfen.[171] Ebenfalls unzulässig sei die Gewinneutralisierung durch Einstellen eines entsprechenden Betrages in einen passiven Rechnungsabgrenzungsposten,[172] da die Voraussetzungen des § 250 Abs. 2 HGB bzw. steuerrechtlich des § 5 Abs. 5 Nr. 2 EStG nicht gegeben seien. Auch könne es nicht zulässig sein, den Teilgewinn handelsrechtlich in einen Sonderposten mit Rücklageanteil einzustellen, da die Voraussetzungen des § 273 HGB nicht vorlägen.[173] Als zulässige Möglichkeit zur Vornahme der Gewinneutralisierung wird dagegen die Bildung einer gesonderten Bilanzposition mit der Bezeichnung "noch nicht realisierte Teilgewinne aus Teilabrechnungen" angesehen, wobei der Ausweis dieser Position auf der Passivseite unter den Rücklagen zu erfolgen hätte.[174] Entsprechend müßten in der Gewinn- und Verlustrechnung gesonderte Posten für die Zuführung und Auflösung zu dieser Position aufgenommen werden, wobei allerdings auch eine der Regelung des § 281 Abs. 2 Satz 2 HGB entsprechende Vorgehensweise denkbar wäre, d.h. Zuführungsbeträge unter der Position "sonstige betriebliche Aufwendungen" und Auflösungsbeträge unter der Position "sonstige betriebliche Erträge" zu buchen.[175] Desweiteren sollte ein gesonderter Ausweis der auf die Teilabrechnungen zurückzuführenden Umsatzerlöse in der Gewinn- und Verlustrechnung unter der Position "Umsatzerlöse aus noch nicht endabgerechneten Aufträgen" erfolgen.[176]

Dieser Ansatz zielt demnach darauf ab, mit der Vornahme von Teilabrechnungen Forderungen in der Bilanz auszuweisen, gleichzeitig aber die Differenz zwischen dem jeweiligen Rechnungsbetrag und den entsprechend zu aktivierenden Herstellungskosten zu neutralisieren.[177] Das hierin gezeigte Bemühen, dem Vorsichts- bzw. Realisationsprinzip zu ent-

---

[171] Durch die handelsrechtliche Vorschrift des § 249 Abs. 3 Satz 1 HGB wird damit ein Passivierungsverbot für andere als in § 249 Abs. 1 u. 2 HGB genannte Rückstellungen begründet. Allerdings ist steuerrechtlich zu berücksichtigen, daß dort ein Passivierungsverbot auch für die handelsrechtlich einem Wahlrecht unterliegenden Rückstellungen nach § 249 Abs. 1 Satz 3 HGB und § 249 Abs. 2 HGB besteht, vgl. in diesem Zusammenhang beispielsweise *Wöhe, G.*: Betriebswirtschaftliche Steuerlehre ..., a.a.O., S. 403 ff.

[172] Vgl. BFH-Urt. v. 18.12.1956, a.a.O., S. 28.

[173] Vgl. hierzu *Stein, H.*: a.a.O., S. 135. Die Gewinneutralisierung wird nicht durch die Umkehrung des Maßgeblichkeitsgrundsatzes nach § 5 Abs. 1 Satz 2 EStG erfaßt.

[174] Vgl. *Döll, B.*: a.a.O., S. 235, die allerdings bei ihrer Bezeichnung anstatt von "Teilgewinnen" von "Gewinnen" spricht. Vgl. hierzu auch *Stein, H.*: a.a.O., S. 136, der die Position als "Noch nicht realisierbare Gewinne aus nicht endabgerechneten Aufträgen" bezeichnet sowie *Schindlbeck, K.*: a.a.O., S. 172, der die Bezeichnung "Noch nicht realisierte Teilgewinne aus Zwischenrechnungen" vorschlägt.

[175] Vgl. *Döll, B.*: a.a.O., S. 235; *Schindlbeck, K.*: a.a.O., S. 172 f.

[176] Vgl. *Stein, H.*: a.a.O., S. 132.

[177] Dies erklärt auch, warum hier die Bezeichnung "Teilgewinnrealisierung" in Anführungszeichen gesetzt wird.

sprechen, ist zwar anzuerkennen, kann aber den materiellen Einwand, der gegenüber dieser Methode zu erheben ist, nicht beseitigen. Denn angesichts des in dieser Untersuchung herausgestellten Grundsatzes, wonach die Festlegung des Realisationszeitpunktes unmittelbar den Zeitpunkt des bilanzrechtlichen Entstehens von Forderungen determiniert, ergibt sich mit der vorgeschlagenen Bilanzierungsmethode offensichtlich ein Widerspruch. So ist das bloße Erteilen einer Rechnung, die während der Laufzeit des Auftrages ausgestellt wird, eben nicht als ein den Realisationszeitpunkt begründender Vorgang zu betrachten und kann deshalb auch nicht zur Forderungsbilanzierung führen. Auch die Vornahme einer Gewinnneutralisierung kann an diesem Befund nichts ändern, da damit lediglich eine Bewertungsfrage angesprochen wird, der Ausweis der Forderung aber weiterhin bestehen bleibt. Es liegen vielmehr die Gewinnrealisierung materiell nicht berührende, kundenseitige Anzahlungen vor, die als solche - und damit wird ebenso der buchmäßigen Erfassung Rechnung getragen - gem. § 268 Abs. 5 Satz 2 HGB entweder offen von den Vorräten abgesetzt oder gesondert unter den Verbindlichkeiten auszuweisen sind.[178] Demnach "führen Abschlags- oder Zwischenrechnungen, die während der Laufzeit des Auftrages ausgestellt werden, nicht zu Forderungsbilanzierungen. In der Bilanz erscheint vielmehr der unabgerechnete Auftrag mit seinen bis zum Bilanzstichtag aufgelaufenen Herstellungskosten. Erst nach Abnahme, also ... Gefahrenübergang auf den Auftraggeber, verläßt der fertige Auftragsgegenstand die Bilanz und macht einer Forderung Platz, die sich als Saldo aus Auftragswert und bereits erfolgten Abschlagszahlungen ergibt".[179]

An dieser Stelle kann gleichzeitig als Zwischenergebnis festgestellt werden, daß zwar eine Pflicht zur Teilgewinnrealisierung bei selbständig abgrenzbaren Teillieferungen oder -leistungen i.S. der hier herausgestellten Kriterien besteht, jedoch eine Forderungsbuchung mit einhergehender Gewinnneutralisierung beim Vorliegen von Zwischenrechnungen nicht durchgeführt werden kann. Damit bleibt aber offen, wie die Fälle zu beurteilen sind, bei denen weder selbständig abgrenzbare Teillieferungen oder -leistungen noch Teilabrechnungen vorliegen. Hier rückt nun eine Methode in den Vordergrund der Betrachtung, die in der nationalen und internationalen Bilanzierungspraxis lebhaft diskutiert wird. Gemeint ist die sog. "Percentage-of-Completion"-Methode, die im folgenden kritisch analysiert werden soll.

---

[178] Vgl. hierzu *Knop, W.*, in: *Küting, K., Weber, C.-P.* (Hrsg.): a.a.O., § 268, Rn. 163.

[179] *Schönnenbeck, H.*: Bilanzierungsfragen ..., a.a.O., S. 1135

4. Gewinnrealisierung entsprechend dem Fortschritt der Leistungserstellung - Die "Percentage-of-Completion"-Methode

a) Auftragsgewinne als sich stetig akkumulierende Größe

Im Verlauf dieser Untersuchung wurde als besonderes Kennzeichen des Zeitpunktes der Gewinnrealisierung ein damit verbundener "vermögenserhöhender Wertsprung"[180] herausgestellt. Von einer aus dem angelsächsischen Rechtskreis stammenden Auffassung wird dieser Zusammenhang aber grundlegend in Frage gestellt, wenn behauptet wird, Gewinne entstünden nicht durch einen derartigen Wertsprung, sondern würden sich als stetig akkumulierende Größe darstellen.[181] Überträgt man diesen Gedanken auf den Bereich langfristiger Aufträge, so bedeutet dies, den Auftragsgewinn nicht erst mit dem durch die Auftragsabnahme bedingten Übergang der Preisgefahr zu realisieren, sondern, unabhängig davon, entsprechend der fortschreitenden Auftragsabwicklung und damit entsprechend dem Fertigstellungsgrad. Eine solche Vorgehensweise, die im angelsächsischen Rechtskreis starke Anwendung findet,[182] bezeichnet man als "Percentage-of-Completion"-Methode. Ihre Beachtung in der deutschen Literatur und Praxis hat diese Methode vor allem durch die Verlautbarung eines Rechnungslegungsgrundsatzes des IASC gefunden, in dem die "Percentage-of-Completion"-Methode neben der "Completed-Contract"-Methode als zulässige Bilanzierungsmethode bei langfristigen Aufträgen angesehen wurde. Zudem erfuhr die "Percentage-of-Completion"-Methode besondere Aktualität durch die Veröffentlichung eines IASC-Diskussionsentwurfes, in dem vorgeschlagen wurde, die "Percentage-of-Completion"-Methode als einzige Bilanzierungsmethode bei langfristigen Aufträgen

---

[180] *Woerner, L.*: Die Gewinnrealisierung ..., a.a.O., S. 773.

[181] Vgl. *Sprouse, R.T., Moonitz, M.*: a.a.O., S. 13 ff. sowie insbesondere die Feststellung auf S. 14: "... profit is attributable to the whole process of business activity ...".

[182] Nach Adrian stellt diese Methode in der US-amerikanischen Rechnungslegung die "most frequently used method of recognizing revenue for long-term construction projects" dar, *Adrian, J.J.*: Construction Accounting: Financial, Managerial, Auditing and Tax, 2nd ed., Englewood Cliffs 1986, S. 281. Empirische Erhebungen unterstreichen dies auch, vgl. hierzu beispielsweise auch Accounting Standards Executive Committee: Statement of Position Nr. 81-1 - Accounting for Performance of Construction-Type and Certain Production-Type Contracts, JoA, Vol. 152, October 1981, S. 149-159, s. bes. Anm. 22-29; *Freeman, R.J.*: Revenue Recognition and Disclosure on Long-Term Contracts, Management Accounting, January 1976, S. 42-44 u. S. 52, s. bes. S. 44. Wie Müller herausstellt, scheint sich die Beliebtheit dieser Methode in der US-amerikanischen Rechnungslegung aus der dort vorherrschenden "performance"-Orientierung zu ergeben, wobei mit "performance" die möglichst günstige Darstellung des Ergebnisses gemeint ist, vgl. *Müller, E.*: Praktische Bilanzierungsprobleme im Vergleich USA/Deutschland, ZfbF, 34. Jg. (1982), S. 249-257, s. bes. S. 249.

zuzulassen und eine Anwendung der "Completed-Contract"-Methode sogar zu verbieten.[183] Mit dem Ende 1993 abgeschlossenen "Comparability and Improvement Project" ist nunmehr die ab 1.1.1995 gültige Fassung des IAS 11 verabschiedet worden, in der nur noch die "Percentage-of-Completion"-Methode Berücksichtigung findet.[184] Da die Methode aber auf dem Grundgedanken einer stetigen Gewinnakkumulation aufbaut, steht sie in diametralem Gegensatz zu dem in Deutschland herrschenden Verständnis des Realisationsprinzips und wird deshalb auch von vielen Stimmen des Schrifttums ausdrücklich oder zumindest implizit als nicht zulässige Durchbrechung des Realisationsprinzips abgelehnt.[185] Allerdings finden sich auch Auffassungen, die einer Teilgewinnrealisierung entsprechend der "Percentage-of-Completion"-Methode zumindest handelsrechtlich[186] durchaus zustimmend gegenüber-

---

[183] Vgl. IASC: E 32: Comparability of Financial Statements, WPg, 42. Jg. (1989), S. 313-315 sowie den Diskussionsentwurf IASC: E 42: Construction Contracts, WPg, 45. Jg. (1992), S. 398-402; vgl. hierzu auch die Ausführungen bei *Bolin, M.*: Das International Accounting Standards Committee - Aufgaben, Organisation und Perspektiven, WPg, 43. Jg. (1990), S. 482-486, s. bes. S. 485 f.; *Baetge, J.*: Harmonisierung der Rechnungslegung - haben die deutschen Rechnungslegungsvorschriften noch eine Chance?, in: Schmalenbach-Gesellschaft - Deutsche Gesellschaft für Betriebswirtschaft e.V. (Hrsg.): Internationalisierung der Wirtschaft: eine Herausforderung an Betriebswirtschaft und Unternehmenspraxis / 46. Deutscher Betriebswirtschafter-Tag 1992, Stuttgart 1993, S. 109-127, s. bes. S. 114 ff. *Probst, H.*: Mehr angloamerikanische Rechnungslegung in der EG durch geänderte Verfahren?, BFuP, 44. Jg. (1992), S. 426-440, s. bes. S. 429; *Haller, A.*: Die Rolle des International Accounting Standards Committee bei der weltweiten Harmonisierung der externen Rechnungslegung, DB, 46. Jg. (1993), S. 1297-1305, s. bes. S. 1301; derselbe: Das International Accounting Standards Committee, DBW, 53. Jg. (1993), S. 699-703, s. bes. S. 700.

[184] Vgl. Berichterstattung über die IASC-Board Sitzung vom 2. bis 5.11.1993, FN-IDW, Nr. 12/1993, S. 519; zu Stand und Entwicklung der Rechnungslegungsgrundsätze des IASC vgl. insbesondere auch *Biener, H.*: Die Rechnungslegungsempfehlungen des IASC und deren Auswirkungen auf die Rechnungslegung in Deutschland, BFuP, 45. Jg. (1993), S. 345-356; derselbe: Möglichkeiten und Grenzen der Harmonisierung der Rechnungslegung, Der Schweizer Treuhänder, 67. Jg. (1993), S. 13-20; *Bürge, A., Ohlund, E.*: International Accounting Standards - Neueste Entwicklungen, Der Schweizer Treuhänder, 67. Jg. (1993), S. 165-170; *Schruff, W.*: Die internationale Vereinheitlichung der Rechnungslegung nach den Vorschlägen des IASC - Gefahr oder Chance für die deutsche Bilanzierung?, BFuP, 45. Jg. (1993), S. 400-426, *Thyll, A.*: Zum Vormarsch internationaler Accounting Standards, WPg, 46. Jg. (1993), S. 610-611.

[185] Vgl. die allgemeinen Auffassungen gegen eine Durchbrechung des Realisationsprinzips sowie teilweise die ausdrücklich ablehnende Haltung gegenüber der "Percentage-of-Completion"-Methode beispielsweise bei *Schmalenbach, E.*: Dynamische Bilanz, a.a.O., S. 77 f.; *Fülling, F.*: a.a.O., S. 212; *Paal, E.*: a.a.O., S. 43; *Hilkert, O., Krause, W.*: a.a.O., S. 1658; *Stein, H.*: a.a.O., S. 125; *Weber, R.L.*: a.a.O., S. 314; *Greess, W.*, in: *Bierich, M.* u.a. (Hrsg.): a.a.O., S. 158; *Clemm, H.*, in: *Ruppe, H.G.* (Hrsg.): a.a.O., S. 124 f.; *Döllerer, G.*: Grundsätze ordnungswidriger ..., a.a.O., S. 778; *Busse von Colbe, W.*, in: *Coenenberg, A.G., Wysocki, K. von* (Hrsg.): a.a.O., Sp. 1201 f.; *Döll, B.*: a.a.O., S. 225; *Gelhausen, H.F.*: a.a.O., S. 225; *Leffson, U.*: Die Grundsätze ..., a.a.O., S. 284; *Lüders, J.*: a.a.O., S. 103; *Schindlbeck, K.*: a.a.O., S. 203 ff.; *Forster, M.*, in: *Castan, E.* u.a. (Hrsg.): a.a.O., B 700, Rn. 63 ff.; *Euler, R.*: a.a.O., S. 95; *Knobbe-Keuk, B.*: a.a.O., S. 251; wohl auch *Baetge, J.*, in: Schmalenbach-Gesellschaft - Deutsche Gesellschaft für Betriebswirtschaft e.V. (Hrsg.): a.a.O., S. 120. Gegen eine Durchbrechung des Realisationsprinzips sprechen sich aus der älteren Literatur beispielsweise auch aus: *Passow, R.*: a.a.O., S. 158; *Vellguth, H.K.*: a.a.O., S. 105.

[186] Es ist im Schrifttum auch die Auffassung festzustellen, die einerseits die Anwendung der "Percentage-of-Completion"-Methode in der Handelsbilanz befürwortet, andererseits ihre Anwendung in der Steuerbilanz aber ausdrücklich ablehnt, vgl. hierzu *Selchert, F.W.*: Das Realisationsprinzip ..., a.a.O., S. 804 f.

stehen.[187] Es ist sogar eine Weiterentwicklung der "reinen" "Percentage-of-Completion"-Methode zur sog. "verbesserten" "Percentage-of-Completion"-Methode[188] festzustellen, indem die Anwendung der Methode an das Vorliegen bestimmter Voraussetzungen geknüpft wird.[189] Dabei werden handelsrechtlich für die Durchführbarkeit einer Teilgewinnrealisierung entsprechend dem Leistungsfortschritt (eine Pflicht zur Durchführung wird dabei nicht gefordert) bei langfristiger Fertigung als kumulativ zu erfüllende Voraussetzungen verlangt:[190]

"1. Es muß sich um eine langfristige Fertigung handeln, d.h. der Fertigungsprozeß muß sich über die Dauer eines Geschäftsjahres hinaus hinziehen;
2. langfristige Fertigungen müssen einen wesentlichen Teil der Tätigkeit des Unternehmens bilden;
3. eine Abrechnung des Auftrages erst nach Abschluß der langfristigen Fertigung müßte zu einer nicht unerheblichen Beeinträchtigung des Einblicks in die Ertragslage des Unternehmens führen;
4. der aus der langfristigen Fertigung erwartete Gewinn muß sicher zu ermitteln sein (Vorkalkulationen, laufende Kostenrechnung mit Soll/Ist-Vergleich), und es dürfen keine Risiken ersichtlich sein, die das erwartete Ergebnis wesentlich beeinträchtigen können;

---

[187] Vgl. hierzu, unter der Voraussetzung, daß bestimmte Kriterien erfüllt sind, beispielsweise *Bodarwé, E.*: Bewertung ..., a.a.O., S. 1974 ff., der zudem auf S. 1973 rechtfertigend feststellt: "Der Grundsatz der Bilanzwahrheit darf ... durch den Grundsatz der Vorsicht nicht völlig unterdrückt werden. In Ausnahmefällen muß der Widerstreit der Grundsätze zu einem Zurücktreten des Grundsatzes der Vorsicht führen", vgl. ebenfalls zustimmend *Krause, W., Schmidt, B.*: a.a.O., S. 690-692; *Brandl, R.*: a.a.O., S. 891 f. sowie ausdrücklich zustimmend *Borchert, D.*, in: *Küting, K., Weber, C.-P.* (Hrsg.): a.a.O., § 275, Rn. 21; *Selchert, F.W.*, in: *Küting, K., Weber, C.-P.* (Hrsg.): a.a.O., § 252, Rn. 89 und derselbe: Das Realisationsprinzip ..., a.a.O., S. 800 ff. unter Hinweis auf das Kriterium der "Auftragsbindung". Küting spricht sich für eine "offene und unvoreingenommene Diskussion darüber" aus, "ob das Vorsichts- und Realisationsprinzip in spezifischen Bilanzsituationen - wie etwa der Langfristfertigung - nicht zu konservativ ausgelegt werden". Gleichzeitig fordert er aber auch konkretere Formulierungen der Berichtspflichten, *Küting, K.*: US-amerikanische und deutsche Bilanzierung im Vergleich - unter besonderer Berücksichtigung der Konzernrechnungslegung und des Daimler-Benz-Listing in New York, BFuP, 45. Jg. (1993), S. 357-379, s. bes. S. 373.

[188] In Anlehnung an *Stewing, C.*: a.a.O., S. 105. Die Bezeichnung "verbessert" scheint dabei auf eine höhere Verträglichkeit mit deutschen Bilanzierungsprinzipien hinzuweisen.

[189] Vgl. *Bodarwé, E.*: Bewertung ..., a.a.O., S. 1974 ff.; *Krause, W., Schmidt, B.*: a.a.O., S. 690 f.; *ADS*: a.a.O., § 252, Tz. 85; *Stewing, C.*: a.a.O., S. 105 f.

[190] Die Stimmen im Schrifttum, die sich unter Vorliegen bestimmter Voraussetzungen für eine Anwendung der "verbesserten" "Percentage-of-Completion"-Methode aussprechen, zeigen allerdings keine einheitliche Auffasung über diese Voraussetzungen.

5. für unvorhersehbare Garantieleistungen und Nachbesserungen müssen vorsichtig bemessene Beträge berücksichtigt sein;
6. die Gesamtleistung muß in kalkulatorisch abgrenzbare Teilleistungen zerlegt werden können;
7. es darf allenfalls der auf diese Teilleistungen anteilmäßig entfallende Gewinn vereinnahmt werden;
8. schließen Teilleistungen gegenüber den Vorkalkulationen mit wesentlich höheren Ist-Kosten ab, so dürfen anteilige Gewinne nicht vereinnahmt werden, soweit nicht davon ausgegangen werden kann, daß die noch anfallenden Kosten hinreichende Deckung im Erlös finden;
9. es dürfen keine Anzeichen dafür vorliegen, daß der Abnehmer Einwendungen erheben kann, die sich negativ auf das Gesamtergebnis auswirken können."[191]

Im Hinblick auf die Steuerrechtsprechung ist in diesem Zusammenhang festzustellen, daß sich dort eine Entwicklung von einer weniger strengen Sichtweise zur Einhaltung des Realisationsprinzips[192] hin zu einer Auffassung vollzogen hat, die einer "vom strengen Realisationsprinzip abweichenden Auffassung erhebliche Bedenken" gegenüberstellt.[193] Erstaunlicherweise wird dabei für die Steuerbilanz die ablehnende Haltung auch von Autoren im Schrifttum begrüßt, die für die Handelsbilanz gerade eine Durchbrechung des Realisationsprinzips als zulässig erachten[194] - das Meinungsspektrum könnte sich nicht breiter darstellen.

Allerdings führt diese Vielzahl von Auffassungen zu einem unbefriedigenden Zustand, da sich in der Praxis erhebliche Unsicherheiten über die Anwendung der "reinen" "Percentage-of-Completion"-Methode oder der "verbesserten" "Percentage-of-Completion"-Methode ergeben. Es wird deshalb notwendig, sich mit der Frage näher auseinanderzusetzen, ob eine solche, durch die "reine" oder "verbesserte" "Percentage-of-Completion"-Methode auftretende Durchbrechung des Realisationsprinzips rechtfertigt werden kann, d.h. ist für die "Percentage-of-Completion"-Methode Platz nach der Norm? Um hier aber eine fundierte

---

[191] *ADS*: a.a.O., § 252, Tz. 85.

[192] Vgl hierzu die Rechtsprechung des RFH im RFH-Urt. v. 22.10.1931, a.a.O., S. 280; RFH-Urt. v. 22.2.1935 VI A 801/33, RStBl. 1935, S. 709-710; RFH-Urt. v. 11.1.1939, a.a.O., S. 323 f. Nach Kaatz "begegnet" diese Rechtsprechung, die es "dem Ermessen des Unternehmers anheimgestellt hat ..., ohne Teilabnahme den Gewinn auf die einzelnen Wirtschaftsjahre der Bauperiode angemessen zu verteilen, ... erheblichen Bedenken", *Kaatz, P.*: a.a.O., S. 480.

[193] BFH-Urt. v. 5.5.1976, a.a.O., S. 543.

[194] Vgl. *Selchert, F.W.*: Das Realisationsprinzip ..., a.a.O., S. 804 f.

Beurteilung vornehmen zu können, ist es auch erforderlich das der "Percentage-of-Completion"-Methode zugrundeliegende Verfahren näher darzustellen.

b) Die Beschreibung der "Percentage-of-Completion"-Methode

Die "Percentage-of-Completion"-Methode zielt darauf ab, eine stichtagsbezogene Aufteilung des Gesamtauftragsgewinnes auf die einzelnen, die Auftragsdurchführung betreffenden Rechnungsperioden vorzunehmen, wobei als Bezugsgröße der Stand der durchgeführten vertraglichen Tätigkeiten, also der Fertigstellungsgrad, herangezogen wird.[195] Das bedeutet, dem unfertigen Erzeugnis[196] nicht nur die bis zum jeweiligen Abschlußstichtag aufgelaufenen Herstellungskosten zuzurechnen, sondern darüber hinaus auch einen Anteil am voraussichtlichen Gesamtgewinn des Auftrags.[197] Die Ermittlung des zur Zurechnung des Anteiles am Gesamtgewinn heranzuziehenden Fertigstellungsgrades kann dabei durch Anwendung der sog. "Cost-to-Cost"-Methode erfolgen, indem der Anteil der bisher angefallenen Aufwendungen an den erwarteten Auftragsgesamtaufwendungen ermittelt wird.[198] Weiterhin kann der Fertigstellungsgrad ermittelt werden "durch Übersichten, die die ausgeführten Arbeiten nachweisen und die mengenmäßige Fertigstellung eines Auftragsteils bestimmen"[199] sowie auf der Basis von Schätzungen, die Ingenieure oder Architekten aufgestellt haben.[200] Als das am häufigsten verwendete Verfahren findet in der US-

---

[195] Vgl. IASC: Zur Bilanzierung ..., a.a.O., S. 448.

[196] Die hier vorgenommene Bezugnahme auf "unfertige Erzeugnisse" und nicht auch auf "unfertige Leistungen" orientiert sich an der Festlegung im Rechnungslegungsgrundsatz des IASC, wonach Fertigungsaufträge (construction contracts) betrachtet werden, die nicht auf das Erbringen von Dienstleistungen, sondern in der Hauptsache auf die "Fertigung einer Anlage oder einer Gruppe von Anlagen, die zusammengenommen ein Projekt darstellen", abzielen, IASC: Zur Bilanzierung ..., a.a.O., S. 447. Die im folgenden angeführten Argumente lassen sich jedoch auch analog auf "unfertige Leistungen" übertragen.

[197] Vgl. *Stein, H.*: a.a.O., S. 109; *Döll, B.*: a.a.O., S. 214; *Schindlbeck, K.*: a.a.O., S. 174.

[198] Vgl. IASC: Zur Bilanzierung ..., a.a.O., S. 448, wobei gleichzeitig darauf hingewiesen wird, daß die bisher angefallenen Aufwendungen u.U. noch um solche Aufwendungen korrigiert werden müssen, die nicht der geleisteten Arbeit entsprechen, wie z.B. Aufwendungen für auftragsbezogen eingekauftes, aber noch nicht verwendetes Material oder Zahlungen für noch nicht erbrachte Subunternehmerleistungen.

[199] IASC: Zur Bilanzierung ..., a.a.O., S. 448.

[200] Vgl. *Meigs, W.B.* u.a.: Intermediate Accounting, 4th ed., New York 1978, S. 368; *Döll, B.*: a.a.O., S. 215. Allerdings dürfte dieses Verfahren aufgrund erheblicher Schnittstellenprobleme zwischen technischer und kaufmännischer Seite der Auftragsdurchführung in der Praxis wohl am wenigsten in Betracht kommen.

amerikanischen Rechnungslegung allerdings die "Cost-to-Cost"-Methode Anwendung,[201] die durch ihre Berücksichtigung angefallener bzw. geschätzter Aufwendungen auf Input-Größen abstellt, wobei als alternative Input-Größen auch eine Heranziehung von Fertigungsstunden (so beispielsweise Arbeits- und Maschinenstunden) möglich erscheint.[202] Ein besonderes Problem bei Anwendung der "Cost-to-Cost"-Methode stellen die häufig während der Auftragsdurchführung auftretenden Kostenveränderungen dar, denen durch Modifikationen der Methode Rechnung getragen wird. So ist einerseits das "cumulative catch-up"-Verfahren zu nennen, bei dem die gesamten eingetretenen bzw. geschätzten Veränderungen noch zukünftig anfallender Aufwendungen in der Periode ihres Bekanntwerdens Beachtung finden. Demgegenüber wird beim "reallocation"-Verfahren die Veränderung nicht in der gleichen Periode ihres Bekanntwerdens berücksichtigt, sondern es erfolgt eine Verteilung der Veränderungen auf die restlichen Perioden der Auftragsdurchführung.[203] Zur Verdeutlichung der Verfahren lassen sich dabei für die Ermittlung eines Teilgewinnes in einer Betrachtungsperiode r folgende formale Zusammenhänge herausstellen:[204]

1. "Normale" "Cost-to-Cost"-Methode:

$$G_r = \frac{\sum_{t=1}^{r} A_t^i}{\sum_{t=1}^{n} A_t^p} \cdot G^p - \sum_{t=1}^{r-1} G_t^{'}$$

---

[201] Vgl. *Rachui, C.*: Percentage of Completion Accounting, Management Accounting, December 1974, S. 41-44, s. bes. S. 41; *Graese, C.E., Demario, J.R.*: Revenue Recognition for Long Term Contracts, JoA, Vol. 142, December 1976, S. 53-59, s. bes. S. 57 f. Die überwiegende Anwendung der "Cost-to-Cost"-Methode wird auch durch eine empirische Studie von Matzner belegt, die 1982 bei der Auswertung der Jahresabschlüsse von 25 US-amerikanischen, vorwiegend im Bereich langfristiger Aufträge tätigen Unternehmen festgestellt hat, daß 56 % dieser Unternehmen die "Cost-to-Cost"-Methode anwenden, vgl. *Matzner, B.*: Die Bilanzierung von noch nicht abgerechneten Leistungen bei Mehrperiodenfertigung, Diss., Wien 1985, S. 267.

[202] Vgl. hierzu beispielsweise *Rachui, C.*: a.a.O., S. 43. Eine Heranziehung der Fertigungsstunden würde demnach bedeuten, daß der Fertigstellungsgrad nach dem Verhältnis der bisher angefallenen Fertigungsstunden zu den voraussichtlich insgesamt anfallenden Fertigungsstunden ermittelt würde. Die erwähnte Heranziehung von Übersichten und ingenieursseitigen Schätzungen würde dagegen bedeuten, daß zur Ermittlung des Fertigstellungsgrades nicht Input -, sondern Output-Größen herangezogen würden.

[203] Vgl. zu diesen Methoden ausführlich *Buchman, T.A., Friedmann, L.A.*: APB Opinion no. 20 and the percentage-of-completion method, JoA, Vol. 150, August 1980, S. 80-84, s. bes. S. 81 ff. sowie in der deutschsprachigen Literatur die Ausführungen bei *Döll, B.*: a.a.O., S. 220; *Schindlbeck, K.*: a.a.O., S. 178 ff.

[204] Vgl. hierzu auch *Schindlbeck, K.*: a.a.O., S. 178 ff.

2. "Cost-to-Cost"-Methode bei Anwendung des "Cumulative catch-up"-Verfahrens:

$$G_r = \frac{\sum_{t=1}^{r} A_t^i}{\sum_{t=1}^{r} A_t^i + \sum_{t=r+1}^{n} A_t^p} \cdot \left(G^p - \sum_{t=1}^{r} \left(A_t^i - A_t^s \right) \right) - \sum_{t=1}^{r-1} G_t^{'}$$

3. "Cost-to-Cost"-Methode bei Anwendung des "reallocation"-Verfahrens:

$$G_r = \frac{\sum_{t=1}^{r} A_t^i}{\sum_{t=1}^{r} A_t^i + \sum_{t=r+1}^{n} A_t^p} \cdot \left(G^p - \sum_{t=1}^{r} \left(A_t^i - A_t^s \right) - \sum_{t=1}^{r-1} G_t^{'} \right)$$

mit:

n	:	Anzahl der Perioden der Auftragsdurchführung
r	:	Index der Betrachtungsperiode r (r = 1, ..., n)
t	:	Periodenindex t (t = 1, ..., n)
A^i	:	Aufwendungen (Ist) während der Auftragsdurchführung
A^p	:	Aufwendungen (geplant)
A^s	:	Aufwendungen (Soll)
G_r	:	Teilgewinn der Periode r
$G_t^{'}$	:	In der Vorperiode t ausgewiesener Teilgewinn
G^p	:	Geplanter Gesamtgewinn im Zeitpunkt des Vertragsabschlusses

Mit diesen formalen Darstellungen wird deutlich zum Ausdruck gebracht, wie die "Percentage-of-Completion"-Methode unter Heranziehung des "Cost-to-Cost"-Ansatzes bzw. seiner Modifikationen auf der Prämisse einer stetigen Gewinnakkumulation während des Prozesses der Auftragsdurchführung aufbaut. Allerdings läßt sich angesichts dieser stetigen Entwicklung der fundamentale theoretische Einwand erheben, daß sich Gewinne eben nicht als eine sich akkumulierende Größe, sondern als Residuum darstellen: "Der Gewinn an einem Objekt entsteht nicht langsam im Verlauf von Planung, Fertigung und Absatz. Erst mit dem Abschluß des Fertigungsprozesses ergibt sich, ob am Objekt mit Gewinn ... gearbeitet wurde."[205] Auch wird es nicht möglich sein, die "Percentage-of-Completion"-Methode als ein Verfahren zur Verteilung von Erträgen auf die Perioden ihrer

---

[205] *Leffson, U.*: Die Grundsätze ..., a.a.O., S. 284.

Verursachung zu interpretieren,[206] da schon "eine Periodisierung ... nach der Verursachung ... theoretisch und praktisch nicht möglich ist".[207] So läßt sich nicht feststellen, ob die Ursache für die Höhe eines Auftragsgewinnes auf einem günstigen Materialeinkauf, auf besonderen Anstrengungen des Vertriebsbereichs oder auf exakten Konstruktions- und Montageaktivitäten beruht.[208] Neben diese mehr theoretischen Aspekte treten nun aber auch Bedenken aus einer mehr praxisorientierten Beurteilung der "Percentage-of-Completion"-Methode, die als derart erheblich angesehen werden, daß sie auch zu Recht zu einer überwiegenden Ablehnung der Methode in der deutschen Bilanzierungspraxis führen.

c) Die Kritik an der "Percentage-of-Completion"-Methode

Schon die formalen Darstellungen der Methode und die Hervorhebung des sich auf sie beziehenden theoretischen Hintergrundes machen deutlich, daß es sich hier um einen eindeutigen Verstoß gegen das dieser Untersuchung zugrundeliegende Verständnis vom Realisationsprinzip handelt: "Das Realisationsprinzip wird in der Percentage of Completion-Methode nachhaltig verletzt."[209] So steht schon der Gedanke einer stetigen Gewinnakkumulation in diametralem Gegensatz zu der hier vertretenen Auffassung vom "vermögenserhöhenden Wertsprung"[210] im Realisationszeitpunkt. Der Versuch, "die Realisierung ... der Gewinne mit fortschreitender Auftragsbearbeitung als eine dem Typus der Fertigung entsprechende Ausprägung des Realisationsprinzips" zu interpretieren,[211] muß deshalb angesichts der in dieser Untersuchung herausgestellten handels- und steuerrechtlichen Bilanzierungsgrundsätze scheitern.[212] So kann eine solche Auffassung nicht konform gehen

---

[206] Vgl. hierzu auch *Stein, H.*: a.a.O., S. 115, der feststellt, daß, mangels einer verursachungsgerechten Zuordnung des dem Leistungsfortschritt entsprechenden Gewinns, "sich ... die anteilige (d.h. also i.S. der "Percentage-of-Completion"-Methode, Bem. des Verf.) ebenso wie die stoßweise Gewinnrealisierung (d.h. also i.S. der "Completed-Contract"-Methode, Bem. des Verf.) im Rahmen der langfristigen Fertigung den Vorwurf eines mechanisierten Einblicks in die Vermögens- und Ertragslage gefallen lassen muß". Eine solche Auffassung verkennt aber, daß überhaupt keine verursachungsgerechte Zuordnung möglich ist. Insofern ist auch *Mutze, O.*: Gewinnverwirklichung ..., a.a.O., S. 277 u. *Krause, W., Schmidt, B.*: a.a.O., S. 689 zu widersprechen, die ebenfalls auf eine verursachungsgerechte Zuordnung abstellen.

[207] *Freericks, W.*: a.a.O., S. 92. Vgl. hierzu auch *Baetge, J.*: Möglichkeiten der Objektivierung des Jahreserfolges, Düsseldorf 1970, S. 18.

[208] Vgl. *Stein, H.*: a.a.O., S. 109; *Schindlbeck, K.*: a.a.O., S. 175.

[209] *Schweitzer, M.*: a.a.O., S. 55.

[210] *Woerner, L.*: Die Gewinnrealisierung ..., a.a.O., S. 773.

[211] *Selchert, F.W.*: Das Realisationsprinzip ..., a.a.O., S. 801.

[212] Vgl. hierzu auch *Siegel, T.*: Metamorphosen des Realisationsprinzips?, in: *Moxter, A.* u.a. (Hrsg.): a.a.O., S. 585-605, s. bes. S. 589 ff.

mit dem das Wesen der Gewinnrealisierung in so herausragender Weise prägenden Kriterium der "Vermögensmehrung in disponibler Form",[213] da die hierin geforderte Verfügbarkeit nicht sichergestellt werden kann. Das Problem der "Percentage-of-Completion"-Methode ist nämlich darin zu sehen, daß ihre Anwendung auf der Grundlage von Erwartungen hinsichtlich des gesamten Auftragsgewinnes bzw. des die Teilgewinnrealisierung determinierenden Fertigstellungsgrades vorgenommen wird. Auch das IASC scheint diesen Aspekt nicht zu gering einzuschätzen, wenn es feststellt: "Bei Anwendung der 'percentage of completion'-Methode besteht ein Fehlerrisiko durch die Vornahme von Schätzungen. Aus diesem Grunde wird ein Gewinn im Jahresabschluß nicht ausgewiesen, bis das Gesamtergebnis des Auftrages zuverlässig geschätzt werden kann. Kann das Gesamtergebnis nicht zuverlässig geschätzt werden, wird die 'percentage of completion'-Methode nicht angewendet."[214] Das IASC hebt somit selbst hervor, daß der bei langfristigen Aufträgen besonders ausgeprägten Risikosituation uneingeschränkte Beachtung beizumessen ist. So wurde in dieser Untersuchung bereits bei der Kennzeichnung langfristiger Aufträge herausgestellt, in welch hohem Maße beispielsweise Kalkulationsrisiken infolge Preis- und Mengenänderungen, Risiken durch das Fälligwerden von Pönalien und nicht zuletzt auch Risiken aus der Gewährung einer Gesamtfunktionsgarantie auftreten können.[215] Wenn dennoch vor allem von betriebswirtschaftlicher Seite für die Handelsbilanz gefordert wird, "im Interesse eines den tatsächlichen Verhältnissen entsprechenden Ergebnisausweises" eine Teilgewinnrealisierung i.S. der "Percentage-of-Completion"-Methode zuzulassen,[216] so sollte berücksichtigt werden, daß der "Preis" dafür das Inkaufnehmen dieser Risiken ist. Wenn gar einer konsequenten Anwendung des Realisationsprinzips vorgeworfen wird, es sei damit eine "erhebliche Beeinträchtigung von Interessen" der Bilanzadressaten verbunden,[217] so ist doch zu fragen: Kann noch von einer Berücksichtigung von Interessen gesprochen werden, wenn Teilgewinne ausgewiesen und ausgeschüttet werden, die sich aufgrund eingetretener, unvor-

---

[213] *Beisse, H.*, in: *Ruppe, H.G.* (Hrsg.): a.a.O., S. 20.

[214] IASC: Zur Bilanzierung ..., a.a.O., S. 448. Wenn Leffson zu dieser vom IASC geforderten Voraussetzung feststellt, daß sich damit die "Percentage-of-Completion"-Methode aufgrund bestehender Risiken bis zur Beendigung des Auftrages selbst aufhebe, so kann dem nur zugestimmt werden, vgl. *Leffson, U.*: Transnationale Einflüsse auf das deutsche Bilanzrecht, in: *Gross, G.* (Hrsg.): a.a.O., S. 1-16, s. bes. S. 14.

[215] Das Gesamtfunktionsrisiko kann dabei besonders herausgestellt werden, vgl. hierzu *Feuerbaum, E.*: Steuerliche Erfahrungen ..., a.a.O., S. 1502; *Busse von Colbe, W.*, in: *Coenenberg, A.G., Wysocki, K. von* (Hrsg.): a.a.O., Sp. 1201; *Leffson, U.*, in: *Gross, G.* (Hrsg.): a.a.O., S. 14.

[216] *Selchert, F.W.*, in: *Küting, K., Weber, C.-P.* (Hrsg.): a.a.O., § 252, Rn. 89.

[217] *Bodarwé, E.*: Bewertung ..., a.a.O., S. 1974; vgl. hierzu auch *Hermann, C., Heuer, G., Raupach, A.*: a.a.O., § 5, Anm. 49 (z), Langfristige Fertigung.

hergesehener Ereignisse als unzutreffend erweisen?[218] Wie hoch hier die Gefahr ist, in das "Fahrwasser" von "Grundsätzen ordnungswidriger Bilanzierung"[219] zu gelangen, hat selbst Schmalenbach als der herausragende Verfechter der periodengerechten Erfolgsermittlung (!) erkannt, indem er darauf hinweist, "daß sich gegen die Verbuchung nicht realisierter Gewinne vom Standpunkt der Ordnungsmäßigkeit der Bilanzen schwere Bedenken erhöben" und er "die Konsequenzen scheue, die bei Durchlöcherung des Realisationsprinzips entstehen würden".[220] Erst recht gilt dies, wenn, wie in dieser Untersuchung geschehen, für den handelsrechtlichen Jahresabschluß auf das Primat des "vorsichtig bemessenen ausschüttbaren Gewinns"[221] abgestellt wird; der Vorsichtsbezug des Realisationsprinzips kann hier zu keinem anderen Ergebnis führen. Deshalb und angesichts der Tatsache, daß eine vorzeitige Gewinnrealisierung i.S. der "Percentage-of-Completion"-Methode auch zu dem nachteiligen ertragsteuerlichen Effekt führen kann, einen vorzeitig realisierten Gewinn, der sich nachher als nicht mehr gegeben herausstellt, der Besteuerung unterwerfen zu müssen, ist die Feststellung zu bekräftigen: Eine Anwendung dieser Methode kann in Handels- und Steuerbilanz nicht zulässig sein.[222]

Die einer Anwendung der "Percentage-of-Completion"-Methode positiv gegenüberstehende deutsche Literatur scheint sich bei einer allzu großzügigen Anwendung ebenfalls unwohl zu fühlen, wenn sie i.S. einer "verbesserten" "Percentage-of-Completion"-Methode das Vorliegen zusätzlicher Voraussetzungen fordert. Betrachtet man jedoch diese Voraussetzungen näher, so muß der Versuch, darüber eine Kompatibilität mit den in Deutschland vor-

---

[218] Bezeichnenderweise sei hier auch die Feststellung von Forster angeführt: "... die Erfahrung zeigt, daß sich häufig der Grad vorsichtiger Bilanzierung umgekehrt proportional zur Notwendigkeit vorsichtig bemessener Wertansätze verhält", *Forster, K.-H.*: Bilanzpolitik und Bilanzrichtlinie-Gesetz - welche Freiräume bleiben noch?, BB, 38. Jg. (1983), S. 32-37, s. bes. S. 33.

[219] *Döllerer, G.*: Grundsätze ordnungswidriger ..., a.a.O., S. 778.

[220] *Schmalenbach, E.*: Dynamische Bilanz, a.a.O., S. 78.

[221] *Moxter, A.*: Bilanzlehre, Bd. II ..., a.a.O., S. 67.

[222] Daß die Feststellung auch für die Steuerbilanz der Bekräftigung bedarf, zeigt sich am Hinweis von *Selchert, F.W.*: Das Realisationsprinzip ..., a.a.O., S. 804, Fn. 62: "In diesem Sinne hat auch Kropff vom BMF anläßlich eines Bilanzsymposiums am 11.12.1989 in Düsseldorf vehement davor gewarnt, der anteiligen Gewinnrealisierung zur Verbreitung zu verhelfen. Es sei zu befürchten, daß sich Finanzverwaltung und Finanzgerichtsbarkeit nur allzu bereitwillig dieser Auffassung anschlössen. Eine vorgezogene Besteuerung könne zum Substanzentzug führen, noch bevor eine gewinnbegleitende Substanzmehrung eingetreten sei". Auf gleicher Linie steht auch ein Schreiben von Kropff an Leffson v. 16.7.1984, veröffentlicht in: *Leffson, U.*: Die Grundsätze ..., a.a.O., S. 285, wo er generell seine "Skepsis gegenüber einer Teilgewinnrealisierung" zum Ausdruck bringt: "Es muß gesehen werden, daß die technischen und finanziellen Risiken im internationalen Großanlagenbau nur ganz selten voll zu übersehen sind. Ich erlebe doch häufig, daß insbesondere schlecht gehende Unternehmen mit dem Abschlußprüfer intensive Gespräche über die Möglichkeit einer Teilgewinnrealisierung führen. Und oft stellt sich auch in Fällen, in denen selbst bei kritischer Betrachtung eine Teilgewinnrealisierung möglich zu sein schien, nachträglich heraus, daß der Gewinn aufgrund von überraschend aufgetretenen Risiken nicht entstanden ist und stattdessen u.U. hohe Verluste auszuweisen waren."

herrschenden Bilanzierungsprinzipien herzustellen, als nicht gelungen bezeichnet werden. So sind beispielsweise das Kriterium, "daß langfristige Fertigungen ... einen wesentlichen Teil der Tätigkeit des Unternehmens" darstellen müssen und das Erfordernis, daß "eine Abrechnung des Auftrages erst nach Abschluß der langfristigen Fertigung ... zu einer nicht unerheblichen Beeinträchtigung des Einblicks in die Ertragslage des Unternehmens führen" müsse,[223] durch die unbestimmten Begriffe der "Wesentlichkeit" bzw. der "Erheblichkeit" geprägt,[224] welche sich einer subjektiven Auslegbarkeit öffnen. Im übrigen ist unklar, auf welcher rechtlichen Grundlage derartige Bedingungen beruhen.[225] Auch die Voraussetzung, "... es dürfen keine Risiken ersichtlich sein, die das erwartete Ergebnis wesentlich beeinträchtigen können",[226] wirft das Problem auf, auch hier auf den unbestimmten Begriff der "Wesentlichkeit" Bezug nehmen zu müssen.

Wird in diesem Zusammenhang schließlich von handelsrechtlicher Seite versucht, eine Durchbrechung des Realisationsprinzips in seiner konsequenten Anwendung unter Bezugnahme auf die Vorschrift des § 252 Abs. 2 HGB, wonach in begründeten Ausnahmefällen von den Grundsätzen des § 252 Abs. 1 HGB abgewichen werden darf, zu rechtfertigen,[227] so muß dem ebenfalls widersprochen werden. Denn einerseits kann es sich bei Unternehmen, die langfristige Aufträge schwerpunktmäßig und vor allem auch ständig durchführen, wohl nicht um einen Ausnahmefall handeln.[228] Im übrigen bezieht sich § 252 Abs. 2 HGB nicht auf alle in § 252 Abs. 1 HGB kodifizierten Einzelgrundsätze, wobei es "insbesondere ausgeschlossen ist, vom Realisationsprinzip ... abzuweichen, also 'in begründeten Ausnahmefällen' unvorsichtig zu bewerten; denn schwerlich ließe sich eine stichhaltige Begründung dafür finden, dem Sinn und Zweck der gesetzlichen Bilanz zuwider zu bilanzieren".[229]

---

[223] *ADS*: a.a.O., § 252, Tz. 85.

[224] Von Leffson werden die Begriffe "Wesentlichkeit" und "Erheblichkeit" als gleichwertige Forderung an die Bedeutung eines Sachverhaltes angesehen, vgl. *Leffson, U.*: Wesentlich, in: *Leffson, U.* u.a. (Hrsg.): a.a.O., S. 435.

[225] Vgl. *Selchert, F.W.*: Das Realisationsprinzip ..., a.a.O., S. 804.

[226] *ADS*: a.a.O., § 252, Tz. 85.

[227] Vgl. hierzu beispielsweise *Biener, H.*: Die Rechnungslegung ..., a.a.O., S. 255; *Schindler, J.*: a.a.O., S. 577; *Wysocki, K. von*, in: *Funk, J., Lassmann, G.* (Hrsg.): a.a.O., S. 127; *ADS*: a.a.O., § 252, Tz. 84; *Wohlgemuth, M.*, in: *Hofbauer, M.A., Kupsch, P.* (Hrsg.): a.a.O., § 252, Rn. 39; *Freidank, C.-C.*: a.a.O., S. 1199; *Stewing, C.*: a.a.O., S. 105.

[228] Vgl. *Selchert, F.W.*: Das Realisationsprinzip ..., a.a.O., S. 804; derselbe, in: *Küting, K., Weber, C.-P.* (Hrsg.): a.a.O., § 252, Rn. 17 u. 90.

[229] *Moxter, A.*: Bilanzlehre, Bd. II ..., a.a.O., S. 40. Vgl. hierzu auch *Baetge, J.*: Die neuen Ansatz- und Bewertungsvorschriften, WPg, 40. Jg. (1987), S. 126-134, s. bes. S. 131; *Selchert, F.W.*, in: *Küting, K., Weber, C.-P.* (Hrsg.): a.a.O., § 252, Rn. 90.

Jeglichen Versuchen in der Literatur, eine "sukzessive Gewinnverwirklichung" zuzulassen, wenn keine "abgrenzbare und bereits abgenommene Teilbauten hergestellt worden sind", sondern die "Gewinnvereinnahmung erst in späteren Rechnungsperioden" lediglich "ein völlig falsches Bild von der wirklichen Ertragslage vermitteln würde", erteilt auch der BFH eine Absage, wenn er in bezug auf diese Auffassungen "erhebliche Bedenken" äußert.[230] Die Grundlage für diese Bedenken wurden dabei schon durch die RFH-Rechtsprechung gelegt, die, obgleich sie einer konsequenten Anwendung des Realisationsprinzips weitaus weniger streng gegenüberstand, bei der Vornahme von Teilgewinnrealisierungen die Berücksichtigung von "Verlustgefahren aller Art" forderte.[231] Vergleicht man schließlich die Entwicklung in der Rechtsprechung mit der früher von der Finanzverwaltung vertretenen Auffassung von der Pflicht zum vorzeitigen Gewinnausweis,[232] so hat sich doch eine deutliche Distanz gegenüber allen Versuchen einer vorzeitigen Gewinnrealisierung eingestellt. Im RdF-Erl. v. 5.6.1942 bezüglich der Besteuerung baugewerblicher Arbeitsgemeinschaften wurde nämlich noch die Auffassung vertreten, daß für "Bauten ..., deren Erstellung sich auf einen Zeitraum von einigen Jahren erstreckt", "... in der Steuerbilanz in der Regel ein angemessener Betrag als 'später fälliger Baugewinn' zu aktivieren" sei.[233]

Zusammenfassend ist damit eine Teilgewinnrealisierung nach der "Percentage-of-Completion"-Methode handels- und steuerbilanzrechtlich als nicht zulässiges Verfahren aufzufassen. Dabei kann auch der Versuch, über das Aufstellen von Voraussetzungen eine Anwendung dieser Methode i.S. einer "verbesserten" "Percentage-of-Completion"-Methode zu gewährleisten, in der Tat nur als "Notbehelf"[234] bezeichnet werden, da sich ein derartiger

---

[230] BFH-Urt. v. 5.5.1976, a.a.O., S. 542 f. Vgl. hierzu auch *Haug, W.*, in: *Haug, W., Letters, W.* (Bearb.): a.a.O., S. 361. Interessanterweise spricht der BFH im Urt. v. 5.5.1976, a.a.O., S. 542 unter Bezugnahme auf das BFH-Urt. v. 18.12.1956, a.a.O., S. 27 davon, daß eine "sukzessive Gewinnverwirklichung zugelassen worden" sei, "wenn endgültige Teilabrechnungen getätigt oder abgrenzbare und bereits abgenommene Teilbauten hergestellt worden sind". Im betreffenden BFH-Urt. v. 18.12.1956, a.a.O., S. 27 wird aber auf eine Pflicht zur Teilgewinnrealisierung abgestellt, so daß sich der BFH in seiner Rechtsprechung zur betreffenden Problematik offensichtlich reduziert.

[231] RFH-Urt. v. 11.1.1939, a.a.O., S. 323. Vgl. hierzu auch *Haug, W.*, in: *Haug, W., Letters, W.* (Bearb.): a.a.O., S. 361.

[232] Vgl. RdF-Erl. v. 5.6.1942 L 1400-177 III, RStBl. 1942, S. 617.

[233] Ebenda.

[234] *Wysocki, K. von*: Zur Bilanzpolitik ..., a.a.O., S. 48.

Ansatz über die geforderten Voraussetzungen, die, wie gezeigt, äußerst unbestimmt sind, selbst in Frage stellt.[235]

5. Die Verpflichtung zu zusätzlichen Angaben nach § 264 Abs. 2 Satz 2 HGB

Nur eine Ablehnung der Durchbrechung des Realisationsprinzips i.S. der "Percentage-of-Completion"-Methode geht mit der für alle Kaufleute geltenden Vorschrift des § 243 Abs. 1 HGB konform, die für den Jahresabschluß die Beachtung der Grundsätze ordnungsmäßiger Buchführung fordert. Eine Durchbrechung des Realisationsprinzips i.S. der "Percentage-of-Completion"-Methode würde dagegen dieser Norm widersprechen.[236] Auch für Kapitalgesellschaften ergibt sich trotz der Forderung des § 264 Abs. 2 Satz 1 HGB nach Vermittlung eines den tatsächlichen Verhältnissen entsprechenden Bildes der Vermögens-, Finanz- und Ertragslage kein anderes Ergebnis, da die Vorschrift eindeutig die Beachtung der Grundsätze ordnungsmäßiger Buchführung verlangt. Dabei kommt es nicht zu einem Konflikt mit dem Einblicksgebot des § 264 Abs. 2 Satz 1 HGB, wenn man das in dieser Untersuchung herausgestellte Ergebnis berücksichtigt, daß der Einblickskonzeption durch die "Trias aus Bilanz, Gewinn- und Verlustrechnung und Anhang"[237] entsprochen wird. Dies ermöglicht es nämlich, für die Jahresabschlußelemente Bilanz und Gewinn- und Verlustrechnung auf der einen Seite an dem Primat des "vorsichtig bemessenen ausschüttbaren Gewinns"[238] festzuhalten und auf der anderen Seite dem Anhang primär die Funktion der

---

[235] Für die betroffenen Unternehmen kann es angesichts der bestehenden Probleme bei langfristigen Aufträgen allerdings keine befriedigende Antwort sein, es bei der Feststellung dieses Ergebnisses zu belassen. Die Lösung der anstehenden Probleme kann aber weder darin bestehen, den (vordergründig wohl einfachsten) Weg durch Durchbrechung des Realisationsprinzips i.S. der "Percentage-of-Completion"-Methode zu wählen, noch darin, die schwankende Ertragslage als gegebenen Zustand hinzunehmen. So spricht Lüders im Zusammenhang mit der Forderung des § 264 Abs. 2 Satz 1 HGB davon, daß "ein programmatischer Satz dieser Art ... kaum die geeignete Argumentationsgrundlage darstellen kann" und folgt dem mit der Feststellung: "Der Gewinnausweis in den Bilanzen wird schief dargestellt, er ist schief", *Lüders, J.*: a.a.O., S. 103. Auch Döllerer stellt in diesem Zusammenhang fest, daß der Ausweis eines verzerrten Ertragsbildes geboten sei, vgl. *Döllerer, G.*: Droht eine ..., a.a.O., S. 1336. Mit der Feststellung dieser, wenn auch in die richtige Richtung weisenden Extrempositionen ist den betroffenen Unternehmen allerdings nicht geholfen. Dies scheint auch Döllerer erkannt zu haben, wenn er sich in einem späteren Aufsatz mit den "Bilanzierungsnöten, die hier entstehen können" auseinandersetzt, *Döllerer, G.*: Grundsätze ordnungswidriger ..., a.a.O., S. 778. Damit wird es notwendig, sowohl das Handels- als auch das Steuerrecht auf weitere gesetzliche Regelungen hin zu überprüfen, deren Anwendung zur Lösung der betreffenden Probleme zulässig oder gar geboten ist. Als Ergebnis dieser Überprüfung rückt auf handelsrechtlicher Seite die Vorschrift des § 264 Abs. 2 Satz 2 HGB und auf steuerrechtlicher Seite die Vorschrift des § 34 Abs. 3 EStG in den Vordergrund der Betrachtung.

[236] Entgegen der Auffassung von *Selchert, F.W.*, in: *Küting, K., Weber, C.-P.* (Hrsg.): a.a.O., § 252, Rn. 90 handelt es sich bei dieser Methode eben nicht um einen Grundsatz ordnungsmäßiger Buchführung, sondern, in Anlehnung an Döllerer, um einen Grundsatz ordnungswidriger Buchführung, vgl. *Döllerer, G.*: Grundsätze ordnungswidriger ..., a.a.O., S. 778.

[237] *Beisse, H.*, in: *Knobbe-Keuk, B.* u.a. (Hrsg.): a.a.O., S. 33.

[238] *Moxter, A.*: Bilanzlehre, Bd. II ..., a.a.O., S. 67.

Vermittlung eines den tatsächlichen Verhältnissen entsprechenden Bildes i.S. des § 264 Abs. 2 Satz 1 HGB beizumessen. Als zentrale Norm kann dabei die Vorschrift des § 264 Abs. 2 Satz 2 HGB herausgestellt werden, welche beim Vorliegen besonderer Umstände, die dazu führen, daß ein den tatsächlichen Verhältnissen entsprechendes Bild i.S. des § 264 Abs. 2 Satz 1 HGB nicht vermittelt wird, zusätzliche Angaben im Anhang fordert.

Zur Klärung der unbestimmten Rechtsbegriffe "besondere Umstände" und "zusätzliche Angaben" wurde für das Kriterium "besondere Umstände" bereits herausgestellt, daß das Gesetz damit die Heranziehung eines Vergleichsmaßstabes fordert. Dieser Maßstab ist dabei in einem abstrakten Sinne zu verstehen als "... diejenige Aussagekraft, die 'ein ordentlicher Kaufmann' von einem gesetzmäßigen Jahresabschluß eines durchschnittlichen Unternehmens, für das die gleichen Rechnungslegungsvorschriften gelte",[239] erwartet. Bezogen auf den langfristigen Auftrag, bei dem infolge der Unzulässigkeit einer Teilgewinnrealisierung nach der "Percentage-of-Completion"-Methode der Auftragsgewinn erst nach Beendigung des Auftrages realisiert werden darf, kann als entsprechender Beurteilungsmaßstab nur ein Unternehmen im Bereich der kurzfristigen Leistungserstellung herangezogen werden, d.h. beispielsweise ein Unternehmen, bei dem der überwiegende Teil der Produktion in einer Bilanzierungsperiode veräußert und auch der entsprechende Gewinn realisiert wird.[240] Denn die Anwendung dieses Maßstabes läßt sich damit rechtfertigen, daß sich die handelsrechtlichen Bilanzierungsvorschriften, und insbesondere die Gewinnausweisvorschriften, primär an kurzfristigen Produktionsabläufen orientieren und deshalb die Jahresabschlüsse solcher Unternehmen auch keine "Verzerrungen" bezüglich des Gewinnausweises zeigen.[241] Die Diskrepanz, die dabei durch Anwendung dieses Vergleichsmaßstabes ermittelt werden kann, gilt es gleichzeitig hinsichtlich ihres Ausmaßes zu beurteilen. Denn das Kriterium der "besonderen Umstände" birgt auch die Forderung nach Erheblichkeit in sich, d.h. "... die Diskrepanz zwischen dem Ergebnis der Anwendung der Einzelvorschriften und den ... tatsächlichen Verhältnissen ..." muß erheblich sein, " ... und zwar erheblich für die Gesamteinschätzung der Vermögens-, Finanz- und Ertragslage des betreffenden Unternehmens".[242] Daß hier Beurteilungsspielräume auftreten können, liegt auf der Hand, da sich das Kriterium der Erheblichkeit einer exakten Abgrenzung entzieht. Vielmehr wird es notwendig, eine einzelfallbezogene Prüfung vorzunehmen. Gerade bei langfristigen Aufträgen dürfte diese

---

[239] *Budde, W.D., Karig, K.P.*, in: *Budde, W.D.* u.a. (Bearb.): a.a.O., § 264 , Anm. 48.

[240] Vgl. *Schindlbeck, K.*: a.a.O., S. 210.

[241] Vgl. *Schindler, J.*: a.a.O., S. 574; *Schindlbeck, K.*: a.a.O., S. 210.

[242] *Budde, W.D., Karig, K.P.*, in: *Budde, W.D.* u.a. (Bearb.): a.a.O., § 264, Anm. 49.

Prüfung im Hinblick auf die Erheblichkeit i.d.R. aber positiv ausfallen. Somit ist, zusammenfassend betrachtet, das Kriterium "besondere Umstände" als erfüllt anzusehen.[243]

Was nun die Art und Weise der in diesem Fall vorzunehmenden Angaben[244] betrifft, so hängt deren Inhalt und Umfang infolge der mangelnden gesetzlichen Konkretisierung "nicht zuletzt von der Publizitätsfreudigkeit des einzelnen Unternehmens ab: Jede Gesellschaft hat zu entscheiden, wie weitgehend der Außenstehende über das gesetzlich gewollte Mindestmaß hinaus informiert werden soll. Grenzen ergeben sich, wenn Geschäftsgeheimnisse gefährdet oder Wettbewerbsnachteile befürchtet werden".[245] Allerdings muß bei dieser Grenzziehung auch beachtet werden, die Informationsvermittlung nicht zu restriktiv zu gestalten. Dem Erfordernis zusätzlicher Angaben genügt nämlich nicht die bloße Feststellung, "daß der Jahresabschluß in bestimmten Punkten ... kein den tatsächlichen Verhältnissen entsprechendes Bild vermittelt", sondern es sind vielmehr sämtliche Informationen zu geben, die zur Vermittlung eines den tatsächlichen Verhältnissen entsprechenden Bildes i.S. des § 264 Abs. 2 Satz 1 HGB notwendig sind.[246] Die Bezugnahme auf notwendige Informationen impliziert gleichzeitig, bei der Informationsvermittlung auf ungenaue und vor allem unwesentliche Ausführungen zu verzichten.[247] Bezüglich des Inhaltes zusätzlicher Angaben im Falle langfristiger Aufträge sollte sich dieser einerseits auf verbale und quantitative Angaben über bereits gesicherte Daten erstrecken andererseits sollten aber auch in die Zukunft gerichtete Informationen offengelegt werden.[248] Konkret bedeutet dies für die Fälle, bei denen ein

---

[243] Dies deckt sich auch mit der im Schrifttum überwiegend vertretenen Auffassung, den Bereich langfristiger Aufträge als einen Anwendungsfall des § 264 Abs. 2 Satz 2 HGB zu betrachten, vgl. hierzu beispielsweise *Schindler, J.*: a.a.O., S. 576; *Höffken, E.*, in: *Funk, J., Lassmann, G.* (Hrsg.): a.a.O., S. 110; *Leffson, U.*: Bild der tatsächlichen Verhältnisse, in: *Leffson, U.* u.a. (Hrsg.): a.a.O., S. 104; *Schulze-Osterloh, J*: Jahresabschluß ..., a.a.O., S. 563 f.; *Streim, H.*, in: *Hofbauer, M.A., Kupsch, P.* (Hrsg.): a.a.O., § 264, Rn. 17; *ADS*: a.a.O., § 264, Tz. 122; *Busse von Colbe, W.*: Die neuen Rechnungslegungsvorschriften aus betriebswirtschaftlicher Sicht, WPg, 40. Jg. (1987), S. 117-126, s. bes. S. 121; *Forster, M.*, in: *Castan, E.* u.a. (Hrsg.): a.a.O., B 700, Rn. 69; *Schindlbeck, K.*: a.a.O., S. 212; *Budde, W.D., Karig, K.P.*, in: *Budde, W.D.* u.a. (Bearb.): a.a.O., § 264, Anm. 50.

[244] Mangels einer näheren gesetzlichen Konkretisierung kann nach Selchert/Karsten unter "Angabe" die "bloße Nennung ohne weitere Zusätze" verstanden werden, die "je nach dem anzugebenden Gegenstand ... quantitativ oder verbal erfolgen" muß, *Selchert, F.W., Karsten, J.*: Inhalt und Gliederung des Anhangs. Ein Gestaltungsvorschlag, BB, 40. Jg. (1985), S. 1889-1894, s. bes. S. 1890. Die "Angabe" bezieht sich damit nach Csik/Dörner auf "Nennung der Tatsache selbst", *Csik, A., Dörner, D.*, in: *Küting, K., Weber, C.-P.* (Hrsg.): a.a.O., § 284-288, Rn. 27.

[245] *Forster, M.*, in: *Castan, E.* u.a. (Hrsg.): a.a.O., B 700, Rn. 69. Wie bedeutsam eine Begrenzung der Angaben gesehen wird, zeigen die Stimmen der Praxis. So stellt Höffken in bezug auf zusätzliche Angaben fest: "Dabei werden sich schon im Hinblick auf die Reaktion der Kunden genauere Angaben über Auftragsgewinne verbieten", *Höffken, E.*, in: *Funk, J., Lassmann, G.* (Hrsg.): a.a.O., S. 110.

[246] *Budde, W.D., Karig, K.P.*, in: *Budde, W.D.* u.a. (Bearb.): a.a.O., § 264, Anm. 54.

[247] Vgl. hierzu auch *Russ, W.*: a.a.O., S. 83 ff.; *Hoffmann, W.-D.*: a.a.O., S. 1051 f.

[248] Vgl. *Schindler, J.*: a.a.O., S. 576.

bilanzieller Ausweis des Auftragsgewinnes infolge der Unzulässigkeit von Teilgewinnrealisierungen nach der "Percentage-of-Completion"-Methode erst nach vollständiger Beendigung des Auftrages realisiert werden darf, daß neben den vorgeschriebenen Angaben der Bilanzierungs- und Bewertungsmethoden zur Position "unfertige Erzeugnisse, unfertige Leistungen" gem. § 284 Abs. 2 Nr. 1 HGB zusätzliche verbale und quantitative Angaben über die Entwicklung des Auftragseinganges sowie über den Auftragsbestand zu machen sind.[249] Um auch zukunftsbezogene Informationen zu vermitteln, ist ebenso über die Teilgewinne, die sich bei Anwendung der "Percentage-of-Completion"-Methode ergeben würden sowie die dabei zugrunde gelegten Annahmen zu berichten.[250] Hierbei müßte insbesondere auf die bestehende Risikosituation und sonstige, die Aufträge betreffende Begleitumstände hingewiesen werden. Um aber auch die Lage des Unternehmens im Hinblick auf die Entwicklung im Zeitablauf beurteilen zu können, sind auch Angaben über die Teilgewinne aus den Vorjahren zu machen, die sich bei Anwendung der "Percentage-of-Completion"-Methode ergeben hätten.[251] Beachtet man diese Angaben bei der Berichterstattung, so zeigt sich sehr deutlich, mit welchen Vorteilen eine Einbeziehung des Anhangs zur Lösung der Gesamtproblematik verbunden ist: Es wird der Forderung nach Vermittlung eines den tatsächlichen Verhältnissen entsprechenden Bildes i.S. des § 264 Abs. 2 Satz 1 HGB entsprochen ohne die Geltung des Realisationsprinzips zu durchbrechen. Würde man das Realisationsprinzip dennoch durch Anwendung der "Percentage-of-Completion"-Methode durchbrechen, so müßten ohnehin Angaben über die dann realisierten Teilgewinne im Anhang erfolgen. Abgesehen davon, daß dies einen eklatanten Verstoß gegen das Realisationsprinzip darstellen würde, könnte eine solche Vorgehensweise aber auch konzeptionell nicht überzeugen. Denn nennt man die Teilgewinne im Anhang, "dann ist nicht einzusehen, warum man eigentlich in der Bilanz das Realisationsprinzip durchbrochen hat".[252]

---

249 Vgl. hierzu *Schindler, J.*: a.a.O., S. 576, sowie im Zusammenhang mit der Geltung des AktG a.F. *Schmick, H.*: Die finanzwirtschaftliche Aussagefähigkeit des veröffentlichten Jahresabschlusses industrieller Unternehmungen, Diss., Köln 1966, S. 60; *Gericke, H.*: a.a.O., S. 176 ff.; *Stein, H.*: a.a.O., S. 196 ff.

250 Zur ausdrücklichen Forderung, die Teilgewinne, die sich bei Anwendung der "Percentage-of-Completion"-Methode ergeben würden, im Anhang anzugeben, vgl. *Schindlbeck, K.*: a.a.O., S. 215 f. Schindlbeck stellt gleichzeitig treffend fest, daß die Angabe der Teilgewinne nach der "Percentage-of-Completion"-Methode im Anhang nicht zur Durchbrechung des Realisationsprinzips führt, vgl. ebenda, S. 208 f. Vgl. bereits zum AktG a.F. *Fülling, F.*: a.a.O., S. 210 f.; *Weber, R.L.*: a.a.O., S. 315; *Döll, B.*: a.a.O., S. 240.

251 Vgl. *Schindlbeck, K.*: a.a.O., S. 215; *Semler, J.*: Erläuterungs- und Lagebericht, Quartalsberichte sowie Formen der Publizität, in: *Bierich, M.* u.a. (Hrsg.): a.a.O., S. 177-210, s. bes. S. 183.

252 *Fülling, F.*: a.a.O., S. 210.

Das Erfordernis zusätzlicher Angaben wird aber in der Literatur nicht nur auf die Fälle beschränkt, bei denen eine Teilgewinnrealisierung nicht zulässig ist, sondern soll auch in den Fällen Anwendung finden, bei denen eine nach den hier herausgestellten Voraussetzungen zulässige Teilgewinnrealisierung vorgenommen wird.[253] Allerdings gilt es zu beachten, daß enge Zusammenhänge zu den ohnehin für die Position "Forderungen aus Lieferungen und Leistungen" vorzunehmenden Angaben nach § 284 Abs. 2 Nr. 1 HGB bestehen.[254] Im übrigen bedarf es auch nicht mehr zusätzlicher Angaben i.S. des § 264 Abs. 2 Satz 2 HGB, da dem durch § 264 Abs. 2 Satz 1 HGB geforderten Bild ja gerade durch die Vornahme dieser zulässigen Teilgewinnrealisierungen entsprochen werden soll. Dennoch müßten angesichts der Tatsache, daß es sich hier um den besonderen Sachverhalt einer zulässigen Modifikation des Realisationsprinzips handelt, auch spezifische Angaben im Rahmen des § 284 Abs. 2 Nr. 1 HGB erfolgen. Diese müßten demnach insbesondere den expliziten Ausweis von Informationen über den Auftragseingang und Auftragsbestand, den Stand der Abwicklung der Aufträge sowie die Größenordnung der bisherigen und der im Berichtsjahr vorgenommenen Teilgewinnrealisierungen umfassen.[255]

6. Die Tarifermäßigung nach § 34 Abs. 3 EStG - eine spezifisch steuerrechtliche Problemlösung

Geht man im Rahmen langfristiger Aufträge von den Fällen aus, bei denen eine Vornahme von Teilgewinnrealisierungen mangels der hier herausgestellten Voraussetzungen nicht zulässig ist, so können sich Nachteile für die Steuerpflichtigen infolge der progressionserhöhenden Realisation des vollen Auftragsgewinnes im Jahr der Auftragsabnahme ergeben. Um solchen nachteiligen Auswirkungen auf steuerrechtlicher Seite aber entgegenzutreten, wäre zu prüfen, ob nicht gesetzliche Möglichkeiten ausgeschöpft werden können, die darauf abzielen, die durch die progressive Ausgestaltung des Steuertarifs bedingten

---

[253] Vgl. hierzu beispielsweise *Schülen, W.*: Grundsätze für den Inhalt des Anhangs, in: *Castan, E.* u.a. (Hrsg.): a.a.O., B 410, Rn. 38; *Küffner, P.*: Der Anhang zum Jahresabschluß - Informationspflichten nach §§ 284 ff. HGB, München 1988, Rn. 80; *Schindlbeck, K.*: a.a.O., S. 216.

[254] Vgl. *Forster, M.*, in: *Castan, E.* u.a. (Hrsg.): a.a.O., B 700, Rn. 73. Wenn Selchert daraus aber schließt, daß im allgemeinen der Regelung des § 264 Abs. 2 Satz 2 HGB wenig materielle Bedeutung beizumessen wäre, so kann dem in dieser Form nicht zugestimmt werden, vgl. *Selchert, F.W.*: Der Anhang ..., a.a.O., S. 32. So zeigen doch gerade die Fälle, bei denen keine Teilgewinnrealisierung vorgenommen werden kann, wie bedeutsam die Vorschrift des § 264 Abs. 2 Satz 2 HGB ist.

[255] Vgl. *Forster, M.*, in: *Castan, E.* u.a. (Hrsg.): a.a.O., B 700, Rn. 73. Nach Forster sollten Informationen über den Auftragseingang und Auftragsbestand gem. § 289 Abs. 2 Nr. 2 HGB im Lagebericht aufgeführt werden. Aufgrund ihrer Bedeutung sind diese Informationen aber bereits im Anhang zu machen. Demgegenüber ist der von Forster aufgestellten Forderung, im Lagebericht über markt- bzw. länderspezifische Besonderheiten in bezug auf bestimmte Aufträge sowie über in Aussicht stehende Vertragsabschlüsse zu informieren, zuzustimmen, vgl. ebenda, B 700, Rn. 74.

Nachteile zu mildern. Hierbei kann auf die Regelung des § 34 Abs. 3 EStG Bezug genommen werden, die festlegt, daß "die Einkommensteuer auf Einkünfte, die die Vergütung für eine mehrjährige Tätigkeit sind, ... das Dreifache des Unterschiedsbetrags zwischen der Einkommensteuer für das um diese Einkünfte verminderte zu versteuernde Einkommen (verbleibendes zu versteuerndes Einkommen) und der Einkommensteuer für das verbleibende zu versteuernde Einkommen zuzüglich eines Drittels dieser Einkünfte" beträgt. Die Vorschrift fordert die Anwendung eines Mischtarifs[256] und zielt damit gerade darauf ab, die für den Steuerpflichtigen nachteiligen Wirkungen der Tarifprogression infolge einer zusammengeballten Vergütung für eine mehrjährige Tätigkeit zu mildern.[257] Unter Vergütung ist dabei "eine auf den mehrjährigen Zeitraum beziehbare zusätzliche Leistung" zu verstehen.[258]

Was den Anwendungsbereich der Vorschrift betrifft, so erstreckt sich diese nach dem Wortlaut auf alle Einkunftsarten.[259] Insbesondere könne, so der BFH,[260] aus dem Wortlaut der Vorschrift nicht geschlossen werden, daß sich die Vorschrift lediglich auf Einkünfte aus nichtselbständiger Arbeit beziehe. Dennoch soll nach Auffassung des RFH[261] und des BFH[262] die Regelung des § 34 Abs. 3 EStG bei Einkünften aus Gewerbebetrieb keine Anwendung finden. Denn implizit wird festgestellt, es sei bei derartigen Einkünften nicht außergewöhnlich, daß in den laufenden Einkünften neben gleichmäßigen auch schwankende Einkünfte enthalten seien und deshalb der nach § 34 Abs. 3 EStG erstrebte Tarifausgleich

---

[256] Vgl. hierzu auch *Puhl, E.*: Änderung der Einkommensbesteuerung außerordentlicher Einkünfte im Rahmen der Steuerreform 1990, DB, 41. Jg (1988), S. 1917-1922, s. bes. S. 1920 f.

[257] Vgl. *Borggreve, C.H.*, in: *Bitz, H., Meincke, J.P.* (Hrsg.): Das Einkommensteuerrecht. Kommentar zum Einkommensteuergesetz, 15. Aufl., Stuttgart 1992, § 34, Rn. 31.

[258] Ebenda, Rn. 33. Mit der Neufassung des § 34 Abs. 3 EStG infolge des StRefG 1990 ist auch der im § 34 Abs. 3 EStG a.F. enthaltene Begriff "Entlohnung für eine Tätigkeit, die sich über mehrere Jahre erstreckt" durch den Begriff "Vergütung für eine mehrjährige Tätigkeit" ersetzt worden. Mangels einer hierzu ergangenen Stellungnahme in der Begründung zum StRefG 1990 in der BR-Drucks. 100/88, S. 284 ist allerdings davon auszugehen, daß keine sachliche Änderung beabsichtigt war, vgl. hierzu auch *Gérard, W.*, in: *Lademann, F., Söffing, G., Brockhoff, H.*: a.a.O., § 34, Rn. 145.

[259] Vgl. *Borggreve, C.H.*, in: *Bitz, H., Meincke, J.P.* (Hrsg.): a.a.O., § 34, Rn. 31 a sowie die Auffasung der Finanzverwaltung in Abschn. 200 Abs. 1 Satz 1 EStR.

[260] BFH-Urt. v. 22.5.1975 IV R 33/72, BStBl. 1975 II, S. 765-767, s. bes. S. 766.

[261] Vgl. RFH-Urt. v. 1.2.1940 IV 341/39, RStBl. 1940, S. 601-602, s. bes. S. 602; RFH-Urt. v. 19.11.1941 VI 264/41, RStBl. 1942, S. 19-20, s. bes. S. 20; RFH-Urt. v. 21.5.1942 IV 206/41, RStBl. 1942, S. 578-580, s. bes. S. 579; RFH-Urt. v. 2.6.1943 VI 282/42, RStBl. 1943, S. 595; RFH-Urt. v. 5.7.1944 VI 349/43, RStBl. 1944, S. 641-642.

[262] Vgl. BFH-Urt. v. 10.5.1961 IV 170/58 U, BStBl. 1961 III, S. 354; BFH-Urt. v. 10.5.1961 IV 275/59 U, BStBl. 1961 III, S. 532-534; BFH-Urt. v. 28.6.1973 IV R 77/70, BStBl. 1973 II, S. 729-730; BFH-Urt. v. 22.5.1975, a.a.O., s. bes. S. 766.

schon durch die Art der Einkünfteerzielung erreicht werde.[263] In der Praxis sind allerdings auch Fälle denkbar, in denen dieser Ausgleichsgedanke nicht zum Tragen kommt. Wie gerade das Beispiel langfristiger Aufträge zeigt, können in Einzelfällen Einkünfte aus Gewerbebetrieb auch auf einer nur ausschließlich schwankenden Einkünftestruktur beruhen. Wenn demnach die Rechtsprechung bei Einkünften aus Gewerbebetrieb auf die Nichtanwendbarkeit der Regelung des § 34 Abs. 3 EStG abstellt, muß sie sich zu Recht dem Vorwurf ausgesetzt sehen, "daß unzulässigerweise Fragen nach dem grundsätzlichen Anwendungsbereich einer Norm mit solchen nach dem Vorliegen ihrer Voraussetzungen vermengt werden".[264] Denn hier mit dem Kriterium des "Außergewöhnlichen" zu argumentieren, kann wohl keine ausreichende Begründung darstellen, die Anwendbarkeit der Vorschrift bei Einkünften aus Gewerbebetrieb zu versagen. Treffend wird deshalb, unter Hinweis auf die zur Anwendung des § 34 Abs. 3 EStG im Falle von Einkünften aus selbständiger Arbeit ergangene Rechtsprechung[265] gefordert, beispielsweise auch für Einkünfte eines Gesellschafters einer Personengesellschaft, die sich im Bereich langfristiger Aufträge betätigt, die Tarifermäßigung nach § 34 Abs. 3 EStG anzuerkennen, wenn dieser Gesellschafter ausschließlich Einkünfte der betreffenden Gesellschaft erzielt.[266] Die dabei zum Ausdruck kommende Abgrenzung wird in den meisten Fällen zwar nicht möglich sein, da der Steuerpflichtige im allgemeinen regelmäßig fließende Einkünfte aus derselben oder aus anderen Einkunftsarten erzielt. Dennoch kann es angesichts des Wortlautes des § 34 Abs. 3 EStG nicht überzeugen, die Tarifermäßigung auch dann zu versagen, wenn der Steuerpflichtige ausschließlich schwankende Einkünfte derselben Einkunftsquelle erzielt und ohne diese Tarifermäßigung eben die nachteiligen Progressionswirkungen tragen müßte.

---

[263] BFH-Urt. v. 28.6.1973, a.a.O., S. 729 f., wobei der BFH auf "gleichmäßige" und "schwankende Einnahmen" abstellt, sowie von der "Art der Einnahmeerzielung" spricht. Hier wird aber nicht auf den Begriff "Einnahme" sondern entsprechend dem gesetzlichen Wortlaut des § 34 Abs. 3 EStG auf den Begriff "Einkünfte" abgestellt.

[264] *Lüders, J.*: a.a.O., S. 108.

[265] Vgl. hierzu beispielsweise BFH-Urt. v. 28.6.1973, a.a.O., S. 730, wo festgelegt wird, daß § 34 Abs. 3 EStG für Einkünfte aus selbständiger Arbeit Anwendung findet, "wenn der Steuerpflichtige sich während mehrerer Jahre ausschließlich der einen Sache gewidmet und die Vergütung dafür in einem Veranlagungszeitraum erhalten hat oder ... wenn eine sich über mehrere Jahre erstreckende Sondertätigkeit, die von der übrigen Tätigkeit des Steuerpflichtigen ausreichend abgrenzbar ist und nicht zum regelmäßigen Gewinnbetrieb gehört, in einem Veranlagungszeitraum entlohnt wird". Vgl. hierzu auch Abschn. 200 Abs. 3 Satz 1 EStR.

[266] *Lüders, J.*: a.a.O., S. 108. Auch Weber weist auf die Regelung des § 34 Abs. 3 EStG im Rahmen langfristiger Aufträge hin, hält sie unter Hinweis auf die erwähnte Rechtsprechung aber nicht für anwendbar, vgl. *Weber, R.L.*: a.a.O., S. 314, Fn. 4.

Untersuchungsergebnisse und Ausblick

Gegenstand der vorliegenden Untersuchung war es, sich in einer kritischen Analyse mit der Anwendung des Realisationsprinzips in Handels- und Steuerbilanz im besonderen Fall der Gewinnrealisierung bei langfristigen Aufträgen auseinanderzusetzen. Es wurde darauf abgezielt, aufbauend auf der gesetzlichen Grundlage, ein Gefüge geordneter Beurteilungs- und Entscheidungskriterien abzuleiten. Hierbei lassen sich als wichtigste Untersuchungsergebnisse herausstellen:

1. Ausgangspunkt der Erörterung bilanzrechtlicher Fragestellungen im Falle langfristiger Aufträge muß eine Erörterung handels- und steuerbilanzrechtlicher Vorgaben sein:

   - Für den handelsrechtlichen Jahresabschluß läßt sich vor dem Hintergrund seiner interesseregelnden Ausrichtung eine Primärorientierung der Jahresabschlußelemente Bilanz und Gewinn- und Verlustrechnung an der Zahlungsbemessungsfunktion herausstellen. Den grundlegenden Beleg für diese These bildet das gesetzliche Gebot der Beachtung der Grundsätze ordnungsmäßiger Buchführung, die als Rechtsnormen bzw. als Rechtsquellen mit abgeleiteter Rechtssatzwirkung aufzufassen sind und für deren Ermittlung sich die deduktive Methode als zutreffend erweist. Es läßt sich ein System handelsrechtlicher Grundsätze ordnungsmäßiger Buchführung unter Heranziehung einer "modernen" Deduktionsbasis entwickeln, wobei durch das Kriterium "modern" der Tatsache Rechnung getragen wird, daß im neuen Handelsrecht auf ein Gefüge kodifizierter Bilanzrechtsgrundsätze zurückgegriffen werden kann. Auf der Grundlage der Erkenntnis einer wechselseitigen Abhängigkeit von gesetzlich gewolltem Normenverständnis und gesetzlichen Bilanzaufgaben sind die in § 252 Abs. 1 Nr. 4 HGB kodifizierten, systemtragenden Prinzipien Realisations- und Imparitätsprinzip als Ausdruck des Vorsichtsprinzips herauszustellen. Dazu treten weitere Objektivierungs- und Vereinfachungsprinzipien, so daß sich eine Systemausrichtung auf die Ermittlung eines vereinfachten und objektivierten, vorsichtigen, d.h. umsatzgebundenen und verlustantizipierenden Gewinnes ergibt. Diese Grundorientierung wird auch nicht durch die sich für Kapitalgesellschaften ergebende Anforderung an den Jahresabschluß gem. § 264 Abs. 2 Satz 1 HGB eingeschränkt, da die Vermittlung eines den tatsächlichen Verhältnissen entsprechenden Bildes der Vermögens-, Finanz- und Ertragslage ausdrücklich unter Hinweis auf die Beachtung der Grundsätze ordnungsmäßiger Buchführung zu erfolgen hat. Allerdings bietet dies keineswegs Anlaß, die geforderte Einblickskonzeption vernachlässigen zu können. Die darin zum Ausdruck kommende informationsvermittelnde Funktion des Jahresabschlusses wird primär vom Anhang, als einem gegenüber Bilanz und Gewinn- und Verlustrechnung gleichrangigem Jahresabschlußelement, gewährleistet. Dies kommt auch unmittelbar durch die Vorschrift des

§ 264 Abs. 2 Satz 2 HGB zum Ausdruck, die beim Vorliegen besonderer Umstände, die nicht zur Vermittlung eines den tatsächlichen Verhältnissen entsprechenden Bildes i.S. des § 264 Abs. 2 Satz 1 HGB führen, zusätzliche Angaben im Anhang verlangt.

- Auf steuerrechtlicher Seite gilt es, die Ausrichtung der Steuerbilanz im Hinblick auf das Ziel der periodengerechten Gewinnermittlung herauszustellen. Gleichzeitig wird durch das Prinzip der Maßgeblichkeit der Handelsbilanz für die Steuerbilanz gem. § 5 Abs. 1 Satz 1 EStG die zentrale Bedeutung der Grundsätze ordnungsmäßiger Buchführung für das Steuerbilanzrecht ersichtlich.

2. An die so herausgestellten bilanzrechtlichen Vorgaben muß sich eine Kennzeichnung ökonomischer und vertragsrechtlicher Kriterien bei langfristigen Aufträgen anschließen, da das durch diese Kriterien festgelegte Gepräge auf die bilanzrechtliche Anknüpfung einwirkt. Dabei lassen sich auf ökonomischer Seite insbesondere die Merkmale einer hohen mengen- und wertmäßigen Dimension, einer komplexen Ablaufstruktur und einer nicht minder komplexen Risikostruktur herausstellen. Gleichzeitig ist auf vertragsrechtlicher Seite die Anwendung von Werkverträgen i.S. der §§ 631 ff. BGB bzw. Werklieferungsverträgen i.S. des § 651 BGB zu nennen. Diese ökonomische und vertragsrechtliche Kennzeichnung bei langfristigen Aufträgen fließt schließlich in die bilanzrechtliche Kategorie eines "schwebenden Geschäftes im weiteren" oder "eigentlichen Sinne" ein.

3. Die Erörterung der handels- und steuerbilanzrechtlichen Einbettung langfristiger Aufträge in den Problemkreis schwebender Geschäfte führt zu dem Ergebnis, Ansprüche und Verpflichtungen aus schwebenden Geschäften zwar als abstrakt bilanzierungsfähig zu betrachten, ihre konkrete Bilanzierungsfähigkeit aber zu verneinen. Dieser Grundsatz der bilanziellen Nichtberücksichtigung schwebender Geschäfte findet seine materielle Begründung im Vorsichtsprinzip, das als bilanzrechtliche Kategorie vor allem schuldrechtliche Risikogesichtspunkte berücksichtigt.

Trotz des Grundsatzes ihrer bilanziellen Nichtberücksichtigung sind Ansprüche und Verpflichtungen aus schwebenden Geschäften zu inventarisieren. Ein Gebot zum Ausweis von Ansprüchen und Verpflichtungen nichtfinanzieller Art im Anhang kann dagegen de lege lata nicht begründet werden.

Bei der im Rahmen langfristiger Aufträge vorzunehmenden Leistungserstellung führt die bilanzrechtliche Anknüpfung zu einem Ausweis unfertiger Erzeugnisse bzw. unfertiger Leistungen unter einer gesonderten Postenbezeichnung. Unter der Position "unfertige Leistungen" gehen dabei auch unfertige Bauten auf fremdem Grund und Boden ein. Hier ist anzumerken, daß der Übergang des zivilrechtlichen Eigentums an den unfertigen Bauten auf fremdem Grund und Boden nicht dazu führt, diese als Forderung im handels- und steuerbilanzrechtlichen Sinne aufzufassen.

Was die handels- und steuerbilanzrechtliche Bewertung der Leistungserstellung betrifft, so kommt dem Wertmaßstab der Herstellungskosten herausragende Bedeutung zu. Es stellt sich aufbauend auf den Daten der betrieblichen Kostenrechnung die Frage nach dem Umfang der Herstellungskosten, wobei zwischen Handels- und Steuerrecht Unterschiede bei der Einbeziehung bestimmter Kostenarten bestehen. Interessant sind im Zusammenhang mit der Problematik der Gewinnrealisierung bei langfristigen Aufträgen Abgrenzungsfragen in bezug auf Fremdkapitalzinsen, Vertriebskosten sowie Forschungs-, Entwicklungs- und Konstruktionskosten. Während sich bei langfristigen Aufträgen die Möglichkeit zur Einbeziehung von Fremdkapitalzinsen in den Herstellungskostenansatz gem. § 255 Abs. 3 Satz 2 HGB bzw. Abschn. 33 Abs. 7 Satz 3 u. 4 EStR relativ unproblematisch gestaltet, trifft dies für die Vertriebskosten nicht zu. Der besondere ökonomische Charakter langfristiger Aufträge verlangt hier aber eine differenzierte Vorgehensweise, wobei die sog. "Sondereinzelkosten des Vertriebs" auf ihre Auftragsbezogenheit hin zu überprüfen sind. Hierbei sind Kosten der Auftragserlangung und Auftragsvorbereitung unter der Prämisse der tatsächlichen Auftragserteilung als einbeziehungspflichtige Sonder(einzelkosten) der Fertigung zu betrachten, während Kosten der Auftragsabwicklung i.d.R. tatsächliche Vertriebskosten darstellen. Auch die Frage der Einbeziehung von Forschungs-, Entwicklungs- und Konstruktionskosten stellt auf die Auftragsbezogenheit ab.

4. Was die Bedeutung des Realisationsprinzips im Rahmen langfristiger Aufträge betrifft, so entfaltet es sich als Abgrenzungskriterium für die Erfassung erwarteter positiver Erfolgsbeiträge. Diese handels- und steuerbilanzrechtlich zu beachtende Abgrenzungskonzeption wird zum einen durch die Ausprägung als Anschaffungswertprinzip und zum anderen durch die hier besonders relevante Fragestellung zur Festlegung des Zeitpunktes der Gewinnrealisierung gewährleistet. Die Festlegung des Realisationszeitpunktes determiniert dabei unmittelbar den Zeitpunkt des bilanzrechtlichen Entstehens von Forderungen. Bilanzrechtlicher Hintergrund dieser Fixierung bildet die Auffassung vom quasisicheren Anspruch, d.h. die Gewinnrealisierung gilt dann als eingetreten, wenn die Forderung auf die Gegenleistung so gut wie sicher ist. Die Diskussion möglicher Realisationszeitpunkte führt zu dem Ergebnis, nur den Zeitpunkt als mit dem Prinzip des quasisicheren Anspruchs vereinbar zu betrachten, zu dem die Lieferung oder Leistung erfolgt. Gleichzeitig kann diese These durch die Bezugnahme auf den schuldrechtlichen Indikator des Überganges der Preisgefahr inhaltlich konkretisiert werden.

5. Die zum Realisationsprinzip bzw. zum Realisationszeitpunkt gewonnenen Ergebnisse bewirken im besonderen Fall langfristiger Aufträge, daß der Gewinn unter Anknüpfung an die werk- bzw. werklieferungsvertragsrechtliche Grundlage erst durch den abnahmebedingten Übergang der Preisgefahr realisiert wird. Dies kann unter Zugrundelegung des Merkmals einer mehrere Bilanzierungsperioden betreffenden Auftragsdurchführung zu unerwünschten Konsequenzen führen, da der (volle) Auftragsgewinn erst in der Bilanzierungsperiode, in der die Abnahme erfolgt, auszuweisen ist. Das Ziel zur Verhinderung bzw. Verringerung dieser Konsequenzen hat zur Entwicklung von Bilanzierungsvorschlägen und -konzeptionen geführt:

- Um zumindest während der Auftragsdurchführung auftretende Auftrags-Zwischenverluste infolge der Nichtaktivierung bestimmter Selbstkostenbestandteile zu vermeiden, wird der Ansatz aufwandsgleicher Selbstkosten vorgeschlagen. Die Überprüfung dieses Konzeptes an der handels- und steuerrechtlichen Gesetzesgrundlage führt allerdings zu dem Ergebnis, daß der handels- und steuerrechtlich höchstzulässige Herstellungskostenansatz strikt zu beachten ist. Andererseits ist im Falle langfristiger Aufträge eine besondere Beurteilung hinsichtlich der Auftragsbezogenheit der angefallenen Selbstkostenbestandteile vorzunehmen.

- Ein mit den hier herausgestellten Grundsätzen der Gewinnrealisierung zu vereinbarendes Konzept stellt die Teilgewinnrealisierung durch Teilabnahme dar. Diese Methode führt lediglich zu einer Modifikation des Realisationsprinzips in seiner konsequenten Anwendung und begründet gleichzeitig die Verpflichtung zur Realisierung von (Teil-)Gewinnen aus Teillieferungen oder -leistungen, sofern diese bestimmten Voraussetzungen genügen.

- Demgegenüber ist eine Teilgewinnrealisierung durch Teilabrechnung nicht selbständig abgrenzbarer Teillieferungen oder -leistungen abzulehnen. Hierbei handelt es sich lediglich um einen kundenseitige Anzahlungen betreffenden Vorgang, der insofern auch bilanziell seinen Niederschlag findet.

- Ein zu den herrschenden handels- und steuerrechtlichen Bilanzierungsgrundsätzen völlig konträr stehendes Konzept ist die "Percentage-of-Completion"-Methode. Dies ergibt sich zum einen aus der ihr zugrundeliegenden theoretischen Auffassung vom Gewinn als sich stetig akkumulierende Größe und zum anderen aus den vorzunehmenden Schätzungen, die mit dem Vorsichtsprinzip nicht zu vereinbaren sind.

- Auf handelsrechtlicher Seite dürfte die Gewinnrealisierung bei langfristigen Aufträgen im Regelfall zu den besonderen Umständen i.S. des § 264 Abs. 2 Satz 2 HGB zählen, an die das Gesetz eine zusätzliche Angabepflicht im Anhang knüpft. Dabei erstrecken sich die zusätzlichen Angaben nicht nur auf verbale und quantitative Informationen über die Entwicklung des Auftragseinganges sowie über den Auftragsbestand, sondern sollten auch Informationen über die Teilgewinne aufnehmen, die sich bei Anwendung der "Percentage-of-Completion"-Methode ergeben würden. Eine solche Vorgehensweise genügt der Forderung des § 264 Abs. 2 Satz 1 HGB, ohne eine Durchbrechung des Realisationsprinzips vornehmen zu müssen.

- Um den Konsequenzen der Gewinnrealisierung bei langfristigen Aufträgen auf steuerrechtlicher Seite entgegenwirken zu können, kommt eine Tarifermäßigung nach § 34 Abs. 3 EStG in Betracht. Demnach sollte beispielsweise für Einkünfte eines Gesellschafters einer Personengesellschaft, die sich im Bereich langfristiger Aufträge betätigt, die Tarifermäßigung nach § 34 Abs. 3 EStG anerkannt werden, wenn dieser Gesellschafter ausschließlich Einkünfte der betreffenden Gesellschaft erzielt .

Faßt man die zur Gewinnrealisierung bei langfristigen Aufträgen ermittelten Einzelergebnisse unter einem Obersatz zusammen, so kann dieser nichts anderes als einen am Vorsichtsprinzip ausgerichteten Grundsatz darstellen. Dieses, die Bilanzierung in so herausragender Weise dominierende Prinzip ist ein Maßstab, der auch im Falle langfristiger Aufträge uneingeschränkte Beachtung finden muß. Daher sind Ansätze wie die "Percentage-of-Completion"-Methode mit einem durch das Vorsichtsprinzip geprägten System, das Unsicherheits- und Risikogesichtspunkten entscheidende Beachtung zukommen läßt, nicht zu vereinbaren. Es sei hier nochmals an die Worte von Schmalenbach erinnert, der darauf hinweist, "daß sich gegen die Verbuchung nicht realisierter Gewinne vom Standpunkt der Ordnungsmäßigkeit der Bilanzen schwere Bedenken erhöben" und er "die Konsequenzen scheue, die bei Durchlöcherung des Realisationsprinzips entstehen würden".[267] Wie das Beispiel der "Percentage-of-Completion"-Methode zeigt, sind diese warnenden Hinweise aktueller denn je. Es bleibt abzuwarten, welche Entwicklungen sich angesichts zunehmender internationaler Integrations- und Harmonisierungsbestrebungen einstellen werden und es wird interessant sein zu verfolgen, welche Argumente aus dem Bereich deutscher Bilanzierung hier Beachtung finden. Eines ist jedenfalls zu fordern: I.S. einer objektiven und willkürfreien Bilanzierung sollten so wichtige Grundprinzipien wie das Vorsichts- und Realisationsprinzip nicht einfach übergangen werden, sondern, im Gegenteil, ihren (bewiesenen) Vorzügen ist deutlich Gehör zu verschaffen.

---

[267] *Schmalenbach, E.*: Dynamische Bilanz, a.a.O., S. 78.

Literaturverzeichnis

- Bücher, Zeitschriftenaufsätze und Kommentare

Accounting Standards Executive Committee: Statement of Position Nr. 81-1 - Accounting for Performance of Construction-Type and Certain Production-Type Contracts, JoA, Vol. 152, October 1981, S. 149-159

Adrian, J.J.: Construction Accounting: Financial, Managerial, Auditing and Tax, 2nd ed., Englewood Cliffs 1986

ADS: Rechnungslegung und Prüfung der Unternehmen. Kommentar zum HGB, AktG, GmbHG, PublG nach den Vorschriften des Bilanzrichtlinien-Gesetzes, 5. Aufl., Stuttgart 1987

Albach, H.: Gewinnrealisierungen im Ertragsteuerrecht, StbJb. 1970/71, S. 287-320

Arbeitskreis "Marketing in der Investitionsgüterindustrie" der Schmalenbach-Gesellschaft: Standardisierung und Individualisierung - ein produktpolitisches Entscheidungsproblem, in: Engelhardt, W.H., Lassmann, G.: Anlagen-Marketing, ZfbF-Sonderheft 7/77, Opladen 1977, S. 39-56

Arensberg, M.: Die Bilanzierung schwebender Geschäfte, Diss., Berlin 1935

Backhaus, K.: Preisgleitklauseln als risikopolitisches Instrument bei langfristigen Fertigungs- und Absatzprozessen, ZfbF-Kontaktstudium, 31. Jg. (1979), S. 3-10

Backhaus, K.: Die Gewinnrealisation bei mehrperiodigen Lieferungen und Leistungen in der Aktienbilanz, ZfbF, 32. Jg. (1980), S. 347-360

Backhaus, K.: Das Anlagengeschäft im Jahresabschluß, in: Plinke, W. (Hrsg.): Projektgruppe Technischer Vertrieb, Berlin 1988

Backhaus, K.: Investitionsgütermarketing, 2. Aufl., München 1990

Baetge, J.: Möglichkeiten der Objektivierung des Jahreserfolges, Düsseldorf 1970

Baetge, J.: Rechnungslegungszwecke des aktienrechtlichen Jahresabschlusses, in: Baetge, J. u.a. (Hrsg.): Bilanzfragen, FS für Ulrich Leffson, Düsseldorf 1976, S. 11-30

Baetge, J.: "Der Jahresabschluß im Widerstreit der Interessen", Düsseldorf 1983

Baetge, J.: Die neuen Ansatz- und Bewertungsvorschriften, WPg, 40. Jg. (1987), S. 126-134

Baetge, J., in: Küting, K., Weber, C.-P. (Hrsg.): Handbuch der Rechnungslegung. Kommentar zur Bilanzierung und Prüfung, 3. Aufl., Stuttgart 1990, Kommentierung zu II, Art. 3

Baetge, J.: Harmonisierung der Rechnungslegung - haben die deutschen Rechnungslegungsvorschriften noch eine Chance?, in: Schmalenbach-Gesellschaft - Deutsche Gesellschaft für Betriebswirtschaft e.V. (Hrsg.): Internationalisierung der Wirtschaft: eine Herausforderung an Betriebswirtschaft und Unternehmenspraxis/46. Deutscher Betriebswirtschafter-Tag 1992, Stuttgart 1993, S. 109-127

Baetge, J., Commandeur, D., in: Küting, K., Weber, C.-P. (Hrsg.): Handbuch der Rechnungslegung. Kommentar zur Bilanzierung und Prüfung, 3. Aufl., Stuttgart 1990, Kommentierung zu § 264

Baetge, J., Feidicker, M.: Vermögens- und Finanzlage, Prüfung der, in: Coenenberg, A.G., Wysocki, K. von (Hrsg.): HWRev, 2. Aufl., Stuttgart 1992, Sp. 2086-2107

Baetge, J., Fey, D., Fey, G., in: Küting, K., Weber, C.-P. (Hrsg.): Handbuch der Rechnungslegung. Kommentar zur Bilanzierung und Prüfung, 3. Aufl., Stuttgart 1990, Kommentierung zu § 243

Baetge, J., Uhlig, A.: Zur Ermittlung der handelsrechtlichen "Herstellungskosten" unter Verwendung der Daten der Kostenrechnung, WiSt, 14. Jg. (1985), S. 274-280

Ballwieser, W.: Sind mit der neuen Generalklausel zur Rechnungslegung auch neue Prüfungspflichten verbunden?, BB, 40. Jg. (1985), S. 1034-1043

Ballwieser, W.: Grundsätze ordnungsmäßiger Buchführung und neues Bilanzrecht, ZfB-Ergänzungsheft 1, 57. Jg. (1987), S. 3-24

Barth, K.: Die Grundsätze ordnungsmäßiger Buchführung betriebswirtschaftlich, handelsrechtlich und steuerlich - Ein geschichtlicher Aufriß, ZfhF, 15. Jg. (1963), S. 384-397

Bauer, H.: Schwebende Geschäfte im Steuerrecht, Diss., Nürnberg-Erlangen 1981

Beisse, H.: Handelsbilanzrecht in der Rechtsprechung des Bundesfinanzhofs, BB, 35. Jg. (1980), S. 637-646

Beisse, H.: Gewinnrealisierung - Ein systematischer Überblick über Rechtsgrundlagen, Grundtatbestände und grundsätzliche Streitfragen, in: Ruppe, H.G. (Hrsg.): Gewinnrealisierung im Steuerrecht. Theorie und Praxis der Gewinnverwirklichung durch Umsatzakt und durch Steuerentstrickung sowie des Besteuerungsaufschubs, Köln 1981, S. 13-43

Beisse, H.: Zum Verhältnis von Bilanzrecht und Betriebswirtschaftslehre, StuW, 61. (14.) Jg. (1984), S. 1-14

Beisse, H.: Die Generalnorm des neuen Bilanzrechts, in: Knobbe-Keuk, B. u.a. (Hrsg.): Handelsrecht und Steuerrecht, FS für Georg Döllerer, Düsseldorf 1988, S. 25-44

Beisse, H.: Grundsatzfragen der Auslegung des neuen Bilanzrechts, BB, 45. Jg. (1990), S. 2007-2012

Beisse, H.: Rechtsfragen der Gewinnung von GoB, BFuP, 42. Jg. (1990), S. 499-514

Bergmann, W.: Die steuerliche Beurteilung schwebender Geschäfte, DB, 25. Jg. (1972), S. 2367-2373 u. S. 2421-2427

Bieg, H.: Lassen sich die buchhaltungstechnischen Schwierigkeiten bei der Erfassung schwebender Geschäfte lösen?, WPg, 30. Jg. (1977), S. 113-127

Bieg, H.: Schwebende Geschäfte in Handels- und Steuerbilanz. Die derzeitige und mögliche bilanzielle Behandlung beiderseits noch nicht erfüllter synallagmatischer Verträge unter besonderer Berücksichtigung der Interessen der Bilanzadressaten, Frankfurt a.M., Bern 1977

Biener, H.: Die Rechnungslegung der Aktiengesellschaften und Kommanditgesellschaften auf Aktien nach der Bilanzrichtlinie der EG, AG, 23. Jg. (1978), S. 251-260

Biener, H.: AG, KGaA, GmbH, Konzerne. Rechnungslegung, Prüfung und Publizität nach den Richtlinien der EG. Kommentierte Textausgabe der Bilanzrichtlinie (4. Richtlinie), des geänderten Vorschlags einer Konzernbilanzrichtlinie (7. Richtlinie), des Vorschlags einer Abschlußprüferrichtlinie (8. Richtlinie), mit synoptischer Darstellung des geltenden (und zu ändernden) deutschen Rechts (AktG, GmbHG, WPO) und Materialien, Begründungen der Kommission, Stellungnahmen des Wirtschafts- und Sozialausschusses, des Europäischen Parlaments, des Bundesrates und des Deutschen Bundestages, Köln 1979

Biener, H.: Auswirkungen der Vierten Richtlinie der EG auf den Informationsgehalt der Rechnungslegung deutscher Unternehmen, BFuP, 31. Jg. (1979), S. 1-16

Biener, H.: Handelsrechtliche Grundsatzfragen der 4. und 7. EG-Richtlinie, in: Bierich, M. u.a. (Hrsg.): Rechnungslegung nach neuem Recht, ZfbF-Sonderheft 10, Wiesbaden 1980, S. 307-332

Biener, H., Berneke, W.: Bilanzrichtlinien-Gesetz, Textausgabe des Bilanzrichtlinien-Gesetzes vom 19.12.1985 (Bundesgesetzbl. I S. 2355), mit Bericht des Rechtsausschusses des Deutschen Bundestages, Regierungsentwürfe mit Begründung, EG. Richtlinien mit Begründung, Entstehung und Erläuterung des Gesetzes, Düsseldorf 1986

Biener, H.: Die Rechnungslegungsempfehlungen des IASC und deren Auswirkungen auf die Rechnungslegung in Deutschland, BFuP, 45. Jg. (1993), S. 345-356

Biener, H.: Möglichkeiten und Grenzen der Harmonisierung der Rechnungslegung, Der Schweizer Treuhänder, 67. Jg. (1993), S. 13-20

Blecke, U., Wilhelm, W.: Projektmanagement Großanlagenbau - Permanent aus Pannen lernen, Manager-Magazin, 4/1977, S. 42-52

Böcking, H.-J.: Bilanzrechtstheorie und Verzinslichkeit, Wiesbaden 1988

Bodarwé, E.: Erfüllen die Grundsätze ordnungsmäßiger Buchführung und Bilanzierung noch ihre Aufgaben?, WPg, 19. Jg. (1966), S. 668-672

Bodarwé, E.: Bewertung und Darstellung nicht abgerechneter Leistungen bei "langfristiger Fertigung" im Jahresabschluß, DB, 24. Jg. (1971), S. 1973-1977

Boelke, W.: Die Bewertungsvorschriften des Aktiengesetzes 1965 und ihre Geltung für die Unternehmen in anderer Rechtsform, Berlin 1970

Bohl, W.: Der Jahresabschluß nach neuem Recht, WPg, 39. Jg. (1986), S. 29-36

Böhmer, J.: Die Bilanzierung langfristiger Aufträge, Diss., Bonn 1982

Bolin, M.: Das International Accounting Standards Committee - Aufgaben, Organisation und Perspektiven, WPg, 43. Jg. (1990), S. 482-486

Borchert, D., in: Küting, K., Weber, C.-P. (Hrsg.): Handbuch der Rechnungslegung. Kommentar zur Bilanzierung und Prüfung, 3. Aufl., Stuttgart 1990, Kommentierung zu § 275

Bordewin, A.: Steuervergünstigungen, Zuschreibungen und Teilwertabschreibungen in Handels- und Steuerbilanz. Zum neuen § 6 Abs. 3 EStG, FR, 41. Jg. (1986), S. 281-286

Borggreve, C.H.: Kommentierung zu § 34, in: Bitz, H., Meincke, J.P. (Hrsg.): Das Einkommensteuerrecht. Kommentar zum Einkommensteuergesetz, 15. Aufl., Stuttgart 1992

Brandl, R.: Aktivierungswahlrecht für Sondereinzelkosten des Vertriebs in Handels- und Steuerbilanz bei langfristiger Auftragsfertigung, BB, 32. Jg. (1977), S. 886-892

Breng, E.G.: Bilanzmäßige Abgrenzung von "Erträgen" aus erhaltenen Anzahlungen zur Vermeidung unrealisierter Gewinne, WPg, 28. Jg. (1975), S. 546-550

Buchmann, T.A., Friedmann, L.A.: APB Opinion no. 20 and the percentage-of-completion method, JoA, Vol. 150, August 1980, S. 80-84

Budde, W.D., Förschle, G.: Das Verhältnis des "True and fair view" zu den Grundsätzen ordnungsmäßiger Buchführung und zu den Einzelrechnungsvorschriften, in: Mellwig, W. u.a. (Hrsg.): Einzelabschluß und Konzernabschluß. Beiträge zum neuen Bilanzrecht, Bd. 1, Wiesbaden 1988, S. 27-45

Budde, W.D., Geissler, H.: Kommentierung zu § 265, in: Budde, W.D. u.a. (Bearb.): Beck'scher Bilanz-Kommentar. Der Jahresabschluß nach Handels- und Steuerrecht. Das Dritte Buch des HGB, 2. Aufl., München 1990

Budde, W.D., Karig, K.P.: Kommentierung zu § 264, in: Budde, W.D. u.a. (Bearb.): Beck'scher Bilanz-Kommentar. Der Jahresabschluß nach Handels- und Steuerrecht. Das Dritte Buch des HGB, 2. Aufl., München 1990

Budde, W.D., Kofahl, G.: Kommentierung zu § 247, in: Budde, W.D. u.a. (Bearb.): Beck'scher Bilanz-Kommentar. Der Jahresabschluß nach Handels- und Steuerrecht. Das Dritte Buch des HGB, 2. Aufl., München 1990

Budde, W.D., Raff, I.: Kommentierung zu § 243, in: Budde, W.D. u.a. (Bearb.): Beck'scher Bilanz-Kommentar. Der Jahresabschluß nach Handels- und Steuerrecht. Das Dritte Buch des HGB, 2. Aufl., München 1990

Bühler, O., Scherpf, P.: Bilanz und Steuer, 7. Aufl., München 1971

Bürge, A., Ohlund, E.: International Accounting Standards - Neueste Entwicklungen, Der Schweizer Treuhänder, 67. Jg. (1993), S. 165-170

Bürgel, H.D.: Grundfehler bei der Organisation und Abwicklung von Großprojekten, in: Solaro, D. u.a. (Hrsg.): Projekt-Controlling. Planungs-, Steuerungs- und Kontrollverfahren für Anlagen und Systemprojekte, Stuttgart 1979, S. 163-178

Busse von Colbe, W.: Vertriebskosten, in: Leffson, U., u.a. (Hrsg.): Handwörterbuch unbestimmter Rechtsbegriffe im Bilanzrecht des HGB, Köln 1986, S. 375-377

Busse von Colbe, W.: Die neuen Rechnungslegungsvorschriften aus betriebswirtschaftlicher Sicht, WPg, 40. Jg. (1987), S. 117-126

Busse von Colbe, W.: Langfristige Fertigung, Prüfung der Rechnungslegung, in: Coenenberg, A.G., Wysocki, K. von (Hrsg.): HWRev, 2. Aufl., Stuttgart 1992, Sp. 1197-1207

Chastney, J.G.: The role of the "true and fair" concept in 1975, Accountants' Weekly v. 4.7.1975, S. 14-15

Chastney, J.G.: True and fair view - history, meaning and the impact of the 4th Directive, Sheffield 1975

Cielsielski, A.: Unternehmensberichterstattung zur Fundierung von Anteilseignerentscheidungen, Wiesbaden 1977

Claussen, C.P.: Zum Stellenwert des § 264 Abs. 2 HGB, in: Havermann, H. (Hrsg.): Bilanz- und Konzernrecht, FS für Reinhard Goerdeler, Düsseldorf 1987, S. 79-92

Clemm, H.: Grundprobleme der Gewinn- und Verlustrealisation bei langfristiger Auftragsfertigung und langfristiger Vermietung, in: Ruppe, H.G. (Hrsg.): Gewinnrealisierung im Steuerrecht. Theorie und Praxis der Gewinnverwirklichung durch Umsatzakt und durch Steuerentstrickung sowie des Besteuerungsaufschubs, Köln 1981, S. 117-135

Clemm, H., Ellrott, H.: Kommentierung zu § 285, in: Budde, W.D. u.a. (Bearb.): Beck'scher Bilanz-Kommentar. Der Jahresabschluß nach Handels- und Steuerrecht. Das Dritte Buch des HGB, 2. Aufl., München 1990

Clemm, H., Ellrott, H.: Kommentierung zu § 289, in: Budde, W.D. u.a. (Bearb.): Beck'scher Bilanz-Kommentar. Der Jahresabschluß nach Handels- und Steuerrecht. Das Dritte Buch des HGB, 2. Aufl., München 1990

Clemm, H., Nonnenmacher, R.: Kommentierung zu § 247, in: Budde, W.D. u.a. (Bearb.): Beck'scher Bilanz-Kommentar. Der Jahresabschluß nach Handels- und Steuerrecht. Das Dritte Buch des HGB, 2. Aufl., München 1990

Clemm, H., Nonnenmacher, R.: Kommentierung zu § 249, in: Budde, W.D. u.a. (Bearb.): Beck'scher Bilanz-Kommentar. Der Jahresabschluß nach Handels- und Steuerrecht. Das Dritte Buch des HGB, 2. Aufl., München 1990

Coenenberg, A.G.: Jahresabschluß und Jahresabschlußanalyse: Betriebswirtschaftliche, handels- und steuerrechtliche Grundlagen, 13. Aufl., Landsberg am Lech 1992

Crezelius, G.: Das sogenannte schwebende Geschäft in Handels-, Gesellschafts- und Steuerrecht, in: Knobbe-Keuk, B. u.a. (Hrsg.): Handelsrecht und Steuerrecht, FS für Georg Döllerer, Düsseldorf 1988, S. 81-95

Csik, A., Dörner, D., in: Küting, K., Weber, C.-P.(Hrsg.): Handbuch der Rechnungslegung. Kommentar zur Bilanzierung und Prüfung, 3. Aufl., Stuttgart 1990, Kommentierung zu §§ 284-288

Cyert, R.M., March, J.G.: A Behavioral Theory of The Firm, Englewood Cliffs, New Jersey 1963

Deutsches Institut für Interne Revision e.V. - Arbeitskreis Revision der Produktion und Produktionshilfsbetriebe: Revision des Anlagenbaues, Berlin 1991

Diehl, H.: Probleme der Preisfindung im industriellen Anlagengeschäft, in: Engelhardt, W.H., Lassmann, G. (Hrsg.): Anlagen-Marketing, ZfbF-Sonderheft 7/77, Opladen 1977, S. 173-184

Dietrich, S.: Das Realisationsprinzip in Betriebswirtschaft und Recht und sein Einfluß auf die Liquidität der Unternehmung, Der österreichische Betriebswirt, 19. Jg. (1969), S. 100-111

Disselkamp, E.: Bestandteile der Herstellungskosten im Anlage- und Vorratsvermögen der Handels- und Steuerbilanzen von Aktiengesellschaften, Diss., Gießen 1974

Disselkamp, E.: Vorräte, in: Castan, E. u.a. (Hrsg.): Beck'sches Handbuch der Rechnungslegung, Kommentar, Loseblatt, München 1987, B 214

Döll, B.: Bilanzierung langfristiger Fertigung. Eine theoretische und empirische Untersuchung aktienrechtlicher Rechnungslegung, Frankfurt a.M, Bern, New York 1984

Döllerer, G.: Grundsätze ordnungsmäßiger Bilanzierung, deren Entstehung und Ermittlung, BB, 14. Jg. (1959), S. 1217-1221

Döllerer, G.: Rechnungslegung nach dem neuen Aktiengesetz und ihre Auswirkungen auf das Steuerrecht, BB, 20. Jg. (1965), S. 1405-1417

Döllerer, G.: Gläubigerschutz und Aktionärsschutz im neuen Aktienrecht - ein Scheingegensatz, BB, 21. Jg. (1966), S. 629-633

Döllerer, G.: Statische oder dynamische Bilanz?, BB, 23. Jg. (1968), S. 637-641

Döllerer, G.: Zur Bilanzierung des schwebenden Vertrages, BB, 29. Jg. (1974), S. 1541-1548

Döllerer, G.: Droht eine neue Aktivierungswelle?, BB, 35. Jg. (1980), S. 1333-1337

Döllerer, G.: Die Vierte EG-Richtlinie und das Steuerrecht, DStZ A, 69. Jg. (1981), S. 311-318

Döllerer, G.: Grundsätze ordnungswidriger Bilanzierung. Systematische Fehler in Bilanzen, BB, 37. Jg. (1982), S. 777-781

Döllerer, G.: Buchbesprechung zu Budde, W.D. u.a. (Bearb.): Beck'scher Bilanz-Kommentar, WPg, 39. Jg. (1986), S. 678-679

Drohsin, O.W.: Probleme und Gestaltungsmöglichkeiten der Gemeinkostenrechnung bei Einzelfertigung, Diss., Essen 1981

Drukarczyk, J.: Zur Interpretation des § 156 Abs. 4 Aktiengesetz, in: Baetge, J. u.a. (Hrsg.): Bilanzfragen, FS für Ulrich Leffson, Düsseldorf 1976, S. 119-136

Dziadkowski, D.: Bilanzhilfsposten (Bilanzierungshilfen) und Bewertungshilfen im künftigen Handelsbilanzrecht, BB, 37. Jg. (1982), S. 1337-1345

Egner, H.: Bilanzen. Ein Lehrbuch zur Bilanztheorie, München 1974

Endell, L.: Die Kontrolle finanzieller Risiken beim Anlagenexport, ZfbF, 36. Jg. (1984), S. 306-316

Engelhardt, W.H.: Grundlagen des Anlagen-Marketing, in: Engelhardt, W.H., Lassmann, G. (Hrsg.): Anlagen-Marketing, ZfbF-Sonderheft 7/77, Opladen 1977, S. 9-37

Engelhardt, W.H., Günter, B.: Investitionsgütermarketing, Stuttgart, Berlin, Köln, Mainz 1981

Engler, N.: Betriebswirtschaftliche Besonderheiten des Baugewerbes gegenüber dem stationären verarbeitenden Gewerbe. Eine vergleichende Untersuchung, BFuP, 26. Jg. (1974), S. 570-581

Esser, J.: Schuldrecht. Bd. I, Allgemeiner Teil, 3. Aufl., Karlsruhe 1968

Euler, R.: Grundsätze ordnungsmäßiger Gewinnrealisierung, Düsseldorf 1989

Federmann, R.: Bilanzierung nach Handelsrecht und Steuerrecht, 8. Aufl., Berlin 1990

Fehrenbach, J.: Bilanzansätze von fertigen und nicht fertigen Arbeiten im Baugewerbe, FR, 12. (39.) Jg. (1957), S. 412-413

Feuerbaum, E.: Steuerliche Erfahrungen im In- und Ausland beim Anlagengeschäft sowie bei Ingenieurleistungen, DB, 21. Jg. (1968), S. 1501-1506 u. S. 1548-1553

Feuerbaum, E.: Controlling in einem projektorientierten Unternehmen, in: Solaro, D., u.a. (Hrsg.): Projekt-Controlling. Planungs-, Steuerungs- und Kontrollverfahren für Anlagen und Systemprojekte, Stuttgart 1979, S. 1-47

Feuerbaum, E.: Maßnahmen zur Sicherung der internationalen steuerlichen Wettbewerbsfähigkeit der deutschen Außenwirtschaft - insbesondere des Großanlagenbaus, DB, 33. Jg. (1980), S. 1805-1812

Feuerbaum, E.: Internationale Besteuerung des Industrieanlagenbaus. Betriebsstättenbesteuerung, insbesondere zu Bauausführungen und Montagen, 2. Aufl., Herne, Berlin 1983

Fieten, R.: Financial Engineering - Komponente des industriellen Großanlagengeschäftes, in: Macharzina, K. (Hrsg.): Finanz- und bankwirtschaftliche Probleme bei internationaler Unternehmenstätigkeit, Stuttgart 1985, S. 163-194

Fikentscher, W.: Schuldrecht, 7. Aufl., Berlin/New York 1985

Fischer, D.: Die Abnahme beim Anlagengeschäft - Bedürfnisse und Gepflogenheiten der Praxis, DB, 37. Jg. (1984), S. 2125-2131

Fischer, R.: Die Bilanzwerte, was sie sind und was sie nicht sind, Leipzig 1908, Bd. I, Teil II

Flume, W.: Die Forschungs- und Entwicklungskosten in Handels- und Steuerbilanz, DB, 11. Jg. (1958), S. 1045-1054

Forrest, D.C., Lorenzoni, A.B.: Applied Cost Engineering, New York, Basel 1978

Förschle, G.: Bilanzierung sogenannter Sondereinzelkosten des Vertriebs aus handelsrechtlicher Sicht, in: Albach, H., Forster, K.-H. (Hrsg.): Beiträge zum Bilanzrichtliniengesetz. Das neue Recht in Theorie und Praxis, ZfB-Ergänzungsheft 1/87, 57. Jg. (1987), S. 95-117

Forster, K.-H.: Neue Pflichten des Abschlußprüfers nach dem Aktiengesetz von 1965, WPg, 18. Jg. (1965), S. 585-606

Forster, K.-H.: Anhang, Lagebericht, Prüfung und Publizität im Regierungsentwurf eines Bilanzrichtlinie-Gesetzes, DB, 35. Jg. (1982), S. 1577-1582

Forster, K.-H.: Bilanzpolitik und Bilanzrichtlinie-Gesetz - welche Freiräume bleiben noch?, BB, 38. Jg. (1983), S. 32-37

Forster, M.: Gewinnrealisierung bei langfristiger Fertigung, in: Castan, E. u.a. (Hrsg.): Beck'sches Handbuch der Rechnungslegung, Kommentar, Loseblatt, München 1987, B 700

Frank, D.: Zur Ableitung der aktivierungspflichtigen "Herstellungskosten" aus der kalkulatorischen Buchhaltung, BB, 22. Jg. (1967), S. 177-181

Freeman, R.J.: Revenue Recognition and Disclosure on Long-Term contracts, Management Accounting, January 1976, S. 42-44 u. S. 52

Freericks, W.: Bilanzierungsfähigkeit und Bilanzierungspflicht in Handels- und Steuerbilanz, Köln, Berlin, Bonn, München 1976

Freidank, C.-C.: Erfolgsrealisierung bei langfristigen Fertigungsprozessen, DB, 42. Jg. (1989), S. 1197-1204

Friederich, H.: Grundsätze ordnungsmäßiger Bilanzierung für schwebende Geschäfte, Düsseldorf 1975

Frotz, H.: Die durch § 149 Abs. 1 AktG gezogenen Grenzen von Bilanzstrategie und Bilanztaktik, DB, 29. Jg. (1976), S. 1343-1346

Früh, H.-J., Klar, M.: Joint-Ventures - Bilanzielle Behandlung und Berichterstattung, WPg, 46. Jg. (1993), S. 493-503

Fülling, F.: Grundsätze ordnungsmäßiger Bilanzierung für Vorräte, Düsseldorf 1976

Funk, J.: Risikobewertung und Bilanzierung von Projekten des Anlagenbaus, in: Solaro, D. u.a. (Hrsg.): Projekt-Controlling. Planungs-, Steuerungs- und Kontrollverfahren für Anlagen und Systemprojekte, Stuttgart 1979, S. 149-161

Funk, J.: Volkswirtschaftliche Bedeutung und betriebswirtschaftliche Besonderheiten des industriellen Anlagengeschäftes, in: Funk, J., Lassmann, G. (Hrsg.): Langfristiges Anlagengeschäft - Risiko-Management und Controlling, ZfbF-Sonderheft Nr. 20, Düsseldorf 1986, S. 9-19

Geisthardt, A.: Bedeutung der vierten EG-Richtlinie für den Aussagegehalt des aktienrechtlichen Jahresabschlusses, Thun, Frankfurt a.M. 1980

Gelhausen, H.F.: Das Realisationsprinzip im Handels- und Steuerbilanzrecht, Frankfurt a.M., Bern, New York 1985

Gérard, W.: Kommentierung zu § 34, in: Lademann, F., Söffing, G., Brockhoff, H.: Kommentar zum Einkommensteuergesetz, Stuttgart 1990

Gericke, H.: Der Auftragsbestand in Industrieunternehmen, Diss., Zürich 1969

Gerlt, H.: Die schwebenden Geschäfte im Bilanzsteuerrecht, Diss., Münster 1963

Gessler, E.: Der Bedeutungswandel der Rechnungslegung im Aktienrecht, in: Muthesius, V. (Hrsg.): 75 Jahre Deutsche Treuhand-Gesellschaft. 1890-1965, Frankfurt a.M. 1965, S. 129-166

Goerdeler, R.: "A True and Fair View - or Compliance with the Law and the Company Statutes", WPg, 26. Jg. (1973), S. 517-525

Gold, E.-A.: Wann entsteht ein Debitor in der Bilanz?, ZfhF, 26. Jg. (1932), S. 393-402

Götzen, G.: Die Behandlung von realisierten und unrealisierten Gewinnen und Verlusten in der Bilanz und die sich hierbei ergebende Problematik unter besonderer Berücksichtigung der Höhe und des Zeitpunktes des Ausweises, Frankfurt a.M. 1963

Graese, C.E., Demario, J.R.: Revenue Recognition for Long Term Contracts, JoA, Vol. 142, December 1976, S. 53-59

Greess, W.: Einzelprobleme des Jahresabschlusses durch die 4. EG-Richtlinie, in: Bierich, M., u.a. (Hrsg.): Rechnungslegung nach neuem Recht, ZfbF-Sonderheft 10, Wiesbaden 1980, S. 155-174

Groh, M.: Zur Bilanztheorie des BFH, StbJb 1979/80, S. 121-139

Grossfeld, B.: Generalnorm (ein den tatsächlichen Verhältnissen entsprechendes Bild der Vermögens-, Finanz- und Ertragslage), in: Leffson, U. u.a. (Hrsg.): Handwörterbuch unbestimmter Rechtsbegriffe im Bilanzrecht des HGB, Köln 1986, S. 192-204

Grossfeld, B., Junker, C.: Die Prüfung des Jahresabschlusses im Lichte der 4. EG-Richtlinie, in: Bierich, M. u.a. (Hrsg.): Rechnungslegung nach neuem Recht, ZfbF-Sonderheft 10, Wiesbaden 1980, S. 251-277

Günter, B.: Anbieterkoalitionen bei der Vermarktung von Anlagegütern - Organisationsformen und Entscheidungsprobleme, in: Engelhardt, W.H., Lassmann, G. (Hrsg.): Anlagen-Marketing, ZfbF-Sonderheft 7/77, Opladen 1977, S. 155-172

Haberstock, L.: Kostenrechnung I, Einführung mit Fragen, Aufgaben und Lösungen, 8. Aufl., Hamburg 1987

Haller, A.: Das International Accounting Standards Committee, DBW, 53. Jg. (1993), S. 699-703

Haller, A.: Die Rolle des International Accounting Standards Committee bei der weltweiten Harmonisierung der externen Rechnungslegung, DB, 46. Jg. (1993), S. 1297-1305

Hamel, W.: Erhöhung der Bilanzaussage durch Bilanzierung synallagmatischer Verträge?, StuW, 54. (7.) Jg. (1977), S. 223-229

Harrmann, A.: Zur Prüfung der schwebenden Geschäfte in der Jahresabschlußrechnung, ZIR, 16. Jg. (1981), S. 118-126

Haug, W.: Beitrag, in: Haug, W., Letters, W. (Bearb.): Möglichkeiten und Grenzen der Bilanzpolitik der Unternehmen in schwierigen Zeiten, JbFSt 1983/84, S. 311-375

Hauptverband der Deutschen Bauindustrie e.V. u. Zentralverband des Deutschen Baugewerbes e.V. (Hrsg.): Kosten- und Leistungsrechnung der Bauunternehmen - KLR Bau, 2. Aufl., Wiesbaden, Berlin 1979

Hautkappe, B.: Unternehmereinsatzformen im Industrieanlagenbau, Heidelberg 1986

Hay, P.H.: Allgemeine Kennzeichnung von Projekten des Anlagenbaus, in: Höffken, E., Schweitzer, M. (Hrsg.): Beiträge zur Betriebswirtschaft des Anlagenbaus, ZfbF-Sonderheft Nr. 28, Düsseldorf 1991, S. 4-16

Hay, P.H.: Planungs- und Kontrollrechnungen im Anlagenbau, in: Höffken, E., Schweitzer, M. (Hrsg.): Beiträge zur Betriebswirtschaft des Anlagenbaus, ZfbF-Sonderheft Nr. 28, Düsseldorf 1991, S. 113-172

Heibel, R.: Handelsrechtliche Bilanzierungsgrundsätze und Besteuerung. Eine Analyse der erfolgsteuerlichen Implikationen des Realsteuerprinzips und des Imparitätsprinzips, Köln 1981

Heiermann, W.: Auswirkungen des Gesetzes zur Regelung des Rechts der Allgemeinen Geschäftsbedingungen auf das Bauvertragswesen, DB, 30. Jg. (1977), S. 1733-1738

Helpenstein, F.: Wirtschaftliche und steuerliche Erfolgsbilanz, Berlin 1932

Herding, W., Schmalzl, M.: Vertragsgestaltung und Haftung im Bauwesen, 2. Aufl., München, Berlin 1967

Herdmann, G.: Marktstrategien im Anlagenbau in Japan, USA und der Bundesrepublik Deutschland, ZfbF, 34. Jg. (1982), S. 70-75

Hermann, C., Heuer, G., Raupach, A.: Einkommensteuer- und Körperschaftsteuergesetz mit Nebengesetzen. Kommentar. 19. Aufl., Köln 1982

Herrmann, E., Knischewski, G., in: Küting, K., Weber, C.-P. (Hrsg.): Handbuch der Rechnungslegung. Kommentar zur Bilanzierung und Prüfung, 3. Aufl., Stuttgart 1990, Kommentierung zu I, Art. 2

HFA (1974): Die Aktivierung von Fremdkapitalzinsen als Teil der Herstellungskosten, WPg, 27. Jg. (1974), S. 324-325

HFA (1993): Stellungnahme 1/1993: Zur Bilanzierung von Joint Ventures, WPg, 46. Jg. (1993), S. 441-444

Hilkert, O., Krause, W.: Controllingprobleme im langfristigen Anlagengeschäft, DB, 31. Jg. (1978), S. 1601-1605 u. S. 1653-1659

Höffken, E.: Das Anlagengeschäft im Jahresabschluß, in: Funk, J., Lassmann, G. (Hrsg.): Langfristiges Anlagengeschäft - Risiko-Management und Controlling, ZfbF-Sonderheft Nr. 20, Düsseldorf 1986, S. 101-122

Höffken, E.: Projekte des Anlagenbaus im Jahresabschluß, in: Höffken, E., Schweitzer, M. (Hrsg.): Beiträge zur Betriebswirtschaft des Anlagenbaus, ZfbF-Sonderheft Nr. 28, Düsseldorf 1991, S. 173-181

Hoffmann, W.-D.: Anmerkungen über den Grundsatz der Wesentlichkeit im Anhang, BB, 41. Jg. (1986), S. 1050-1057

Hopfenbeck, W.: Planung und Errichtung von kompletten Industrieanlagen - dargestellt am Phasenablauf eines schlüsselfertigen Großprojektes, Diss., München 1974

Hottmann, J.: Forschungs- und Entwicklungskosten in der Handels- und Steuerbilanz, StBp, 22. Jg. (1982), S. 286-295

Huppertz, W.: Zur Behandlung der schwebenden Geschäfte im Rechnungswesen der Unternehmen und bei der externen Abschlußprüfung, ZGR, 7. Jg. (1978), S. 98-118

Husemann, K.-H.: Grundsätze ordnungsmäßiger Bilanzierung für Anlagegegenstände, Düsseldorf 1970

IASC: Vorschlag des IASC für eine Stellungnahme zur Bilanzierung von Forschungs- und Entwicklungskosten (= ED 9), WPg, 30. Jg. (1977), S. 330-332

IASC: Zur Bilanzierung bei Fertigungsaufträgen (construction contracts), IAS 11, WPg, 32. Jg. (1979), S. 446-450

IASC: E 32: Comparability of Financial Statements, WPg, 42. Jg. (1989), S. 313-315

IASC: E 41: Revenue Recognition, FN-IDW, Nr. 6/1992, S. 195-201

IASC: E 42: Construction Contracts, WPg, 45. Jg. (1992), S. 398-402

IASC: IASC-Board Sitzung vom 2. bis 5.11.1993, FN-IDW, Nr. 12/1993, S. 519

IDW: Stellungnahme des Instituts der Wirtschaftsprüfer in Deutschland e.V. "Zur Transformation der 4. EG-Richtlinie ins Nationale Recht", WPg, 32. Jg. (1979), S. 169-185

Ingenstau, H., Korbion, H.: VOB, Teile A und B, Kommentar, 10. Aufl., Düsseldorf 1984

Jacobs, O.H.: Das Bilanzierungsproblem in der Ertragsteuerbilanz, Stuttgart 1971

Jonas, H.H.: Die EG-Bilanzrichtlinie. Grundlagen und Anwendung in der Praxis, Freiburg im Breisgau 1980

Joussen, P.: Der Industrieanlagenvertrag, Heidelberg 1981

Jung, A.: Erfolgsrealisation im industriellen Anlagengeschäft. Ein Ansatz zur Operationalisierung einer zusätzlichen Angabepflicht, Frankfurt a.M., Bern, New York, Paris 1990

Kaatz, P.: Zur Gewinnverwirklichung bei schwebenden Geschäften, FR, 12. (39.) Jg. (1957), S. 479-482

Kammann, E.: Bilanzansatzwahlrechte in der einkommensteuerlichen Gewinnermittlung nach § 5 EStG, StuW, 55. (8.) Jg. (1978), S. 108-125

Karrenbauer, M., in: Küting, K., Weber, C.-P. (Hrsg.): Handbuch der Rechnungslegung. Kommentar zur Bilanzierung und Prüfung, 3. Aufl., Stuttgart 1990, Kommentierung zu § 253

Kirchgässer, W.: Die rechtliche und wirtschaftliche Bedeutung des Anlagenvertrages, ZfbF, 33. Jg. (1981), S. 936-945

Klebba, W.: Die Bilanzfähigkeit von Geschäftsvorfällen, DB, 14. Jg. (1961), S. 1037-1039

Kley, A.: Beurteilung von Zinsrisiken der Absatzfinanzierung, in: Funk, J., Lassmann, G. (Hrsg.): Langfristiges Anlagengeschäft - Risiko-Management und Controlling, ZfbF-Sonderheft Nr. 20, Düsseldorf 1986, S. 61-79

Knapp, L.: Was darf der Kaufmann als seine Vermögensgegenstände bilanzieren?, DB, 24. Jg. (1971), S. 1121-1129

Knobbe-Keuk, B.: Bilanz- und Unternehmenssteuerrecht, 9. Aufl., Köln 1993

Knop, W., in: Küting, K., Weber, C.-P. (Hrsg.): Handbuch der Rechnungslegung. Kommentar zur Bilanzierung und Prüfung, 3. Aufl., Stuttgart 1990, Kommentierung zu § 266

Knop, W., in: Küting, K., Weber, C.-P. (Hrsg.): Handbuch der Rechnungslegung. Kommentar zur Bilanzierung und Prüfung, 3. Aufl., Stuttgart 1990, Kommentierung zu § 268

Knop, W., Küting, K., in: Küting, K., Weber, C.-P. (Hrsg.): Handbuch der Rechnungslegung. Kommentar zur Bilanzierung und Prüfung, 3. Aufl., Stuttgart 1990, Kommentierung zu § 255

Knop, W., Küting, K., Weber, C.-P.: Die Bestimmung der Wertuntergrenze der Herstellungskosten nach dem Entwurf eines Bilanzrichtlinien-Gesetzes, DB, 38. Jg. (1985), S. 2517-2523

Kohler, M.: Mehrjährig schwebende Geschäfte des Industrieanlagenbaus. Bilanzielle Behandlung in Deutschland, Frankreich, Großbritannien, Japan und den USA unter besonderer Berücksichtigung steuerlicher Auswirkungen, Frankfurt a.M., Bern, New York, Paris 1989

Kommission Rechnungswesen im Verband der Hochschullehrer für Betriebswirtschaft e.V.: Reformvorschläge zur handelsrechtlichen Rechnungslegung, DBW, 39. Jg. (1979), S. 3-70

Kommission Rechnungswesen im Verband der Hochschullehrer für Betriebswirtschaft e.V.: Stellungnahme zum Regierungsentwurf eines Bilanzrichtlinie-Gesetzes, DBW, 43. Jg. (1983), S. 5-14

König, N.: Ausgeprägte Multinationalität im Anlagenbau, Die Bank, o. Jg. (1982), Heft 4, S. 165-171

Kottke, K.: Vorfinanzierung der Einkommensteuer durch unrichtige Bewertung von Forderungen?, BB, 8. Jg. (1953), S. 762-763

Kottke, K.: Vorfinanzierung der Einkommensteuer durch jahrzehntelange unrichtige Bewertung von Forderungen, BB, 42. Jg. (1987), S. 1577-1581

Kraus, R.: Vorkalkulation bei langfristiger Einzelfertigung, Frankfurt a.M., Bern, New York 1986

Krause, W., Schmidt, B.: Aktienrechtliche und ertragsteuerliche Erzeugnis-Bewertung bei langfristiger Fertigung, DB, 25. Jg. (1972), S. 689-692

Krieger, A.: Der Grundsatz der Maßgeblichkeit der Handelsbilanz für die steuerrechtliche Gewinnermittlung, in: Knobbe-Keuk, B. u.a. (Hrsg.): Handelsrecht und Steuerrecht, FS für Georg Döllerer, Düsseldorf 1988, S. 327-347

Kropff, B.: Bilanzwahrheit und Ermessensspielraum in den Rechnungslegungsvorschriften des Aktiengesetzes 1965, WPg, 19. Jg. (1966), S. 369-380

Kruse, H.W.: Bilanzierungswahlrechte in der Steuerbilanz, StbJb 1976/77, S. 113-130

Kücken, N.: Notwendigkeit und Möglichkeiten einer Bilanzierungshilfe durch Erzeugnisbewertung bei langfristiger Fertigung, DB, 27. Jg. (1974), S. 1969-1976

Küffner, P.: Der Anhang zum Jahresabschluß - Informationspflichten nach §§ 284 ff. HGB, München 1988

Kühn, R.: Nochmals: Bewertung der halbfertigen Arbeiten auf fremdem Grund und Boden in der Ertragsteuerbilanz und bei der Einheitsbewertung des Betriebsvermögens, StBp, 9. Jg. (1969), S. 250-251

Küpper, H.-U.: Kosten, in: Lück, W. (Hrsg.): Lexikon der Betriebswirtschaft, 3. Aufl., Landsberg am Lech 1989, S. 627

Kussmaul, H.: Ertragsteuerliche Bedeutung des Begriffs "Wirtschaftsgut", in: John, G. (Hrsg.): Besteuerung und Unternehmenspolitik, FS für Günter Wöhe, München 1989, S. 253-276

Kussmaul, H., in: Küting, K., Weber, C.-P. (Hrsg.): Handbuch der Rechnungslegung. Kommentar zur Bilanzierung und Prüfung, 3. Aufl., Stuttgart 1990, Kommentierung zu II, Art. 4

Kussmaul, H., in: Küting, K., Weber, C.-P. (Hrsg.): Handbuch der Rechnungslegung. Kommentar zur Bilanzierung und Prüfung, 3. Aufl., Stuttgart 1990, Kommentierung zu § 246

Küting, K.: US-amerikanische und deutsche Bilanzierung im Vergleich - unter besonderer Berücksichtigung der Konzernrechnungslegung und des Daimler-Benz-Listing in New York, BFuP, 45. Jg. (1993), S. 357-379

Küting, K., Haeger, B.: Die Bedeutung des Maßgeblichkeitsprinzips für die Ermittlung der steuerbilanziellen Herstellungskosten - Eine kritische Betrachtung vor dem Hintergrund des Entwurfs eines Steuerreformgesetzes 1990, DStR, 26. Jg. (1988), S. 159-166

Larenz, K.: Lehrbuch des Schuldrechts, 1. Bd.: Allgemeiner Teil, 9. Aufl., München 1968

Larenz, K.: Methodenlehre der Rechtswissenschaft, 6. Aufl., Berlin, Heidelberg, New York 1991

Laule, G.: Der Gleichheitssatz (Art. 3 Abs. 1 GG) in der Rechtsprechung der Steuergerichte, Düsseldorf 1961

Lee, G.A.: Modern Financial Accounting, 2nd ed., London 1975

Leffson, U.: Zur Generalnorm und zum Bestätigungsvermerk des Vorentwurfs eines Bilanzrichtliniengesetzes sowie Anmerkungen zu weiteren Vorschriften, WPg, 33. Jg. (1980), S. 289-293

Leffson, U.: Bedeutung und Ermittlung der Grundsätze ordnungsmäßiger Buchführung, in: Wysocki, K. von, Schulze-Osterloh, J. (Hrsg.): Handbuch des Jahresabschlusses in Einzeldarstellungen, Kommentar, Köln 1984, Abt. I/2

Leffson, U.: Transnationale Einflüsse auf das deutsche Bilanzrecht, in: Gross, G. (Hrsg.): Der Wirtschaftsprüfer im Schnittpunkt nationaler und internationaler Entwicklungen, FS für Klaus von Wysocki, Düsseldorf 1985, S. 1-16

Leffson, U.: Bild der tatsächlichen Verhältnisse, in: Leffson, U. u.a. (Hrsg.): Handwörterbuch unbestimmter Rechtsbegriffe im Bilanzrecht des HGB, Köln 1986, S. 94-105

Leffson, U.: Wesentlich, in: Leffson, U. u.a. (Hrsg.): Handwörterbuch unbestimmter Rechtsbegriffe im Bilanzrecht des HGB, Köln 1986, S. 434-447

Leffson, U.: Unfertige Leistungen, in: Leffson, U. u.a. (Hrsg.): Handwörterbuch unbestimmter Rechtsbegriffe im Bilanzrecht des HGB, Köln 1986, S. 315-318

Leffson, U.: Die beiden Generalnormen, in: Havermann, H. (Hrsg.): Bilanz- und Konzernrecht, FS für Reinhard Goerdeler, Düsseldorf 1987, S. 315-325

Leffson, U.: Die Grundsätze ordnungsmäßiger Buchführung, 7. Aufl., Düsseldorf 1987

Lemm, W.: Forderungsbilanzierung bei alternativer Auslegung des Realisationsprinzips unter Berücksichtigung der steuerlichen Gewinnermittlung, Frankfurt a.M., Bern 1981

Lindeiner-Wildau, K. von: Risiken und Risikomanagement im Anlagenbau, in: Funk, J., Lassmann, G. (Hrsg.): Langfristiges Anlagengeschäft - Risiko-Management und Controlling, ZfbF-Sonderheft Nr. 20, Düsseldorf 1986, S. 21-37

Lindeiner-Wildau, K. von: Risiken, Risikomanagement und Risikopolitik bei Projekten des Anlagenbaus, in: Höffken, E., Schweitzer, M. (Hrsg.): Beiträge zur Betriebswirtschaft des Anlagenbaus, ZfbF-Sonderheft Nr. 28, Düsseldorf 1991, S. 17-40

Lion, M.: Der Einkommensbegriff nach dem Bilanzsteuerrecht und die Schanzsche Einkommenstheorie, in: Teschemacher, H. (Hrsg.): Beiträge zur Finanzwissenschaft, Festgabe für Georg von Schanz, Tübingen 1928, Bd. II, S. 273-300

Littmann, E.: Der schwebende Vertrag in der Steuerbilanz des Kaufmanns, DStZ A, 51. Jg. (1963), S. 177-182

Lohmeyer, H.: Zur Bilanzierung schwebender Geschäfte, DStR, 13. Jg. (1975), S. 651-658

Lück, W., in: Küting, K., Weber, C.-P. (Hrsg.): Handbuch der Rechnungslegung. Kommentar zur Bilanzierung und Prüfung, 3. Aufl., Stuttgart 1990, Kommentierung zu § 289

Lüders, J.: Der Zeitpunkt der Gewinnrealisierung im Handels- und Steuerbilanzrecht, Köln 1987

Ludewig, R.: Die Einflüsse des "true and fair view" auf die zukünftige Rechnungslegung, AG, 32. Jg. (1987), S. 12-15

Luik, H.: Einblick in die tatsächlichen Verhältnisse, in: 50 Jahre Wirtschaftsprüferberuf. Bericht über die Jubiläumsfachtagung vom 21. bis 23. Oktober 1981 in Berlin, Düsseldorf 1981, S. 53-59

Luik, H.: Grundprobleme des Realisationszeitpunktes, dargestellt an den Fällen der Lieferung mit Rückgaberecht, des Umtauschgeschäfts und der Liquidation, in: Ruppe, H.G. (Hrsg.): Gewinnrealisierung im Steuerrecht. Theorie und Praxis der Gewinnverwirklichung durch Umsatzakt und durch Steuerentstrickung sowie des Besteuerungsaufschubs, Köln 1981, S. 97-115

Luik, H.: Harmonisierung der Rechnungslegung - Möglichkeiten und Grenzen ihrer Verwirklichung, BB, 38. Jg. (1983), S. 163-169

Maassen, K.: Die Aufrechnung von Verlust- und Gewinnchancen bei schwebenden Geschäften, StBp, 5. Jg. (1965), S. 85-89

Maassen, K.: Der Teilwert im Steuerrecht, Köln 1968

Maassen, K.: Gilt der Maßgeblichkeitsgrundsatz (§ 5 EStG) nicht für die Bilanzierungswahlrechte ?, DB, 23. Jg. (1970), S. 1285-1290

Männel, W.: Kalkulationsverfahren Zuschlagskalkulation, krp, Jg. 1986, S. 149-155

Martin, H.G.: Die Bilanzierung von Forderungen und Schulden in der Handels- und Steuerbilanz, Diss., Frankfurt a.M. 1958

Mathiak, W.: Rechtsprechung zum Bilanzsteuerrecht, StuW, 63. (16.) Jg. (1986), S. 170-179

Mathiak, W.: Maßgeblichkeit der tatsächlichen Handelsbilanzansätze für die Steuerbilanz und umgekehrte Maßgeblichkeit, StbJb 1986/87, S. 79-107

Mathiak, W.: Rechtsprechung zum Bilanzsteuerrecht, StuW, 64. (17.) Jg. (1987), S. 51-59

Matzner, B.: Die Bilanzierung von noch nicht abgerechneten Leistungen bei Mehrperiodenfertigung, Diss., Wien 1985

Mayer-Wegelin, E., in: Küting, K., Weber, C.-P. (Hrsg.): Handbuch der Rechnungslegung. Kommentar zur Bilanzierung und Prüfung, 3. Aufl., Stuttgart 1990, Kommentierung zu § 249

Meierkord, E.: Bewertung "halbfertiger Bauten" in der Ertragsteuerbilanz und in der Vermögensaufstellung der Baubetriebe, BB, 20. Jg. (1965), S. 1022-1025

Meigs, W.B. u.a.: Intermediate Accounting, 4th ed., New York 1978

Mellerowicz, K.: Kosten und Kostenrechnung, Bd. II/2, 5. Aufl., Berlin, New York 1980

Merkert, H., Koths, D.: Verfassungsrechtlich gebotene Entkoppelung von Handels- und Steuerbilanz. Zugleich eine Besprechung des BFH-Urteils vom 24.4.1985, BB, 40. Jg. (1985), S. 1765-1768

Mirre, L.: Gemeiner Wert und Ertragswert, Zeitschrift des deutschen Notarvereins 1913, S. 155-176

Mittelbach, R.: Der Zeitpunkt der Gewinnverwirklichung im Baugewerbe, DStZ A, 45. Jg. (1957), S. 375-377

Mittelbach, R.: Bewertung verkaufter Wirtschaftsgüter, DStZ A, 54. Jg. (1966), S. 265-268

Möckelmann, K.: Kalkulation und Preisbildung bei langfristiger Fertigung - insbesondere im Schiffbau, Berlin 1970

Moxter, A.: Integration der "Grundzüge der Unternehmensbesteuerung" in den Pflichtfächerkatalog?, ZfB, 46. Jg. (1976), S. 289-292

Moxter, A.: Die Jahresabschlußaufgaben nach der EG-Bilanzrichtlinie. Zur Auslegung von Art. 2 Bilanzrichtlinie, AG, 24. Jg. (1979), S. 141-146

Moxter, A.: Die handelsrechtlichen Grundsätze ordnungsmäßiger Buchführung und das neue Bilanzrecht, ZGR, 9. Jg. (1980), S. 254-276

Moxter, A.: Wirtschaftliche Gewinnermittlung und Bilanzsteuerrecht, StuW, 60. (13.) Jg. (1983), S. 300-307

Moxter, A.: Grundsätze ordnungsmäßiger Unternehmensbewertung, 2. Aufl., Wiesbaden 1983

Moxter, A.: Das Realisationsprinzip - 1884 und heute, BB, 39. Jg. (1984), S. 1780-1786

Moxter, A.: Das System der handelsrechtlichen Grundsätze ordnungsmäßiger Bilanzierung, in: Gross, G. (Hrsg.): Der Wirtschaftsprüfer im Schnittpunkt nationaler und internationaler Entwicklungen, FS für Klaus von Wysocki, Düsseldorf 1985, S. 17-28

Moxter, A.: Zum neuen Bilanzrechtsentwurf, BB, 40. Jg. (1985), S. 1101-1103

Moxter, A.: Bilanzrechtsprechung, 2. Aufl., Tübingen 1985

Moxter, A.: Bilanzlehre. Bd. II: Einführung in das neue Bilanzrecht, 3. Aufl., Wiesbaden 1986

Moxter, A.: Immaterielle Vermögensgegenstände des Anlagevermögens, in: Leffson, U. u.a. (Hrsg.): Handwörterbuch unbestimmter Rechtsbegriffe im Bilanzrecht des HGB, Köln 1986, S. 246-250

Moxter, A.: Ulrich Leffson und die Bilanzrechtsprechung, WPg, 39. Jg. (1986), S. 173-177

Moxter, A.: Selbständige Bewertbarkeit als Aktivierungsvoraussetzung, BB, 42. Jg. (1987), S. 1846-1851

Moxter, A.: Zum Sinn und Zweck des handelsrechtlichen Jahresabschlusses nach neuem Recht, in: Havermann, H. (Hrsg.): Bilanz- und Konzernrecht, FS für Reinhard Goerdeler, Düsseldorf 1987, S. 361-374

Moxter, A.: Periodengerechte Gewinnermittlung und Bilanz im Rechtssinne, in: Knobbe-Keuk, B. u.a. (Hrsg.): Handelsrecht und Steuerrecht, FS für Georg Döllerer, Düsseldorf 1988, S. 447-458

Müller, E.: Praktische Bilanzierungsprobleme im Vergleich USA/Deutschland, ZfbF, 34. Jg. (1982), S. 249-257

Müller, H.: Langfristige Geschäfte im aktienrechtlichen Jahresabschluß - ihr derzeitiger und möglicher Ausweis unter besonderer Berücksichtigung der Bestimmung und Prüfung des Wertansatzes - (auch ein Vorschlag zur Anpassung nationalen Gesellschaftsrechts an die 4. EG-Richtlinie), Diss., Saarbrücken 1983

Müller, J.: Das Stetigkeitsprinzip im neuen Bilanzrecht, BB, 42. Jg. (1987), S. 1629-1637

Müller, W.: Zur Rangordnung der in § 252 Abs. 1 Nr. 1 bis 6 HGB kodifizierten allgemeinen Bewertungsgrundsätze, in: Havermann, H. (Hrsg.): Bilanz- und Konzernrecht, FS für Reinhard Goerdeler, Düsseldorf 1987, S. 397-410

Müller, W.: Die Grundsätze ordnungsmäßiger Bilanzierung und ihre Kodifizierung nach neuem Recht, in: Mellwig, W. u.a. (Hrsg.): Einzelabschluß und Konzernabschluß. Beiträge zum neuen Bilanzrecht, Bd. 1, Wiesbaden 1988, S. 3-26

Mutze, O.: Aktivierungsfähigkeit und Aktivierungspflicht, NB, 12. Jg. (1959), S. 5-10

Mutze, O.: Die Wandlung der Grundsätze ordnungsmäßiger Buchführung durch die Weiterentwicklung des Buchführungs- und Bilanzwesens, BB, 24. Jg. (1969), S. 56-63

Mutze, O.: Gewinnverwirklichung und Berücksichtigung von Risiken bei langfristigen Rücklagen - Bewertungs- und Bilanzierungsfragen, AG, 14. Jg. (1969), S. 275-281

Nahlik, W.: Bilanzpolitische Bedeutung der Herstellungskosten, Die Bank, o. Jg. (1988), S. 84-91

Nickolay, H.O.: Die Bilanzierung von unfertigen Bauten auf fremdem Grund und Boden in der Ertragsteuerbilanz der Bauunternehmung, DStR, 14. Jg. (1976), S. 271-282

Niehus, R.J.: "True and Fair View" - in Zukunft auch ein Bestandteil der deutschen Rechnungslegung?, DB, 32. Jg. (1979), S. 221-225

Niehus, R.J.: Die Gliederung der Ergebnisrechnung nach der 4. EG-Richtlinie bzw. nach dem Entwurf eines Bilanzrichtlinie-Gesetzes - In Zukunft nur als Gesamtkostenverfahren?, DB, 35. Jg. (1982), S. 657-663

Niehus, R.J.: Entwicklungstendenzen in der Rechnungslegung, WPg, 39. Jg. (1986), S. 117-123

Noack, H.: Wirtschaftsgut oder wertsteigernder Faktor im steuerlichen Bewertungsrecht, Düsseldorf 1961

Nordmeyer, A.: Herstellungskosten, in: Busse von Colbe, W., Reinhard, H. (Hrsg.): Erste Erfahrungen mit den neuen Rechnungslegungsvorschriften. Stellungnahmen auf dem Deutschen Betriebswirtschaftertag 1988, Stuttgart 1990, S. 29-33

Ogiermann, L.: Die Bilanzierung unfertiger Aufträge im Bauunternehmen, Köln-Braunsfeld 1981

Ordelheide, D.: Zum Verbot der Aktivierung von Vertriebskosten in den Herstellungskosten gem. § 255 Abs. 2 Satz 6 HGB, in: Moxter, A. u.a. (Hrsg.): Rechnungslegung. Entwicklungen bei der Bilanzierung und Prüfung von Kapitalgesellschaften, FS für Karl-Heinz Forster, Düsseldorf 1992, S. 507-517

Paal, E.: Realisierung sog. Teilgewinne aus langfristigen auftragsbezogenen Leistungen im Jahresabschluß der AG, Düsseldorf 1977

Palandt, O.: Bürgerliches Gesetzbuch, 50. Aufl., München 1991

Pankow, M., Schmidt-Wendt, D.: Kommentierung zu § 255, in: Budde, W.D. u.a. (Bearb.): Beck'scher Bilanz-Kommentar. Der Jahresabschluß nach Handels- und Steuerrecht. Das Dritte Buch des HGB, 2. Aufl., München 1990

Passow, R.: Die Bilanzen der privaten und öffentlichen Unternehmungen, Bd. I, 2. Aufl., Leipzig, Berlin 1918

Pfarr, K.: Die Bauunternehmung, Wiesbaden, Berlin 1967

Pietschmann, L.: Gewinnrealisierung und Veräußerung, insbesondere der Zeitpunkt der Gewinnrealisierung, DStR, 18. Jg. (1980), S. 645-648

Plewka, H.: Kommentierung zu § 5, in: Lademann, F., Söffing, G., Brockhoff, H.: Kommentar zum Einkommensteuergesetz, Stuttgart 1990

Pohmer, D.: Die betriebswirtschaftliche Problematik der Gewinnrealisation und der Periodenabgrenzung unter dem Gesichtspunkt der Erfolgsbesteuerung, WPg, 10. Jg. (1957), S. 461-466, S. 498-501, S. 523-529 u. S. 551-553

Probst, H.: Mehr angloamerikanische Rechnungslegung in der EG durch geänderte Verfahren?, BFuP, 44. Jg. (1992), S. 426-440

Puhl, E.: Änderung der Einkommensbesteuerung außerordentlicher Einkünfte im Rahmen der Steuerreform 1990, DB, 41. Jg. (1988), S. 1917-1922

Rachui, C.: Percentage of Completion Accounting, Management Accounting, December 1974, S. 41-44

Rahlfs, J.: Ausweis "nichtabgerechneter Bauarbeiten" bei Bau-Aktiengesellschaften, DB, 22. Jg. (1969), S. 2144

Reichow, H.J.: Devisentermingeschäfte - ihre Erfassung und Bewertung bei Banken, DB, 30. Jg. (1977), S. 685-689 u. S. 737-741

Reinhard, H., in: Küting, K., Weber, C.-P. (Hrsg.): Handbuch der Rechnungslegung. Kommentar zur Bilanzierung und Prüfung, 3. Aufl., Stuttgart 1990, Kommentierung zu § 247

Richter, H.: Die Generalklausel des § 264 Abs. 2 HGB und die Forderung des true and fair view, BB, 43. Jg. (1988), S. 2212-2219

Richter, M.: Stichwort "langfristige Fertigung", in Lück, W. (Hrsg.): Lexikon der Rechnungslegung und Abschlußprüfung, 2. Aufl., Marburg 1989, S. 487-488

Riebel, P.: Typen der Markt- und Kundenproduktion in produktions- und absatzwirtschaftlicher Sicht, ZfbF, 16. Jg. (1965), S. 663-685

Roer, H.: Bilanzierung und Vermögensbewertung bei schwebenden Geschäften (Verträgen), DB, 25. Jg. (1972), S. 345-355

Rosenau, H.: Schwebende Geschäfte der Unternehmer im Steuerrecht, BB, 27. Jg. (1972), S. 167-172

Ruchti, H.: Erfolgsermittlung und Bewegungsbilanz, ZfhF, 7. Jg. (1955), S. 499-520

Russ, W.: Der Anhang als dritter Teil des Jahresabschlusses. Eine Analyse der bisherigen und der zukünftigen Erläuterungsvorschriften für die Aktiengesellschaft, 2. Aufl., Bergisch Gladbach, Köln 1986

Saage, G.: Veränderte Grundlagen der Gewinnermittlung nach Handels- und Steuerrecht, DB, 22. Jg. (1969), S. 1661-1667 u. S. 1709-1714

Saage, G.: Die Haftung des Aufsichtsrats für wirtschaftliche Fehlentscheidungen des Vorstandes nach dem Aktiengesetz, DB, 26. Jg. (1973), S. 115-121

Sarx, M.: Kommentierung zu § 253, in: Budde, W.D. u.a. (Hrsg.): Beck'scher Bilanz-Kommentar. Der Jahresabschluß nach Handels- und Steuerrecht. Das Dritte Buch des HGB, 2. Aufl., München 1990

Sarx, M.: Kommentierung zu § 255, in: Budde, W.D. u.a. (Hrsg.): Beck'scher Bilanz-Kommentar. Der Jahresabschluß nach Handels- und Steuerrecht. Das Dritte Buch des HGB, 2. Aufl., München 1990

Sarx, M., Pankow, M.: Kommentierung zu § 247, in: Budde, W.D. u.a. (Hrsg.): Beck'scher Bilanz-Kommentar. Der Jahresabschluß nach Handels- und Steuerrecht. Das Dritte Buch des HGB, 2. Aufl., München 1990

Sarx, M., Pankow, M.: Kommentierung zu § 266, in: Budde, W.D. u.a. (Hrsg.): Beck'scher Bilanz-Kommentar. Der Jahresabschluß nach Handels- und Steuerrecht. Das Dritte Buch des HGB, 2. Aufl., München 1990

Sauer, K.P.: Konsequenzen aus der umgekehrten Maßgeblichkeit nach § 6 Abs. 3 EStG für die Bilanzierungspraxis, DB, 40. Jg. (1987), S. 2369-2374

Schäfer, W.: Grundsätze ordnungsmäßiger Bilanzierung für Forderungen, Düsseldorf 1986

Schildbach, T.: Analyse des betrieblichen Rechnungswesens aus der Sicht der Unternehmensbeteiligten, Wiesbaden 1975

Schildbach, T.: Zum Verhältnis von Paragraph 149 Abs. 1 Satz 2 Aktiengesetz zu den Paragraphen 153 bis 156 Aktiengesetz, WPg, 31. Jg. (1978), S. 617-624

Schildbach, T.: Die Auswirkungen der Generalklausel des Artikel 2 der 4. EG-Richtlinie auf die Rechnungslegung der Aktiengesellschaften - Eine Analyse vor dem Hintergrund der Einzelvorschriften der 4. EG-Richtlinie, WPg, 32. Jg. (1979), S. 277-286

Schildbach, T.: Die neue Generalklausel für den Jahresabschluß von Kapitalgesellschaften - zur Interpretation des Paragraphen 264 Abs. 2 HGB, BFuP, 39. Jg. (1987), S. 1-15

Schill, J.: Internationale Wettbewerbsfähigkeit des deutschen Anlagenbaus: Ein Problem verzerrter Exportfinanzierungsstrukturen, DBW, 51. Jg. (1991), S. 7-19

Schindele, W.: Bilanzierung verlustbringender Artikel, BB, 18. Jg. (1963), S. 947-951

Schindlbeck, K.: Bilanzierung und Prüfung bei langfristiger Fertigung, Frankfurt a.M., Bern, New York, Paris 1988

Schindler, J.: Die Probleme bei langfristiger Fertigung nach derzeitigem und zukünftigem Handelsrecht, BB, 39. Jg. (1984), S. 574-577

Schlemmermeyer, H.: Die Bewertung halbfertiger Bauten auf fremdem Grund und Boden in der Steuerbilanz und in der Vermögensaufstellung, StBp, 6. Jg. (1966), S. 278-280

Schmalenbach, E.: Grundsätze ordnungsmäßiger Bilanzierung, ZfhF, 27. Jg. (1933), S. 225-233

Schmalenbach, E.: Dynamische Bilanz, 13. Aufl., bearbeitet von Bauer, R., Köln, Opladen 1962

Schmick, H.: Die finanzwirtschaftliche Aussagefähigkeit des veröffentlichten Jahresabschlusses industrieller Unternehmungen, Diss., Köln 1966

Schmidt, L.: EStG, Kommentar, 11. Aufl., München 1992

Schmidt, R.B.: Die Instrumentalfunktion der Unternehmung - Methodische Perspektiven zur betriebswirtschaftlichen Forschung, ZfbF, 19. Jg. (1967), S. 233-245

Schmidt, W., Meyer, V.: Bilanzausweis der Leistungen bei langfristiger Fertigung, DB, 28. Jg. (1975), S. 68-71 u. S. 118-120

Schmiedeknecht, H.: Beitrag im Interview v. Fischer, M., Hennes, M., in: WirtschaftsWoche Nr. 12, 46. Jg. (1992), S. 208

Schmitz, T.: Maßgeblichkeitsprinzip und Steuervergünstigungen, DB, 39. Jg. (1986), S. 14-16

Schneider, D.: Bilanzgewinn und ökonomische Theorie, ZfhF, 15. Jg. (1963), S. 457-474

Schneider, D.: Sieben Thesen zum Verhältnis von Handels- und Steuerbilanz, DB, 23. Jg. (1970), S. 1697-1705

Schneider, D.: Eine Reform der steuerlichen Gewinnermittlung? - Anmerkungen zum Teil "Gewinnermittlung" des Gutachtens der Steuerreformkommission 1971, StuW, 48. (1.) Jg. (1971), S. 326-341

Schneider, D.: Gewinnermittlung und steuerliche Gerechtigkeit, ZfbF, 23. Jg. (1971), S. 352-394

Schneider, D.: Aktienrechtlicher Gewinn und ausschüttungsfähiger Betrag, WPg, 24. Jg. (1971), S. 607-617

Schneider, D.: Realisationsprinzip und Einkommensbegriff, in: Baetge, J. u.a. (Hrsg.): Bilanzfragen, FS für Ulrich Leffson, Düsseldorf 1976, S. 101-118

Schneider, D.: Steuerbilanzen - Rechnungslegung als Messung steuerlicher Leistungsfähigkeit, Wiesbaden 1978

Schneider, D.: Betriebswirtschaftliche Gewinnermittlung oder ökonomische Analyse des Bilanzrechts?, ZfbF, 35. Jg. (1983), S. 1040-1065

Schneider, D.: Rechtsfindung durch Deduktion von Grundsätzen ordnungsmäßiger Buchführung aus gesetzlichen Jahresabschlußzwecken, StuW, 60. (13.) Jg. (1983), S. 141-160

Schnitzler, H.: Teilwert und gemeiner Wert im Einkommensteuergesetz und Reichsbewertungsgesetz, Diss., Münster 1936

Scholtissek, W.: True and fair view im Vereinigten Königreich und in der Bundesrepublik Deutschland, RIW, 32. Jg. (1986), S. 966-970

Schönnenbeck, H.: Bilanzierungsfragen schwebender Geschäfte, DB, 13. Jg. (1960), S. 1133-1137

Schönnenbeck, H.: Die Eigengesetzlichkeit der Forderungen im Jahresabschluß, DB, 15. Jg. (1962), S. 545-548

Schönnenbeck, H.: Bilanzierung drohender Verluste aus schwebenden Geschäften, DB, 15. Jg. (1962), S. 1281-1284 u. S. 1313-1317

Schönnenbeck, H.: Auftragsausführung auf fremdem Grund in ihrer Problematik für Steuerbilanz und Vermögensaufstellung der Bauunternehmung, DB, 19. Jg. (1964), S. 1001-1004

Schönnenbeck, H.: Die Bilanzbewertung der halbfertigen Arbeiten auf fremdem Grund und Boden, DB, 23. Jg. (1970), S. 453-454

Schreiber, J.: Kommentierung zu § 5, in: Ebling, K., Freericks, W. (Hrsg.): Blümich. Einkommensteuergesetz, Körperschaftsteuergesetz, Gewerbesteuergesetz, Kommentar, Loseblatt, 14. Aufl., München 1992

Schruff, L.: Der neue Bestätigungsvermerk vor dem Hintergrund internationaler Entwicklungen, WPg, 39. Jg. (1986), S. 181-185

Schruff, W.: Die internationale Vereinheitlichung der Rechnungslegung nach den Vorschlägen des IASC - Gefahr oder Chance für die deutsche Bilanzierung?, BFuP, 45. Jg. (1993), S. 400-426

Schülen, W.: Grundsätze für den Inhalt des Anhangs, in: Castan, E. u.a. (Hrsg.): Beck'sches Handbuch der Rechnungslegung, Kommentar, Loseblatt, München 1987, B 410

Schulze-Osterloh, J.: Zum Umfang der Berichtspflicht des Abschlußprüfers, in: Gross, G. (Hrsg.): Der Wirtschaftsprüfer im Schnittpunkt nationaler und internationaler Entwicklungen, FS für Klaus von Wysocki, Düsseldorf 1985, S. 239-251

Schulze-Osterloh, J.: Die Maßgeblichkeit der Handelsbilanz für die Steuerbilanz, ihre Umkehrung und das Bilanzrichtlinien-Gesetz, FR, 41. Jg. (1986), S. 545-554

Schulze-Osterloh, J.: Jahresabschluß, Abschlußprüfung und Publizität der Kapitalgesellschaften nach dem Bilanzrichtlinien-Gesetz, ZHR, 150. Jg. (1986), S. 532-569

Schulze-Osterloh, J.: Der Ausweis von Aufwendungen nach dem Realisations- und dem Imparitätsprinzip, in: Moxter, A. u.a. (Hrsg.): Rechnungslegung. Entwicklungen bei der Bilanzierung und Prüfung von Kapitalgesellschaften, FS für Karl-Heinz Forster, Düsseldorf 1992, S. 653-670

Schulze-Osterloh, J.: Rechtliche Verhältnisse, Prüfung, in: Coenenberg, A.G., Wysocki, K. von (Hrsg.): HWRev, 2. Aufl., Stuttgart 1992, Sp. 1620-1631

Schwark, E.: Grundsätzliche rechtliche Aspekte des Bilanzrichtlinie-Gesetzentwurfs, BB, 37. Jg. (1982), S. 1149-1155

Schweitzer, M.: Probleme der Bilanzierung von Projekten im Anlagenbau, in: The Annals of the School of Business Administration, Kobe University (Japan), 1992, No. 36, S. 43-58

Schweitzer, M., Küpper, H.-U.: Systeme der Kostenrechnung, 5. Aufl., Landsberg am Lech 1991

Seiler, H.H.: Kommentierung zu § 644, in: Ermann, W.: Handkommentar zum bürgerlichen Gesetzbuch, 8. Aufl., Münster 1989

Seiler, H.H.: Kommentierung zu § 651, in: Ermann, W.: Handkommentar zum bürgerlichen Gesetzbuch, 8. Aufl., Münster 1989

Selchert, F.W.: Fremdkapitalzinsen in der Kalkulation der bilanziellen Herstellungskosten, DB, 38. Jg. (1985), S. 2413-2420

Selchert, F.W.: Probleme der Unter- und Obergrenze von Herstellungskosten, BB, 41. Jg. (1986), S. 2298-2306

Selchert, F.W.: Der Anhang als Instrument der Informationspolitik, Stuttgart 1987

Selchert, F.W.: Das Realisationsprinzip - Teilgewinnrealisierung bei langfristiger Auftragsfertigung, DB, 43. Jg. (1990), S. 797-805

Selchert, F.W., in: Küting, K., Weber, C.-P. (Hrsg.): Handbuch der Rechnungslegung. Kommentar zur Bilanzierung und Prüfung, 3. Aufl., Stuttgart 1990, Kommentierung zu § 252

Selchert, F.W., Karsten, J.: Inhalt und Gliederung des Anhangs. Ein Gestaltungsvorschlag, BB, 40. Jg. (1985), S. 1889-1894

Semler, J.: Erläuterungs- und Lagebericht, Quartalsberichte sowie Formen der Publizität, in: Bierich, M. u.a. (Hrsg.): Rechnungslegung nach neuem Recht, ZfbF-Sonderheft 10, Wiesbaden 1980, S. 177-210

Siegel, T.: Direkt zurechenbare Vertriebskosten und andere Bilanzierungsprobleme im schwebenden Geschäft, BB, 35. Jg. (1980), S. 1649-1652

Siegel, T.: Wahlrecht, in: Leffson, U. u.a. (Hrsg.): Handwörterbuch unbestimmter Rechtsbegriffe im Bilanzrecht des HGB, Köln 1986, S. 417-427

Siegel, T.: Metamorphosen des Realisationsprinzips?, in: Moxter, A. u.a. (Hrsg.): Rechnungslegung. Entwicklungen bei der Bilanzierung und Prüfung von Kapitalgesellschaften, FS für Karl-Heinz Forster, Düsseldorf 1992, S. 585-605

Siepert, H.M.: Projectcontrolling im Großanlagenbau, krp, Jg. 1986, S. 47-50

Sigle, H., in: Küting, K., Weber, C.-P. (Hrsg.): Handbuch der Rechnungslegung. Kommentar zur Bilanzierung und Prüfung, 3. Aufl., Stuttgart 1990, Kommentierung zu § 277

Simon, H.V.: Die Bilanzen der Aktiengesellschaften und der Kommanditgesellschaften auf Aktien, 2. Aufl., Berlin 1898

Singer, H.: Dienstleistungen als Wettbewerbsinstrument im industriellen Anlagengeschäft, ZfbF, 38. Jg. (1986), S. 84-96

Spiller, K.: Finanzielle Risiken im Anlagengeschäft, ZfbF-Kontaktstudium, 31. Jg. (1979), S. 209-214

Sprouse, R.T., Moonitz, M.: A Tentative Set of Broad Accounting Principles for Business Enterprises, Accounting Research Study Nr. 3 des AICPA, New York 1962

Staehle, W.H.: Die Unternehmung als Koalition und die Notwendigkeit der Werbung um Koalitionsteilnehmer, ZfB, 39. Jg. (1969), S. 377-390

Stapper, K.: Die Bilanzierung schwebender Geschäfte, Diss., München 1964

Stein, H.: Rechenschaftslegung auftragsweiser langfristiger Fertigung bei Aktiengesellschaften, Göttingen 1978

Stewing, C.: Bilanzierung bei langfristiger Auftragsfertigung, BB, 45. Jg. (1990), S. 100-106

Stollenwerk, A.: Steuerbilanz und Steuerbilanzpolitik auf der Grundlage der Handelsbilanz neuen Rechts, DB, 40. Jg. (1987), S. 1053-1059

Streim, H.: Kommentierung zu § 264, in: Hofbauer, M.A., Kupsch, P. (Hrsg.): Bonner Handbuch Rechnungslegung. Textsammlung, Einführung, Kommentierung, Bonn 1989

Stützel, W.: Bemerkungen zur Bilanztheorie, ZfB, 37. Jg. (1967), S. 314-340

Süchting, J.: Möglichkeiten und Probleme der Exportfinanzierung, ZfbF-Kontaktstudium, 30. Jg. (1978), S. 39-49

Suhr, G.: Die Bewertung der halbfertigen Arbeiten auf fremdem Grund und Boden in der Ertragsteuerbilanz und bei der Einheitsbewertung des Betriebsvermögens, StBp, 9. Jg. (1969), S. 198-202

Szyperski, N.: Einige aktuelle Bemerkungen zur Theorie der Unternehmensrechnung, BFuP, 16. Jg. (1964), S. 270-282

Ternirsen, K.: Organisation der Bearbeitung von Projekten des Anlagenbaus, in: Höffken, E., Schweitzer, M. (Hrsg.): Beiträge zur Betriebswirtschaft des Anlagenbaus, ZfbF-Sonderheft Nr. 28, Düsseldorf 1991, S. 41-112

Thiery, G.: Die Aktivierungsfähigkeit und Aktivierungspflicht unverbriefter Forderungen nach deutschem Aktienrecht, Diss., Innsbruck 1969

Thimmel, K.: Ausweis und Bewertung von Bauleistungen in der Bilanz, DB, 21. Jg. (1968), S. 181-186, S. 229-236, S. 275-279

Tipke, K.: Rechtfertigung des Themas; Ziel der Tagung, in: Ruppe, H.G. (Hrsg.): Gewinnrealisierung im Steuerrecht. Theorie und Praxis der Gewinnverwirklichung durch Umsatzakt und durch Steuerentstrickung sowie des Besteuerungsaufschubs, Köln 1981, S. 1-12

Tipke, K., Lang, J.: Steuerrecht. Ein systematischer Grundriß, 13. Aufl., Köln 1991

Tubbesing, G.: "A True and Fair View" im englischen Verständnis und 4. EG-Richtlinie, AG, 24. Jg. (1979), S. 91-95

Thyll, A.: Zum Vormarsch internationaler Accounting Standards, WPg, 46. Jg. (1993), S. 610-611

Van der Velde, K.: Die Gewinnverwirklichung im Handels- und Steuerrecht, WPg, 3. Jg. (1950), S. 488-492

Van der Velde, K.: Rückstellungen für drohende Verluste aus schwebenden Liefergeschäften, DB, 16. Jg. (1963), S. 353-354

Vellguth, H.K.: Grundsätze ordnungsmäßiger Bilanzierung für schwebende Geschäfte, in: Veröffentlichungen der Schmalenbach-Vereinigung, Bd. 11, Leipzig 1937

Vormbaum, H.: Kalkulationsarten und Kalkulationsverfahren, 4. Aufl., Stuttgart 1977

Wachendorff, P., Hartle, J.: Beschaffungswesen öffentlicher Verwaltungen, in: Chmielewicz, K., Eichhorn, P. (Hrsg.): HWÖ, Stuttgart 1989, Sp. 102-111

Walb, E.: Die Erfolgsrechnung privater und öffentlicher Betriebe, Berlin 1926

Waldner, W.: Der Bundesgerichtshof und die Rechtsnatur der Grundsätze ordnungsmäßiger Buchführung, BB, 16. Jg. (1961), S. 1108-1111

Wassermeyer, F.: Gewinnrealisierung, FR, 41. Jg. (1986), S. 485-486

Wassermeyer, F.: Neues zum Zeitpunkt der Gewinnrealisierung - Konkretisiert sich die neue BFH-Rechtsprechung?, StKgR 1986, München 1986, S. 69-85

Weber, E.: Die Einordnung von Sondereinzelkosten des Vertriebs bei langfristiger Auftragsfertigung nach neuem Recht, DB, 40. Jg. (1987), S. 393-398

Weber, H., in: Küting, K., Weber, C.-P. (Hrsg.): Handbuch der Rechnungslegung. Kommentar zur Bilanzierung und Prüfung, 3. Aufl., Stuttgart 1990, Kommentierung zu § 265

Weber, M.: Zur Lehre vom Wirtschaftsgut. Zugleich ein Beitrag zur Lösung von Bilanzierungsproblemen bei schwebenden Geschäften, Berlin 1969

Weber, R.L.: Unfertige Bauwerke im Jahresabschluß des Bauunternehmers - Grundsätze ordnungsmäßiger Bilanzierung für in Ausführung begriffene Bauwerke auf fremdem Grund und Boden, Thun, Frankfurt a.M. 1979

Weiber, R.: Dienstleistungen als Wettbewerbsinstrument im internationalen Anlagengeschäft, Diss., Berlin 1985

Weirich, S.: Rückstellungen für drohende Verluste aus schwebenden Geschäften, Prüfung der, in: Coenenberg, A.G., Wysocki, K. von (Hrsg.): HWRev, 2. Aufl., Stuttgart 1992, Sp. 1684-1697

Weiss, H.: Internationale Kooperationsstrategien im Großanlagenbau, ZfbF, 33. Jg. (1981), S. 947-953

Welsch, G.A., Zlatkovich, C.T., White, J.A.: Intermediate Accounting, 4th ed., Homewood, Illinois, Georgetown, Ontario 1976

Westphalen, F. Graf von: Rechtsprobleme des Anlagenvertrages, BB, 26. Jg. (1971), S. 1126-1135

Wichmann, G.: Das Verständnis der Bilanzierung im Steuerrecht und dessen Beurteilung, DB, 34. Jg. (1981), S. 282-285

Wirke, H.: Grundsatzfragen zur steuerlichen Behandlung schwebender Geschäfte bei langfristiger Auftragsabwicklung, DB, 26. Jg. (1973), S. 1567-1574

Wirke, H.: Die Problematik der Steuerplanung im internationalen Anlagengeschäft, in: Backhaus, K. (Hrsg.): Planung im industriellen Anlagengeschäft, Düsseldorf 1984, S. 289-321

Witte, E.: Phasen-Theorem und Organisation komplexer Entscheidungsverläufe, ZfbF, 20. Jg. (1968), S. 625-647

Woerner, L.: Das Verhältnis von Handels- und Steuerbilanz bei Inanspruchnahme subventioneller Steuervergünstigungen, BB, 31. Jg. (1976), S. 1569-1573

Woerner, L.: Grundsatzfragen zur Bilanzierung schwebender Geschäfte, FR, 39. (66.) Jg. (1984), S. 489-496

Woerner, L.: Die Gewinnrealisierung bei schwebenden Geschäften - Vollständigkeitsgebot, Vorsichts- und Realisationsprinzip, BB, 43. Jg. (1988), S. 769-777

Wöhe, G.: Handelsbilanz und Steuerbilanz, StKgR 1973, München 1973, S. 291-317

Wöhe, G.: Möglichkeiten und Grenzen der Bilanzpolitik im geltenden und im neuen Bilanzrecht, DStR, 23. Jg. (1985), S. 715-721 u. S. 754-761

Wöhe, G.: Einführung in die Allgemeine Betriebswirtschaftslehre, 17. Aufl., München 1990

Wöhe, G.: Betriebswirtschaftliche Steuerlehre I/2. Der Einfluß der Besteuerung auf das Rechnungswesen des Betriebes, 7. Aufl., München 1992

Wöhe, G.: Bilanzierung und Bilanzpolitik. Betriebswirtschaftlich - Handelsrechtlich - Steuerrechtlich, 8. Aufl., München 1992

Wohlgemuth, M.: Die Anschaffungskosten in Handels- und Steuerbilanz, in: Wysocki, K. von, Schulze-Osterloh, J. (Hrsg.): Handbuch des Jahresabschlusses in Einzeldarstellungen, Kommentar, Köln 1984, Abt. I/9

Wohlgemuth, M.: Zeitraum der Herstellung, in: Leffson, U. u.a. (Hrsg.): Handwörterbuch unbestimmter Rechtsbegriffe im Bilanzrecht des HGB, Köln 1986, S. 470-480

Wohlgemuth, M.: Kommentierung zu § 252, in: Hofbauer, M.A., Kupsch, P. (Hrsg.): Bonner Handbuch Rechnungslegung. Textsammlung, Einführung, Kommentierung, Bonn 1989

WP-Handbuch 1985/86, Handbuch für Rechnungslegung, Prüfung und Beratung, Bd. I, bearb. v. Budde, W.D. u.a., hrsg. v. IDW, 9. Aufl., Düsseldorf 1985

WP-Handbuch 1992, Handbuch für Rechnungslegung, Prüfung und Beratung, Bd. I, bearb. von Budde, W.D. u.a., hrsg. v. IDW, 10. Aufl., Düsseldorf 1992

WPK/IDW: Gemeinsame Stellungnahme der Wirtschaftsprüferkammer und des Instituts der Wirtschaftsprüfer zum Vorentwurf eines Bilanzrichtlinie-Gesetzes, WPg, 33. Jg. (1980), S. 501-523

Wysocki, K. von: Zur Bilanzpolitik bei rückläufiger Konjunktur, StuW, 59. (12.) Jg. (1982), S. 44-50

Wysocki, K. von: Beitrag in Podiums- und Plenumsdiskussion, in: Funk, J., Lassmann, G. (Hrsg.): Langfristiges Anlagengeschäft - Risiko-Management und Controlling, ZfbF-Sonderheft Nr. 20, Düsseldorf 1986, S. 123-139

Wysocki, K. von: Das Dritte Buch des HGB 1985 und die Grundsätze ordnungsmäßiger Konzernrechnungslegung, WPg, 39. Jg. (1986), S. 177-181

Zahn, E.: Kalkulation, in: Kosiol, E., u.a. (Hrsg.): HWR, 2. Aufl., Stuttgart 1981, Sp. 841-856

Zeiger, K.: Betriebsabrechnung im Baugeschäft, Düsseldorf 1958

Zieger, M.: Gewinnrealisierung bei langfristiger Fertigung - Ein richtlinienkonformer Ansatz, Wiesbaden 1990

- **Gesetze, Richtlinien und Durchführungsverordnungen**

Abgabenordnung (AO 1977) vom 16. März 1976, BGBl. I S. 613, ber. 1977 I S. 269, (BGBl. III 610-1-3)

Achte Richtlinie des Rates vom 10. April 1984 aufgrund von Art. 54 Abs. 3 Buchstabe g) des Vertrages über die Zulassung der mit der Pflichtprüfung der Rechnungslegungsunterlagen beauftragten Personen (84/253/EWG), in: ABl.EG Nr. L 126/20-26, vom 12.5.1984

Aktiengesetz vom 6. September 1965 (BGBl. I S. 1089), (BGBl. III 4121-1)

Bewertungsgesetz (BewG) i.d.F. der Bekanntmachung vom 1. Februar 1991, (BGBl. I S. 230), (BGBl. III 610-7)

Bürgerliches Gesetzbuch (BGB) vom 18. August 1896 (RGBl. S. 195), (BGBl. III 400-2)

Einkommensteuer-Durchführungsverordnung 1986 (EStDV 1986) i.d.F. der Bekanntmachung vom 24. Juli 1986 (BGBl. I S. 1239), (BGBl. III 611-1-1)

Einkommensteuergesetz 1990 (EStG 1990) i.d.F. der Bekanntmachung vom 7. September 1990 (BGBl. I S. 1898, ber. 1991 I S. 808)

Einkommensteuer-Richtlinien 1990 (EStR 1990) i.d.F. der Bekanntmachung vom 10. November 1990 (BStBl. I Sondernummer 4)

Erklärung der Kommission und des Rates für das Protokoll über die Ratstagung am 25. Juli 1978 (Dok. Rat R/1961/78 (ES 93) v. 18. Juli 1978), wiedergegeben nach Biener, H.: AG, KGaA, GmbH, Konzerne. Rechnungslegung, Prüfung und Publizität nach den Richtlinien der EG. Kommentierte Textausgabe der Bilanzrichtlinie (4. Richtlinie), des geänderten Vorschlags einer Konzernbilanzrichtlinie (7. Richtlinie), des Vorschlags einer Abschluß-prüferrichtlinie (8. Richtlinie), mit synoptischer Darstellung des geltenden (und zu ändernden) deutschen Rechts (AktG, GmbHG, WPO) und Materialien, Begründungen der Kommission, Stellungnahmen des Wirtschafts- und Sozialausschusses, des Europäischen Parlaments, des Bundesrates und des Deutschen Bundestages, Köln 1979, S. 183-185

Gesetz betreffend die Erwerbs- und Wirtschaftsgenossenschaften (GenG) vom 1. Mai 1889 (RGBl. S. 55) i.d.F. der Bekanntmachung vom 20. Mai 1898 (RGBl. S. 369, 810), (BGBl. III 4125-1)

Gesetz betreffend die Gesellschaften mit beschränkter Haftung (GmbHG) vom 20. April 1892 (RGBl. S. 477) i.d.F. der Bekanntmachung vom 20. Mai 1898 (RGBl. S. 846), (BGBl. III 4123-1)

Gesetz über die Beaufsichtigung der Versicherungsunternehmen (VAG) i.d.F. der Bekanntmachung vom 13. Oktober 1983 (BGBl. I S. 1261)

Gesetz über die Rechnungslegung von bestimmten Unternehmen und Konzernen (PublG) vom 15. August 1969 (BGBl. I S. 1189, BGBl. 1970 I S. 1113), (BGBl. III 4120-7)

Gesetz über eine Berufsordnung der Wirtschaftsprüfer (WPO) i.d.F. der Bekanntmachung vom 9. November 1975 (BGBl. I S. 2803)

Gesetz zur Regelung des Rechts der Allgemeinen Geschäftsbedingungen (AGB-Gesetz) vom 9. Dezember 1976 (BGBl. I S. 3317), (BGBl. III 402-28)

Gewerbesteuergesetz 1991 (GewStG 1991) i.d.F. der Bekanntmachung vom 21. März 1991 (BGBl. I S. 814), (BGBl. III 611-5)

Grundgesetz für die Bundesrepublik Deutschland vom 23. Mai 1949 (BGBl. S. 1) (BGBl. III 100-1)

Handelsgesetzbuch (HGB) vom 10. Mai 1897 (RGBl. S. 219), (BGBl. III 4100-1)

Körperschaftsteuergesetz 1991 (KStG 1991) i.d.F. der Bekanntmachung vom 11. März 1991 (BGBl. I S. 638), (BGBl. III 611-4-4)

Siebente Richtlinie des Rates vom 13. Juni 1983 aufgrund von Art. 54 Abs. 3 Buchstabe g) des Vertrages über den konsolidierten Abschluß (83/349/EWG), in: ABl.EG Nr. L 193/1-17, vom 18.7.1983

Steuer-Reform-Gesetz 1990 (StRefG 1990) vom 25. Juli 1988 (BStBl. 1988 I S. 224-271)

Vierte Richtlinie des Rates vom 25. Juli 1978 aufgrund von Art. 54 Abs. 3 Buchstabe g) des Vertrages über den Jahresabschluß von Gesellschaften bestimmter Rechtsformen (78/660/EWG), in: ABl.EG Nr. L222/11-31, vom 14.8.1978

- Verwendete Urteile und Beschlüsse des Reichsfinanzhofs und des Bundesfinanzhofs

I. Reichsfinanzhof

Gericht	Datum	Aktenzeichen	Quelle
RFH-Urt.	07.05.1920	I A 302/19	RStBl. 1920, S. 444-446
RFH-Urt.	25.03.1925	VI A 67,68,69/25	RStBl. 1925, S. 166
RFH-Urt.	11.02.1930	I A 807/28	RStBl. 1930, S. 153-155
RFH-Urt.	22.10.1931	VI A 935/30	RFHE 29, S. 276-290
RFH-Urt.	24.01.1933	I A 218/31	RStBl. 1933, S. 337 f.
RFH-Urt.	22.02.1935	VI A 801/33	RStBl. 1935, S. 709-710
RFH-Urt.	04.01.1939		StuW, Teil II, 18. Jg. (1939), Nr. 123, Sp. 195-197
RFH-Urt.	11.01.1939	VI 744/38	RStBl. 1939, S. 323-324
RFH-Urt.	01.02.1940	IV 341/39	RStBl. 1940, S. 601-602
RFH-Urt.	10.04.1940	VI 754/39	RStBl. 1940, S. 595-596
RFH-Urt.	19.11.1941	VI 264/41	RStBl. 1942, S. 19-20
RFH-Urt.	21.05.1942	IV 206/41	RStBl. 1942, S. 578-580
RFH-Urt.	02.06.1943	VI 282/42	RStBl. 1943, S. 595
RFH-Urt.	05.07.1944	VI 349/43	RStBl. 1944, S. 641-642

II. Bundesfinanzhof

Gericht	Datum	Aktenzeichen	Quelle
BFH-Urt.	17.05.1952	I 4/52 U	BStBl. 1952 III, S. 208-213
BFH-Urt.	24.02.1953	I 106/52 U	BFHE 57, S. 307-310
BFH-Urt.	19.07.1955	I 149/54 S	BStBl. 1955 III, S. 266-267
BFH-Urt.	13.03.1956	I 209/55 U	BStBl. 1956 III, S. 149-150
BFH-Urt.	18.12.1956	I 84 /56 U	BStBl. 1957 III, S. 27-28
BFH-Urt.	15.04.1958	I 27/57 U	BStBl. 1958 III, S. 260-261
BFH-Urt.	09.07.1958	I 207/57 U	BStBl. 1958 III, S. 416-417
BFH-Urt.	19.02.1959	IV 305/306/56	(n.v.), zit. bei Börnstein, U.: DB, 13. Jg. (1960), S. 591-592
BFH-Urt.	17.03.1959	I 207/58 U	BStBl. 1959 III, S. 320-322
BFH-Urt.	28.01.1960	IV 226/58 S	BStBl. 1960 III, S. 291-294
BFH-Urt.	24.01.1961	I 200/60 S	BStBl. 1961 III, S. 118-119
BFH-Urt.	28.02.1961	I 13/61 U	BStBl. 1961 III, S. 383-384
BFH-Urt.	10.05.1961	IV 170/58 U	BStBl. 1961 III, S. 354
BFH-Urt.	10.05.1961	IV 275/59 U	BStBl. 1961 III, S. 532-534
BFH-Urt.	20.11.1962	I 266/61 U	BStBl. 1963 III, S. 59-60
BFH-Urt.	03.07.1964	VI 346/62 U	BStBl. 1964 III, S. 548-550
BFH-Urt.	12.05.1966	IV 472/60	BStBl. 1966 III, S. 371-374
BFH-Urt.	31.05.1967	I 208/63	BStBl. 1967 III, S. 607-609
BFH-Urt.	23.11.1967	IV 123/63	BStBl. 1968 II, S. 176-177
BFH-Urt.	08.03.1968	III 85/65	BStBl. 1968 II, S. 575-578
BFH-Urt.	15.03.1968	III R 161/66	BStBl. 1968 II, S. 578-579
BFH-Urt.	27.03.1968	I 133/65	BStBl. 1968 II, S. 521-522
BFH-Beschl.	03.02.1969	GrS 2/68	BStBl. 1969 II, S. 291-294
BFH-Beschl.	02.03.1970	GrS 1/69	BStBl. 1970 II, S. 382-383

Gericht	Datum	Aktenzeichen	Quelle
BFH-Urt.	06.03.1970	III R 20/66	BStBl. 1970 II, S. 489-492
BFH-Urt.	16.09.1970	I R 184/67	BStBl. 1971 II, S. 85-87
BFH-Urt.	19.06.1973	I R 206/71	BStBl. 1973 II, S. 774
BFH-Urt.	28.06.1973	IV R 77/70	BStBl. 1973 II, S. 729-730
BFH-Urt.	29.11.1973	IV R 181/71	BStBl. 1974 II, S. 202-205
BFH-Urt.	22.05.1975	IV R 33/72	BStBl. 1975 II, S. 765-767
BFH-Urt.	24.03.1976	I R 139/73	BStBl. 1976 II, S. 450-452
BFH-Urt.	05.05.1976	I R 121/74	BStBl. 1976 II, S. 541-543
BFH-Urt.	06.12.1978	I R 35/78	BStBl. 1979 II, S. 262-263
BFH-Urt.	13.12.1979	IV R 69/74	BStBl. 1980 II, S. 239-242
BFH-Urt.	17.07.1980	IV R 10/76	BStBl. 1981 II, S. 669-672
BFH-Urt.	30.09.1980	VIII R 201/78	BStBl. 1981 II, S. 301-303
BFH-Urt.	16.11.1982	VIII R 95/81	BStBl. 1983 II, S. 361-364
BFH-Urt.	08.12.1982	I R 142/81	BStBl. 1983 II, S. 369-371
BFH-Urt.	14.12.1982	VIII R 53/81	BStBl. 1983 II, S. 303-306
BFH-Urt.	20.01.1983	IV R 158/80	BStBl. 1983 II, S. 413-417
BFH-Urt.	24.11.1983	I R 150/77	BStBl. 1984 II, S. 299-301
BFH-Urt.	25.01.1984	I R 7/80	BStBl. 1984 II, S. 344
BFH-Urt.	01.08.1984	I R 88/80	BStBl. 1985 II, S. 44-47
BFH-Urt.	25.04.1985	IV R 83/83	BStBl. 1986 II, S. 350-353
BFH-Beschl.	11.12.1985	I B 49/85	BFH-NV 1986, S. 595-596
BFH-Urt.	25.02.1986	VIII R 134/80	BStBl. 1986 II, S. 788-790
BFH-Urt.	27.02.1986	IV R 52/83	BStBl. 1986 II, S. 552-554
BFH-Urt.	29.04.1987	I R 192/82	BStBl. 1987 II, S. 797-800
BFH-Beschl.	26.10.1987	GrS 2/86	BStBl. 1988 II, S. 348-357
BFH-Urt.	07.06.1988	VIII R 296/82	BStBl. 1988 II, S. 886-890
BFH-Urt.	02.03.1990	III R 70/87	BStBl. 1990 II, S. 733-736

III. Sonstige Gerichte

1. Zivilgerichte

BGH-Urt. v. 24.5.1954 IV ZR 184/53, NJW, 7. Jg. (1954), 2. Halbband, S. 1325-1328

BGH-Urt. v. 27.2.1961 II ZR 292/59, BGHZ 34, S. 324-337

BGH-Urt. v. 1.3.1982 II ZR 23/81, BGHZ 83, S. 341-350

BGH-Urt. v. 12.7.1982 II ZR 175/81, DB, 35. Jg. (1982), S. 1861-1864

LG Düsseldorf, Urt. v. 24.10.1980 1 O 148/80, DB, 33. Jg. (1980), S. 2381-2384

OLG Frankfurt, Urt. v. 21.5.1959 II U 145/57, BB, 14. Jg. (1959), S. 1226

RG-Urt. v. 2.6.1931 VII 461/30, RGZ 133, S. 40-45

RG-Urt. v. 27.5.1933 I 16/33, RGZ 140, S. 378-385

RG in Zivilsachen, Urt. v. 5.4.1884 Rep. I 57/84, RGZ 11, S. 160-165

RG in Zivilsachen, Urt. v. 11.1.1918 Rep. II 257/17, RGZ 91, S. 316-324

2. Finanzgerichte

FG Berlin, Urt. v. 29.4.1991 VIII 332/89, EFG 1992, S. 62-63

FG Niedersachsen, Urt. v. 21.2.1991 XIII 167/90, EFG 1991, S. 655

OFH-Urt. v. 28.2.1948 I 10/47, StuW, Teil II, 25. Jg. (1948), Nr. 5, Sp. 9-14

- Sonstige Quellen (Erlasse und Verordnungen der Finanzverwaltung, BT-Drucksachen, BR-Drucksachen usw.)

BdF-Erl. v. 23.11.1967 IV A 2- S 7440- 3/67, BStBl. 1967 I, S. 461-463

BdF-Schreiben v. 27.2.1961 IV B1-2130-31/61, DB, 14. Jg. (1961), S. 322

BMF: Schreiben v. 28.8.1991 IV B 3 - InvZ 1010 - 13/91, Gewährung von Investitionszulagen nach der Investitionszulagenverordnung und nach dem Investitionszulagengesetz, BStBl. 1991 I, S. 768-778

BMWF: Schreiben v. 11.6.1971 F/IV B 2- S 2133-3/71, Steuerliche Behandlung von Forschungs- und Entwicklungskosten, BB, 26. Jg. (1971), S. 809

BR-Drucks. 100/88

BT-Drucks. 10/317

Denkschrift zu dem Entwurf eines Handelsgesetzbuches und eines Einführungsgesetzes, in: Stenographische Berichte über die Verhandlungen des Reichstages, 9. Legislaturperiode, IV. Session 1895/97, 6. Anlageband, S. 3141-3298

Erl. des FM NRW v. 4.12.1958 S 2118-6184/VB-1, Steuerliche Behandlung von Forschungs- und Entwicklungskosten, DB, 11. Jg. (1958), S. 1403-1404

Erl. des FM NRW v. 20.3.1961 S2130-9-VB1, DB, 14. Jg. (1961), S. 555

Erl. des FM NRW v. 24.10.1966 -S 3194 - 32 V 1, DStZ B, 54. Jg. (1966), S. 461

RdF-Erl. v. 5.6.1942 L 1400-177 III, RStBl. 1942, S. 617

Stichwortverzeichnis

A

Abgrenzbarkeit, wirtschaftlich (technisch) sinnvolle - 134 f., 140
Abkopplungsthese 7
Abnahme
-, Rechtsfolgen bei - 60, 119, 121 f., 134
- und Forderungsbilanzierung 87, 119, 121 f., 134
Abnahmeprotokoll 87
Abrechnungsfähigkeit 135 f.
Abrechnungsperiode 50
Abrechnungstechnische Aufteilung 142 ff.
Absatzgeschäft 75
Abschreibungsprinzip 16 ff.
Absetzung für Abnutzung 98
Abwicklungsphase 53 ff.
Accepted accounting principles 31
Äquivalenzziffernkalkulation 94
Akquisitions- und Angebotsphase 52 f.
Aktionäre 5
Angebotsabgabe 64
Anhang
-, Angabe der Bilanzierungs- und Bewertungsmethoden 161 f.
-, "Besondere Umstände" und "zusätzliche Angaben" nach § 264 Abs. 2 Satz 2 HGB 23, 29 f., 35, 38 ff., 158 ff.
-, Funktionen des - 3, 7, 33 f.
Anlagen, Genehmigungsfähigkeit von - 57 f.
Anlagengeschäft 48, 138 f.
Anlagevermögen, Wertverzehr des - 98
Anschaffungskosten, Begriff der - 90
Anschaffungswertprinzip 16 ff., 107, 109, 112, 122 f.
An- und Vorauszahlungen 67, 116 f.
Aufblähung der Bilanz, These von der - 73 f.
Auftrag, langfristiger -
-, Begriff 1, 48 ff.
-, Berücksichtigung im Anhang 35, 39, 158 ff.
-, Bewertung bei der Auftragsdurchführung 89 ff., 122 ff.
-, Bilanzausweis 82 f., 89

-, Fremdfinanzierung 99
-, Inventarisierung 77 ff.
-, Kalkulation 92 ff.
-, Problematik der Gewinnrealisierung 121 ff.
-, Risikomerkmale 55 ff.
-, Schwebendes Geschäft 61 ff.
-, Strukturmerkmale 52 ff.
- und Übergang der Preisgefahr 122 ff.
-, Vertragsformen 59 ff.
Auftragsabwicklung, Kosten der - 102 ff.
Auftragsakquisition 102 f.
Auftragsbestand 77, 80 f., 162
Auftragserlangung
-, Kosten der - 102 ff.
-, Phase der - 52 ff.
Auftragskalkulation 92 ff.
Auftragsvorbereitung, Kosten der - 102 ff.
Auftrags-Zwischenverluste 123, 125, 129 ff.
Auslandsgeschäft 58 ff.
Austauschvertrag 62

B

Baugruppen, Aufteilung des Kostenträgers in - 95
Bauindustrie 48, 94 f., 157
Bauvertrag 60 f., 85 ff., 136, 142
Belastung, wirtschaftliche - 71
Betriebliche Altersversorgung, Aufwendungen für - 98
Betriebsvermögensvergleich 42 f.
Bewertungsfähigkeit, selbständige - 18 ff., 70 ff.
Bewertungshilfe 99, 131 f.
Bewertungsmaßstäbe 89
Bilanz, ökonomische Aufgabenbeschreibung der - 6
Bilanzierungsfähigkeit
-, abstrakte - 68 ff.
-, konkrete - 68, 72 ff.
Bilanzierungs- und Bewertungsvorbehalte, steuerrechtliche - 44 f.
Buchführung, doppelte - 73

205

C

Completed-Contract-Methode 122 f.
Cost plus fee-Vertrag 56, 70
Cost-to-Cost-Methode 150 ff.
Cumulative Catch-up-Verfahren 151 f.

D

Deduktionsbasis, "moderne"- 14 ff.
Deduktive Methode 11 ff.
Dienstleistungen 49, 82
Dividendenpolitik 127
Divisionskalkulation 94
Doppelbesteuerungsabkommen 59
Drohverlustrückstellung 18, 64, 75 f., 78, 141
Dynamische Bilanzauffassung 7 f., 19 f.

E

Einblickskonzeption 22, 32 ff., 126, 158 ff.
Einheitspreisvertrag 136
Einkunftsarten 162 ff.
Einnahmeüberschußrechnung 108 f.
Einzelbewertung, Grundsatz der - 6, 18 ff., 70
Einzelfertigung 51 f., 82
Entgeltlicher Erwerb 18 ff.
Erfüllung, schuldrechtliche - 64, 66, 82, 120
Erheblichkeit 40 f., 159 f.
Ertragsteuerbelastung 127 f., 162 ff.

F

Fertigstellungsgrad 150 ff.
Fertigung, industrielle - 48
Fertigungskosten 97 f.
Fertigungsteile, fremdbezogene - 90
Folgeprinzipien 16 ff.
Forderungen, Bilanzierung von - 84 ff., 111 ff., 142 ff.
Forschungs-, Entwicklungs- und Konstruktionskosten 97 f., 105 f., 131
Fortführungsprinzip 18 ff.
Freiwillige soziale Leistungen, Aufwendungen für - 98
Fremdkapitalzinsen 99 ff., 131
Fundamentalprinzipien 15 ff., 107

G

Garantiephase 54
Generalnorm
-, aktienrechtliche - 25 f., 35 ff.
-, Ausübung von Wahlrechten und - 35 ff.
-, Einblicksgebot der - 22, 32 ff., 126, 158 ff.
-, Entstehungsgeschichte der - 26 ff.
-, Funktion und Bedeutung der - 22 ff., 30 ff.
Generalübernehmervertrag mit Festpreisgarantie 56, 70
Gesamtfunktionsrisiko 57, 138 ff.
Gewinn als "Ausschüttungsrichtgröße" 19 ff., 34, 107, 114, 154, 158
Gewinnbegriff
-, handelsrechtlicher - 13 ff.
-, steuerrechtlicher - 41 ff.
Gewinneutralisierung
- durch Bildung von Rückstellungen 143 f.
- durch Einstellung in passiven Rechnungsabgrenzungsposten 144
- durch Einstellung in Sonderposten mit Rücklageanteil 144
- durch gesonderte Bilanzposition 144
Gewinnrealisierung, Zeitpunkt der - 84, 111 ff.
-, Erfüllung als - 120
-, Geldeingang als - 115 ff.
-, Rechnungserteilung als - 121 f.
-, Übergang der Leistungsgefahr als - 119 f.
-, Übergang der Preisgefahr als - 119 ff., 133, 136 ff.
-, Übergang von Besitz, Nutzungen und Lasten als - 118
-, Vertragsabschluß als - 114 f.
Gewinnrücklagenpolitik 127
Gleichheit der Besteuerung, Grundsatz der - 45
Grundlagenforschung, Kosten der - 106
Grundsätze ordnungsmäßiger Buchführung
-, Bedeutung im Handelsrecht 8 ff.
-, Bedeutung im Steuerrecht 41 ff.
-, genetische Methode zur Gewinnung von - 12
-, prozessualer Ablauf der Gewinnung von - 12

-, Rechtsnatur und Ermittlungsmethoden 8 ff.
-, Rechtsquellen mit abgeleiteter Rechtssatzwirkung 11
-, System handelsrechtlicher - 13 ff., 33, 107
- und Gleichmäßigkeit der Besteuerung 9
- und Verhältnis zum Postulat vom "true and fair view" 30 ff.
Grundstück, wesentliche Bestandteile des - 61, 85 ff.

H

Handelsbilanz
-, Bestandteile des Jahresabschlusses 3, 33 ff., 108, 158
-, Generalnorm des § 243 Abs. 1 HGB 8 f., 22 f.
-, Generalnorm des § 264 Abs. 2 HGB 7, 8 f., 22 ff., 126, 158 ff.
-, Vorschriften des HGB 3
Herstellungskosten
-, Begriff 89 f., 95 ff.
-, Bestandteile handelsbilanzieller - 97 ff.
-, Bestandteile steuerbilanzieller - 97 ff.
-, Umfang 97 ff., 122 ff.
Höchstwertprinzip 18

I

IASC-Rechnungslegung 146 f., 154
Imparitätsprinzip 8, 15 ff., 75 f.
Induktive Methode 10 ff.
Informationsdefizit 7 f.
Input-Output-Garantie 57
Interdependenzthese 14 f.
Interessenregelung 5
-, Informationsinteressen 5 ff.
-, Zahlungsbemessungsinteressen 6 ff.
Interessenstrukturen 5
Inventur, Grundsätze ordnungsmäßiger - 9, 77 ff.
Investitionszulage 57 f.

J

Jahresabschlußzwecke 3 ff., 11 f., 22 ff., 112, 153 f.
Joint-Venture, Gewinnrealisierung bei - 140

K

Kalkulationsrisiken 56
Kapitalerhaltung (nominelle) 7 f.
Koalitionstheorie 4 f.
Konjunkturelle Verzerrungen 127
Kosten, Begriff - 95 f.
Kostenarten-, -stellen-, -trägerrechnung 92, 94 f.
Kostenrechnung, betriebliche - 92 ff., 136 f.
Kreditgeschäft, schwebendes - 67
Kuppelkalkulation 94

L

Lagebericht 81
Langfristigkeit, Begriff der - 49 ff.
Leistung, Begriff der - 51 f.
Leistungserstellung, phasenweise- 52 ff.
Leistungsverpflichtung, Kriterium der - 71
Liefer- oder Leistungsgeschäft, schwebendes - 67

M

Markteinkommen 108
Maßgeblichkeitsgrundsatz 41 ff., 108
-, materieller und formeller - 45 f.
Materialkosten 97 f.

N

Nachfragestruktur, schwankende - 55
Nebenbuchhaltung 78 f.
Neuentwicklung, Kosten der - 105 f.
Niederstwertprinzip 18, 90 f.

O

Objektivierung 17
Objektivierungs- und Vereinfachungsprinzipien 18 ff.

P

Percentage-of-Completion-Methode 146 ff.
-, Berücksichtigung im Anhang 158 ff.
-, Gewinnakkumulation 146, 152 f.
-, Konzeption der - 150 ff.
-, "reine" und "verbesserte" - 148 ff., 155 f.
-, Schätzungen bei Anwendung der - 154
- und Realisationsprinzip 153 ff.
Periodisierungsprinzip 16 ff.
Personengesellschaft 127 f., 164
Problematik der Gewinnrealisierung bei langfristigen Aufträgen 121 ff.
-, Ansatz aufwandsgleicher Selbstkosten 129 ff.
-, Gewinnrealisierung entsprechend dem Fortschritt der Leistungserstellung - Percentage-of-Completion-Methode 146 ff.
-, Tarifermäßigung nach § 34 Abs. 3 EStG 162 ff.
-, Teilgewinnrealisierung durch Teilabnahme 132 ff.
-, "Teilgewinnrealisierung" durch Teilabrechnung nicht selbständig abgrenzbarer Teillieferungen oder -leistungen 142 ff.
-, Verpflichtung zu zusätzlichen Angaben im Anhang 158 ff.

Q

Quantifizierbarkeit 71
Quasisicherer Anspruch
-, Prinzip des - 113 ff.
- und schuldrechtliche Indikatoren 117 ff.

R

Realisationsprinzip 7, 15 ff., 75 f., 79, 107 ff., 126 ff.
Realisationstatbestände, steuerliche - 109 f.
Realisationszeitpunkt, s. Gewinnrealisierung, Zeitpunkt der -

Reallocation-Verfahren 151 f.
Rechenschaft 7
Rechtsgrund als Anspruchsgrundlage 87 f.
Risiken
-, bei Auslandsaufträgen 58 f.
-, technische und organisatorische - 57 f.
-, politische (steuerliche) und ökonomische - 59

S

Schiffbauindustrie 48, 95
Schuld, bilanzrechtlicher Begriff der - 71 f.
Schuldrecht 59 ff., 74 f., 85, 87 f., 115, 117 ff., 136 ff.
Schwankende Periodenergebnisse 125
Schwebendes Geschäft
-, Ausweis im Anhang 79 ff.
-, Begriff 61 ff.
-, Bilanzierungsgrundsätze 68 ff.
-, drohender Verlust 18, 64, 75 f., 78, 141
-, Grundsatz der bilanziellen Nichtberücksichtigung 72 ff., 84, 111
-, Inventarisierung 77 ff.
Selbsterstellte immaterielle Vermögensgegenstände des Anlagevermögens 18 f.
Selbstkosten, Ansatz aufwandsgleicher - 129 ff.
Sonderausgaben 128
Sonder(einzel)kosten der Fertigung 97, 103 ff., 131
Sonstige finanzielle Verpflichtungen 79 ff.
Sozialeinrichtungen des Betriebes, Aufwendungen für - 98
Statische Bilanzauffassung 7 f., 17
Stetigkeitsprinzip 18 ff.
Steuern, im Ausland erhobene - 59
Steuerprogression 127 f., 162 f.
Steuertarif, Ermäßigung des - 162 ff.
Stichtagsprinzip 18 ff.
Synallagma 62

T

Tarifermäßigung 162 ff.
Teilabnahme 136 ff., 140
Teilabrechnungen, Ausstellen von - 135, 142 ff.

Teilabschnitte, selbständig abgrenzbare - 134 f., 140
Teilgewinnrealisierung
- durch Teilabnahme 132 ff.
- durch Teilabrechnung nicht selbständig abgrenzbarer Teillieferungen oder -leistungen 142 ff.
-, Höchstzulässige Herstellungskosten und - 130
Teilunmöglichkeit, echte - 139 f.
Teilwert, Begriff - 91
Totalgewinn 42
Transformation, richtlinienkonforme - 26 ff.
True and fair view
-, Ausgestaltung als "overriding principle" 27 f.
-, Verständnis des Postulats vom - 27 ff.

U

Übungen der Kaufmannschaft 10 f.
Umlaufvermögen 83
Umsatzgebundene Gewinnkonzeption 17 ff.
Umsatzrealisation 112 f.
Unfertige Bauten auf fremdem Grund und Boden 85 ff.
Unfertige Erzeugnisse, unfertige Leistungen 82 ff.,
Unternehmensentwicklung 8, 20
Unternehmung, Theorie der - 4

V

Verdingungsordnung für Bauleistungen (VOB) 61, 137 f.
Verfahrenstechnik 49
Verkehrsfähigkeit 69 f.
Vermögens-, Finanz- und Ertragslage, s. Generalnorm
Vermögensgegenstand, Begriff - 69 ff., 82, 85
Vermögensmehrung in disponibler Form 17, 112, 114, 120
Vertragsphase 53 ff.
Vertriebskosten 98, 100 ff., 129 ff.
Verwaltung, Kosten der allgemeinen - 98, 129
Vierte EG-Richtlinie, Transformation der - in nationales Recht 26 ff.
Vollständigkeitsgebot 68, 75, 77, 111

Vorräte, Bilanzierung von - 82 ff., 88
Vorsichtsprinzip 15 ff., 74 ff., 77, 79, 107, 111, 115, 144, 155, 169
Vorvertragsabschluß 64, 66

W

Wahlrechte, bilanzielle - 35 ff., 45
Weiterentwicklung, Kosten der - 105 f.
Werklieferungsvertrag 59 f., 121
Werkvertrag 59 f., 121, 137
Wert, wirtschaftlicher - 70
Wertsprung, vermögenserhöhender - 112, 114, 125, 146, 153
Wesentlichkeit, s. Erheblichkeit
Wirtschaftliche Betrachtungsweise 118
Wirtschaftsgut, Begriff - 68 ff., 82, 85

Z

Zahlungsbemessungsfunktion 6 ff.
Zivilrechtliche Betrachtungsweise 118 ff.
Zuflußprinzip 109
Zugehörigkeit, wirtschaftliche - 70 f.
Zuschlagskalkulation, differenzierende - 94 f.
Zwischenabschlüsse 127